부에노스아이레스, 일상생활과 소외

부에노스아이레스,

Buenos Aires,   vida cotidiana y alienación
& Buenos Aires,   ciudad en crisis

일상생활과
소외

후안 호세 세브렐리

조영실 · 우석균 옮김

그린비

부에노스아이레스의 과거인
몬테비데오의 거주자
루이스 이라수에게

일러두기

1 이 책은 Juan José Sebreli, *Buenos Aires, vida cotidiana y alienación/Buenos Aires, ciudad en crisis*(Editorial Sudamericana, 2003)를 완역한 것이다.

2 단행본·정기간행물의 제목에는 겹낫표(『 』), 논문·단편·영화·연극·TV 프로그램 등 개별 작품의 제목에는 홑낫표(「 」)를 사용했다.

3 본문의 주석은 모두 각주로 처리했다. 옮긴이 주는 [옮긴이]로 표시했으며, 옮긴이가 독자의 이해를 돕기 위해 본문에서 추가하는 내용은 대괄호([ ])로 표시했다.

4 외국어 인명, 지명 등 고유명사는 2002년에 국립국어원에서 펴낸 외래어 표기법을 따르되, 경우에 따라 실제 생활에서 자주 쓰이는 대로 표기했다.

2003년판 서문

이 책을 쓴 지 40년이 흘렀다. 일상생활, 도시, 국가, 세계, 그리고 독자들과 작가, 이 모든 게 변했다. 신판 출간을 위해 다시 책을 읽으면서 일체감과 낯섦 사이를 오가는 모호한 감정을 느꼈다. 내가 썼던 글에 대해 이질감을 느낀다는 뜻은 아니다. 그렇다고 전적으로 공감하지도 않는다. 다만 지금의 나와 예전의 내가 동일자가 아닌 탓에 거리감이 느껴지는 것이고, 또 그럼에도 불구하고 지금의 나 속에 예전의 내가 남아 있기 때문에 가까운 느낌이 들기도 한다. 사르트르가 말한 대로 나는 내면이 영속하는 가운데 변화를 겪은 것이다.

에릭 홉스봄이 고찰한 대로, 동일한 도시를 수십 년의 시간이 지난 시점에 되짚어 보니 20세기 하반기에 일어난 사회 변화의 속도와 규모를 알 수 있었다. 그중에는 1960년대부터 이미 부에노스아이레스에서 포착되기 시작한 변화들도 있다. 그러나 당시로서는 그 싹이 어디로 귀결될지 감지하기 어려웠다.

세월이 흐르면서 『부에노스아이레스, 일상생활과 소외』(*Buenos*

Aires, vida cotidiana y alienación)의 일부 입장은 오류이기는 하나 진정한 열정의 산물임이 분명해졌다. 즉, 진실을 찾는 과정에서 극복해야 할 단계들, 저자의 개인의식의 성장과 발전에 있어 대체 불가능한 경험, 또한 이 책의 독자층이 겪은 대체 불가능한 경험들의 결과물이다. 그래서 이 '교육소설'은 환멸의 책, '잃어버린 환상'의 책이기도 하다.

오늘날 이 책에서 발견되는 수많은 왜곡은 저자 탓이기도 하고 시대 탓이기도 하다. 저자와 동시대 구성원들이 공유한 오류들이었던 셈이다. 그렇기 때문에 세월이 흐르면서 이 책은 출간된 시대의 사상사의 자료이자, 당대 사상들에 대한 사회학적 분석을 위한 유익한 자료가 되었다. 21세기 초입의 저자와 독자들은 이제 그 시대를 판단할 수 있을 만큼 명철해졌다. 그 시절의 미래가 어땠는지, 어제의 그 사상들이 초래한 결과가 무엇인지 알고 있다는 점에서 우리는 유리한 입장에 있다. 마르셀 프루스트가 말한 대로, 우리는 "이제는 과거가 되어 버린 한 시절을 향해 몰아치던, 희망이라는 행복한 무지"를 더 이상 누리지 못한다. 비록 오늘의 이 현재도, 어제와 다를 바 없이 불확실하고 어쩌면 환영에 지나지 않을 또 다른 미래로 우리를 이끌어 가겠지만 말이다.

1964년 이 책을 출간했을 때, 2004년의 독자들은 생각지도 않았다. 그러나 이 서문을 쓰는 지금은 2044년의 독자들을 고려하게 된다. 그때도 독자가 존재하기를 바라는 너무 지나친 듯한 희망을 품은 채. 작가의 생존은 다음 세대 독자에게 달려 있고, 죽은 자의 삶은 산 자들의 손에 달려 있다. 이 책의 본질적인 가치가 지속될지는 확신할 수 없다. 그러나 책이 출간된 시대에 이 책이 반향을 일으키고 영향력을 갖게 된 사회적·문화적 동기들이 무엇이었는지 알고자 하는 이들에게는 계속 가치 있을 것이다. 그리하여 크든 작든, 사상사나 문화사회학 분야에서 20세기 중반 아르헨티나인의 일단의 사고방식이 어떠했는지 알려 주는 증언 역할을 하게 될 것이다. 한 시대의 관찰자가 그 시대를 함께 살아간 존재로서 관찰의 대상이 될 터이다.

최근 수십 년간 나는 개인적인 경험과 수많은 독서를 통해 세계와 나 자신을 더 잘 알게 되었고, 그에 따라 이전의 내 사상과 신념에 대해 새로운 질문들을 제기하게 되었다. 지금의 나는 과거의 내 사상과 믿음에 대해 타인의 것인 양 거리를 두고 재단할 수 있다. 세월의 흐름으로 인해 책을 다시 써야 한다는 의무감도 느꼈다. 그러나 다시 책을 쓴다면 이미 같은 책이 아닐 것이다. 신판을 내기까지 여러 해 동안 망설였다. 두 가지의 허세 사이에서 갈등했다. 하나는 내가 쓴 모든 것은 다시 읽을 만한 가치가 있다는 허세였다. 다른 하나는 지금의 내 글들이 더 낫고, 따라서 『부에노스아이레스, 일상생활과 소외』가 오늘날 쓴 저작들의 수준에 미치지 못했다는 생각이 담긴 허세였다. 결국은 『부에노스아이레스, 일상생활과 소외』를 돌이킬 수 없는 완료된 사건으로 받아들이고 겸허히 체념하는 자세를 갖기로 했다. 아마도 오만이 작용한 것이겠지만, 사람들이 고전을 대할 때와 마찬가지로 오류도 그대로 두자는 존중의 태도를 선택한 것이다.

이 판의 텍스트는 소소한 수정, 경미한 손질, 장황한 부분들에 대한 약간의 형식적 간소화, 현재의 내 생각과 지나치게 거리가 멀거나 낡은 부분들에 대해 주석을 다는 정도의 수정을 거쳤을 뿐이다. 또한 추가된 절들이 약간 있고, 지나치게 열변을 토한 부분(특히 영화의 결말처럼 구성한 각 장의 결론 부분)들이 삭제되었다. 그리고 몇몇 어휘, 이를테면 '부르주아의', '혁명적인', '반동적인', '해방'(emancipación) 등과 같이 당시에 숭배되던 어휘들의 지나친 사용도 자제했다. 또 과도하게 사용된 과거 시제도 현재 시제로 바꿨다. 이는 물론 과거의 무시간적 현재화, 현재의 구체화(hipóstasis)를 위한 것이다.

이 책은 1950년대 말에서 1960년대 초에 사유되고 집필된 것으로, 1964년에 출간되었다. 그 시절은 거의 이정표라고 할 수 있는 중요한 시기였다. 1958년 부에노스아이레스대학에 사회학과가 창설되었고, 1960년대 중반 최초의 사회학자들이 배출되었다. 그때부터 지노 제르마니와 그의 제자들, 자칭 '특별한 문화자본 소유자들'은 과거의 사회학 비판에 몰두했다. 기존 사회학이 과학적인 논거가 부족하다고 비판하면서, 딜레탕티슴, 아마추어리즘, 에세이즘, 유사사회학, 사회학을 빙자한 저널리즘, 경멸적인 의미로서의 문학 등의 꼬리표를 붙이며 비난했다. 나는 페론 집권 시절 이미 다른 학부를 졸업한 터였다. 마음이 가지 않는 학부라서 별 관심을 두지 않았고, 아르헨티나에서 사회학이 학문적 지위를 갖추기 전에 작가가 되었다. 그즈음은 독학을 한 에세이 작가들이 사회과학의 공백을 메우고 있을 때였다. 내 모델은 사르트르였다. 사르트르는 제도권이나 정당에 속한 사람이 아니었고, 자신의 이름을 내걸고 활동하던 자유로운 지식인의 대표적 인물이었다.

1960년대 중반, 상황이 바뀌었다. 중심부의 주요 선진국의 전술은 비순응주의자들과 체제비판론자들을 동화시키는 것이었다. 이리하여 저격수, 아웃사이더가 차지하고 있던 자리를 학자, 즉 제도권 체제에 통합된 인문학 기술자(技術者)들이 대체했다. 아르헨티나도 1958년부터 이러한 변화가 일었으나, 다만 그 정도가 약하고 쇠퇴기를 겪기도 했다.

　내 책은 그 특별한 국면에서 제1세대 전문직 사회학자들의 표적이 되었다. 나의 변증법적 관념이 통계, 그래프, 숫자에 지나치게 얽매이는 정량적 경향의 신실증주의적 사회학에 부합하지 않았기 때문이다. 다른 한편으로는 내 책이 사회학적 에세이로는 기이하게 출판 시장에서 성공을 거두었기 때문에, 사회학을 업으로 삼은 이들의 독설을 자극한 측면이 있다. 의도한 바는 아니었으나, 사회학을 강단과 강의실에서 거리로 끌어낸 것이다. 내 책은 카페, 일상적 모임, 문학지, 중·고등학교, 사무실 등에서 토론의 대상이 되었다. 이 현상은 제도권 사회학자들을 불쾌하게 했다. 대표적인 인물이 소르본대학 출신이자 지노 제르마니의 제자였던 엘리세오 베론이었다. 우리는 『콘토르노』(Contorno)지[1] 그룹에서 어쩌다 마주친 적이 있는 정도의 사이였다. 1966년 베론은 당시에 영향력 있던 몬테비데오의 주간지 『마르차』(Marcha)를 통해 내 책에 공격을 가했다. 클로드 레비스트로스가 『야생의 사고』(1966)에서 사르트르의 정치 이념을 신화라고 비판한 것을 모방해서, 내 책을 "마르크스주의 분석 신화"라고 평가했다. 이 논쟁에 오스카르 마소타도 끼어들었다. 그는 당시 사르트르주의에서 구조주의로 전향하던 중이었고, 동시에 독립 에세이 작가

1　[옮긴이] 1953년에서 1959년까지 간행된 좌파 문학지.

에서 탈피하고 제도권의 인정을 받으려고 애쓰던 중이었다.

그러나 나는 이미 첫 번째 저서 『마르티네스 에스트라다, 무용한 반란』(*Martínez Estrada, una rebelión inútil*, 1960)에서 사회학을 가장한 서정적 직관주의가 현실에 대한 객관적인 자료들이 결여되어 있다는 점을 들어 비판한 뒤였다. 그 책과 『부에노스아이레스, 일상생활과 소외』는 월도 프랭크,[2] 에세키엘 마르티네스 에스트라다, H. A. 무레나식의 예언자적 비전의 직관적·영적 사회학을 잠시 거친 내 행보의 결과물이자 비판이자 극복이었다. 실제로 무레나는 어느 글에서 나를 "초기의 스승 마르티네스 에스트라다의 계승자"이지만, 그와 비교하자면 일보 "후퇴"하였다고 평했다. 아무튼 내 책은 에세이풍 글쓰기의 흐름을 왕좌에 앉혔고, 동시에 이에 종지부를 찍었다. 무엇보다도 그즈음의 내 철학적 독서들이 그런 글쓰기에 영감을 주었던 순환론적 역사철학, 숙명적 풍토론, 슈펭글러의 비합리주의를 비판하는 기반이 되었기 때문이다.

나는 아카데미 사회학을 상징하는 엘리세오 베론과 직관적 에세이즘의 상징인 무레나에게 동시에 공격을 받았다. 즉, 라이벌 관계의 두 세력 사이에 낀 모양새였다. 그런 불편한 상황은 대체로 내 의도와 상관없이 일어났다. 내가 이분법과 이원론을 극복하고 상반된 것들을 변증법적으로 판단하려는 경향을 지닌 탓이었다.

역설적이게도 '긴 몽둥이의 밤'(La Noche de los Bastones Lar-

2　[옮긴이] 미국의 소설가, 역사가, 정치 행동가, 문학 비평가. 친라틴아메리카적인 지적 행보를 걸었다.

gos, 1966) 사건[3] 이후 새로운 사회학자 세대가 출현했다. 가톨릭 민족주의에 기원을 둔 소위 '민족 강단'(cátedras nacionales) 사회학자들이었다. 이들은 제르마니와 그 문하생들을 비난하면서, 파슨스식의 구조기능주의 사회학 대신 마르티네스 에스트라다나 무레나와 유사하게 '민족적 존재'(ser nacional)를 상정한 직관주의적 사회학을 선택했다. 물론 그렇다고 해서 자유주의자들과 공생 관계에 있던 그 두 사람을 복권할 정도는 아니었다. 민중민족주의 교수들은 아르투로 하우레체의 '주석(朱錫) 사회학'(sociología de estaño)[4]을 통해 마르티네스 에스트라다와 무레나는 물론 '과학주의자'[5]들과도 도발적으로 맞섰다. 하우레체는 『아르헨티나 사회의 개털』(*El medio pelo en la sociedad argentina*, 1966)[6]이라는 저서의 출간으로 막 반향을 불러일으키고 있었는데, 그의 고백에 따르면 내 책에 자극받아 쓴 것이었다.

---

3 [옮긴이] 1966년 7월 29일, 부에노스아이레스대학 농성자들에 대한 연방 경찰의 무력 진압 사건을 은유적으로 부르는 말이다. 부에노스아이레스대학 학생, 교수, 졸업생들이 후안 카를로스 옹가니아 군사정권 타도를 주장하며 군부의 대학 개입에 항의하는 농성을 벌이고 있었는데, 연방 경찰이 점거 농성을 벌이던 사람들에 대해 기습 작전을 폈다. '긴 몽둥이'란 경찰의 진압봉을 가리킨다.

4 [옮긴이] 아르헨티나에 대한 심층적인 지식에 근거한 사회학이라는 의미로 사용된 용어.

5 [옮긴이] (신)실증주의 성향의 학자들을 가리킨다.

6 [옮긴이] 'medio pelo'는 남미의 중류층에 속하는 사람들, 특히 중하류층과 신흥 중류층에 속하는 사람들을 경멸적으로 부르는 말이다. 18세기 스페인의 카디스에서 칠레로 비버 가죽 모자가 수입되었을 때 가슴털(pelo centro)로 만든 모자는 더 고급스럽고 비싸 상류층이 애용했던 반면, 중산층은 값싼 털(medio pelo)로 만든 모자를 썼던 데서 유래했다. 하우레체는 언급된 저서에서 '개털'이 자신의 실제 계층보다 더 상위 계층에 속한 것처럼 보이려고 애쓰는 사람, 그런 행동, 사고방식 등을 가리킨다고 설명한다. 특히 중산층이 상류층의 풍습, 복식, 취향 등을 모방하는 경우를 일컫는 표현이었고, 이후에는 하류층이 중산층의 것을 모방하는 태도를 지칭하는 표현으로 확대 사용되었다.

내가 연관된 논쟁은 여기에 그치지 않았다. 나는 『수르』(*Sur*)지와 『콘토르노』지 간의 논쟁에도 끼어 있었다. 나중에는 딜레탕트적 전위주의와 민중주의 사이의 논쟁에도 속수무책으로 끼어 있었다. 그때부터 내 지적 궤적은 수많은 독자를 거느리고 있으나 전문직 논객들의 적대감과 제도권의 무시로 점철되었다. 그리하여 나는 흐름을 거스르려는 자는 대가를 치러야 한다는 사실을 배우게 되었다.

정통 전문성의 결여에 대한 학자들의 경멸도 내가 배척된 또 다른 이유였다. 사회학자에 그칠 뿐인 사회학자는 진정한 사회학자가 아니라는 것이 내 생각이다. 복잡한 사회 현실은 그 다양성 때문에 사회학적인 관점만 갖고는 제대로 고찰할 수 없다. 사회는 정태적이고 무시간적인 존재가 아니라 시간 속에서 전개되므로 역사적 고찰을 요한다. 인간은 사회적 존재이자 역사적 존재이고, 그래서 철학의 고찰 대상이기도 하다. 따라서 사회학, 역사학, 철학은 불가분의 관계로 결합되어 있다. 여기에 경제학, 정치 이론, 사회심리학(오늘날에는 위상이 전보다 못하다), 성(性) 연구처럼 아직은 부차적이거나 주변적인 분야, 그리고 역사사회학, 정치사회학, 문화사회학, 사상사 등과 같이 경계에 놓인 학문들이 추가된다.

아마도 마르크스의 가장 지속적인 가르침은 인문학에 대한 그의 총체적 관점, 그리고 역사, 사회, 정치, 경제에 대한 고찰을 한데 결합시켜 철학의 토대로 삼되 이 고찰들을 통해 철학을 보완하고 수정하고자 하는 시도일 것이다.

전문성의 미덕을 부정하는 것은 아니다. 그러나 여러 분과 학문의 결과물들을 연계시키고 각 분과 학문의 편향되고 부분적이며 불완전한 특성을 극복하는 정반합의 노력이 불가결하다. 분과 학문 사이의 수렴(학계 언어로는 학제적 연구)은 내가 책을 집필할 무렵에는 아직 여명기에 불과했다. 앙리 베르, 마르크 블로크, 뤼시앵 페브르 같은 소수 역사학자의 사회학 접근 시도를 제외하면 역사학과 사회학은 엄격한 분과 학문적 장벽으로 분리되어 있었다. 그리고 이따금 각 학문 분야의 대표자들끼리 서로 과학적 가치가 부족하다며 비난하고 논쟁을 벌였을 뿐이다. 1960년대에 접어들어서야 비로소 미국과 유럽의 대학에서 사회학과 역사학이 관계를 맺기 시작하면서 역사사회학적 저서나 사회역사학적 저서가 나왔다. 그러나 호세 루이스 로메로 같은 예외적인 역사학자를 제외하면 아르헨티나 학계에서는 여전히 그 반향이 미미했다.

막스 베버는 일찍이 사회학, 역사학, 경제학을 결합한 바 있다. 그러나 베버의 대표작이 1944년이라는 이른 시기에 스페인어로 번역되었음에도 불구하고, 마르크스주의의 유행으로 베버의 확산은 훨씬 더 늦어졌다. 프랑크푸르트학파는 1930년대부터 사회학과 철학, 그리고 이 두 학문과 심리학의 결합을 제안했으나, 우리 나라에서는 1960년대 말에 이르러서야 이 학파가 수용되었다.

내 책은 세계의 지적 중심에서 멀리 떨어져 있었고, 그러한 종합적 시도들에 대해 제대로 알지 못했고, 적절한 이론적 모델을 갖고 있지 못했기 때문에 몇 가지 모순이 불가피했다. 즉, 종합을 시도했으나 때로 일관성이 결여된 단순한 혼합으로 보였다. 이 책에 대한 비판들은 그 모순을 밝히는 데 도움이 되지 못했다. 문제 소지가 있는 것을 두고 한 비판들이 아니라, 살릴 만한 것이었던 내 의도를 두고 한 것이었기 때문이다.

　쉬운 일은 아니지만, 나는 사회 현실을 총체적으로 고찰하는 통합적인 인간학에 대한 열망 때문에, 강단 사회학식의 연구 논문을 배격하고 에세이라는 가장 자유로운 장르를 선택했다. 에세이의 장르적 모호성은 다양한 측면을 아우르고 아카데미적 전문성의 한계를 깨뜨리며, 그러면서도 과학적 객관성을 잃지 않도록 해 주었다. 게오르그 짐멜, 발터 벤야민, 지그프리트 크라카우어, 찰스 라이트 밀스, 지우베르투 프레이리처럼 에세이를 통해 사신의 사상을 선파한 20세기 최고 사회학자들 대부분의 전통이 내 선택에 타당성을 부여해 주었다. 그들 모두 학계 전통의 기준에서는 기이하게 여겨졌고, 강단의 아웃사이더였으며, 제도권 사회학에 대한 성상 파괴주의자들이었다. 주변성 자체가 그들의 창조적 상상력과 자유로움의 조건이었다 할 수 있을 것이다. 막스 베버는 거대 문제를 보지 못하는 전문가적 영감보다는 딜레탕트적 영감이 더 멀리 갈 수 있다는 사실을 인식하고 있었다.

　이 책의 모호함은 장르의 속성에서 비롯된 것이기도 하고, 이념적 내용에서 비롯된 것이기도 하다. 집필 기간 중에 나는 1950년대 초 사르트르의 실존주의에서 1950년대 말 헤겔적 마르크스주의로 넘어가고 있었다. 이 변화는 집필 기간 동안에는 감지하기 힘들 정도로 미미했고, 1960년대에 쓴 글들에 이르러서야 꽃을 피웠다. 당시에는 그것이 구조주의 인류학, 의미론, 기호학, 언어학, 팝, 해프닝, 전위주의, 누벨바그, 신니체 철학, 신하이데거 철학, 라캉의 정신분석학, 마술적 사실주의의 열대 바로크 등, 1960년대 말에 영향력을 갖게 되었으나 나 자신은 동떨어져 있었던 새로운 패러다임의 흐름에 역행한다는 사실을 알아차리기 어려웠다.

또한 나는 1960년대의 또 다른 유행이었던 청춘 숭배와 이와 관련된 모든 새로운 것에 대한 경외심을 어설프게 비판했다(『부에노스아이레스, 일상생활과 소외』는 1968년 파리의 5월 혁명보다 4년 먼저 나왔다). 『콘토르노』 창간호(1953)에 실린 글에서 이미 제기한 주제를 다시 한번 제기한 것이다. 그 글에서 나는 프랑스 소설가 폴 니장의 "나는 스무 살이다. 그 누구도, 지금이 인생의 가장 아름다운 시기라고 말하는 것을 나는 용납할 수 없다."(『아덴 아라비아』[Aden Arabie]) 라는 구절을 인용했다. 나는 그때 스물두 살이었다. 그러한 사고방식은 1960년대 청년의 사고방식에 반하는 것이었고, 대중매체와 물신주의에 빠진 광고업자들이 부과한 자신의 이미지에 대한 열광적인 숭배자들인 오늘날의 청년들에게서도 아마 찾아보기 힘들 것이다.

나는 비록 1960년대 부에노스아이레스 문화의 주역 중 한 사람이기는 했지만 그 감성을 낯설어 했고, 심지어 적대감을 느끼고 있었다. 오히려 1950년대의 헤겔주의적 실존주의 분위기에 더 일체감을 느꼈다. 나는 '거대서사의 종말' 이론에 반해, 역사가 내재적 의미를 지닌 과정이라는 관념을 여전히 고수하고 있다.

나는 책의 첫 장에서 사르트르의 사유를 충실히 따라 마르크스주의를 "우리 시대의 넘어설 수 없는 철학"이라고 선언했다. 그러나 스탈린주의의 전체주의적 성격, 마르크스의 독창적 사유가 스탈린주의와는 본질적 차이가 있다는 점 등을 제대로 인식하고 있었다. 이 책의 지적 배경은 1950년대의 마르크스주의 연구 열풍이었다. 『정치경제학 비판 요강』을 비롯한 마르크스의 여러 미발표 저작의 출간, 헤겔의 재평가, 알렉상드르 코제브의 발견(나는 코제브의 번역자이자 도입자이다), 뤼시앵 골드만과 『논증』(*Arguments*)지 그룹에 의해 재평가되기 시작한 청년 루카치의 저작, 칼 코르쉬와 안토니오 그람시처럼 망각된 마르크스주의자들의 재발견, 프랑크푸르트학파와 '사회주의냐 야만이냐 그룹'의 현현, 사르트르와 메를로퐁티의 마르크스주의로의 선회 등이 야기한 열풍이었다. 내 책 제목의 '소외'라는 단어만큼 그러한 분위기를 더 잘 드러내는 것은 없다. 이 용어는 이전 세대의 마르크스주의자들과 헤겔주의자들은 모르던 것으로, 그즈음 발견되어 이윽고 널리 쓰이는 용어가 되었고, 오늘날에는 상투적인 단어이다.

　마르크스주의에 대한 내 태도가 당시에는 모호하여 교조주의와 분파주의는 비판했지만, 새로운 시대에 적절한 마르크스 해석, 기존 해석과 경직된 정통 해석은 물론, 당시 들끓고 있던 신좌파 해석에 반하는 입장의 해석을 아직은 가다듬지 못한 채였다. 모든 고전 작가가 그러하듯, 마르크스는 후대 독자들에 의해 새로이 해석됨으로써 항상 복권 가능한 존재였다. 당시에는 마르크스주의자들을 반박하면서 그를 재평가한다는 게 쉽지 않았다. 모호함으로 인해 나는 우파나 좌파 모두에게 손쉬운 표적이 되었다. 의구심을 느끼고 있던 나는 마르크스를 다른 관점에서 다시 읽었다. 망설임이 없지는 않지만 반드시 필요했던 그 행보는 『제3세계, 부르주아 신화』(*Tercer mundo, mito burgués*, 1973)의 불분명한 변화에 반영되었다. 그 책에서 나는 『부에노스아이레스, 일상생활과 소외』의 페론주의 좌파(민중주의라는 단어는 그 당시에는 사용되지 않았다)에서 이탈했다. 그리고 마침내 『사물의 동요』(*El vacilar de las cosas*, 1994)에서 마르크스의 살아 있는 요소들과 죽은 요소들을 밝혀낼 수 있는 관점에 도달하게 되었다. 이 최종적인 입장은 전혀 조급한 것이 아니었다. 30년에 가까운 오류와 우회로 점철된 긴 여정의 대단원이었다. 1964년에는 제1장의 제목을 '방법론'으로 잡았으나 이 판본에서는 '집필 목적'이라는 신중한 표현으로 수정했다.

미국의 기능주의 경향의 공식 사회학과 1950년대 지성계의 특징이었던 주변적 마르크스주의 사이의 지적 논쟁은 1960년대에 접어들면서 사라졌다. 대학 청년들을 중심으로 출현한 새로운 세대가 새로운 이념, 즉 향후 심대한 문제를 야기할 좌파 민중주의(철학적으로는 구조주의, 정치적으로는 페론주의와 유착)가 양대 입장을 공격했다. 『부에노스아이레스, 일상생활과 소외』와 그 다음 책 『에바 페론: 모험가인가 투사인가?』(*Eva Perón: ¿aventurera o militante?*)의 일부 내 생각은 1970년대에 파편화되었고, 또 화해 불가능한 다른 이념들과 뒤섞여 마침내는 나도 못 알아볼 정도가 되었다.

『부에노스아이레스, 일상생활과 소외』가 10년 이상 동안 받은 기이한 호응은 나로 하여금 지식인과 책이 정치적 사건들과 시민사회의 일부인 독자들에 미치는 영향력에 대해 성찰하게 만들었다. 사상은 특정 상황에서 하나의 변수로 작용한다(사상은 특정 상황의 원인이자 결과이다). 가장 중요한 변수는 아니지만 다른 많은 정치적·경제적·사회적 성격의 변수들과 상호작용한다. 발화자와 수용자를 중개하는 모호하고 간접적이고 복잡하고 파동적인 이 관계는 사상을 빈번하게 왜곡하고 변질시킨다. 심지어 상황적 조건이나 그 사상을 택한 사람의 의도에 따라 훼손되기도 한다. 그 결과 저자가 의도한 것과는 다른 사상이 되는 경우도 다반사다. 사상사에서는 역사적 현실의 역사에 못지않게 변증법적 과정이 일어난다. 이 과정에서 사상은 고유의 객체성을 갖게 되며, 만들어 낸 사람의 주체성과 거리가 멀어지거나 역행하는 경우가 많다. 그러니 사상의 창조자는 그 결과에 대해 반은 무죄이고, 예상하지 못했더라도 어쨌든 자신이 만든 결과이기 때문에 반은 책임이 있는 셈이다.

이 책은 장르와 이념뿐만 아니라 주제도 문제적이었다. 주제에 대해서는 심사숙고도 사전 계획도 없었고, 목적과 목표를 완전히 알고 시작한 책도 아니었다. 그래서 처음에는 집필 의도가 불분명했다는 점을 고백해야겠다. 당시 나는 문학에 몰두해 있었다. 청년기의 나는 소설을 많이 읽었고, 소설을 써 보겠다는 막연한 열망이 있었다. 아르헨티나 문학에 대한 비판적 재검토라는 『콘토르노』지의 기획은 나를 문학사회학의 길로 이끌었다. 『콘토르노』 그룹의 오스카르 마소타, 다비드 비냐스, 아돌포 프리에토 같은 작가들도 걸었던 길이다. 나는 사르트르의 『문학이란 무엇인가?』의 연장선상에서 문학과 현실의 관계를 천착했다. 더 구체적으로 말하면, 무레나와 비냐스의 지상명령을 따라 나도 아르헨티나 문학, 아르헨티나 현실에 관심을 두고 있었다.

이 책의 과도한 문학 작품 인용은 문인들을 통해 부에노스아이레스의 현실을 분석하고자 했던 최초의 미완성 초고에서 비롯되었다. 에두아르도 마예아에 대한 반복되는 언급은 당시의 맥락 때문이다. 오늘날에는 잊힌 작가인 마예아는 당시 보르헤스보다 더 중요해 보였고, 『콘토르노』 그룹의 '혐오 대상'(bestia negra)이었다. 나의 다른 많은 책도 겪은 일이지만, 풍부한 인용은 비난을 불러일으켰다. 나는 분명 작가이기 이전에 독자다. 글쓰기보다 독서를 우선했고 더 많이 했다. 내 저작에서 다른 사람들의 작품에 두드러진 자리를 마련해 왔다는 사실을 인정한다. 그러나 순수한 '독창성'이라는 낭만주의 신화에 반대하는 터라 거리끼지 않는다. "인용만으로 이루어진 책을 쓰고 싶다"는 발터 벤야민의 말을 상기시키면서 이를 정당화하고자 한다. 고백하자면 나는 내 인생에서 독자로서 읽었던 모든 책과 저자들의 총합인 책을 쓰고 싶다.

문학과 아르헨티나의 사회적·정치적·경제적 현실을 결합한다는 기획은 곧 폐기되었다. 아르헨티나 문학보다 부에노스아이레스라는 도시가 더 나를 매료시킨다는 것을 이내 깨달았기 때문이다. 도시들의 매혹이 암묵적으로 나를 인도해 마침내 주제를 발견하게 했다. 부에노스아이레스는 자극제가 되었다. 어쩌면 당시에 내가 알고 있던 유일한 대도시였기 때문이었으리라. 그러나 『부에노스아이레스, 일상생활과 소외』에는 도시 이론이 결여되어 있었다. 그래서 이를 보완하는 새로운 책 『위기의 도시, 부에노스아이레스』(*Buenos Aires, ciudad en crisis*)에서 그 결핍을 메우고자 한다.

두 권의 저서를 한데 묶은 이 책은 여러 상이한 시도의 결과물이었다. 완성하지 못하고 도중에 그만 둔 여러 책을 바탕으로 비로소 달성한 성과물이다. 그래서 주의 깊은 독자라면, 이 책에 여러 지층이 켜켜이 쌓여 있다는 사실을 발견할 수 있을 것이다. 마치 하나의 그림

위에 다른 그림을 그린 펜티멘토(pentimento)[7]나 고고학 발굴 현장에서 엿볼 수 있는, 중첩된 여러 시개의 유적과 같다.

명철한 독자들은 발견했을 텐데, 무엇보다도 내 책에서 내 생각들은 소설적 플롯으로 전개된다. 이를테면 내 책은 일종의 잠재적 소설인 셈이다. 나는 대도시의 미스터리를 다룬 소설, 19세기와 20세기 초 유럽의 리얼리즘적 사회소설의 통찰력, 미국 소설, 심지어 로베르토 아를트의 작품 같은 아르헨티나 소설의 통찰력에 열광했다. 니장의 『음모』(La conspiración)나 사르트르의 『철들 나이』(La edad de la razón)처럼 구체적으로 도시적 주제를 지시하지 않으면서도 그런 분위기를 환기하는 소설들도 나를 매료시켰다.

전통적인 방식의 소설도 에세이도 아닌 『부에노스아이레스, 일상생활과 소외』에서 드라마와 모험, 미스터리와 숨겨진 장소들, 밝혀질 비밀들의 여지를 무한히 담고 있는 무대로 간주되는 도시는 프랑스인들의 진짜 소설(roman vrai)[8]이나 미국인들의 논픽션에 가까웠다. 그래서 소설가가 되겠다는 내 젊은 날의 좌절된 소명의식을 충족시켜 주었다.

부에노스아이레스를 전적으로 다루는 사회학 연구가 부족했다는 점도 나를 어쩔 도리 없이 허구에 의지하게 했다. 그래서 룸펜을 다룬 장은 피카레스크 문학, 미국 소설과 느와르 영화, 프랑스 극작가

---

7 [옮긴이] 미술에서 제작 도중에 변경하여 뭉개 버린 형상이나 터치가 어렴풋이 남은 자취, 또는 아련히 나타나 보이는 원래의 형태를 말한다.
8 [옮긴이] 사르트르가 플로베르 연구에서 도입한 개념으로, 실제 삶에서와는 전혀 다른 방식으로 전개되는 이야기를 뜻한다.

장 주네, 아르헨티나 소설가 베르나르도 코르돈의 작품들(「'가르델리토'[9]」[Alias Gardelito]와 『시멘트 지평선』[*Un horizonte de cemento*])을 다양하게 읽음으로써 자양분을 얻었다. 서민계급의 바리오(barrio)[10]를 다루는 장에서는 베르나르도 베르비츠키의 『길모퉁이』(*La esquina*)와 『약혼 시절』(*Un noviazgo*)이 도움이 되었다.

상류계급을 다룬 장에서는 더 뒤에 출간된 나의 저서 『마르 델 플라타, 억압적인 여가』(*Mar del Plata, el ocio represivo*)와 『안초레나 가문의 사가』(*La saga de los Anchorena*)에서처럼, 내가 좋아했던 토마스 만의 『부덴브로크 가의 사람들』이나 흑백 멜로 영화 방식으로 아르헨티나 명문가를 소설처럼 다루었다.

그것은 허구라기보다 1920~1930년대에 많이 구사된 일종의 저널리즘, 미국 평단에서 '쓰레기 수거'로 명명되던 저널리즘이었다. 밑바닥 세계에 대한 후안 호세 데 소이사 레일리의 연대기, 아를트나 곤살레스 투논 형제가 편집자로 있던 일간지 『크리티카』(*Crítica*)지의 전성기 시절 연대기들이 그에 해당되었다. 나는 1년 내내 국립도서관에서 『크리티카』를 검토했다. 특히 삶을 다룬 이야기들을 눈여겨보았는데, 사회적 반란의 징후가 농후한 밑바닥 세계에 대한 특별한 연재물이었다.

나는 인상주의 문학·예술·저널리즘에 대한 강단 사회학자들의

9　[옮긴이] '젊은 가르델' 정도의 뜻. 가르델은 전설적인 탱고 가수이고, 이 소설의 가르델리토는 그를 흉내 낸 젊은이의 별명이다.
10　[옮긴이] 그저 동네 정도의 뜻으로 사용되기도 하고, 특정 지구(地區)를 지칭하기도 한다. 이 책에서는 전자를 '동네'로, 후자를 '바리오'로 번역하였다.

경멸적인 태도를 공유하지 않는다. 인상주의는 직접적인 관찰이나 구전 전통을 통해, 또 사적인 일기나 서신, 자서전 등에 담긴 관찰을 통해 생동하는 현실의 즉각성을 포착한다. 이런 자료는 일정한 기준을 갖고 활용한다면, 지금은 사라진 현실이나 순간적인 상황들을 재구성하는 데 귀중한 것이 될 수 있다. 그렇지 않으면 영영 유실될 것들이다.

이 책의 시각적인 특징, 분위기와 거리와 방의 지속적 환기는 여러 그림을 연상시켰다. 엑토르 바살두아의 고택과 안마당(patio),[11] 포르투나토 라카메라의 실내, 알프레도 구테로의 산업 풍경, 리노 에네아 스필림베르고, 안토니오 베르니, 오라시오 마치, 오노프리오 A. 파센사의 '형이상학적인' 변두리(arrabal)[12] 같은 그림 속 풍경들이었다. 또한 독일계 아르헨티나인 그레테 스턴의 안마당 사진과 오라시오 코폴라의 사진집 『1936년 부에노스아이레스』(Buenos Aires 1936)도 연상시켰다.

부에노스아이레스에 대한 나의 시각적 문화 소양은 무엇보다도 1930~1940년대의 아르헨티나 영화가 자양분이 되었다. 나는 지금은 사라진 우리 바리오의 극장들을 쏘다니며 영화를 보고 또 봤다. 특히, 평단이 경시한 마누엘 로메로의 영화, 호세 A. 페레이라와 레오폴도

---

11 [옮긴이] 건축학 용어로는 중정(中庭)에 해당하고, 건물이나 벽으로 사방이 둘러싸인 빈터이다. 빈 공간 그대로 두기도 하고, 정원을 조성하기도 하고, 빨래 너는 곳이나 잡다한 물건들을 두는 곳 등으로 활용한다.
12 [옮긴이] 도시계획에 따라 조성된 주거지를 벗어난 곳에 자연발생적으로 생긴 변두리 동네를 가리킴.

토레스 리오스의 B급 영화들에서 감지하기 힘든 도시의 변화, 당시의 말투와 제스처, 실내 인테리어, 시대의 분위기 등을 파헤칠 수 있었다. 감독들이 의도하지 않은 다큐멘터리 영화들인 셈이다.

『부에노스아이레스, 일상생활과 소외』는 추상적인 사유가 소설적·조형적·영화적·저널리즘적 허구와 조합된 책이었다(이는 나의 거의 모든 저작에서 되풀이되는 특징이다). 혼종성, 도시의 혼혈성을 드러내는 작품으로 그 자체가 혼종적이고 혼혈적인 장르에 속했다.

우연한 양상들로부터, 겉보기에는 사소한 디테일로부터 일반적이고 추상적인 사유들이 출현했고, 파편과 전체를 연결하는 보이지 않는 연결 지점들이 드러났다. 무의미해 보이는 디테일에 대한 시선은 일시적이고 덧없는 순간의 재구성에 진정으로 유용했다. 라디오 극 스타 메차 카우스처럼 한때는 유명했으나 금세 잊힌 인물들, 대중문화의 '찌꺼기'에 불과한 다른 인물들을 사회학적 연구의 대상 범주로 격상시킨 것은 관습적인 평자나 독자들을 기겁하게 했다. 심지어 무레나처럼 명철한 이도, 나를 "일시적이기 때문에 종합적 시선에 기여할 가치가 없는 […] 무익한 디테일 속에 빠져들고 있다"고 비난했다. 스페인어권에 발터 벤야민을 소개한 장본인인 그가 역사의 "사소함, 찌꺼기들"을 이용하여 현실에서 "상감된 표면"을 추출한 것을 주목하지 않은 것은 앞뒤가 맞지 않는다.

사상서와 허구 사이에서 딜레마에 빠진 독자였던 나는 두 장르 모두에 상대적인 불만족을 느끼고 있었다. 철학에서 소설적인 것을, 소설에서 철학적인 것을 모색했기 때문이다. 사상은 구체적인 개별성(singularidad)이 결여되어 지나치게 추상적인 것으로 여겨졌다. 또 허구는 등장인물 분석, 상황 설명, 보다 분명한 세계관이 결여되어 있다고 느꼈다. 철학과 문학을 융합하고, 철학적 소설과 소설처럼 매력적인 철학을 지향하는 사르트르의 기획이 최선의 길로 여겨졌다. 또한 이미 알렉산더 코제브를 통해 헤겔의 『정신현상학』을 암호화된 역사서이자 교육소설로 읽는 법을 배운 바 있었다.

그리하여 문학과 철학의 중간에 있는 모순적인 장르인 에세이에서 구체적이며 우발적인 개별 주체 및 합리적 추상화, 보편적 사상이 존재하는 초감성적인 세계(mundo suprasensible)를 동시에 표현할 최적의 방법을 다시금 발견했다.

『부에노스아이레스, 일상생활과 소외』는 자전적인 측면도 얼마간 있다. 내가 살아온 도시, 내 존재의 상당 기간을 아우르고 있다는 점에서 그렇다. 이를테면 나는 관객인 동시에 배우인 셈이다. 하물며 일반적인 정치, 사회 이론서들도 저자의 경험과 삶을 개괄함으로써 일정 부분 개인적 측면을 담고 있지 않은가. 그래서 이 책의 지면들은 내 개성의 일면, 곧 배회하는 나의 기벽, 산보객(flâneur)의 열정을 입증한다. 나는 열 살 때 산책을 오래 하는 습관을 들였고 지금도 그러고 있다. 사색적인 산책을 하며 때로는 의기소침해져서 내가 시간을 헛되이 보내고 있는 것은 아닌지 자문하곤 했다. 저서로 귀결되기를 바랐던 그 목적 없이 흘러가는 시간들을 어떻게 활용할 수 있을지 알기 어려웠다. 그러나 낙담은 오래가지 않았고 기대감이 있었다. 그 곤혹스러움에 대한 응답이 바로 이 책이었다. 부에노스아이레스의 거리, 카페, 영화관, 기타 구석구석을 쏘다닌 끝없는 여정의 종점이자 결과물인 것이다.

중산계급은 내가 속한 계층이었다. 내가 묘사하는 집들과 가족들은 부분적으로 우리 집, 우리 가족이다. 그러나 산보(flânerie)는 다른 환경, 다양한 사람을 알 수 있게 해 주었다. 서민계급과 룸펜층은 무엇보다도 콘스티투시온에서 발견했다. 내 유년기와 청년기를 보낸 바리오이다. 콘스티투시온은 종착역 지역이라면 어디나 그렇듯 번잡했고, 그곳에서 나는 숨겨진 하위세계(submundo)를 간파하는 법을 배웠다. 성매매 종사자, 부랑자, 동성애자, 실업자, 소외된 범죄자들이 존재하는 암흑사회를 말이다. 콘스티투시온 너머의 다른 룸펜 공간으로도 진출했다. 레티로 놀이공원, 코리엔테스 길의 대중적인 카페와 영화관들을 기웃거렸고, 그 특유의 분위기는 이 책에서 회상되고 있다. 룸펜에 대한 이끌림, 곧 일종의 '악의 낭만주의'는 보르헤스에서 아를트에 이르기까지 중산계급 출신 작가들의 특징이었다. 나도 그 현기증 나는 매혹을 피할 수 없었다. 밑바닥 세계로의 소풍은 틀에 박힌 일상성, 인습적인 가족으로부터 도망치는 한 방법이었다.

상류계급의 존재에 대해서는 바리오 노르테로 산책을 다닐 때 어슴푸레 감지했다. 오늘날은 이 바리오가 매우 북적이고 활기차지만, 1950년대 초까지는 인적도 별로 없고 내밀한 지역이어서 진정한 바리오라 할 수 있었다.

라디오와 화보 잡지는 유년기 때의 나를 부에노스아이레스판 게르망트 가문[13]들의 세계로 입문시켜 주었다. 『엘 오가르』(*El Hogar*)지

---

13   [옮긴이] 프루스트의 『잃어버린 시간을 찾아서』에 등장하는 가문.

를 통해 나는 굳게 닫힌 대저택, 경이로운 파티, 귀부인들의 분위기를 엿볼 수 있었다(1930년대 말부터 이 잡지의 지면에서 스타 영화배우들이 귀부인들을 대체하기 시작했다).

상류계급의 독특한 말투는 라디오에서 호세피나 '피피타' 카노 라베로라는 특이한 인물을 통해 접할 수 있었다. 그녀는 '있는 집 딸'(niña bien)이었고, 영화계 소식에 자주 등장했다. '영화'를 '비스타'(vista)[14]라고 지칭하는 등의 특이한 표현, 프랑스어식 억양(당시에는 몰랐지만), 단어를 길게 끌어 발음하는 습관, 리듬 때문인지 호흡 때문인지는 모르겠으나 'ye'를 유난히 '셰'로 발음하는 특징(이 발음은 나중에 대중화되었다)은 미지의 상류계급의 생소한 분위기를 드러내 주었다. 그래서 내 유년기 때 '피피타' 카노는 키치 신화의 아이콘이었다.

청소년기에는 사범학교 친구였던 오스카르 마소타와 함께 과두지배계급 신사들의 전형적인 댄디즘을 알게 되었다. 귀족적 민족주의의 저명인사였던 역사학 교수 마르셀로 산체스 소론도의 복장(영국산 캐시미어 소재의 더블 버튼 양복)을 관찰하면서였다. 나는 그 이전에 이미 「이 세상 최고의 아빠」(El mejor papá del mundo)라는 영화에서 과두지배계급 정치인 역을 맡은 엘리아스 알리페를 통해 그런 인간형에 주목한 바 있었다.

처음으로 상류계급과 직접 접촉한 것은 그 계급에서 소외된 일군의 사람들, 일종의 '과두지배계급 보헤미안'들을 통해서였다. 어마

---

14 [옮긴이] 원래는 그림이나 사진의 재현을 가리키는 말.

어마한 파티로 막대한 부를 낭비한 끝에 거지 수용소에서 생을 마감한 전설적인 인물 아르투로 하신토 알바레스, 귀족이라면 누더기가 된 질 좋은 옷이라도 하나 던져 줄 만한 부랑자(clochard) 모습의 후안 바우티스타 '카비토' 비오이(소설가 아돌포 비오이 카사레스의 사촌이자 라누세 장군의 친척이었다), 비극적인 최후를 맞이한 아돌포 라클라우 등이었다. 영국인이라면 '캐릭터', 모데르니스모(modernismo) 문인들이라면 '기이한 사람들'(los raros)이라고 했을[15] 이 소설적인 인물들은 인간적인 광기를 발휘하여 자기 계층의 인습을 공격했고, 과두지배계급의 인간쓰레기가 아니라 소금이었다.

『수르』지 필진이 되면서, 나는 문화적 과두지배계급의 진수를 알게 되었다. 거기서 호세 '페페' 비앙코를 알게 되었는데, 그와의 대화가 그 계급에 대한 지식의 원천이었다. 『수르』지를 주도한 빅토리아 오캄포와는 갈등 관계였다. 나는 비아몬테 길이 산 마르틴 길과 만나는 모퉁이의 오래된 세기말 이탈리아식 건물에서 그녀를 보곤 했다. 오캄포의 생가였는데, 그녀가 『수르』지 편집실로 삼은 곳이다. 핑크빛 꽃무늬 벽지와 황토색 버들가지 팔걸이의자로 인해 사무실은 인상파 그림 속 정원의 분위기를 자아냈다. 한번은 그녀가 평소 습관대로, 파란 종이에 쓴 손 편지로 내 글에 이의를 제기했다. 내가 오캄포를 의식을 치르듯 상류계급 복식을 고수하는 상징적 인물로 묘사

---

15 [옮긴이] 모데르니스모는 19세기 말에서 20세기 초 라틴아메리카의 지배적인 문학 흐름이었다. 그 대표적 인물인 니카라과 시인 루벤 다리오가 1896년 부에노스아이레스에서 『기이한 사람들』이라는 에세이를 출판한 바 있다.

하면서 그녀가 언제나 입는 파란색 투피스를 그 상징물로 삼았는데, 그 때문에 사람들 시선의 대상이 되어 버렸다고 느낀 것 같다. 나중에 그녀가 똑같은 모양의 갈색 투피스를 입고 있는 것을 보았을 때, 나는 추론했다(아마도 득의양양하게). 오캄포가 내 글 속 인물과 옷을 다르게 입어 독자들을 따돌리려 했다고 말이다.

상류계급에 대한 내 관찰은 그 계급 구성원의 비난을 살 만했다. 그 계급에 속하지 않는 자가 열쇠 구멍으로 염탐한 부분적인 시각이 있기 때문이다. 자신들만이 자신들을 이해할 수 있다는 상류계급의 믿음은, 나머지 사회 구성원은 공유할 수 없는 아주 소중한 가치들이 자신들만의 배타적인 질서 속에서 공유된다는 거만한 우쭐거림에서 비롯되었다. 빅토리아 오캄포는 이러한 편견에서 자유롭지 못했다. 그녀는 부르주아지 프루스트는 귀족 작가 비타 색빌웨스트처럼 귀족계급을 묘사할 능력이 없다고 여겼다. 동일한 기준으로 그녀는 1975년 호세 비앙코에게 보낸 편지에서 내가 프루스트를, 또 프루스트가 묘사한 세계를 내부로부터 잘 알고 있는 사람인 자신만큼 이해할 수 없다고 했다. 지식의 유일하고 가치 있는 원천이 '직접 참여'라고 기준을 정한다면, 어느 누구도 당면한 현재와 자신이 사는 동네 외에는 다룰 수 없을 것이다. 심지어 자신의 동네조차 총체적으로 포괄하기에는 너무나 광범위한 것이리라. 그러나 자신의 사적 공간이나 상황, 감정과 관심사를 공유하는 인물들에 대해서 객관성과 비판적 감각을 갖고 분석하는 것이 오히려 쉽지 않다. 프루스트는 귀족사회 한가운데에 있던 로베르 드 몽테스키외보다 프랑스 귀족에 대해 더 명석한 통찰을 남겼다. 거리를 두고 멀리서 그 사회를 볼 수 있었기에 가능한 일이었다.

『부에노스아이레스, 일상생활과 소외』가 흥미를 끈 이유 중 하나는 바로 과두지배계급의 은밀한 세계, 그들의 언어 코드, 관습, 모임 장소 등을 중산계급의 광범위한 독자층에게 널리 알린 점이었다. 이후 저널리즘은 그 책의 그림자 속에서 당시까지 거의 알려지지 않았던 상류계급의 그러한 측면들을 누설하기 시작했다. 이와 동시에 만평가 란드루는 안과 밖 놀이(juego de lo in y lo out)를 대중화시켰다. 사실 내 작품에서 촉발된 이런 유행은 과도기 사회의 산물이었다. 새로운 상류계급이 출현했고, 그 결과 더 이상 돈도 권력도 그다지 많지 않은 과두지배계급이라는 폐쇄적인 사회가 접촉의 필요 때문에 새로운 부유층에게 문호를 개방했을 뿐이다. 아직 민주적이지는 않았지만, 사회는 서로 뒤섞이고 있었고, 옛 상류계급의 폐쇄성은 이미 그 존재 이유를 상실하였다.

나는 또 다른 산보객인 카를로스 코레아스와 부에노스아이레스에 대해 느끼던 매혹을 공유했다. 그는 『리코 티포』(Rico Tipo)지와 디비토[16]의 인물들을 분석함으로써 부에노스아이레스 사람들의 특징에 대한 글을 쓰려는 계획이 있었다. 미완으로 끝난 그 시도의 초고에서 나는 예외적 특수성(particularidad) 신화의 오류를 경계했다. 라울 스칼라브리니 오르티스의 『홀로 기다리는 사람』(El hombre que está

16　[옮긴이] 기예르모 디비토는 삽화가이자 카툰 작가, 풍자만화가, 편집자였다. 당시의 인기 잡지 『리코 티포』의 창간인이자 주간이었으며, 그의 만화와 유머는 1940~1960년대에 영향력이 컸다.

solo y espera) 같은 부에노스아이레스인의 유형학과 마르티네스 에스트라다의 『팜파 엑스레이 사진』(*Radiografía de la pampa*) 같은 아르헨티나인의 존재론은 시도해서는 안 될 모델이었다.

마르크스주의는 나로 하여금 사회계급을 중심축으로 설정하게 했다. 그러나 그는 관련 논의를 충분히 전개하지는 않았다. 『자본론』의 끝부분 마지막 장에서 다루려고 했으나 그러지 못한 것이다. 오히려 직접적인 영향은 찰스 라이트 밀스에게 받았다. 당시에는 많이 읽혔으나 오늘날에는 잊힌 그는 '공식 사회학'에 대한 성상 파괴주의자로, 계급에 대한 그의 관념이 딱히 마르크스주의적이지는 않았다. 『미국의 중산층』(*White Collar: The American Middle Classes*, 1951)이나 『권력 엘리트』(*The Power Elite*, 1956) 같은 그의 저서들은 내 책의 중심축이 예의 부에노스아이레스인 혹은 아르헨티나인의 특징이 아니라 여러 사회계급의 행태가 되어야 한다는 기준을 마련해 주었다.

상류계급의 특권적 표지로서의 과시적 소비는 내 책에서 독보적인 위치를 차지하고 있는데, 그 아이디어는 미국의 경제학자이자 사회학자 소스타인 베블런의 『유한계급론』(1899)에서 비롯되었다. 피에르 부르디외를 비롯해 동일한 주제를 다룬 이들이 있지만, 부르디외의 『구별짓기』(1979)는 내 작품에 영향을 주기에는 아르헨티나에 너무 늦게 유입되었다.

책을 쓰는 동안 나는 두 가지 주제가 지배적이라는 사실을 깨달았다. 곧 언급할 '일상생활'이라는 주제와 '계급에 따른 바리오의 차이'라는 주제이다. 두 번째 주제는 나로 하여금 도시사회학, 특히 건축의 사회학 분야에 들어서게 하였다. 나는 시대별, 양식별로 건물들을 눈여겨보면서 거리를 돌아다녔고, 극히 특별한 건축물들과만 결부되어 기억되는 뛰어난 건축가들의 이름을 발견했다.

도시에 대한 소설도 많고 폴 모랑의 여행기도 있었지만, 그 주제에 대한 사회학적 텍스트는 별로 없었다. 루이스 멈퍼드의 『도시의 문화』(*The Culture of Cities*, 1938)가 다소 도움이 되었지만, 그의 반(反)기술적 신낭만주의와 러스킨이나 모리스식의 중세주의의 부활은 배척했다. 칼 쇼스케의 『세기말 비엔나』(1961)를 알았더라면 더 유용했으련만, 나는 이 책을 1981년 스페인어 판본이 출간되고 나서야 알게 되었다. 호세 루이스 로메로의 『라틴아메리카: 도시와 사상』(*Latinoamérica: las ciudades y las ideas*, 1976), 마샬 버먼의 『견고한 모든 것은 대기 속에 녹아 버린다』[17](1982), 로버트 휴즈의 『바르셀로나』(*Barcelona*, 1992)도 당시에 있었더라면 참으로 유용했을 터이다. 이들도 내가 나름의 방식대로 시도한 작업, 즉 도시의 집, 거리, 예술, 문학 속에서 한 사회의 핵심과 변화를 탐색하는 작업을 했다. 나는 아르헨티나 문학에서도 도시사회학이나 건축의 사회학의 드문 선례를 발견했다. 무엇보다도 사르미엔토의 『여행』(*Viajes*)과 언론 기고문들을 꼽을 수 있다. 도시사회학은 『파쿤도: 문명과 야만』(*Facundo, Civilización y barbarie: Vida de Juan Facundo Quiroga*)에도 출현했다. 근대 도시 부에노스아이레스와 식민지 시대 도시 코르도바를 비교하는 부분이 그렇다.

---

17 [옮긴이] 우리나라에는 『현대성의 경험』(윤호병 옮김, 현대미학사, 2004)이라는 제목으로 번역 및 출간되었다.

이후 부에노스아이레스에 대한 고전적인 책 몇 권이 발간되었다. 제임스 스코비의 『부에노스아이레스, 도심에서 바리오까지, 1870-1910』, 호세 루이스 로메로와 루이스 알베르토 로메로의 공저 『부에노스아이레스의 400년 역사』(*Buenos Aires, historia de cuatro siglos*, 1983), 아드리안 고렐릭의 『격자형 도시와 공원. 부에노스아이레스의 공적 공간과 도시문화, 1887-1936』(*La grilla y el parque. Espacio público y cultura urbana en Buenos Aires, 1887-1936*, 1998)이다.

도시 문제는 나른 한면 도시 문화와 불가분의 관계가 있는 근대성 문제를 내포하고 있었다. 이는 1990년대의 내 저작들에서 두드러진 문제가 된다.

『부에노스아이레스, 일상생활과 소외』의 또 다른 주제는 즐기는 방식, 복식, 말투, 연애 방식 등 여러 사회계급의 관습이었다. 이를테면 '일상생활의 사회학'이라는 발상을 한 것이다. 이는 강단 사회학에서는 존재하지 않던 분야였다.

그래서 어떤 비평가들은 내 책을 단순한 풍속서로 분류하며 평가 절하했다. 일상성과 하찮음을 혼동한 것이다. 일상의 진부함이 지닌 외견상의 무의미함 뒤에 숨은 의미를 밝혀내는 것, 단순한 행위와 제스처를 통해 표현되는 인간성을 밝혀내는 것이라는 목표가 분명함에도 그들은 표면상의 일들을 다루기 때문에 피상적이라고 생각했다. 사실 사생활에서도 공적인 삶에 있어서도 큰 사건은 예외적으로 일어나는 일일 뿐인데 말이다.

그러나 일상생활의 고찰에 대한 무관심은 단지 학계의 문제만이 아니라 당대의 지배적인 경향이었다. 우파든 좌파든 마찬가지였다.

국가가 사적 영역에 개입하고 정치가 사생활에 개입하는 경향, 사적인 것에 대한 공적 통제의 경향이 존재하던 시기였다. 개인성이 집단성에 종속되고, 그리하여 일상생활이 공적 생활에 흡수됨으로써 일상생활의 자율성이 부정되던 시대였던 것이다.

나는 모든 책은 다양한 독서법을 허용한다는 점을 인정한다. 아마도 일부 독자는 이 책을 읽으면서 영국인 여행자들, 혹은 사라져 버렸을 수도 있을 부에노스아이레스를 개인 일화, 대화, 회상을 통해 증언을 남긴 1880세대[18]의 회고록 작가와 연대기 작가들의 아르헨티나 문학 전통과 접목시킨 듯하다. 그러나 나는 과거를 무비판적으로 이상화하는 회고록 장르의 특징인 회상적 향수를 배제하고자 했다.

일상생활은 19세기에는 그저 연대기 작가들을 위한 재료였다. 쥘 미슐레나 야코프 부르크하르트, 아르헨티나인으로는 비센테 피델 로페스, 호세 마리아 라모스 메히아, 후안 아구스틴 가르시아 등의 몇몇 사회사 학자가 스치듯 손을 댔을 뿐이다. 20세기 전반기에 들어서도 일상생활은 학술적인 접근의 대상이기는커녕 에세이 소재도 되지 못했다. 발터 벤야민은 1920~1930년대에 이미 산보객의 일상적 경험 및 19세기 말 파리의 상가 파사혜(pasaje)[19] 같은 세속적인 장소들에 대한 성찰을 시도했다. 일상생활의 사회학의 주춧돌이 되었을지

---

18 [옮긴이] 1880년에서 1916년까지 아르헨티나의 지배 계층으로, 그들의 치세를 '보수주의 공화국'(República Conservadora)이라 칭할 정도로 국가주의적이고 엘리트주의적인 성향을 띤 세대였다.

19 [옮긴이] 벤야민이 분석한 파리 거리의 파사주(passage)에 해당한다. '통행로' 정도의 뜻을 지니고 있다. 야외 공간일 수도 있지만, 아케이드 쇼핑몰의 복도인 경우도 있다.

도 모를 그 기념비적인 기획은 애석하게도 초고에 머물렀다. 벤야민과 그의 친구 지그프리트 크라카우어, 즉 각각 파리 거리와 베를린 거리의 산보객은 내가 부에노스아이레스 거리에서 도시의 건축 코드를 해독해 가며 포착하고자 했던 길을 먼저 간 사람들이었다. 벤야민은 1967년에 무레나의 최초 번역본을 통해서야 읽었고, 크라카우어의 텍스트들은 여전히 거의 찾아보기 힘들다.

또 다른 선구자 노르베르트 엘리아스는 『풍속의 사회학』(1939)에서 식사 예절, 복식, 침실에서의 행동서시, 코 푸는 법, 침 뱉는 법 등을 통해 문명화 과정을 분석한 바 있지만, 1980년대까지는 스페인어권 독자들에게 알려지지 않았다.

앙리 르페브르는 마르크스주의적 관점에서 『일상생활 비판』(1947)을 썼지만 방법론적인 문제에만 골몰했다. 그래도 사회학적 범주로서의 '일상생활' 개념 형성에 기여했다.

다른 곳에서 비롯된 자극도 있다. 특히 브라질의 잊힌 작가 지우베르투 프레이리는 『주인 저택과 노예 움막』(*Casa-Grande e Senzala*, 1933)[20]과 『저택과 판잣집』(*Sobrados e mocambos*, 1936)을 집필했다. 프레이리는 1930년대라는 이른 시기에 한 사회의 가정생활의 사적인 모습에 대한 이해를 시도한 최초의 사회학자였다. 일정 부분 소설적 특성을 지닌 그의 저작은 '프루스트식 사회학'으로 규정되었다. 나 또한 프루스트로부터 강력한 영향을 받았기에, 내 저작 또한 그 범주에 해당하기를 바란다. 나는 『잃어버린 시간을 찾아서』를 대형 프레

---

20 [옮긴이] 보통 『주인과 노예』로 알려져 있다.

스코 역사화(歷史畵), 또는 인간의 행동과 계급관계에 대한 일상생활의 사회학, 집단(파벌, 속물 부르주아 집단, 데카당트적 귀족 집단, 서비스직 종사자 집단, 동성애자 집단 등)에 대한 사회학으로 읽었다. 또한 프루스트에게서 대인관계의 사회심리학과 성과학(동성애, 페티시즘, 관음증, 사도마조히즘 등에 대한 분석)을 발견했다. 『잃어버린 시간을 찾아서』에는 그런 특성이 사회학적으로 대표성을 띤 일련의 등장인물 속에 구현되어 있다. 그러나 독자 여러분은 이 책에서는 프루스트를 찾지 말아야 하고 발견하지도 못할 터이다. 다만 그렇다 하더라도 프루스트는 내 머릿속에 매 순간 존재했다.

프루스트를 통해 나는 17세기 프랑스의 소위 도덕주의자들이나 회고록 작가들의 풍습 비판과 궤를 같이했고, 훨씬 더 거슬러 올라가 몽테뉴와 접목될 수 있었다. 그는 『수상록』에서 음식과 의복 같은 일상적인 습속을 최초로 다룬 인물이었다. 에세이 장르의 파편적인 특징, 랩소디나 프리즘 같은 특징, 불연속성 등은 일시적인 것, 덧없는 것을 성찰하기에 가장 적절한 수단이었다.

일상생활을 다룰 때 피할 수 없는 주제가 당시로서는 금기였던 성적 행동이다. 사회학적 에세이에서 성에 대한 성찰을 한다는 것은 어울리지 않는 것이었다. 그래서 호르헤 아벨라르도 라모스는 이 주제에 대한 나의 끈질긴 관심을 놀라워했다. 『부에노스아이레스, 일상생활과 소외』가 출간되고 몇 년 후, 페미니즘이 재출현하고 소수자 차별 반대 운동이 일어났다. 그런 시점인데도 성차별과 동성애 혐오증에 대한 내 비판은 일대 스캔들이었으니, 이는 오늘날에는 오히려 기이하게 여겨질 것이다. 동성애자에 대한 언급이 기묘하게 받아들여진 반면, 여성과 남성이 처한 상황의 차이에 대한 반복적인 언급은 주목받지 않아서 이상했다. 극히 예외적인 경우를 제외하면, 우파의 사상이든 좌파의 사상이든 여성 문제는 특별히 다룰 만한 주제가 아니라고 생각하던 시대였기 때문이다. 이미 나는 시몬 드 보부아르의 『제2의 성』(1949)을 통해 성별에 따른 차이에 대한 현실과 신화를 인식하게 된 터였다. 지금도 나는 이 책이 결정적인 사회 분석 저작이라고 생각한다.

짐작할 수 있다시피 섹슈얼리티에 대한 내 고찰의 참조 서지는 프로이트가 아니었다. 프로이트는 내가 그런 주제들에 관심을 갖기 시작한 1950년대에는 그 분야에서 지배력을 갖지 못했고, 이후 수십 년 동안의 프로이트 유행은 미처 예상하기 힘들었다. 오히려 내 멘토는 영국의 성과학자 해블록 엘리스였다. 그의 섹슈얼리티 이야기는 부당하게도 프로이트 학파에 의해 잊히고 침묵당했다. 파시즘의 심리학에 대한 그의 글들 덕분에 프로이트-마르크스주의에 대해서도 관심을 갖게 되었다. 가령, 빌헬름 라이히(그의 정신착란에도 불구하고)와 프랑크푸르트 시절의 청년 에리히 프롬이 그 대상이었다. 한계, 피상성, 순응주의 등을 모르는 바는 아니지만, 미국 문화주의 학파와 에릭 에릭슨의 자아심리학도 사회학적 해석을 위해서는 그 당시 유효했던 클라인 경향의 심리 분석보다 더 유용한 수단이 되어 주었다. 정신(psiquis)의 의식적 구성 요소, 정신에 각인된 것, 사회적 조건들을 다루기 때문이었다. 정신분석에 대한 논쟁은 『위기의 도시, 부에노스아이레스』에서 한 장을 할애하게 되었다.

동성애 주제를 다루겠다는 충동은 프루스트와 도널드 웹스터 코리의 선구적 저작 『미국의 동성애』(*The Homosexual in America*, 1951)에서 비롯되었다. 엑토르 아고스티는 『자유주의 신화』(*El mito liberal*, 1959)에서 이 작품을 미국인의 도덕적 타락의 예시로 언급하고 있다. 그러나 결과적으로는 아고스티야말로 성적 소수자에 대한 그 시대 아르헨티나 좌파의 편견을 보여 주는 대표적인 사례였다.

성과학에 대한 내 사유의 진정한 스승은 앨프리드 킨제이였다. 다니엘 게랭을 통해 그를 알게 되었다. 프랑스의 아나키스트-마르크스주의자인 게랭은 마르크스와 킨제이의 종합을 시도하면서 성 혁명과 사회 혁명을 불가분의 것으로 이해했고, 나는 이 공식에 일찌감치 열광했다. 킨제이의 『남성의 성적 행동』(1945)을 읽었을 때 눈이 번쩍 뜨이는 기분이었다. 개인의 성적 행동에 사회계급과 부모가 어떻게 영향을 미치는지 이 책에서 발견했다. 그것은 킨제이의 의도하지 않은 마르크스주의적 면모였다.

어떤 비평가는 다른 사회를 바탕으로 한 킨제이 보고서의 결과를 설문조사도 하지 않은 채 우리에게 그대로 적용하는 것은 오류라고 보았다. 그러나 나는 같은 시대의 근대 도시의 거주자들의 성적 행동에는 유사성이 있으리라 추론할 만하다고 생각했고, 지금도 그렇게 생각한다.

내 책에서 비판자들의 분노까지는 아니더라도 조롱을 불러일으킨 내용은 노동계급의 동성애 부분이었다. 이 부분은 킨제이와 게랭의 테제를 적용한 결과물이었다. 내 잘못이 있다면, '하류계급 청년' 대신 '노동계급'으로 범주를 국한시킨 일이었다. 사실 내가 기술한 내용에는 전자가 더 부합했다. 1997년에 쓴 『글 위의 글, 도시 아래의 도시』(*Escritos sobre escritos, ciudades bajo ciudades*)의 한 장인 「부에노스아이레스 동성애자들의 비밀」(Historia secreta de los homosexuales en Buenos Aires)에서 나는 하층계급과 오늘날에는 사라져 가는 인물형인 '총고'(chongo)라는 대중적 인물의 여러 성적 행동을 더욱 심화시켰다. 이 용어가 확산된 건 내 덕분이었다. 『부에노스아이레스, 일상생활과 소외』에서 처음으로 그 의미 그대로 사용했고, 이후 1975년과 1991년에 각각 발간된 호세 고베요와 아돌포 엔리케 로드리게스의 룬파르도(lunfardo)[21] 사전에 포함되었다. 총고라는 인물형은 너무나 이목을 끌어서, 민족주의 팸플릿 『엘 프린시페』(*El Príncipe*)를 통해 내 책을 모욕한 어떤 글은 「마르크스주의자 총고」라는 제목을 달고 있었다.

『부에노스아이레스, 일상생활과 소외』가 출간되었을 때부터 지금까지 부에노스아이레스인의 성적 행동은 의심할 나위 없이, 이전 세대로서는 상상을 불허할 만큼 바뀌었다(서구의 성적 행동을 뒤쫓았다). 성적 관계를 맺기 위해 사용된 복잡한 수작, 특히 중산계급의 수작들은 당시에는 정말로 관심을 끌었다. 그러나 오늘날 이 부분은 마치 아득한 먼 옛날의 민족들의 습속을 묘사하는 듯 낯설고 이국적이다. 나는 『위기의 도시, 부에노스아이레스』에서 사회적 상황들이 어떻게 조합되어 성적 습속의 이 급진적인 변화를 이끌었는지 보여 주

---

21 [옮긴이] 19세기 말부터 유럽인 이민자들이 대거 유입되면서, 아르헨티나 스페인어는 커다란 변화를 겪었다. 특히 이탈리아 이민자 비율이 높아 이탈리아어와 아르헨티나 스페인어가 뒤섞여 특유의 구어체가 형성되었는데, 이를 룬파르도라고 한다.

고자 했다.

비아몬테 거리에 위치했던, 부에노스아이레스대학의 옛 철문학부 도서관에서 나는 우연히 일상생활의 사회학에 근접한 책들을 발견했다. 시카고의 사회학 학파가 1920~1930년대에 쓴 것들이었다. 이 학파는 아르헨티나에서는 알려지지 않았고, 당시 미국에서는 파슨스의 기능주의에 밀려 잊힌 터였다. 창시자인 로버트 파크는 그 당시 평가 절하되어 있던 게오르그 짐멜의 제자였다. 나는 짐멜의 짧은 에세이들을 건성으로 읽은 적이 있었다. 패션, 음식, 대화 방식, 그 외 일상적인 주제들에 대한 단상들이었다. 짐멜의 독창성을 별로 알아보지 못했을 뿐 아니라, 시카고학파, 프랑크푸르트학파, 어빙 고프먼의 미시사회학 등이 그에게서 비롯되었다는 사실도 알지 못했다. 짐멜의 복권은 도시사회학, 일상생활의 사회학, 근대성 연구의 선구자로서의 그의 면모를 발견한 20세기 말까지 기다려야 했다.

고프먼은 1970년대에 이르러서야 아르헨티나 번역서들을 통해 알게 되었다. 일상적 사회생활에서 상호작용의 의례, 소소한 행동(시선, 제스처, 자세 등)에 대한 고프먼의 분석을 미리 알았더라면, 대도시의 번잡함 속에서 이루어지는 우연한 만남과 관계들을 보다 심도 있게 분석할 수 있었으리라. 나는 룸펜에 할애한 장에서 고작 이에 대한 밑그림만 그리고 말았다.

일상생활의 사회학은 결국 『부에노스아이레스, 일상생활과 소외』의 핵심이 되었다. 거의 탐험되지 않은 땅에 대한 대담한 시도, 모험의 여정에 더듬더듬 착수한 것이다.

프랑스인들은 아셰트출판사가 1938년부터 출간한 역사 시리즈를 통해 일상생활 속으로 들어간 최초의 사람들이다. 다만 책들의 가치는 균질적이지 못했다. 1960년대 중반에, 당시 절정기를 맞은 인류학 분야에서 더 큰 추진력이 등장했다. 인류학의 예기치 못한 적용으로, 현대 사회를 마치 원시 부족 사회인 것처럼 해석하는 경향도 출현했다. 루스 베네딕트가 『국화와 칼』에서 일본인을 분석한 것이 그 사례이다. 동시에 역사학 분야에서도 아날학파에서 심성사(historia de las mentalidades), 페르낭 브로델의 소위 물질문명 개념이 출현했다. 브로델은 1966년 지중해 세계에 대한 자기 저서의 복적이 "역사학에 일상생활을 도입하는 것"이라고 말했다. 『일상생활의 구조』(1967)에서 이 주제에 더욱 접근했고, 『15~18세기의 물질문명, 경제, 자본주의』(1979)[22]에서 또다시 다루었다. 후자에서 브로델은 주거, 의복, 음식, 패션, 도시를 통해 사회의 변화를 보여 주고 있다.

　일상성의 사회학사 또는 일상성의 역사사회학의 창시는 결국 사교성(sociabilidad)의 역사를 연구한 역사학자인 모리스 아귈롱, 특히 재야 역사가 필리프 아리에스의 과제였다. 아리에스는 조르주 뒤비와 함께 『사생활의 역사』(1985)를 썼다. 이런 흐름 속에서 후속 연구들이 뒤를 이었고, 그중에는 아르헨티나 책들도 있다. 예외는 있지만, 이 책들은 어김없이 나를 망각했다.

　『부에노스아이레스, 일상생활과 소외』의 또 다른 새로운 점은 대중문화나 문화 산업에 주의를 기울였다는 점이다. 에드가 모랭의

22　[옮긴이] 우리나라에는 『물질문명과 자본주의』(주경철 옮김, 까치, 1995)라는 제목으로 번역 및 출간되었다.

『스타』(*Les Stars*, 1957)와 1962년에 막 접한 프랑크푸르트학파의 선구적인 비판적 연구에 내 개인적인 경험이 혼합되었다. 나는 대중매체를 통해 교육받고 자란 첫 번째 세대였다. 영화, 라디오, 화보 잡지, 스타 숭배 등은 내 감정 교육을 구성하는 요소들이었다. 그 성장기에 대한 향수가 있었지만, 그렇다고 소위 대중문화의 정치적 조작과 경제적 예속을 깨닫지 못한 건 아니었다. 오히려 1970년대에 급증한 강단 민중주의(그람시주의나 구조주의에서 유래하였다)가 대중적 제의와 신화에 현혹된 나머지 비판 정신을 상실하고 정치적 비합리주의와 철학적 신낭만주의의 득세에 공조하는 형국이었다. 탱고 가수 카를로스 가르델은 오늘날에는 다른 많은 우상에게 밀려났지만, 그 당시에는 감히 건드릴 수 없는 인물이었다. 그래서 가르델 신화에 대해 내가 할애한 지면들은 가장 큰 스캔들을 불러일으킨 주제 중 하나였다.

축구의 집단 광기라는 주제를 이 책에서는 겨우 밑그림만 그렸는데, 이후 1966년부터 이어진 일련의 글을 통해 발전시켰다. 『축구의 시대』(*La era del fútbol*, 1998)가 그 완결판이라 할 수 있다.

아마도 이 책에서 제일 논쟁적인 부분은 정치를 전면적으로 다룬 부분일 것이다. 정치학이라는 학문은 그 당시에 별로 주목받지 못했다. 역사학 분야에서 아날학파의 사회문화적인 성향은 일상생활의 사회학에는 유용했다. 그러나 사건과 인물을 경시하고, 정치 제도에 부차적인 지위만 부여한 점은 커다란 결핍이었다. 특히 정치 제도가 일상생활에 파급력이 커서 개인의 운명을 좌지우지할 정도라는 점을 감안하면 그렇다. 이에 관해서는 마르크스주의도 별반 다를 바 없었다. 속류 마르크스주의가 경제사회적 구조를 강조하고, 정치를 상부

구조의 영역으로 몰아내 버렸기 때문이다.

게다가 나는 민중주의의 매력에서 벗어날 수 없었다. 나는 스탈린주의와 맞서기 위해 잠시 마오주의를 지지하였다. 『부에노스아이레스, 일상생활과 소외』가 출간되던 해가 내가 마오주의의 중국을 방문해 이에 빠져든 해였다. 또 나는 좌파 실존주의라는 기묘한 관점에서 페론주의를 재평가했다. 여기서 말하는 페론주의는 물론 상상의 페론주의, 다시 말해 『수르』지의 반페론주의적 자유주의자들, 『콘토르노』지의 급진수의자들,[23] 공산당의 정통 좌파, 중산계급, 심지어 지식인까지 경멸한 현실 페론주의에 도전하는 수단이라고 믿었던 실재하지 않았던 정치를 말한다. 그런 태도는 반페론주의적 소부르주아지의 속물근성과 공식 페론주의의 또 다른 속물근성으로 표상되던 인습과 금기에 대항하는 청년 반란, 보헤미안적 반란의 특징을 갖고 있었다. 에비타의 위반적 이미지는 부르주아지를 동요시키기 위해서는 이상적이었다.

복잡하게 뒤얽힌 길들을 따라 페론주의에 다가가는 게 내가 취한 방법인데, 당시에는 외로웠지만 그로부터 10년 후 내가 그 접근법을 이미 버리고 난 뒤에는 중산계급과 특히 대학 청년들에게 그 방법이 대세가 되었다. 『부에노스아이레스, 일상생활과 소외』와 그 당시의 내 책들은 1970년대의 혁명적 청년들의 이념에 어떤 식으로든 영

---

23 급진주의는 아르헨티나 현대 정치의 주요 이념 중 하나이다. 이 이념에 따라 1891년 급진시민연합(Unión Cívica Radical)이 창당되어, 그 이후 오랫동안 아르헨티나 정치에 커다란 영향을 끼쳤다.

향을 미쳤다. 물론 그들과의 차이도 분명했다. 나는 결코 그들의 민족주의, 투사(鬪士)주의, 기독사회주의를 공유하지 않았다. 여기서 그 시기의 내 사상을 자아비판할 필요는 없다고 본다. 이미 지난 20년간 쓴 글들을 통해 수행했으니 말이다.

마르크스 덕분에 나는 각종 특수주의적 본질주의, 이를테면 '민중의 영혼'(alma de los pueblos)에서 '민족적 존재'에 이르는 본질주의에서 자유로울 수 있었다. 반면, 속류 마르크스주의 때문에 나는 계급을 존재론적 실체로 여기는 사회계급에 대한 본질주의와 프롤레타리아에 대한 신학적 믿음에 빠졌다. 오늘날 내가 같은 책을 다시 쓰게 된다면, 아마 사회계급에 따라 장을 나누지 않고 일상생활의 구체적인 주제들, 곧 에로티시즘, 성별, 청년, 바리오, 집, 가족, 불량한 삶(mala vida), 의복, 신분을 기준으로 삼을 것이다. 그리고 바로 이것이 『위기의 도시, 부에노스아이레스』에서 택한 기준이었다.

사회계급의 차이에 따른 설명은 유용하긴 했다. 하지만 일상생활이라는 책의 중심 주제를 분산시키고, 문화 형식과 인간 집단의 관계를 억지로 상응시켰다. 또한 성별, 연령, 개인에 따른 차이들을 계급에 종속시키는 결과를 불러일으키기도 했다.

그 환원주의적 태도가 야기한 어려움이 가르델 신화를 「룸펜」장에 배치하는 오류를 범하게 했다. 그의 젊은 시절은 룸펜적 환경과 관계가 있지만, 가르델은 다른 영역들, 특히 상류층의 영역까지 넘나들었다. 탱고의 특징이 바로 다계급적이라는 점이었다. 그래서 나는 가르델에 대한 부분을 이번에는 부록으로 배치하되, 예전 판본과 마찬가지로 그의 예술에 대한 분석을 비껴가지 않았다.

사회계급에 대한 사회학적 검토는 1980년대에 마르크스주의 부류의 이념과 용어들이 평가 절하되면서 퇴색했다. '부르주아지'니 '소부르주아지'니 '프롤레타리아'니 하는 단어들은 유행이 지났다. 그럼에도 불구하고 그 용어들이 언급한 현실은 형식적 변화를 넘어 지속되고 있다. 사회계급은 오늘날 훨씬 복합적이고, 훨씬 정교한 해석을 요한다.

　노동자에 할애된 마지막 장은 앞의 장들과 대조를 이루었다. 상류세급에 대한 혹독한 비판(빈정거림도 담겨 있었다), 중산계급 비판(개인적인 경멸감도 배어 있었는데, 아마도 내가 속한 계급이어서 그랬던 듯하다), 룸펜에 대한 비판(문학 작품에 매혹되어 있었던 데에 따른 결과물이었다)과 대조적으로 노동계급에 할애된 지면에서는 유토피아적인 이상주의가 있었다. 모든 신화를 깨뜨리려는 책이었음에도 불구하고, 19세기와 20세기 전반기의 가장 커다란 신화 중 하나인 '구세주 프롤레타리아 신화'는 그대로 둔 것이다. 20세기 말의 정치적 사건들과 기술 변화가 보여 주었듯이 노동계급은 역사의 보편계급도 집단적 주체도 아니었다. 정치와 사회를 다루는 수많은 책이 그러하듯이, 나는 내 책에서 건질 만한 것이 있다면 비판적 태도이고, 약점이 있다면 당시에는 긍정적으로 여긴 것들이라고 생각한다. 선보다 악에 대해서 쓰는 것이 더 쉬운 법이다. 문학의 전(全) 역사, 심지어 단테도 이를 증명하고 있다.

　일부는 당대의 분위기를 유지하기 위해 남겨 두었고, 일부는 이 판본에서(특히 마지막 장에서) 제외되었지만, 많은 절이 지상에서 정복한 자유의 왕국, 인간과 세계 사이의 승리의 화해를 암시하였다. 마지막 부분들은 하나의 새로운 절로 대체되었는데, 나는 이 절에서 소외에 대한 오늘날의 내 생각을 명확히 하고, 1964년에 개진한 천년왕국적인 관점이나 전적인 소외와 관련된 종말론적 유토피아와의 차이를 짚었다. 나는 여전히 역사의 운동은 변증법적이라고 생각한다. 그러나 열려 있고 불확정적인 변증법, 긍정적인 최후의 승리도 없고 인간의 온전한 실현이 하나의 행위 속에 이루어지는 법도 없는 불완전한 정(正)과 반(反)의 연속되는 변증법을 상정한다. 소외의 종말은 변증법의 종말, 무한한 과정으로서의 역사의 종말을 의미할 터이다. 갈등의 해결은 조화를 만들어 내는 것이 아니라 새로운 모순들의 시발점이다. 모든 합(合)은 항상 일시적이고, 모든 해답은 불완전하고 새로운 문제들을 야기한다. 부정적이기는 하지만 허무주의적이지는 않은 그 자유로운 영혼, 변증법이라는 용어의 최선의 의미에서의 변증법, 그것들이 당대에 이 책에 대한 매료와 거부를 동시에 유발했다. 바람이 있다면, 이 책의 오류나 세월의 흐름에 따른 불가피한 노화를 넘어 그 비판적 정신이 구제되고, 그 정신이 새로운 세대로 하여금 이 책을 읽게 만들어 영속하는 것이다.

차례

제1권

부에노스아이레스, 일상생활과 소외

"꼭 한 가지만 언급해야 한다면, 도시는 자신의
부재의 편재성에서 현실을 추출하는 물적·사회적
조직체라는 사실이다. 즉, 도시는 이 거리 저 거리에
동시에 존재한다. 수도(首都)의 신화, 수도의
미스터리의 신화는, 직접적인 인간관계의 모호함은
그 관계가 항상 다른 모든 관계의 제약을 받는다는
사실에서 비롯된다는 것을 잘 보여 준다."

— 장 폴 사르트르, 『변증법적 이성비판』

I. 집필 목적

이 책에서 우리는 부에노스아이레스라는 도시에 살고 있는 여러 사회계급의 일상적이고 사적이며 내밀한 삶에 대한 비판적인 서술을 시도하고자 한다. 또한 각 사회계급이 지닌 구체적인 노동 방식, 연애 양식, 감성 양식, 유희 양식, 사고방식을 왜곡시키는 소외에 대한 비판적 기술도 시도할 것이다.

풍속 비평의 전례를 찾아보면, 17세기 프랑스 도덕주의자들의 전통으로 거슬러 올라간다. 이들은 환상, 인습, 편견, 금기, 신화 등을 명석하고 대담하게 평가했다. 다만 정치적·사회적 질서까지 판단 대상으로 삼지는 않았다. 그래서 이 질서를 공격하는 사람들, 가령 도식적인 마르크스주의자들이 도덕주의자들의 도덕과 풍속을 존중하고 공감하는 것은 역설적이다. 도식적 마르크스주의자들이 소외 문제를 망각한 것은 다 이유가 있었던 것이다. 그들은 상부구조를 전혀 고려하지 않고 하부구조, 즉 경제 분석에만 매진하였다. 자본주의 사회의 일반적인 경제구조와 그 근본 모순들에 대한 기술과 생산의 회로에서 각 계급의 역할에 대한 기술은 추상적·보편적 관계만을 정립할 따름이지, 결코 한 도시의 일상생활을 구성하는 개별적 현상과 역사적 특수성을 제대로 보여 주지 못한다. 그것은 이론적 뼈대일 뿐이다. 중요한 것은, 사람들 말마따나 마르크스가 뼈대에 살을 덮고 피를 주입했다는 점이다.

마르크스는 자본주의 생산양식을 분석했을 때 이 양식이 인간관계에서 유발하는 소외 현상을 관찰했고, 『루이 보나파르트의 브뤼메르 18일』에서처럼 역사의 주요 시기들을 고찰했을 때 역사가 인간을 만들고 인간이 역사를 만드는 것으로 기술했다. 앙리 르페브르가 지적하듯이, 마르크스에게는 일상생활에 대한 비평, 다시 말해 경제 이론을 풍부하게 만드는 사회학이 내재되어 있다. 그래서 르페브르의 『일상생활 비판』 같은 드문 시도를 제외하면, 마르크스 계승자들이 그 점을 발전시키지 못한 점이 애석하다. 르페브르의 저서도 방법론적·실용주의적 측면에 한정되어 있었고, 일상생활에 대한 구체적인 분석은 나중으로 미루었다. 나아가 사회학을 불신하는 일부 교조적인 마르크스주의자들은(사회학이 콩트의 실증주의적 진화론에 예속된 학문으로 출발하여 마르크스주의와 동시대의 개량주의적 사회주의에 의해 이용되었다는 점 때문에 불신한다) 살집을 걷어 낸 뼈대, 상부구조가 배제된 하부구조만 취했다고 할 수 있다. 일반성에만 관심을 두다 보니 구체적인 사건들을 잊어버리고, 전체에 홀려 세부를 경멸한 것이다. 사르트르가 지적한 것처럼, 구체적인 사건도 나름대로 "보편적 관계들의 개별적 표현"이지만, "개별적인 이유들을 통해 설명하지 않

고는 그 구체성이 설명될 수" 없는 것이다.[1]

한편, 주로 미국에 기원을 둔 강단 사회학은 사소한 것, 전체로부터 고립된 세부, 일반 체계가 결여된 경험적 사실, 양적 통계, 내용의 질이 배제된 비교식 도표를 찬양한다. 그리하여 수학적 수치의 우상화에 빠진다.

통계사회학의 단조로운 회색 세상에서는 개인은 타인이고 그 누구도 자기 자신일 수가 없다. 모순은 중화되고, 극단적인 긴장은 평균이라는 이름으로 흐려지며, 각 현상의 전형적인 특성은 가장 흔히 반복되는 것으로 축소되어 버린다.

물론 이러한 비난들은 베블런, 멈퍼드, 라이트 밀스처럼 마르크스주의의 영향을 받은 미국 사회학의 위대한 극소수 창조자들에게는 해당되지 않는 문제이다. 하지만 통계사회학이나 계량사회학 교수들은 그들을 그저 문필가로 치부하고 무시했다.

속류 마르크스주의는 매우 신속하게 특수성 단계를 뛰어넘어 보편성에 도달했다고 믿었지만, 이는 추상적인 보편성이었을 뿐이다. 반면에 강단 사회학은 특수성에 함몰되어 보편성을 달성하지 못했다. 사회학 없는 마르크스주의가 경험적인 자료의 관찰 없이 일반론만 내세움으로써 공허한 것이 되었다면, 마르크스주의 없는 사회학은 경험적인 자료에 매몰되어 일반론을 추출하지 못함으로써 방향성을 완전히 상실했다. 개념의 세 가지 추상적인 순간(헤겔에 따르면 개별성, 특수성, 보편성)은 현실적인 변증법에서는 실제 개인들과(개별

---

1   *Les Temps Modernes*, No. 101, April 1954, p. 1737.

성) 계급으로 이루어진 사회(보편성) 사이의 상호 결합인데, 이 둘 사이를 중재하는 것이 나라마다 시대마다 다른 갈등의 성격(특수성)이다. 구체적이면서 동시에 총체적인 사고야말로 이 세 순간을 아우르면서 강단 사회학과 속류 마르크스주의의 일방성과 편향성을 극복할수 있다. 내가 사회학과 마르크스주의의 종합이라는 '새로운 수정주의'를 제안하는 것은 아니다. 또 "이쪽저쪽에서 각각 좋은 점만 택하고 나쁜 점은 버리는" 소부르주아지의 취향처럼, 화해, 절충적 조합, 중간 지점을 설정하고자 하는 것도 아니다. 사르트르의 『변증법적 이성비판』에서처럼 각 집단의 특수한 의미화를 포착하려는 것이다. 그리고 이를 위해 사회학의 가장 풍요로운 자산들을 이용하되, 이들을 마르크스주의의 변증법적·사적(史的) 총체화에 종속시키려는 것이다. 사회학의 대상은 이 총체화를 위한 과도기적인 단계에 지나지 않는다.

사회적 투쟁의 모순, 한 계급의 응집력과 계급의식은 그 계급의 모든 구성원이 직접적이고 즉각적으로 경험하는 것이 아니라, 복잡하고 미묘한 중재 망을 통해 일어난다는 관점을 제시한 것은 사회학의 공헌이다. 개인은 사회 속에서 살고, 복수의 집단과 조직에 소속됨으로써 그 사회 속에서 자신의 상황을 알게 된다. 집단 내에서의 관계는 현재적이고 내밀하고 면 대 면의 것일 수도 있고(가족, 친구, 사적관계, 이웃, 동문, 동료 등), 문화적으로 조직된 집단 내에서처럼(노동조합, 클럽, 정당, 종교단체 등) 거리가 있는 관계일 수도 있다. 또 우연한 관계의 집단(군중, 대중 등), 한층 더 광범위한 집단(공동체 구성원, 같은 국가의 시민, 같은 세대를 사는 동시대인 등), 성별이나 연령에 기초한 집단(여성계, 젊은이들의 팬클럽 등) 내에서의 관계일 수도 있다.

속류 마르크스주의가 구조라는 거시사회적 문제와 사회의 발전에만 매몰되어, 이러한 사회 집단들에 대한 미시사회적 분석을 심리적·주관적 요인들에만 특권을 부여하고 사회계급의 본질적 특성은 무시하는 강단 사회학자들에게 맡겨 놓은 것은 통탄할 일이다. 그리하여 계급의 역사적 현실을 다루는 해석 대신에 제한된 사회계층(연령, 성, 직업, 교육, 거주지) 해석, 통계학과 수학에 입각한 추상적 분석의 결과일 뿐인 해석들이 득세했다. 자신의 계량사회학적 체계를 세계관 수준으로 끌어올리겠다는 J. L. 모레노의 순진한 의도는 이런 사회학자들의 극단적 태도를 보여 준다. 이들은 인간관계를 역사적·사회적 맥락과 경제적 토대에서 유리된 개인들 사이의 심리적 관계로 축소한다. 사회학, 미시사회학, 사회심리학, 문화인류학과 이들의 많은 경험적 연구의 유용성은 인정할 수 있다. 그러나 동시에 경험적 연구를 토대로 하려는 철학의 빈곤은 묵과할 수 없다. 집단의 분석에는 사회계급의 틀이 필요하다. 이는 회피할 수도 없고 모순되는 일도 아니다.

그럼에도 불구하고 충분히 전개되지 못한 중요한 사회학적 가치가 하나 더 있다면, 그것은 바로 사물에 대한 물신숭배적 특징이다. 이는 마르크스의 『자본론』의 경탄할 만한 기여다. 오늘날의 사회학은 특정 복식, 특정 주택 형태, 특정 자동차 브랜드 등이 상이한 사회계급에게 행사하는 매혹을 고찰해야 한다. 한 계급이 다른 계급들과 차별화되는 특징 중 하나가 거주 방식이다. 그래서 전체를 아우르는 해석이라면, 당연히 도시사회학, 환경학, 나아가 건축의 사회학을 보조적인 학문으로 삼아야 한다. 프린스가 사람들, 훌리안 가르시아 누녜스, 마리오 팔란티, 비르히니오 콜롬보, 벤시치 형제, 알레한드로 비라소로, 안드레스 칼네이, 알베르토 프레비시, 그 외 망각된 혹은 익명의 건축가들이 여러 시대에 걸쳐 건축한 석조 건물들의 내부에는 여러 세대의 풍습과 유행의 끊임없는 진화, 곧 그들의 삶의 흐름이 마치 냉동 상태로 보존되어 있다. 그러니 세월의 녹이 슨 그 벽들에서 뭔가를 읽어 내는 법을 배워야 한다. 부에노스아이레스의 바리오 연구는 1920년대 시카고학파가 시작한 노선을 바리오에 거주하는 계급들에 맞추어 재설정할 필요가 있다. 시카고학파는 이론적 관점에서는 불충분하지만, 연구 자료로는 유용한 일련의 저작을 남겼다. 파크, 버지스, 맥켄지, 워스의 공저 『도시』(*The City*, 1925), 버지스와 맥켄지와 조보의 공저 『도시공동체』(*Urban Community*, 1926), 조보의 『골드코스트와 슬럼』(*The Gold Coast and the Slum*, 1929) 등이 대표적이다. 도시의 사회적 구획에 대한 탁월한 도표와 그래픽을 통해, 우리는 인구 분포와 도시 설계가 우연의 산물이 아니라, 경제 시스템 및 정치적·사회적 제도와 연관되어 있다는 사실을 상기할 수밖에 없다. 이런 의미에서 우리가 따라야 할 모델은 지우베르투 프레이리의 수작 『주인 저택과 노예 움막』, 『저택과 판잣집』, 『질서와 진보』(*Orden y progreso*, 1959)이다. 그는 이 저서들에서 주거 양식과 가장 내밀한 가정생활 모습의 진화를 통해 브라질이 가부장적인 사회에서 부르주아 사회로 변천해 가는 양상을 분석하면서, 프루스트식으로 세부에서 진리를 탐구한다. 프레이리는 반동적인 자신의 정치사회적 관점들에도 불구하고, 마르크스주의에서 부분적으로 영감을 받기도 했다. 그의 마르크스주의는 아르헨티나에 널리 확산된 직관주의적 사회학주의 사례와는 달랐다. 에세키엘 마르티네스 에스트라다, 에두아르도 마예아, 그리고 이들의 추종자인 H. A. 무레나, 로돌포 쿠시, 훌리오 마푸드는 객관적인 역사 자료, 사회과학, 정치경제학을 배제했다.[2]

현실의 전형적인 모습들을 피상적이고 회화적인 것으로 경시하지 않는 태도, 발레리는 과소평가했으나 프루스트는 열광한 그 섬세한 현실들을 진지하게 다루는 자세를 프레이리에게서 배워야 한다. 현상이 본질을 은폐하듯이 사물의 외면이 진실을 숨기는 것이 아니라 오히려 드러낸다고 인식하면, '표면적인 것'은 '심오한 것'만큼이나 사회학적 사유에 중요한 것이다. 정말로 전형적인 것은 대대적인 일반화나 이론적 추상화가 간과하는 내밀하고 미묘하며 포착하기 어려운 현실의 양상을 드러낼 수 있다. 분명 이미 알고 있는 것을 다루는데도, 헤겔의 말마따나 바로 너무 잘 알고 있다는 점 때문에 제대로 알기 어려운 법이다. 너무 당연히 존재하기 때문에 망각된 사물들에 대해 경이를 느끼기 위해서는 틀에 박힌 시선, 즉 바라보지만 아무것도 보지 못하는 시선에서 벗어나는 것만으로 충분하다. 모순이 존재하지 않는 듯한 동질적인 사회에서 전형성이란 민속에 대한 호기심 혹은 관광 안내서의 유쾌한 회화적 묘사에 지나지 않는다. 그러나 들썩들썩하고 분열된 사회에서는 인간과 계급의 전형적인 모습의 제시

---

2 이러한 관점의 비판으로는 나의 다음 책을 참조하라. *Martínez Estrada, una rebelión inútil*, Buenos Aires: Palestra, 3a ed., Buenos Aires: Catálogos, 1960.

는 역사적·정치적 사건들의 이해를 돕는다.

이의 제기가 있을 것을 고려하여 미리 지적하자면, 아르헨티나 도시의 독특한 사회 변화를 이해하기 위해서 학문적 연구의 안정적이고 차분하고 지속적인 지식과 저널리즘의 역동적이고 흥미로우며 일시적인 지식 사이의 종합을 제안한다. 저널리즘은 강단과 학계에 의해 질식당한 진정한 뉴스, 기록, 증언에 관심을 지니고 있기 때문이다. 현실에 대한 설명이 상당 부분 개인적 경험, 언론 기사, 현재의 역사를 구성하는 이야기, 일상생활에 내한 즉각적이고 즉흥적인 지각에서 추출되는 것은 이상한 일이 아니다. 심지어 가끔은 미적 가치에 대한 논란의 여지가 있는 소설, 하찮은 영화를 통해 한 시대가 되살아나기도 하고 사회적 상황이 재구성되기도 한다.

부에노스아이레스는 우리 문학의 가장 기본적인 영감의 원천이다. 지금까지의 주장들과는 달리, 부에노스아이레스의 신화와 미스터리는 부에노스아이레스라는 지역(local)에 국한된 현상이 아니라, 자본주의적 근대 도시로의 변화라는 특별한 시기를 겪고 있는 전 세계 모든 대도시에서 저마다의 특수성에 따라 일어나는 일이라 할 수 있다. 빅토르 위고의 『레미제라블』과 외젠 쉬의 『파리의 미스터리』(*Les mystères de Paris*, 1842)에서부터, 알렉상드르 뒤마와 그자비에드 몽테팽, 퐁송 뒤 테라이유, 마르셀 알랭의 연재소설들을 거쳐, 쥘 로맹의 『선의의 사람들』(*Les bumbles*, 1933)에 이르기까지 광범위한 문학 작품을 따라가며 추적할 수 있는 파리의 신화가 존재한다. 디킨스의 소설에는 런던의 신화가, 도스토옙스키에게는 옛 상트페테르부르크가, 피오 바로하에게는 옛 마드리드가, 그리고 대실 해밋, 윌리엄

버넷, 레이먼드 챈들러에게는 미국의 도시가 담겨 있다. 이 모든 문학은 군중의 도시가 그 거주민들의 정신세계에 작용하는 거대한 매혹을 반영하고, 동시에 그 매혹을 자극하고 미스터리를 추가하는 데 기여한다. 파리 신화가 출현한 주요 원인이 밀림이나 사막을 무대로 한 모험소설이 도시를 무대로 한 탐정소설로 변화했기 때문이라는 로제 카유아의 주장은 매우 적절하다.[3] 그러나 모험소설에서 탐정소설로의 변화는 각각 자본주의의 탄생과 그로 인한 작은 마을에서 거대 메트로폴리스로의 변모에 따른 것이다.

아르헨티나에서 1880년의 에우헤니오 캄바세레스, 1890년의 훌리안 마르텔, 1910년의 마누엘 갈베스는 배아 상태에 있던 거대한 변화의 역동성을 인식할 수 있었다. 그러나 사회생활의 막간을 흥미 본위로 다루는 일종의 도시 연대기(가령, 절정기의 『크리티카』지)의 영향을 받아, 등장인물들의 개인적인 드라마와 도시적 배경을 긴밀하게 결합시킨 로베르토 아를트를 필두로 한 일군의 소설가 세대가 탄생한 것은 1920~1930년대가 되어서였다. 사회 상황의 급속하고 난폭한 변화로 인해 무질서, 의미심장한 해체와 와해, 부적응자와 주변부 인물들이, 그리고 가끔은 기인들이 분출되었을 때 도시와 그 미스터리를 다룬 소설들이 출현한 것은 결코 근거 없는 일이 아니었다.

19세기 말의 부에노스아이레스는 아직 루시오 V. 로페스와 프라이 모초[4]가 묘사한 도시 그대로였다. 즉, 바리오에 국한된 대단히 폐

---

3 Roger Caillois, *El mito y el hombre*, Buenos Aires: Sur, 1939.
4 [옮긴이] 문인이자 언론인 호세 S. 알바레스 에스칼라다의 필명. 당대 풍속을 재치 있게 다

쇄적이고 지역적인 세계였다. 바리오에서는 모든 것이 가깝게 있고, 모든 사람이 서로를 알고 밀착된 인간관계를 맺으며 함께 동네 생활에 참여했다. 각 개인에게는 하나의 상황만 주어졌고, 그 상황 속에서 한 가지 역할만을 맡을 수밖에 없었다. 당연히 대인관계는 평범했다. 대단히 가족적인 분위기에서 직접 접촉하며 사는 사람들, 그리하여 최소한의 거리도 두지 않고 사는 사람들, 극적인 갈등이나 극단적인 긴장을 야기할 만한 조직화된 사회의 매개 없이 사는 사람들 간의 관계가 그렇듯이 말이다. 그러나 제1차 세계내선 이후 이민자들로 비대해진 부에노스아이레스는 익명적이고 몰개성적인 도시가 되기 시작했다. 지인이 아닌 타인은 불안한 존재가 되고, 도시는 낯선 얼굴들이 들어서고, 이웃에 대해서 전혀 알지 못하게 되었다. 모두가 다수의 상황 속에서 다수의 역할을 하고 살았다. 그리하여 공적 생활과 사적 생활의 분리가 발생했고, 은밀한 생활마저 가능해졌다. 가족의 안마당이었던 거리는 어느 누구의 것도 아닌 공간, 길모퉁이를 돌 때마다 어떤 일이든 일어날 수 있는 교차로가 되었다. 대도시에서는 군집화로 인한 익명성과 은폐 및 비밀의 가능성(이 점에서는 굽이굽이 꺾어지는 길, 좁고 험한 길, 숨을 곳이 가득한 울창한 밀림과 닮았다)이 보장된다. 이는 첨예화된 갈등과 적대감, 드라마와 모험을 위한 무한한 기회가 있는 더 복합적이고 변화무쌍하며 위험한 도시 생활에는 우호적인 조건이었다.

룬 글들로 유명하다.

II. 부르주아지

환경

'바리오 노르테'[1]라는 포괄적인 이름, 나중에 보게 되겠지만 이 적절하지 않은 이름으로 알려진 지역은 부에노스아이레스에서 부르주아지 및 여타 계급들이 자신이 사회에서 차지하는 객관적인 위치를 알수 있는 일차적이고 직접적인 기준이었다.

후안 마누엘 데 로사스[2] 시절의 부에노스아이레스 상류계급(당시 표현으로는 '멋을 부리는'[paqueta] (또는 '유행을 쫓는'[currutaca] 가문들)의 거주지는 바리오 수르[3]나 바리오 델 알토였다. 각각 오늘날산 텔모와 몬세라트로 불리는 바리오이다. 가장 중심가는 빅토리아

1　[옮긴이] '노르테'는 북쪽 지역을 가리킨다.
2　[옮긴이] 1829~1832년, 1835~1852년 사이의 아르헨티나의 독재자. 1852년 실각 후 영국으로 망명해 그곳에서 사망했다.
3　[옮긴이] '수르'는 남쪽 지역을 가리킨다.

광장(오늘날의 5월 광장)의 남쪽이었다. 산토 도밍고 성당, 산 프란시스코 성당, 산 이그나시오 성당 주변이 중심가였고, 중심 도로는 로사리오(오늘날의 베네수엘라 길)였다. 1850년경 메르세드 교구 주변에 새로운 주거 중심지가 탄생했다. 플로리다, 마이푸, 에스메랄다, 수이파차, 산 마르틴, 레콩키스타 길이 중심가였고, 그 바깥으로 포토시(오늘날의 알시나), 빅토리아(오늘날의 이폴리토 이리고옌), 리바다비아, 피에다드(오늘날의 미트레), 캉가요(오늘날의 테니엔테 헤네랄 페론), 쿠요(오늘날의 사르미엔토) 길까지 해당된다.

마누엘 빌바오의 말을 인용하자면, 수르는 부에노스아이레스의 생제르맹[4]이었다. 그곳에는 다레게이라, 로페스 이 플라네스, 루카, 사라테아, 리베라, 아라나, 비봇, 카손, 알메이다, 사엔스, 카비에데스, 알사가, 마르티네스 데 오스, 타글레, 디아스 벨레스, 카사레스, 이스키에르도, 칼사디야, 카스테요테, 벨그라노, 보텟, 세니요사, 라바예, 카란사, 코스타, 델 마르몰, 페르난데스, 코로넬, 이투아르테, 막납, 트레예스, 델 피노, 라레아, 인차우레기, 부르사코, 오르티스 데 로사스, 에스쿠라, 마르티네스 콘스탄소, 키로가, 사엔스 발리엔테 등의 가문이 살고 있었다.[5]

---

4 [옮긴이] 파리의 센강 주변의 번화가.
5 Manuel Bilbao, *Buenos Aires desde su fundación hasta nuestros días*, Juan A. Alsina, 1902. 그 시기에 대해서는 다음도 참조하라. Santiago Calzadilla, *Las beldades de mi tiempo*, Peuser, 1891. 특히 다음 서지도 참조하라. Octavio Battolla, *La sociedad de antaño*, Editorial Moloney & De Martino, 1907.

수르에는 또한 당시의 유일한 수출산업이던 육류 염장 공장들이 있었다. 이들은 강기슭의 바라카스 지역에 주로 세워졌다.

산티아고 칼사디야에 따르면 부에노스아이레스의 부르주아지가 바리오 수르에서 바리오 노르테로 점차 이주하게 된 요인은 황열병, 전차, 토르쿠아토 데 알베아르 시장, 이 세 가지였다. 마지막 요인만 개인의 의지와 지성이 작용한 경우였다. 파라과이전쟁[6]의 결과로 1871년 황열병이 돌자 재력가들은 리아추엘로강이 가까이 있어 비위생적이라고 여겨지던 수르 지구를 떠나 바리오 노르테에 정착했다. 이곳은 알베아르 시장 재직 중에 조망이 좋고 개방된 공원들을 갖춘 곳으로 정비된 바 있다. 프라이 모초의 작중 대화로부터 대중화된 "나 노르테로 이사 가"라는 구절은 그 당시의 시대적 징후였다.

그러나 바리오 노르테의 생성 요인으로 황열병보다 더 중요한 것은 정치적·경제적 상황이었다. 그것은 부에노스아이레스의 농축산업 부르주아지와 무역 부르주아지, 즉 각각 연방주의와 중앙집권주의 전통의 두 부르주아지 사이에 연합이 이루어졌다는 사실이다. 이 연합은 투자가 보장되는 안정적인 나라가 필요했던 외국 자본, 특히 영국 자본의 등장으로 실현되었다. 태생부터 영국 자본과 긴밀하게 결합된 이 통일된 부르주아지 집단은 유서 깊은 200개 가문으로 구성되어 있었으며, 그때부터 '개화된 보수주의'에 입각해 아르헨티나를 통치했다. 이들은 찬미자들에게는 '뼈대 있는 귀족'이라고 환호

---

6 [옮긴이] 삼국동맹전쟁(Guerra de la Triple Alianza)으로도 불린다. 1864~1870년에 파라과이가 브라질, 우루과이, 아르헨티나를 상대로 벌인 전쟁이다.

받았고, 반대 세력들에게는 억압적인 과두지배계급으로서 증오의 대상이었다. 이 집단은 처음부터 목축에 적합한 최상의 땅을 소유한 부에노스아이레스의 지주 및 농축산업 부르주아지로 구성되어 있었다. 따라서 냉동산업, 나아가 영국의 이해관계와도 연결되었다. 그들의 부의 절대적인 원천은 토지 임대료나 농축산물 수출이었다.[7] 이 계급에 해당하는 그 밖의 세력들은 지방 지주(코르도바주, 엔트레 리오스주, 산타 페주의 지주들), 구산업 부르주아지(투쿠만주의 제당소[in-genio][8] 소유주, 산 후안주와 멘도사주의 포도수 양조장 수인, 북부 지방의 직물 수공업장과 마테 재배지 주인들), 상업 부르주아지(제조업 상품 수입자, 곡물 수출업자, 금융 부르주아지)가 있었다. 부르주아 계급에서 가장 저명한 세력은 전문 직업인, 기업 관련 변호사, 정치 지도자들이었으나 재산은 보통 더 적었다.

뒤에서 축산업 부르주아지가 소수의 특권적인 구산업을 제외한 모든 산업 부문을 어떻게 멸시했는지에 대한 분석이 이루어질 것이다. 이러한 멸시는 처음에는 '양키 산업'으로 치부되던 농업에 대

---

7 『부에노스아이레스주 납세자 요람』(*Guía de Constituyentes de la provincia de Buenos Aires*, 1928)은 3만 헥타르 이상의 토지를 소유한 가문들(Álzaga Unzué, Anchorena, Luro, Pereyra Iraola, Pradere, Guerrero, Leloir, Graciarena, Santamarina, Duggan, Pereda, Duhau, Herrera Vegas, Zuberbühler, Martínez de Hoz, Estrugamou, Días Vélez, Casares, Atucha, Drysdale, Cobo, Bosch, Drabble, Bunge, Pueyrredón, Ortiz Basualdo, Mulhall, Pourtalé, Llaudé, Saavedra, Deferrari, Crotto, Stegman, Perkins, Otamendi, Maguire, López Lecube, Tailhade, Apellanis, Lastra, Alvear, Tornquist, Lyne Stivens, Fernández, Van Pennewitz, Rooth, Hale, Durañona, Parravicini)을 적시하고 있다. 이 명단은 다음 서지에서 재인용하였다. Jacinto Oddone, *La burguesía terrateniente argentina*, Buenos Aires: Ediciones Populares Argentinas, 1956, p. 186.

8 [옮긴이] 전통적인 제당소는 사탕수수 농장과 설탕 생산 작업장이 함께 있었다.

해서도 마찬가지였다. 전통적인 축산업 부르주아지와 유럽인 이민자 출신의 신흥 농업 부르주아지 사이에 존재했던 이상 및 이해관계의 차이는 축산업자들의 보수주의에 반대하는 정치 운동에서도 표출되었다. 산타 페에서는 리산드로 데 라 토레의 민주진보당(Partido Demócrata Progresista)이, 코르도바에서는 아마데오 사바티니를 지지하는 급진주의 분파가 출현했다.

외국 자본은 자신들의 이해관계에 따라 움직였지만, 그래도 국가의 구조와 지도층 계급의 형태에 영향을 미쳤다. 의도하지는 않았으나, 경제와 기술의 발전 및 습속의 심층적인 변화에 기여한 것이다. 초기 자본주의의 소용돌이가 엄격함, 지속성, 단조로움을 특징으로 하는 마을 같던 작은 세계를 휩쓸었다. 주택 혁명은 이러한 일상생활의 변화로 생긴 결과였다. 비단도 금도 없는, 다시 말해 화려한 장식이 없는 스페인식 수수함이 특징이던 수르 지구의 고택들 대신 새로운 생제르맹인 알베아르 대로의 호화로운 대저택들이 등장했다. 노르테가 새로운 주거지로 선택된 것[9]도 우연이 아니라 해외무역의 간접적인 결과였다. 부에노스아이레스와 유럽을 잇는 푸에르토 누에보, 즉 신항만 건설은 이런저런 형태로 무역과 연결되어 있던 수많은 이들로 하여금 노르테 지구에 주거지를 정하게 만들었다. 이러한 상

---

9 호화로운 지역은 레티로에서 시작되어 라 플라타강 북쪽 강변을 따라 레콜레타, 팔레르모, 벨그라노 같은 바리오들로 확대되었다. 그리고 수도의 경계를 넘어 비센테 로페스, 올리보스, 라 루실라, 마르티네스, 아카수소, 산 이시드로, 베카르 같은 강변 마을들로 이어졌다. 이 축을 제외하면 아드로게(이곳도 황열병 때문에 생겨났다)나 베야 비스타에 있는 몇 개의 고립된 주거지 마을들이 있을 뿐이었다. 부에노스아이레스의 다른 바리오들을 순수한 주거지대로 바꾸려던 그 밖의 시도들은 1910년 바리오 콩그레소의 사례처럼 모두 실패했다.

황들이 축적되어, 도시가 바리오 노르테, 즉 북쪽으로 팽창했다. 리카르도 오르티스는 이렇게 말했다.

그리하여 도시는 노르테 쪽으로 성장할 수 있었다. 황무지나 다름없는 곳에서 성장이 이루어졌는데, 그 무렵은 건설과 건축이 새로운 면모를 띠기 시작하던 시점이었다. 오월로를 사이에 두고 그 너머의 노르테 지구에는 근대성의 면모를 지닌 도시가 출현해, 그 이전의 수르 지구와 내비되었나. 수르 지구에는 과거의 번영을 가져온 흔적, 가령 과거의 정주촌(colonia)과 대규모 에스탄시아(estancia)[10]의 흔적이 필연적으로 보존되었다. 한편 그 너머 지구는 대영제국과 프랑스의 건축 요소의 접목 양상을 보여 주었다.[11]

바리오 노르테에 사용하게 될 새로운 건축 자재들이 건축가 및 각종 양식과 함께 푸에르토 누에보를 통해 유입되었다. 바리오 노르테에는 프랑스풍 분위기가 지배적이었다. 루이 15세 시대의 양식이 채택되었고, 나중에는 루이 16세 시대의 신고전주의 아카데미 건축양식으로 대체되었다. 르네 사르젱, 에두아르도 M. 라누스, 폴 해리, 알레한드로 크리스토페르센 등이 그 시기에 유입된 최초의 외국인 건축가들이었다.[12]

---

10 [옮긴이] 대규모 농장 혹은 목장.
11 Ricaro Ortiz, *Historia económica de la Argentina*, vol. I, Buenos Aires: Raigal, 1955.
12 벨 에포크의 기념비적인 일부 대저택(palacio)이 아직 보존되어 있다. 라누스와 해리가 건축했으며, 아야쿠초 길께의 알베아르 길에 위치한 궁, 후닌 길께의 킨타나 길에 있는 궁(오늘날의 항공부 청사), 그리고 특히 산 마르틴 광장에 있는 안초레나 가문의 궁을 들 수 있다. 이 마지막 두 궁은 크리스토페르센이 건축했다.

베르사유풍 정원을 향해 발코니와 난간이 난 프랑스 로코코 양식의 과시적이고 호화찬란한 건축물은 상승하는 부르주아 계급의 풍요, 사치, 세련됨에 가장 잘 어울리는 양식이었다. 실내는 스투코나 황금색 석고로 장식한 두툼한 몰딩, 대리석 계단과 기둥과 기단, 그리스 신화의 모티브들이 아로새겨진 천장, 크리스털 샹들리에, 금세공 틀 거울, 대좌상, 독서대에 펼쳐 놓은 책, 은 촛대, 태피스트리, 고블랭 벽걸이, 양단과 비단, 페르시아 양탄자와 터키 스미르나산(産) 양탄자, 세공 가구, 그림, 칠기 병풍 등으로 과도하게 인테리어되어 있었다. 부채, 중국 자기, 베네치아산 항아리, 일본산 컵, 작은 장식 인형, 미니어처, 삭스 자기와 세브르 자기,[13] 칠보 자기, 백납 자기, 상아 자기 등의 수집품도 가득했다. "유서 깊은 민족들의 세련됨을 모방한 모든 것은 편리성이나 고상한 취향보다는 새로움 때문에 구매한 것이다. 부에노스아이레스 사람들의 순진함을 이용한 탐욕적인 상인들의 꼬드김이 작용했다."[14]

골동품, 고가 장식품, 양식(樣式) 가구, 요람기본[15] 장서, 오래 숙성된 포도주가 가득한 저장고, 좋은 혈통의 개나 말 같은 사치스러운 동물, 바리오 노르테의 의기양양한 궁들은 마치 귀족들의 문장(紋章)처럼 그 소유자들의 사회적 지위를 지시했다. 또한 베블런이 자신의 고전적인 저서 『유한계급론』에서 규정한 대로, "과시적이고 비생산

---

13 [옮긴이] 삭스 자기는 미국인 도예가 에이드리언 삭스 상표의 자기, 세브르 자기는 파리 남서부의 도시 세브르의 왕립공장에서 만든 자기이다.
14 Juan Balestra, *El noventa*, 3rd ed., Buenos Aires: Fariña, 1959, p.14.
15 [옮긴이] 15세기 활판 인쇄본.

적인 소비" 특징, 즉 상류계급의 오만한 지불 능력 과시에 부합하는
것이었다. 이제 막 자본주의가 시작된 나라, 아직은 가난하다 할 나라
에서 그토록 과도하게 호화롭고 드넓은 바리오가 존재한다는 놀라운
사실에는 베블런이 말하는 '과시'라는 단순한 심리적 만족 외에도 다
른 이유들이 있다. 다른 산업은 거의 없고 농축산업이 주가 된 경제에
서, 도시의 부동산에 대한 투자는 기업가 정신도 없고 기회 모색 가능
성도 없는 당시로서는 자본의 돌파구였다.

　　20세기 중반 무렵, 세금 상승, 가사 도우미 부족, 생활비 삼축의
필요성 등으로 인해 바리오 노르테, 벨그라노, 산 이시드로, 아드로게
의 오래된 대저택들이 서서히 사라졌다. 다만 그중 일부만이, 정원은
황폐해지고 회랑은 무너지고 침실에는 거미줄이 쳐진 채 방치되어
아직 남아 있었다. 유령의 성 같은 그 미스터리한 분위기는 소설가 혹
은 감성적이고 향수에 젖어 있는 사람, 어쩌면 괴짜 같은 영혼의 소유
자만 유인할 뿐이었다.[16]

　　바리오 노르테는 파트로시니오, 카르멜로, 산 아구스틴 교구들

16　이 저택들은 또한 자주 예술적인 영감을 주었다. 마리아 루이사 봄발이 시나리오를 쓰고 라
　　울 솔디가 미술 감독을 맡은 루이스 사슬라브스키의 선구적인 옛 영화 「기억의 집」(La casa
　　del recuerdo)과 부에노스아이레스주 글루시(市)의 농장저택(quinta)들에 대한 솔디의 그림
　　들이 그 사례이다. 또한 그 시절의 마지막 후손들이 문학을 통해 최종 결산 작업을 하기도
　　했다. 무히카 라이네스의 『그들은 여기 살았다』(Aquí vivieron)와 『저택』(La casa), 오마르
　　델 카를로의 『재의 정원』(El jardín de ceniza), 베아트리스 기도의 『천사의 집』(La casa del
　　ángel)과 『덫에 밀어 넣은 손』(La mano en la trampa), 루크레시아 사엔스 케사다의 『빅토
　　리아 604번지』(Victoria 604)를 꼽을 수 있다. 한편 에르네스토 사바토는 『영웅과 무덤들에
　　대해서』(Sobre héroes y tumbas)에서 바라카스에 얼마 남지 않은 대저택 한 곳을 회상한다.
　　마예아도 『독수리와 탑』(Las águilas y La torre)에서 대규모 에스탄시아의 쇠락을 묘사하고
　　있다.

로 둘러싸여 있었는데, 부르주아지는 이 바리오 내에서도 살던 곳을 버리고 배타적인 신흥 지구로 이주했다(벨그라노 바리오에서도 같은 현상이 있었다). 그리고 그들이 떠난 자리는 구부르주아지를 뒤늦게라도 모방하고 싶어 하던 신흥 부르주아지가 차지하게 되었다. 상류계급을 구성하던 다양한 지역의 사회적·경제적 차이의 분석은 뒤로 미루고, 여기서는 우선 지역 간 환경 차이만 짚어 볼 것이다.

1958~1959년 부에노스아이레스 철문학부 사회학연구소가 실시한 한 설문조사[17]는 사회 안내서 2종(1958년판 『백서』와 1953년의 『문고판 사교 가이드북』)에 등록된 성씨와 1953년의 경마 클럽(Jockey Club) 회원 명부를 이용하여 이루어졌는데, 다음과 같은 결론이 도출되었다. 전형적인 상류층 바리오는 몬테비데오, 훈칼, 리베르타드, 마이푸 거리와 리베르타도르 대로로 둘러싸인 레티로 지역(소코로 교구), 특히 에스메랄다, 아로요, 세리토, 산타 페 길로 둘러싸인 지역이다. 푸에이레돈, 후닌, 훈칼, 리베르타도르 대로로 국한된 필라르 교구(레콜레타 지역)가 두 번째 순위를 차지한다. 세 번째는 서로 다른 두 지역을 포함한다. 하나는 전통적인 산타 페 거리가 있는 산니콜라스 데 바리 교구이고, 또 한 지역은 피에다드, 산 미겔, 메르세드, 산티시모 사크라멘토 교구로 이루어진 더 중심가 쪽이다. 이 설문조사에는 바리오 노르테의 철 지난 구역을 차지한 신흥 부르주아지의 거주

---

17 José Luis de Imaz, *La clase alta de Buenos Aires*, trabajos del Instituto de Sociología de la Universidad de Buenos Aires, 1962. 이 조사는 지노 제르마니가 아르헨티나에 도입한 정량적이고 수학적인 사회학의 전형적인 예이다. 그 한계에 대해서는 서두에서 짚었지만, 정성적인 해석을 덧붙인다면 그 자료들은 유용할 수 있다.

지에 대한 것은 없다.

전 세계 모든 아름다운 동네들이 그렇듯이 상류계급 거주 지역의 건축과 구획 설계는 부자를 가난한 사람으로부터 분리하고 보호하고 숨기는 데 유용했다. 도시의 다른 지역과 생생하게 대조를 이루는 바리오 노르테의 도시 설계는 이러한 목적에 부응했다. 미국식의 단조로운 바둑판 도로 형태를 배척하고 유럽식으로 거리에 독창성을 부여했다. 작은 광장(알베아르 대로께의 카를로스 페예그리니 길), 분수(안초레나 길께의 기도 길, 아우스트리아 길께의 기도 길, 에스메랄다 길께의 아로요 길), 아로요 길처럼 비탈지고 굽은 길(마예아는 이를 "아로요 길의 귀족적 팔꿈치"라고 불렀다) 등이 중간중간 있었다. 또는 세아베르 길처럼 층계로 길이 끊기는가 하면, 팔레르모 치코 바리오처럼 미로처럼 이어져 그 지역 주민만이 길을 찾을 수 있는 곳도 있었다. 세아베르 길과 아로요 길의 가로등은 실용적이기도 하지만, 친밀한 사람들이 모여 있는 식탁의 촛대들처럼 의식적(儀式的)이기도 했다.

거주하는 집의 유형과 위치는 부와 계급을 가장 가시적으로 과시하는 방식의 하나였다. 그 결과 지역 간 경계선이 매우 엄격하게 정해졌다. 마예아 같은 아르헨티나 부르주아지 옹호론자의 정의에 따르면, "근엄하고 귀족적인 동네"인 바리오 노르테는 "자부심과 향수로 가득 차 있으면서 동시에 대단히 과시적이고 소심하며, 속으로는 대단히 차갑고, 전능한 젊은 도시의 어조가 가득한"[18] 공간이었다. 아르헨티나 부르주아지에게 상징적이고 정서적인 가치를 갖고 있어서,

---

18 Eduardo Mallea, *La torre*, Buenos Aires: Sudamericana, 1950.

마치 게토처럼 이들을 바리오 노르테 경계선 안에 모여들게 했다. 그러나 이 바리오의 배타성과 밀폐성은 그 정서적 후광 때문이 아니라, 땅값과 임대료를 높은 시세로 고정하는 엄격한 경제적 통제를 통해 유지되었다. 거주자들의 사회적 지위도 매우 철저하게 선별되었다. 세련된 바리오이기 때문에 비싼 것이 아니라, 비싸기 때문에 세련된 바리오가 된 것이다. 난초가 빼어난 것은 가장 아름다워서가 아니라 가장 비싸기 때문인 것과 같은 이치다.

물론 정서적인 것도 경제적인 바탕에 영향을 주었다. 바리오와 집에 대해 부여하는 비중이 크다 보니, 소득은 적지만 체면은 지키고 싶은 몰락한 명문가는 품위에 맞다고 관념화된 바리오에 계속 살려면 희생을 감수할 수밖에 없었다. 반면 경제적인 능력이 더 있어도(예를 들면 장사가 잘되는 잡화점 소유주[almacenero] 중에서) 자신이 편하게 느끼는 서민 동네와 저렴한 아파트를 떠나려 하지 않는 이들도 있었다. 잡화점 소유주들이 가세가 기운 수많은 에스탄시아 소유주보다 더 부유했겠지만, 두 집단 모두 에스탄시아 소유주가 잡화점 소유주보다 사회적으로 더 위에 있다고 생각했다. 즉, 부는 사회계급의 기준으로 충분하지 않았고(필요하기는 하지만), 한 계급이 경제적 생산이나 여타 계급과 관련하여 사회에서 차지하는 전반적인 위상의 기준으로도 충분하지 않았다.

주거에 대한 물신숭배가 너무나 극단적으로 치달아서, 임대료는 낮아도 우아한 사람들이 살기에 관행상 적절해 '가세가 기운 명문가'의 진정한 도피처라 할 수 있는 공동주택들이 있을 정도였다. 제일 유명한 공동주택은 우가르테체 거리 3000번지대에 위치한 커다란 건물로, '오리들의 궁'(Palacio de los Patos)[19]이라는 의미심장한 이름으로 불렸다. 이 건물에 살았던 저명인사로는 대통령까지 역임한 사엔스 페냐의 미망인을 빼놓을 수 없다.

과두지배계급과 중산계급

다른 바리오들과 분리된 바리오에 상류계급이 모여 사는 것은 하위계급들과 접촉하고 싶지 않은 바람 때문만은 아니다. 자신들의 표피적이고 권태로운 일상생활을 감추고, 나아가 전설적인 인물로 비치고 싶어서이기도 했다. 자기 삶이 일종의 예술품, 하위 계급들이 멀찌감치에서 볼 때 감탄과 존경을 자아내는 이상적인 모델로 보이기를 바랐다. 과두지배계급은 중산계급의 상상과는 분명 달랐지만, 그러한 이미지를 유지하고자 애썼다.

　광기 어린 시대의 디바들이 그렇듯이, 과두지배계급은 파악하기 어렵고, 비가시적이고, 유령 같고, 평범한 인간보다 한참 위에 있어 일반인에게 접근하기 힘든 존재였다. 그들은 도시의 일상에서 격리되어 있고, 공원과 도시 정원을 오가는 사람들에게는 담장에 의해, 또 사원이나 옛 요새의 격자 철책에 의해 가려져 있고, 제복을 입은 삼엄한 경비원들의 보호를 받는 밀폐된 저택에 은거하는 삶을 살았다. 소부르주아지는 그들이 사는 거리를 감탄과 놀라움 속에서 산책했다. 로베르토 아를트의 작품에 나오는 인물들처럼, "그중 어느 한 저택의

19　[옮긴이] 이 맥락에서 오리는 값어치가 별로 나가지 않는 오리 깃털을 가리킨다.

블라인드 틈으로 우울하고 과묵한 백만장자가 오페라 안경으로 자신을 관찰하고 있다"[20]고 상상하면서. 옛 바리오 노르테가 자신을 포장하는 수단으로 삼은 그 마법의 분위기, 시적이고 거의 비현실적인 모호한 매혹 덕분에 그들의 경제적·사회적 토대는 울창한 정원의 그늘과 널따란 창문들의 섬세한 고급 커튼 뒤에 감춰질 수 있었다. 불빛이 사방으로 퍼지고 감미로운 꽃향기가 감도는 가운데 편안한 소파로 장식된 실내에서, 사람들은 마치 할리우드의 세련된 코미디 영화 속 배우들처럼 몸을 웅크리고 위스키 잔을 든 채 게임을 하고 교양 있는 어조로 대화를 나누었다. 노동을 제외하면 어떠한 일도 가능하리라고 생각되었다. 밀폐된 공간은 백일몽이 작동하기 위한 강력한 수단이었다. 이상화되고 물신화되고 부르주아 계급과 다르게 표상된 그 '귀족적 이상'은 마치 유럽 왕실이 평민에게 발휘하던 매혹적인 광채와 유사한 영향력을 행사했다.

　루이 14세 시대의 어떤 공식 연회에서는 왕의 식사 모습을 대중이 볼 수 있도록 허용되었다. 20세기 초 아르헨티나의 부르주아 사회에서는 굶주린 관음증적 대중이 신문이나 전문 잡지의 사회 동정란에 실린 상세한 설명과 사진들을 통해 부유층과 권력층의 식사 자리에 참석했다. 엠마 데 라 바라(세사르 두아옌의 필명)가 쓴 『스텔라』(Stella, 1905)가 아르헨티나 최초의 베스트셀러 소설이 될 수 있었던 것은 상류사회 풍속을 보여 주었기 때문이다. 그러나 책 한 권으로는 충분하지 않아서, 매일같이 사회적 사건들을 기록하듯이 전하는 잡

20　Roberto Arlt, *Los siete locos*, Buenos Aires: Futuro, 1950.

지들도 필요했다.

1898년부터 『카라스 이 카레타스』(Caras y Caretas)지, 특히 1903년에 창간된 『엘 오가르』지는 과두지배계급의 삶에 대한 중산계급의 정서적인 참여를 가능하게 해 주고, 이들의 삶에 자신들의 삶을 투사하고 일체감을 느끼게 해 준 수단이 되었다. 덕분에 중산계급은 일상의 따분한 현실과 빈곤한 환경에서 상징적으로나마 도피할 수 있었다. 『카라스 이 카레타스』의 '두엔데 부인' 메르세데스 모레노와 『엘 오가르』의 호수에 케사다는 신과 평범한 인간들 사이의 영매이자 중개자, 이들 사이에서 의식을 치르는 사제였다. 그들은 상류계급의 폐쇄적인 집을 드나들고, 엄선된 이들의 파티에 참석하고, 중산계급은 절대로 가까이에서 볼 수 없는 이들의 사생활을 보도했다. 또한 그들은 평판과 성공을 위한 힘겨운 투쟁이 지배하는 사회의 가십, 소문, 자극적인 일화, 무분별, 음모 등을 다 알고 있다 보니 과두지배계급에 대해서도 지배력을 행사했다. 이 계급의 전성기였던 19세기 말과 20세기 초의 수십 년 동안, 소부르주아지는 상층 부르주아지 구성원들의 이름, 혼인, 내밀한 습성과 풍속을 상세하게 익혔다. 그런데 훗날 그 관심은 영화와 라디오 스타들에게로 옮아갔다. 그래서 중산계급의 상상력에 대한 『엘 오가르』지의 장악력은 1930년대에 라디오와 영화에 대한 전문 잡지들의 출현과 더불어 쇠퇴하기 시작했다. 『신토니아』(Sintonía), 『안테나』(Antena), 『라디오란디아』(Radiolandia)는 그때부터 전국적으로 가장 많이 팔리는 잡지가 되었다. 반면 상류계급을 위한 영화 잡지를 목표로 한 『시네그래프』(Cinegraf)는 실패했다. 두엔데 부인과 호수에 케사다는 발렌티나, 마리오펠리아, 멘디로 대체되었다. 이들은 아르헨티나판 엘사 맥스웰, 루엘라 파슨스, 헤다 호퍼였다.[21] 한편 우루과이처럼 영화 산업이 부재한 나라들은 20세기 중반까지 사회 동정란이 여전히 커다란 효력을 발휘했다. 그래서 진지한 신문들을 통해서도 결혼식 정보, 이를테면 어떤 선물을 받았는지, 선물한 사람은 누구인지, 결혼식에 참석한 귀부인들이 어떤 차림이었는지 알 수 있었다.[22]

중산계급의 일부 지식인도 과두지배계급에 대한 매혹에서 벗어나지 못했다. 그들에게 빅토리아 오캄포 같은 인물들은 토종 게르망트 공작부인이었다. 훌리오 코르타사르는 1930~1940년대 학창시절을 보낸 이들을 대표하여, "우리는 상당수가 소심하고 데면데면하긴 했지만 시적 본능 때문에 그녀를 늘 빅토리아라고 칭했다. 그렇게 해도 그녀가 불쾌하게 생각하지 않으리라고 확신했다"[23]며 겸허하게 고백했다.

사회적 게임

폐쇄적인 사고방식, 오만과 과도한 자족감, 특히 전성기 때 아르헨티나 대지주 부르주아지 특유의 혈통 의식 등은 외국인 방문자들을 경악시켰다. 각각 『라틴아메리카의 드라마』(*El drama de América*

---

21 [옮긴이] 모두 20세기 전반에 주로 활동했던 미국의 가십 칼럼니스트.

22 Carlos Rama, *Las clases sociales en el Uruguay*, Montevideo: Nuestro Tiempo, 1960.

23 Julio Cortázar, "Soledad sonora", *Sur*, No. 192-193-194, October to December 1950.

Latina)와 『무대에 오른 라틴아메리카』(*América Latina entra en esce-na*)[24]를 쓴 존 건서와 티보르 망드는 공히 그들을 동유럽, 특히 전쟁 이전의 헝가리와 폴란드의 옛 대지주 귀족과 비교하였다. 영광을 누리던 시기의 아르헨티나 과두지배계급은 제정 시대 러시아 귀족이나 중부 유럽의 귀족처럼 프랑스어로만 대화하고 가끔 영어를 섞었다. 빅토리아 오캄포와 델피나 붕헤는 프랑스어로 글쓰기를 시작했다. 스페인어로는 불가능했기 때문이다. 한편, 부에노스아이레스 부르주아지가 종종 스스로를 '젠드리'로 규정한 일은 그들이 영국 상류사회와 친밀한 관계를 맺고 있다는 징후였다. 주지하다시피 젠트리는 영국에서 귀족이 아니지만, 귀족에게 귀족 대접을 받은 사회계급이었다. 아르헨티나 부르주아지는 복합적으로 얽힌 환상과 상호 이해관계망을 통해 영국 왕실과 귀족 사이에서 두터운 신망을 얻었다. 오랜 기간 동안 런던 주재 아르헨티나 대사였던 호세 에바리스토 우리부루는 생일 때마다 영국 왕들로부터 선물을 받곤 했다. 그의 후손인 우리부루 로카 가문은 영국에서 가장 폐쇄적인 레이디[25] 해밀턴 가문과 레이디 애스터 가문 그룹에 받아들여졌다.

묘한 후광이, 귀족적인 거만함, 벌거벗은 임금님의 의복처럼 평범한 사람의 눈에는 보이지 않는 가치들을 공유하는 예외적인 계층

---

24 [옮긴이] 각각의 원저는 다음과 같다. *Inside Latin America*(New York and London: Harper and Brothers, 1941), *L'Amérique latine entre en scène*(Paris: Éditions du Seuil, 1956).

25 [옮긴이] '레이디'(lady)는 영국에서 여성에게 주어지는 작위로 남성에게 주어지는 '기사'(knight)와 동급이었다. '레이디'는 또한 기사 작위를 받은 이의 부인에 대한 경칭으로 사용되기도 하였다.

의 비밀 회원이라는 오만한 자부심에 젖어 행동하는 고귀한 젠트리 계층을 둘러싸고 있었다.

에두아르도 마예아는 어느 아르헨티나 귀족을 묘사하면서 다음 과 같이 말했다.

그는 딴 사람들과는 다른 사람이다. 매우 유별나게 올바르고, 매우 유별나게 사리사욕이 없다. 단지 영주권만, 그것도 명목상의 영주권만 있는 영주를 상상해 보라.[26]

마예아도 또 그 어떤 과두지배계급 예찬가도 선택받은 자들의 그 덕목이 왜 몇몇 소수에게만 부여되고 다른 이들에게는 부정되는지 그 이유를 밝히지 않았다. 사회의 나머지 사람들, 즉 비밀결사 비회원, 군중, '양 떼'보다 과두지배계급 사람들을 더 위에 두는 그 성스러운 은총이 어디서 비롯되는지 말이다. 마니교의 완고한 신이 명한 숙명적인 법이고, 그 비밀스러운 계획은 미스터리로 남았을 뿐이다. 취향의 순수성은 세습된다는 신화에 입각해 그 특권적인 존재들을 묘사하면서 마예아는 다음과 같이 적었다.

그는 멋스러운 월하향, 난초 혹은 지표면보다 한참 위에서 개화하는 꽃처럼 성장했다. 운명적이고 영원한 비밀의 법칙에 의해 이 세상에 오도록 선택된 존재처럼 말이다. 위대한 자는 어디에 있든 위대하다.

---

26 Eduardo Mallea, *La torre*.

제국에 있든 들판에 있든.[27]

기품 없는 사람은 뭘 해도 소용없다. 기품은 얻어지는 게 아니라 타고나는 것이다. 마예아는 "정신에 타고난 교양이 없으면, 최초의 세포에서부터 교양이 배양되지 않으면, 정신의 함양은 사실상 소용없다"[28]고 경고했다. 마예아가 말하는 그 "비가시적인" 아르헨티나인은(그가 부에노스아이레스의 옛 농장주였던 건 우연이 아니다) "체질적으로 교양을 갖추고 태어나지 않은 사람이 제아무리 많이 읽고 심사숙고해도 책으로 쌓을 수 없는 전반적이고 자발적인 교양"[29]을 소유하고 있다.

마예아는 주저하지 않고 부에노스아이레스 부르주아지를 KKK를 결성한 미국 남부의 반동적이고 인종주의적인 과두지배계급에 비견한다.

사회적이지는 않으나 정신적으로 귀족적이고 영주적이고 크리오요(criollo)[30]적인 특징은 미국 남부의 몇몇 주에서는 거의 존속되지 않는다. 그러나 우리 아르헨티나의 거의 모든 지역에서는 깊은 지층에

27 Eduardo Mallea, *La bahía de silencio*, Buenos Aires: Sudamericana, 1940.
28 Eduardo Mallea, *Historia de una pasión argentina*, Buenos Aires: Espasa Calpe, 1937.
29 Eduardo Mallea, *La bahía de silencio*.
30 [옮긴이] 일반적으로는 라틴아메리카에서 태어난 백인을 말한다. 다만 아르헨티나의 경우는 19세기 말부터 폭증한 이민자의 반대말로 사용되었다. 즉, 신규 이민자 집단과 달리 몇 대에 걸쳐 이미 아르헨티나에 뿌리를 내리고 산 백인 집단을 가리켰다.

생생히 남아 있다.[31]

그가 말하는 '정신의 위대함'이란 천부적이고 인종적이고 유전적인 우월성, 엘리트들에게 예찬을 받았던 독일 철학자 막스 셸러의 표현을 빌면 "어떤 태생적인 기품"이다. 즉 사회의 엄격한 서열화를 정당화하면서 선택된 소수에게 그들 일원의 우두머리가 될 수 있는 전권을 부여한다. 거의 카스트 제도의 상위 계층을 방불케 하는 한 계급의 전제적인 특권이 그 옹호론자들에 의해 정신적 자질인 양 치부되었고, 그들의 가장 비열한 이해관계가 고귀한 가치로 탈바꿈했다. 간접적인 예찬론자인 H. M. 무레나는 "과두지배계급은 일종의 정신 상태이다"[32]라고 말하면서 그들의 부의 문제를 은폐했다. 이에 대해서는 심리적 요인들로 치장하여 이따금 논할 뿐이었다.

이민자 물결이 지속적으로 들이치는 나라에서 예의 '정신의 귀족성'은 대대로 이어진 아르헨티나 창건자들의 크리오요 후손들, 즉 오래된 포도주처럼 장기 숙성된 소위 조상의 미덕을 이어받은 계승자들에게 강력한 뿌리를 두고 있다. 이 미덕은 그런 족보가 없는 이민자 자손들에게는 결여되어 있는 것이었다. 즉, '귀족 정신'은 상속된 자산이자 양도될 수 없는 자산이다. 소유물과 소유주가 신비주의적인 매듭으로 결합된 주술적 소유관계를 띠고 있는 것이다. 그리하여 구크리오요들과 신인간, 즉 이민자들 사이에 해결 불가능한 대립이

---

31 Eduardo Mallea, *El sayal y la púrpura*, Buenos Aires: Losada, 1946.
32 H. A. Murena, "Nota sobre la crisis argentina", *Sur*, No. 248, September-October 1957.

생겨났다. 다시 한번 마예아를 인용하자면, 그는 다음과 같이 교리를 정립하고 있다.

오직 과거에서 유래된 것, 옛 아르헨티나의 정신으로 구축된 것만이 모호한 성격의 인간 군상 속에서 차별성과 인종을 고수하고 있다.[33]

이민자의 홍수로 뒤범벅되고 잡동사니가 된 그 지극히 순수한 크리 오요적 특징이 아직 보존되고 있다.[34]

여기서 부르주아 계급의 유명론과 조상의 성(姓)에 대한 물신숭 배가 비롯되었다. 사실은 몇 안 되는 귀족 혈통의 성씨들은 체면만 차리는 가난한 가문의 것인 경우가 허다했다. 푸에이레돈, 발카르세, 라바예, 포사다스 등이 그런 경우다. 그리하여 순식간에 부를 축적한 이민자들의 성씨(안초레나, 산타마리나, 이라올라, 카라바사, 미하노비치, 에스트루가모우)가 부르주아 계급에 추가되었다. 그래서 과두지배계 급은 태생이 다른 그 두 그룹의 가문들 간 결혼을 통해 형성되었다. 예를 들면, 알사가 운수에, 파스 안초레나 가문의 경우가 그렇다. 서민계급만 대대로 자기 계급(프롤레타리아)을 유지했지, 부르주아지의 조상이 늘 부르주아지는 아니었다. 부르주아지의 조상은 많은 경우 가죽 밀무역업자, 부를 쌓은 가게나 주점 주인, 스페인 법망을 피

---

33 Eduardo Mallea, *La bahía de silencio*.
34 Eduardo Mallea, *Las águilas*, Buenos Aires: Emecé, 1943.

해 도망친 모험가들이었다. 지주 부르주아지가 자신의 어두운 과거를 잊은 채 가계도 추적에 경박하게 골몰한 이유는 그저 그런 성씨를 지닌 사람들, 주로 이탈리아 출신으로 도처에 출몰하는 이들의 범람에 맞서기 위해서였다. 이러한 목적으로 아르헨티나족보학연구소 (Instituto Argentino de Ciencias Genealógicas)가 경마 클럽에 사무실을 두고 설립되었고, 카를로스 칼보는 『옛 라 플라타 부왕령의 귀족 인명록』(Nobiliario del antiguo Virreinato del Río de la Plata, 1924)[35] 을 두꺼운 여러 권의 책으로 집대성했다.

이탈리아 이민자에 대한 경멸은 결국 노동에 대한 경멸, 하층계급의 실용적이고 생산적인 활동에 대한 경멸이나 마찬가지이다. 지체 높은 사람은 꾸러미 하나도 들지 말아야 했다. 마예아는 귀족 정신을 "그런 형태의 품위, 즉 삶의 비천하고 약탈적인 측면에 대한 멸시, 삶을 위한 투쟁에 대한 그 기품 있는 무관심"[36]이라고 규정했다. 그러한 귀족 정신은 오직 높은 지대(地代) 덕분에 가능했지만, 마예야는 그 이야기는 결코 하지 않았다. 정신을 함양할 만한 여가에 투자할 시간을 충분히 갖는 게 필요했다. 교양은 서민과 구별되기 위한 새로운

---

35 존 건서는 가문의 성을 과시하기 위해 사용하는 복잡한 술책들을 다음과 같이 재미있게 언급한다. "로돌포 알사가 운수에의 경우를 생각해 보자. 알사가는 아버지 성이고, 운수에는 어머니 성이다. 그러면 아내의 경우는 어떻게 할 것인가? 어떻게 아내 이름에 남편 이름을 반영할 것인가? 신문 사회면의 해결책은 다음과 같다. 부부를 함께 언급할 때는 '로돌포 알사가 운수에와 그의 부인 아구스티나 로드리게스 라레타', 부인만 언급할 때는 '아구스티나 로드리게스 라레타 데 알사가 운수에'라고 쓴다"(El drama de América Latina, Buenos Aires: Claridad, 1942). 성을 두 개 쓰려는 기벽에 대해서는 에르네스토 사바토의 다음 소설을 참조하라. Sobre héroes y tumbas, Buenos Aires: Fabril, 1961.

36 Eduardo Mallea, La bahía de silencio.

구실이 되었다. 마예아는 교양 있는 여성에 대해 다음과 같이 말했다.

품격 있는 것에 익숙한 환경에서 태어났고, 자신의 성향과 취향에 대
해, 또 선호하는 것과 배격하는 것에 대해 확고했다. 열다섯 살이 되
면, 쳐다만 봐도 그로스[37]의 그림과 들라크루아 그림의 차이, 투박한
독일 화가와 앵그르[38]의 거리(距離)를 완벽하게 구별하고 평가할 줄
알았다.[39]

그러나 이 점이 상류계급 젊은이들에게 매우 흔한 일이라고 쳐
도, 열다섯 살에 그로스와 들라크루아를 구별할 수 있으려면 어릴 때
부터 대저택에서 옛날 그림, 고가의 장서, 예술품에 둘러싸여 성장해
야 했고, 식후 다과 시간에 고상한 대화가 이루어지는 환경, 교양을
가족들이 공유하는 기억처럼 자연스럽게 습득하는 환경이 필요했다.
또 유럽에 장기간 머물면서 미술관과 역사적 유적들을 돌아다녔어야
했다. 결국 생활을 위한 노동의 필요성과 고단함을 알아서는 안 되었
다. 일을 마친 후 야간 학교에서 공부하는 노동자는 그 누구도 그로스
와 들라크루아를 구별할 만한 최적의 조건을 누릴 수 없다.

돈에 대한 무관심, 생산 활동에 대한 경멸, 값싼 상업주의에 대한
경멸 등, 부르주아 계급의 해석자들이 말하는 그들의 기품 있는 정신

---

37 [옮긴이] 게오르게 그로스. 사회에 대한 신랄한 비판과 전쟁의 타락상을 묘사한 독일의
    20세기 화가.
38 [옮긴이] 장 오귀스트 도미니크 앵그르. 19세기 프랑스의 고전주의를 대표하는 화가.
39 Eduardo Mallea, *La bahía de silencio*.

적 조건들은 경제적 안정이 있어야만 가능했다. 추잡한 경제 세계에 사는 순수한 영혼은 그리하여 인간과 계급 사이의 실제 관계를 은폐하는 한 형식이 되었다.

실용적이고 생산적인 활동에 대한 멸시는 여가의 과시, 무익하고 비실용적인 일에 시간을 보냄으로써 증명될 필요가 있었다. 여가의 과시 방식은 세대, 나이, 성별에 따라 다양했다. 독실한 신앙생활, 자선사업, 골동품 수집에서부터 더 경박한 여가들, 예를 들면 럭비, 골프, 승마, 폴로, 테니스, 파토(pato)[40], 요트, 하키, 수상스키처럼 비용이 많이 들어 대다수 사람에게 거의 접근 불가능한 스포츠[41], 시대에 따라 바카라, 브리지, 카나스타(canasta) 등의 카드 도박, 혈통 있는 말이나 개를 애지중지하는 것[42]에 이르기까지 다채롭다. 그 밖에도 파티, 지인 방문, 유행하는 장소에 가 보기, 유럽 여행, 비싼 악취미, 연애 행각(flirt) 등도 있다.

라이트 밀스가 베블런에게 대답 격으로 한 말에 따르면, 이런 풍속과 인기 있는 장소들은 "개인의 에고(ego)를 충족시킬 뿐만 아니라

---

40 [옮긴이] 19세기부터 시작된 가우초(아르헨티나, 우루과이, 브라질 등의 팜파 지역에서 유목민처럼 떠돌아다니며 목축에 종사하던 이들) 기원의 기마 스포츠로 폴로와 유사하다. 1953년에 국기(國技)로 제정되었다.

41 자동차 레이스는 로돌포 알사가 운수에와 카를로스 멘디테구이 같은 유명한 '플레이보이'들이 좋아한 스포츠였다.

42 상류계급의 거의 신화적인 인물이자 1951년의 잊을 수 없는 고급 파티의 호스트였으며, 여러 소설(무히카 라이네스의 『낙원에 초대된 사람들』[Invitados en el paraíso], 실비아 모야노 델 바르코의 『그녀의 이름은 루스였다』[Luz era su nombre], 다비드 비냐스의 『직면하기』[Dar la cara])의 주요 인물이기도 했던 아르투로 하신토 알바레스는 지주 부르주아 소년과 그의 개 사이의 사랑을 다루는 애가(哀歌) 같은 소설을 썼다. Esvén, Buenos Aires: La Perdiz, 1960.

통합의 기능을 수행하는 사회적 어리석음이다".[43] 사람들이 "방문해야만 하고", 방문 사실이 목격되어야만 하는 관습적인 유명 장소들은 특수 계급의 구성원끼리 서로 알게 되고, 우정이나 감성적 관계를 통해 이익을 주고받기 위한 기회이기도 했다. 동일한 장소에의 잦은 방문은 상류층의 여러 집단을 끈끈하게 맺어 주는 요소, 상호작용과 상호 침투의 수단이었다.

의식을 치르듯 이루어지는 이런 만남들은 19세기 중반에는 아침에 집안 심부름꾼을 미리 보내 알리고 이루어지는 예고 방문, 귀부인 살롱에서 이루어지는 주기적인 접견, 전원 별장에서 보내는 주말이나 휴가, 대성당이나 산 이그나시오 성당 미사, 개와 함께 하는 빅토리아 광장이나 알라메다 광장(현재의 알렘 광장) 산책, 농장저택에서의 승마, 그랜드 피아노 반주에 맞추어 추는 미뉴에트, 왈츠, 스퀘어 댄스 사교 모임 등에 국한되었다. 그러다가 19세기 말의 풍속 혁명으로 플로리다 거리, 레콜레타 지역, 바랑카스 데 벨그라노 지역 등의 산책과 같은 더욱 화려한 형태로 조직화되기 시작했다. 특히 목요일과 일요일 오후 팔레르모 지역에서는 유명한 코르소(corso) 카니발이 벌어졌다. 이 행렬은 마차가 네 줄로 늘어서서 오늘날의 사르미엔토 길을 따라 한 팀이 세 블록을 왕복하는 행사였다. 한 번 왕복 때마다 줄을 바꿔서 모든 마차와 반드시 한 번은 교차하도록 했다. 이 의식의 규칙은 확고했다. 첫 왕복 때에는 서로 인사를 나누고, 그 다음에는

---

43 Charles Wright Milis, *La elite del poder*(1956), México: Fondo de Cultura Económica, 1957.

서로 못 본 척 그대로 지나가고, 마지막 왕복 때에는 작별 인사를 나누었다. 1920년대가 되면 티그레 일대의 섬들에서도 거행되었고, 더 나중에는 요트를 타고 행사를 벌였다.

상류계급 젊은이들도 부모의 지위 덕분에 누릴 수 있는 특권을 과시했다. 그들은 바리에테[44] 공연 극장이나 콘서트 카페, 얀센 레스토랑[45] 등에서 밤에 소란을 피웠다. 1890년대의 인디아다(indiada) 행각은 이들이 유럽을 돌아다니며 파리와 런던의 최고 재단사들에게 옷을 맞춰 입으면서 1900년대에는 세련되고 우아한 파토타(patota) 행각으로 진화했다.[46] 1920년대에 버터를 천장에 던지던[47] '우등 청년'(muchacho distinguido)의 행태를 예고한 것이다.

인기를 끈 제과점(confitería)들을 시기별로 보면, 파토타들이 침범하기 전에는 피에드라스 길께의 리바다비아 길에 있던 델 가스, 코리엔테스 길의 라 페르펙시온이 유명했고, 나중에는 산타 페 대로께의 카야오 길에 위치한 엘 아길라, 리베르타드 길께의 차르카스 길의 파리 제과점이 유명했다. 특히 파리 제과점은 산타 페 대로에 있는 소위 가족 영화관 두세 곳과 더불어 토요일에 가는 것이 고상하게 여겨

---

44 [옮긴이] 1790년 파리의 바리에테 극장에서 비롯된 공연 형식으로 다양한 인물이 출연해 다양한 퍼포먼스를 벌이는 일종의 버라이어티쇼.

45 [옮긴이] 1877년 독일 이민자 요한 얀센이 팔레르모 지역 사르미엔토 길에 세운 레스토랑. 1912년에 없어졌으며, 이곳을 탱고의 요람으로 여기는 이들도 있다.

46 [옮긴이] '인디아다'와 '파토타' 모두 무리지어 다니는 젊은이들을 지칭한다. '인디아다'의 촌티에서 벗어난 무리를 '파토타'라고 불렀다.

47 [옮긴이] 1920년대 부에노스아이레스의 부잣집 젊은이들은 레스토랑이나 카페에서 재미 삼아 식기에 버터를 붙여 지붕에 던져 누가 던진 것이 오래 붙어 있는지 겨루기도 하고, 떨어진 버터가 지나가던 사람한테 맞으면 그걸로 재미를 삼기도 했다.

지던 유일한 제과점이었다. 그러나 더 오랫동안 명성을 유지한 회합 장소는 유명한 공연이 열리는 날 밤의 콜론 극장[48]이었다. 폴 모랑은 부에노스아이레스를 방문하고 이렇게 표현했다.

바그너와 베르디의 작품이 공연되던 콜론 극장은 아르헨티나의 모든 만남이 이루어지는 극장 이상의 존재다. 약혼녀와 구애자가 다과 바구니로 애정을 표하는 곳, 짝 없는 사람들을 위한 결혼 박람회이자 매년 대규모 '로데오'가 열리는 곳, 서로 눈길을 교환하고 사랑의 서약을 주고받는 곳, 루치아[49]의 아리아에 맞춰 '올가미'를 던지는 곳이다. 가슴에서 우러나오는 티토 스키파[50]의 노래가 울려 퍼지는 동안 귀빈용 박스석 안쪽에서는 미래의 경마 클럽 회원과 권세를 누릴 에스탄시아 소유주나 젊은 폴로 선수 등 장차 태어날 수많은 아이들과 관련된 열렬한 약속이 이루어진다.[51]

사교 모임이 이루어지는 장소들(일부는 20세기 중반까지 살아남았다)을 나이와 성별을 감안해 간략하게 열거하자면 다음과 같다. 먼저 세련된 성당들을 들 수 있다. 소코로, 필라르, 산 니콜라스 데 바리, 산 마르틴 데 투르스, 빅토리아스, 특히 산티시모 사크라멘토 성당의 정오 미사가 사교의 장이었다. 배타적인 회원제 클럽들도 있었다. 유

48　[옮긴이] 부에노스아이레스 시립 오페라하우스로 국제적으로도 이름이 높다.
49　[옮긴이] 가에타노 도니체티의 오페라 「라메르무어의 루치아」의 주인공.
50　[옮긴이] 이탈리아의 유명 테너 가수로 부에노스아이레스에서도 공연을 했다.
51　Paul Morand, *Aire indio*, Buenos Aires: El Ombú, 1932.

일하게 '검은 공 회칙'이 있었던 무기 동호회,[52] 경마 클럽, 진보 클럽, 로터리 클럽, 프랑스 클럽, 부에노스아이레스대학 클럽, 산 이시드로 수상클럽, 산 이시드로 체육 클럽, 산 이시드로 클럽, 마장마술 클럽, 애견 클럽 등을 들 수 있다. 플라사 호텔, 알베아르 호텔, 랭커스터 호텔 같은 회원제 호텔들도 사교 모임의 장이었고, 각종 문화기관과 교육기관과 역사기관, 또 베네피시엔시아 자선회, 페라리 추기경 자선회, 센타보 협회, 아동 구호단체, 여성 상담소, 성 빈센트 부인회 등과 같은 여러 자선단체도 들 수 있다.

홍겨운 밤 문화는 중산계급이 볼 때 상류 부르주아 계급의 가장 두드러진 특징이었다. 그러나 그들은 옥상 가든, 그릴 룸, 보이테(boîte)[53]를 흔히 찾았던 미국과 유럽의 부르주아지와 달리 보통 개인 집에서 사적 모임을 가졌다. 예외가 있다면 알베아르 호텔에 딸린 보이테 아프리카였다. 구부르주아지보다 재력이 더 큰 신흥 부르주아지들은 최신 나이트클럽을 더 많이 드나들었다. 1940년대에는 올리보스, 1950년대에는 킹스 앤드 공, 1960년대에는 마우 마우가 유명했다. 한편, 부에노스아이레스 근교 지역인 토르투기타스, 인헤니에로 마슈비츠, 에스코바르에서 주말을 보내는 것도 신흥 부르주아지의 풍속이었다.

---

52 [옮긴이] 원래 1885년 펜싱 동호회로 시작했으며, 뒤에 나오는 경마 클럽과 함께 아르헨티나의 실력자들 외에는 회원 자격을 얻기 힘든 대표적인 배타적 클럽이었다. 무기 동호회의 기존 회원들은 신규 회원 심사 때 찬성은 하얀 공으로, 반대는 검은 공으로 의사를 표시했는데, 검은 공이 하얀 공 다섯 개의 효력을 지니고 있었다.
53 [옮긴이] 파티 룸이나 디스코텍.

구축산업 부르주아지는 유럽적인 분위기로 사랑받던 런던 그릴, 라 카바냐, 페데몬테, 플라사 호텔 및 알베아르 호텔의 그릴처럼 유서 깊은 레스토랑에서가 아니면 거의 모습을 볼 수 없었다. 바 중에서는 플로리다 거리의 리치몬드, 팔레르모 지역의 긴다도스, 빅토리아스 성당 미사 후에 아침 식사를 위해 가던 라 메카, 특히 레콜레타 지역의 라 비엘라가 그들이 가던 곳이었다. 실비나 불리치에 의하면, 라 비엘라는 "부에노스아이레스의 바 중에서 사람들이 머물고, 대화하고, 모여서 진정한 만남을 가질 수 있는 몇 안 되는 곳"[54]이었다. 또 산 미겔이나 에우로파(유럽)처럼 고객의 이름을 기억하고 응대하는 가게, 메이플과 톰슨 같은 스타일 가구점, 극히 제한된 고객만 받는 안셀모 스피넬리나 루이스 루게로 같은 고급 양복점도 사교 모임의 장이었다. 그밖에 회원제 영화관도 있었다. 지금은 사라졌지만 리베르타드 광장 맞은편에 있던 프티 스플렌디드, 산타 페 거리의 팔레, 올리보스 지역의 요크 등이 그런 영화관들이었다. 이런 곳의 관람객들은 서로 아는 사이였고, 막간 휴식 시간을 서로 안부를 묻는 기회로 삼았다. 대체로 이 장소들은 품위 있게 산책할 만한 거리들과 마찬가지로 '막간의 친분'을 누리던 곳이었다. 개털들의 침입이 불가피했기 때문이다. 플로리다 거리는 산타 페 거리에 자리를 내주었고, 산타 페도 1950년대에 프티 카페라는 카페가 중산계급 속물들의 근거지가 되고 '프티주의'(petiterismo)[55]가 절정에 이르자 사람들이 많이 드나

---

54 Silvina Bullrich, *Mientras los demás viven*, Buenos Aires: Sudamericana, 1958.
55 [옮긴이] 1950년대 프티 카페를 애용하던 경향을 경멸과 시샘을 담아 부르던 신조어.

드는 거리로 변했다. 진정한 멋쟁이(gomoso)[56]들은 카야오 길과 레콜레타 지역 사이 구간의 알베아르 거리로 이동하여, 비아 베네토, 필라르, 라 비엘라 같이 매우 배타적인 바들을 드나들었다. 그러나 시간이 흐르면서 이들도 이방인들의 유입을 막을 수는 없었다.

구별 짓기 과정은 모방 과정의 제약을 받았다. 부르주아 계급이 자신들을 모방하는 중산계급과 구별되고자 애를 썼듯이, 중산계급과 하위 계급 사이에도 동일 현상이 발생했다.

아르헨티나 부르주아지의 주요 사교 장소는 다른 나라들과 상당히 달랐다. 유럽의 구부르주아지는 파리의 샹젤리제 거리나 로마의 콘도티 거리의 카페를 남 신경 쓰지 않고 편하게 드나들었다. 반면 부에노스아이레스의 우아한 바들은 내부가 보이지 않도록 두꺼운 커튼을 치고, 낮은 목소리로 대화하고, 테이블 사이의 간격은 섬처럼 뚝뚝 떨어져 있었다. 그리하여 기묘한 분위기가 연출되어, 부에노스아이레스의 한 디자이너는 이에 대해 "인기 있는 의사의 대기실"을 연상시킨다고 말했다. 새로운 계급들의 쇄도로 궁지에 몰린 상류층은 격리된 위치나 비싼 가격이나 접근 가능성 덕분에 폐쇄적인 장소들을 필요로 했다. 가족 행사나 모임을 위한 내밀함을 제공하고, 무슨 일이 일어나는지 알 필요가 없는 이방인들을 배제하는 장소들을 말이다. 그 전용 장소, 최소화된 장소들에 모든 부에노스아이레스가 집중되어 있었다. 서로 아는 사람들, 가정집 거실에서 만나듯 그곳에서 다시 재회할 수 있을 사람들이 분별없는 이들이 들을까 염려하지 않고 대

---

56 [옮긴이] 특히 바람기 있는 멋쟁이들을 가리킨다.

화를 나눌 수 있었다. 설사 말을 건네지는 않아도 그들은 서로 관심을 가지고 있었으며, 그곳에서 편하게 서로를 관찰할 수 있었다. 그곳에서는 약속한 만남이든 예기치 않은 만남이든 모두 가능했다. 커다란 부담 없이 자리를 함께 하고, 서로의 궁금증을 해소하고, 허세를 떨었다. 최신 뉴스, 소소한 일화, 땅값, 사랑, 질병, 의복, 시시콜콜한 활동, 그야말로 각자의 상황을 알 수 있었다. 세속적 성공의 열쇠는 바로 이 복잡하지만 허물없는 체계에 존재했다. 그래서 매일 그 장소들을 들르고, 사람들을 보고, 사람들의 눈에 띄는 일이 필요했다. 그렇지 않으면 뿌리를 잃고, 뒷전으로 밀리고, 언급 대상에서 제외되는 것이나 마찬가지였다.

그래서 베네피시엔시아 자선회 해산(페론 정부가 단행했다), 경마 클럽 화재, 혹은 콜론 극장을 대중 행사의 장으로 사용한 일은 상징적인 일 이상이었다. 이 사건들로 인해 과두지배계급은 분산되고 고립되고 소통 수단이 사라져 그들 간의 연결성이 끊어졌다. 과두지배계급이 경제적 능력의 감소로 대규모 리셉션을 더 이상 열기 어려워지자, 모임 기회는 대체로 주요 인사의 장례식 정도로 줄어들었다. 레콜레타 묘지에서는 빈사 상태에 놓인 계급의 마지막 깜짝 파티가 상징적으로 열리곤 했다.

자신들의 높은 지위를 확인하고자 하는 욕구는 위에서 지적한 비생산적인 활동들에만 국한되지 않았다. 일군의 기이한 전통, 편견, 관행, 습속, 취향, 변덕, 지식, 학습, 어휘, 유행, 단기간의 열정, 행태를 통해 상류사회 구성원 사이의 상호 인정과 나머지 사회계층과의 구별을 이끌어 냈다. 다시 말해 계급의식 강화를 위한 요소로 작용했다.

그 의식은 현실적인 이유들 때문에 덜 드러나기는 했지만 노동자의 계급의식보다 더 명확하게 형성되어 있었다.

그들에게는 감지하기 힘든 차이들을 통해 누가 게임의 안에 있고 밖에 있는지 구별하기 위해 사용되는 고유한 행동 양식, 의례, 복잡하기 그지없는 제식 행위가 있었다. 이것들은 신흥 부자의 소위 '사교 조언자'가 말하는 기본 규칙과는 또 달랐다. 이런 사회적 게임은 변함없이 유지되어야 했다. 아무도 영원히 안정적인 위치를 확보하고 있을 수 없었고, 조금만 미끄러져도 넘어졌기 때문이다. 바리오 노르테에 이웃사촌 의식이 희박했던 이유는 바로 그 때문이다. 이웃이 사회적 게임에 참여하고 있는지 절대 알 수 없기 때문에 서로 모르는 척했던 것이다. 개인의 가치는 주식처럼 손쉽게 등락했다. 사회적 지위는 단숨에 만들어지고 영원히 지속되는 것이 아니었다. 제국처럼 매 순간 새로이 재구성되었다. 상류계급에게는 소위 '클래스'가 필요했다. 이는 적확한 사회적 의미를 지니고 있지만 자기도 미처 깨닫지 못하는 것이었다. 복식, 식사 예법, 담배를 들고 있는 방식, 보석 착용 방식, 모임에서의 행동거지, 집에서의 손님 접대, 가구를 보여 주는 방식, 농담에 대한 반응, 농담을 하는 방식, 무심한 응시, 팁에 이르기까지 말이다. 심지어 품위 있다고 간주되는 메뉴도 존재했다. 토마토 수프나 콘소메 수프를 즐기고, 뜨거운 요리보다 차가운 요리를 선호했다. 일상생활의 평범한 행동들이 이렇듯 복잡한 공적 예식을 구성하고 있어서, 사소한 부분 부분이 에티켓이라는 관행적인 규범을 기준으로 세심하게 정해져 있었다. 외견상으로는 공허하고 우스꽝스러운 이 예법들에는 기능이 있었다. 비구성원들을 배제시키거나 이들에게 입회 권리가 없음을 분명히 하는 기능이었다. 호사가, 출세주의자, 신흥 부호, 부의 사냥꾼을 막는 암호를 만든 것이다. 모든 비밀결사가 그러하듯이 이들의 예식은 고유의 언어, 즉 은어를 갖고 있었다. 이는 세대에 따라 더러 변하기도 했다. 예를 들어 'país' 대신 'pais'라고 강세를 일부러 틀리게 발음한다거나,[57] 자기 계급 사람을 표현할 때 'com'uno'[58]라고 말하는 것, 그리고 에스탄시아 일용 노동자(peón)들에게 배운 'ao'라는 가우초식 어미[59] 등은 조부모 세대의 언어 특징이었을 뿐 손주 세내에는 사용되지 않았다. 반대로 어떤 표현들은 세월, 유행, 나이를 타지 않고 살아남았다. 가령, 영화는 'película' 대신 키네토스코프[60] 시대에 쓰던 대로 'vista', 저녁식사는 'cena' 대신 'comida', 붉은색은 'rojo' 대신 'colorado', 비옷은 'impermeable' 대신 'capa de goma', 처음 만났을 때 인사는 'mucho gusto' 대신 'cómo está'를 사용했다. 한편, 구식인 표현을 되살려내기도 했다. 가령, 약국을 'farmacia' 대신 'botica', 영화를 'cine' 대신 'biógrafo', 구두를 'zapatos' 대신 'botines'로 말했다. 때로는 점잖은 표현보다 평범한 표현을 선호했다. 머리카락을 'cabello' 대신 'pelo', 피부를 'cutis' 대신 'piel', 아내를 'esposa' 대신 'mujer', 아름답다는 표현을 'hermoso' 대신 'lindo'로 했다. 그밖에도 프랑스어식 비음이

---

57 [옮긴이] 'país'가 올바른 어휘인데, 'pais'로 발음한다는 것은 'i'가 아닌 'a'에 강세를 주어 발음한다는 의미이다.

58 [옮긴이] 'como uno'를 줄여서 발음한 것으로, '나처럼', '우리처럼' 등의 의미이다.

59 [옮긴이] '-ado' 대신 '-ao'라고 발음한다는 뜻.

60 [옮긴이] 에디슨과 딕슨이 함께 발명한 개인용 영화 감상 기구. 축음기와 사진기를 결합시킨 것으로, 이후 무성영화의 탄생을 가능하게 했다.

나 영어식 후두음을 유행처럼 사용했다. 단어를 질질 끌면서 발음하는 버릇, 과장된 'ye' 발음, 프랑스어 표현과 영어 표현을 마구 뒤섞는 습관에다 후손 세대에 추가된 룬파르도어 표현, 연령의 차이나 친밀도에 상관없는 보세오(voseo)[61] 사용(19세기에는 보세오가 복수의 대화 상대방에게 사용하는 우아한 표현이었다)이 상류계급의 특징이었다. 또 대화 상대방을 부를 때, 으레 과시적인 의미를 지닌 세례명으로 부르거나, 세례명과 성을 함께 사용했다. 성만 사용하는 경우는 절대로 없었다.

한편, 의복은 개성의 표현 이상이었다. 이는 게오르그 짐멜이 분석한 대로 사회계급들 간의 구분 표지였다.[62] 역사가 웅변적인 사례들을 제공한다. 르네상스 이전에는 자기 계급에 해당하지 않는 옷을 입은 사람을 벌하는 엄격한 법규들이 존재했다. 옷차림과 장신구가 과시의 표지였기 때문이다. 원시 부족, 젊은이, 선원의 문신, 혹은 무뢰한의 칼자국이나 흉터와 다를 바 없었다. 직물업의 번창이 복식을 통한 사회적 구별을 어렵게 만들었지만, 그렇다고 해서 전적으로 사라지지는 않았다.

상류계급에게 기품이란 옛것을 숭배하는 것이었다. 의도적인 복고풍 분위기를 통해 화려했던 과거, 일종의 데카당스적인 매혹을 풍기며, "보관해 두었던 보물 같은 옛 의복이 증언하는"[63] 추억을 되살

---

61 [옮긴이] 스페인어에서 친밀한 사람들 사이에 사용되는 2인칭 대명사는 'tú'인데, 아르헨티나 스페인어에서는 'vos'를 사용한다. 이런 사용법을 '보세오'라고 한다.
62 Georg Simmel, "Filosofía de la moda", *Cultura femenina y otros ensayos*, Buenos Aires: Espasa, 1938.

린다. 반대로 하류계급은 밴스 패커드[64]가 관찰한 대로, "오랫동안 사용된 물건들을 찬양하는 섬세함을 절대로 이해하지 못했다. 아마도 중고 물품을 너무 많이 사용해서 그럴 것이다".[65]

귀족들은 선대와 후대 사이의 공통점을 추구하면서 유행에 함축된 변화를 배격했다. 유행은 뿌리 없는 중산계급에게나 적절한 것이었다. 중산계급과 신흥 상류계급은 복식을 자주 바꾸고 최신 유행을 철저히 따름으로써 경제력을 보여 주고 싶어 했다. 그래서 이탈리아 복식과 미국 복식을 들여왔다. 반면 구부르주아지는 유행의 변화에 무관심했다. 변함없이 보수적으로 전통적인 복식에 충실했다. 여성은 프랑스 복식, 남성은 영국의 고전적인 복식을 그대로 유지했다. 브럼멜 경[66]처럼 새로운 외출용 복식을 매우 싫어해서 마치 예식 옷 혹은 독창성 있는 옷이라도 되는 듯이 항상 동일한 의복을 사용했다. 빅토리아 오캄포도 별 신경 쓰지 않고 급하게 챙겨 입은 듯한 인상을 주는 심플한 투피스, 어깨가 부풀려진 푸른색 투피스를 오랫동안 입었다. 구부르주아지는 또한 지나치게 튀는 우아함을 멀리했다. 자기 자신에게 확신을 느끼기 때문에 일부러 주목을 끌 필요가 없었다. 그들의 특징은 차분한 화려함에 있었다. 이를 이해하는 사람만 알아챌 수 있는 미묘하고 섬세한 분위기였다. 가령, 톤 다운된 옅은 색상, 정숙한 라인, 거울 앞에서 몇 시간씩 수고해서 적당히 흐트러뜨린 매무새,

---

63   Eduardo Mallea, *La bahía de silencio*.
64   [옮긴이] 미국의 저널리스트이자 사회비평가, 작가.
65   Vance Packard, *Los buscadores de prestigio*, Buenos Aires: Eudeba, 1962.
66   [옮긴이] 영국의 댄디즘적인 남성 복식을 정착시킨 조지 브라이언 브럼멜을 말한다.

샤넬 풍의 화려한 간결미 등 모호하고 콕 집어 말하기 어려운 분위기를 연출했다. 가끔은 간결함이 위장된 소박함에 이를 정도였다. 예를 들어 변두리 상가에서나 파는 저렴한 샌들이나 노동자들이 이용하는 가게에서 파는 그래프 디자인 셔츠 같은 스포티한 차림을 하기도 했다. 간결함은 원하면 언제든 간결함에서 벗어날 수 있는 사람이라는 것을 다른 사람들이 다 알고 있을 때나 우아한 것이었다. 가령, 궁정 희극에서 목동 역할을 맡은 대공처럼 말이다.

부르주아지 주제는 마치 패션과 같이 여성의 세계와 관련된 고찰로 이어진다. 부모가 지원하는 청소년 자제, 또는 가부장적인 사회에서 공적 생활에서 배제되어 있기 때문에 호화스럽고 무익한 활동에 열중할 시간이 충분한 여성이 과시적인 여가 생활의 지배적인 역할을 했다. 여성은 아르헨티나 상류사회에서 베르너 좀바르트[67]가 17~18세기 유럽의 궁정생활과 관련하여 지적한 그 탁월한 역할을 수행했다.[68] 마리키타 산체스 데 톰슨, 아나 라사예 데 리글로스, 멜초라 사라테아, 호아키나 이스키에르도 ── 후안 크루스 바렐라, 루카이 프라이 카예타노 등이 이들의 사교 모임에서 비극 작품과 시를 낭송했다 ── 에서부터 소위 '팜파의 랑부예 백작 부인'[69] 빅토리아 오캄포, 베베 산시네나 데 엘리살데 혹은 카르멘 간다라에 이르기까지

---

67 [옮긴이] 독일의 경제학자이자 사회학자. 베버와 함께 『사회과학 및 사회정책』을 편찬했고, 마르크스의 영향으로 경제체제의 개념을 확립했다.

68 Werner Sombart, *Lujo y capitalismo*(1912), Buenos Aires: Dávalos Editor, 1958.

69 [옮긴이] 랑부예 백작 부인은 17세기 프랑스 귀족사회에서 가장 영향력이 컸던 살롱을 주재했다.

명문가 여성이 주재하는 살롱들이 면면히 이어졌다는 점이 이를 증명한다.

살롱의 유지를 위한 세부 사안, 파티, 식사 준비에는 여성 외에도 침묵하는 익명의 하인 부대, 즉 목선이 돋보이는 장밋빛 야회복이나 턱시도를 입은 방문객들 뒤에서 신중하게 술을 따르는 하얀 장갑을 낀 그림자들이 필요했다. 수행 하인의 숫자야말로 집 주인의 부와 사회적 권세의 지표였다. 하인은 주인의 부를 의전을 통해 소비하는 존재였다. 그래서 가끔은 주인과 하인 사이에 친밀한 관계가 맺어졌다.[70] 산업화로 노동력 수요가 늘어나 가사 노동자 수급이 여의치 않게 되자, 그런 관계는 과거지사가 되었다. 빅토리아 오캄포는 바로 이 점을 애석해했다.

두 존재 사이의 이러한 관계, 그러니까 투박하고 글은 모르지만 가슴에서 우러나는 숭고한 지성을 가진 존재와 세련되고 섬세하며 정신적으로 훈련된 존재 사이의 이러한 관계가 사라질 처지에 있다. 한쪽은 존중하는 마음이, 다른 한쪽은 감사하는 마음이 있었고, 서로 간에 애정이 있었던 이러한 관계가.[71]

---

70 문학은 이러한 관계를 자주 반영했다. 이 주제에 대한 비판적인 분석으로는 다음 서지를 참조하라. David Viñas, "Niños y criados favoritos. De 'Amalia' a Beatriz Guido a través de 'La gran aldea'", *La Gaceta*, Tucumán, December 31, 1961 and January 7, 1962. 이 글은 다비드 비냐스의 다음 책에 재수록되었다. *Literatura argentina y política I*, Buenos Aires: Sudamericana, 1995.

71 Victoria Ocampo, "Vita Sackeville-West", *Testimonios*, sixth serie, Buenos Aires: Sur, 1963.

사회적 게임은 당사자들에게는 만족감의 원천이기는커녕 오히려 지겨운 의무와 책임의 무거운 짐이었다. 파티의 황홀경, 유희와 호화로움의 낭비는 부정적인 존재감, 시간과 부를 파괴하여 무에 이르게 하는 느낌을 자아내었다. 그런 긴장 상태는 오래 가기 쉽지 않다. 일순간의 순수한 홍분, 당면한 현재에의 긍정은 추상적인 관념이었다. 위조된 즐거움은 무료함과 우울함을 낳았다.

파티가 끝나고 난 후 사람들은 혼자 남아 씁쓸한 맛을 느꼈고 두 손은 텅 빈 기분이었다. 절대적인 현재가 손아귀를 빠져나가 버리고 없기 때문이다. 사회의 비인간화는 가난한 사람에게든 부를 소유한 사람에게든 일상생활의 실패를 야기했다.

구부르주아지와 신부르주아지

앞에서 분석한 행동들은 구지주 부르주아지, 즉 습한 팜파(pampa húmeda)[72]의 농축산업 과두지배계급에 해당한다. 신흥 부르주아 계급의 행동은 이들과는 매우 다르다. 신부르주아지는 구부르주아지에 비하면 계층 내부의 동질성이 훨씬 떨어진다. 두각을 나타낸 중산계급 출신 전문직 종사자, 고위 관료, 부를 축적한 상인, 여가산업의 일부 집단(운동선수, 예술가, 영화·라디오·텔레비전의 제작자와 작가)이 신부르주아지에 해당한다. 그러나 이들 중 어떤 그룹도, 수공업자 출

---

72 [옮긴이] 아르헨티나의 팜파는 강수량이 어느 정도 되는 팜파와 별로 비가 오지 않는 건조한 팜파로 나뉜다. 전자가 '습한 팜파'이다.

신으로 페론 집권기의 산업화 과정에서 부유해진 신흥 산업 부르주아지의 비중이나 응집력을 따르지 못했다. 산업 부르주아지는 기업가와 CEO뿐 아니라 회계사, 엔지니어, 광고업자, 고위 간부 등의 전문 인력도 포함하고 있었다. 중산계급 출신으로 페론 집권기에 산업 분야 기업들과 연관되어 부를 축적한 군 장성들도 여기에 포함된다. 이 모든 신흥 산업 부르주아 집단은 리베르타도르 대로변과 그 주변의 호화로운 건물들(대부분의 경우 고상한 취향이라고 보기에는 의심스러웠다), 아니면 벨그라노 바리오의 옛 농상서택에 들어선 고층 건물에 살았다.

어떤 논자들은 수출 농축산업 부르주아지와 산업 부르주아지 사이의 경제적인 차이를 일체 부정하기도 한다. 밀시아데스 페냐는 주주 명부에 등록된 산업 기업들의 간부 성씨가 안초레나, 브라운 메넨데스, 산타마리나 등과 같이 농축산업과 관련된 전통 명문가에 해당한다는 관찰을 통해 두 부르주아지의 이해관계가 일치한다고 믿었다.[73] 그러나 이 명문가 성씨를 지닌 이들은 대체로 국가를 대상으로 한 로비스트 역할을 했다. 대출이나 개발권이 필요할 때 고위층에 쉽게 접근할 수 있었기 때문이다. 두 부르주아지 사이의 연관성을 부정할 수는 없지만, 이들 사이에는 갈등도 있었다. 그리고 그 갈등 때문에 페론주의의 독자적인 정치 노선 창출 시도가 실패했다. 물론 산업 부르주아지의 개인적·심리적 태도가 늘 자기 계급의 이익과 일치하

---

73 Milcíades Peña, "Rasgos biográficos de la famosa burguesía industrial", *Estrategia*, No. 1, Buenos Aires, September 1957.

지는 않았다. 어떤 태도가 있었는지 알아보도록 하겠다.

구부르주아지와 신부르주아지는 부의 규모에서는 차이가 없었다. 어떤 경우에는 신부르주아지가 구부르주아지보다 더 부유했다. 부의 규모가 아니라 그 질적인 차이가 두 집단을 구별했다. 농축산업 부르주아지의 부는 그들의 가구나 의복처럼 오래된 것이고 그 원천을 알기 불가능했다. 초기의 축적에 대한 노력은 아스라한 과거지사였다. 그래서 그들은 돈에 대해 결코 생각하지도 언급하지도 않았다. 돈을 벌어도 놀라는 법 없이 자연스럽고 거리낌 없게 쓸 뿐이었다. 반대로 신흥 부르주아지는 자신의 돈이 어디에서 나왔는지 너무도 잘 알고 있었다. 그들의 돈은 여전히 작업장의 수지 냄새, 기계의 기름 냄새를 풍겼다. 전쟁 이외에는 그 어떠한 노력도 금지된 옛 식민지 시대의 스페인 '기사'들처럼, 지주 부르주아지는 자신의 자본이 산업 활동에 결부되는 것을 계속 비천하고 저속하다고 여겼다. 반면 신부르주아지 일부는 단순하고 투박했고, 자신의 사업에 몰두하고 돈벌이에 만족을 느꼈다. 미국의 개척자들처럼 밑바닥에서 시작하여 자수성가한 것에 자부심이 있었고, 이에 따라 한가한 구부르주아 상속자들에게 일정 부분 경멸감을 지니고 있었고 관심을 두지 않았다. 그들을 타락하고, 방탕하며, 신경증적이고, 마약에 절고, 부도덕한 사랑을 벌이면서 주지육림에 돈을 낭비하는 탕아, 자신들처럼 정직하고 부지런한 사람으로 대접받을 가치가 없는 부류로 보았다. 이를테면, 신부르주아지는 자신의 세속적인 이념에도 불구하고 소부르주아지의 위선적인 청교도주의를 고수했다. 즉, 인생을 즐기는 사람들에 대한 부러움을 청교도주의로 숭고하게 포장하는 이들이었다. 반면 구부르주아지는 가톨릭 종교의식은 행했지만, 도덕적인 문제에 더 무관심하고, 이를 세속적인 우아함과 호사스러운 취미의 뒷전에 두기 일쑤였다.

그러나 신부르주아지가 경제적으로 더욱 번창하면서 구부르주아지에 대한 태도가 달라졌다. 이 변화에는 여성이 중요한 역할을 했다. 신부르주아지 여성은 과두지배계급의 복식, 습속, '사회적 게임'을 최대한 모방하고자 했다. 봉건적인 사회에서 출현한 부르주아지가 권위를 잃어가던 귀족의 삶의 방식을 모방하려고 한 것과 마찬가지였다. 모방 열망에 사로잡힌 신부르주아지 여성은 구농축산업 부르주아지와 인연을 맺으려고 남편을 압박했다.[74]

두 부르주아지의 융합 지점은 엄선된 고급 클럽, 증권거래소나 상공회의소 같은 주요 경제 기관, 마르 델 플라타, 푼타 델 에스테, 바릴로체의 여름휴가 호텔, 유럽행 크루즈 등이었다. 그러나 사회적 신분이 상이한 두 가문 간에 인연을 맺는 일은 비싼 사립학교에 다니는 자녀 때문인 경우가 더 흔했다. 남학교로는 아르헨티나 모델로, 엘 살바도르, 라사예, 샴파냐, 산 파블로, 벨그라노 데이, 카르데날 뉴먼이 있었고, 여학교로는 헤수스 마리아, 라 아순시온, 사그라도 코라손 같은 프랑스 수녀회 학교와 말린크로트 같은 독일 수녀회 학교가 있었다. 라이트 밀은 다음과 같이 지적했다.

---

74 탐사 보도 기자이자 역사가 로헬리오 가르시아 루포는 『장군들의 반란』(*La rebelión de los generales*, Buenos Aires: Progreso, 1962)에서 군부가 과두지배계급에 사회적 매력을 느낀 데에는 부인들의 영향이 있었다고 적고 있다.

구상류계급과 신상류계급 사이의 긴장 관계가 이완되고, 나아가 해소되기까지 한 것은 자녀 세대의 사립학교에서이다. 구명문가와 신흥가문이 계급의식을 지닌 하나의 사회계급을 형성하게 된 데에 학교보다 더 기여한 수단은 없다.[75]

미션 스쿨의 교실에서 탄생한 우정 덕분에 가장 폐쇄적인 전통 명문가의 저택에서 차 한잔하자는 초대가 이루어지곤 했다. 이 초대가 성사되고 나면, 부모들끼리 불가피하게 서로 알게 되었고, 궁극적으로는 유서가 깊지 않은 집안이 업신여김을 당할까 봐 저어하지 않고 과감히 구명문가 부모를 집으로 초대하게 된다. 이렇게 하여 신부르주아지는 "초대가 있어야" 가능한 장소들에 손님으로 받아들여져 "대등하게 어울릴" 수 있게 된다. 이는 상류사회와 그들의 살롱, 즉 자주 모습을 보여야 받아들여지는 배타성의 공간에 최종적으로 "편입되기" 위한 필수불가결한 선행 조건이다.

그렇다면 신부르주아지의 부상에 대한 구지주 부르주아지의 태도는 어떠했을까? 과두지배계급의 습속 중 하나는 개털(잘나가는 상인, 산업가 혹은 투박한 군 장성 등)들에게 문호를 닫는 일이었다. 재미도 별로 없고 예절도 모르는 사람들이라 여겼기 때문이다.

그러나 사회라는 요지경은 계속 돌기 마련이고, 온갖 위치에 멈추는 법이고, 같은 그림이라도 시시각각 변한다. 항상 타산적인 정략결혼이 존재했다. 그래서 부자가 된 상인의 딸이 몰락해 가는 전통 명

---

75   Charles Wright Milis, *La elite del poder*.

문가의 아들과 결혼하기도 했다. 번쩍이는 돈으로 성(姓)을 살 수 있었던 것이다. 마치 유럽에서 백만장자의 딸이 결혼을 통해 귀족 칭호를 얻은 것과 마찬가지였다. 과거에는 그런 결합이 이루지면, 악의적인 사교계는 '유머' 감각을 발휘하여 식사 자리에서 고전적인 프랑스 요리인 '라투르 다르장의 오리 요리'(Canard a la Tour d'Argent)를 내놓았다. 부에노스아이레스 사람들은 이 요리 이름을 '실버타워의 오리 요리'(Pato a la torre de plata)로 번역했는데, '오리'는 중의적인 의미를 지니고 있었다.[76] 구부르주아지의 가장 폐쇄적인 살롱에는 낯선 얼굴의 사람들, 뻣뻣하게 긴장한 남녀가 항상 몇 명은 보였다. 이들은 그런 격조 높은 파티에 참석하는 일이 익숙한 듯 행동하지만, 지나친 포장과 엄숙한 태도 때문에 티가 났다. 마예아는 이런 '벼락부자'들에 대해 다음과 같이 말했다.

(스스로를 가꾸고 뭔가를 보여 주려 하는) 이러한 기품과 귀족성은 참된 기품이나 귀족성이 아니라 겉치레 변신, 본래의 야만성을 감추는 즉흥적이고 그럴싸한 세련됨에 의거하고 있다.[77]

앞서 언급한 사회학연구소 조사에서 설문 대상자의 80퍼센트는 중산계급의 상류계급으로의 상승은 결혼을 통해 이루어진다고 대

---

76 라투르 다르장은 16세기 말부터 400년 전통을 자랑하는 파리의 고급 레스토랑으로 오리 요리가 특별 메뉴였다. 과거 부에노스아이레스에서는 몰락한 구부르주아지 가문을 조롱조로 '오리'(pato)라고 지칭했다.
77 Eduardo Mallea, *Historia de una pasión argentina*.

답했다. 이러한 혼인은 아무리 빈번해도 결국 신부르주아지가 구부르주아지의 통제와 감시하에 동화되었다는 것을 의미한다. 그러나 20세기 중반에는 신흥 상류계급의 팽창이 매우 광범위해져서 소수가 된 과두지배계급은 그들을 동화시키기에는 무력해졌다. 그리하여 통제 가능성을 상실한 채 신흥계급의 침투에 노출되었다. 또 농축산업 경제모델의 고갈로 인한 지주 부르주아지의 경제적 쇠퇴가 구부르주아지와 신부르주아지 사이의 거리를 줄이는 데 기여했다. 구과두지배계급의 자녀 일부는 상점, 관공서, 학교 등에서 일할 수밖에 없었고, 그리하여 마치 망명 러시아 귀족들처럼 이중생활을 했다. 그들만의 내밀한 사교 문화는 여전히 지속되었지만, 일상생활에서는 직장의 소부르주아 동료들과 어울리는 것을 받아들여야 했다.

그렇다 하더라도 지주 부르주아지와 산업 상류계급 사이의 접근은 개인들의 경박함이나 성향만으로는 설명되지는 않고, 그들을 지탱하고 있는 경제구조로 설명 가능하다. 지주 부르주아지는 혼자 권력을 행사할 수 있는 물적 가능성을 상실하자(이제 아르헨티나의 농축산업 시대는 완전히 과거가 되었다), 산업가, 상인, 금융가, 심지어 투기꾼과 타협하게 되었다. 그리고 이들 역시 근대화 과정으로 인해 불가피하게 대중계급이 강화되자, 이를 두려워하여 자신의 본래 면모를 기꺼이 포기하고 구부르주아지와 타협했다.

III. 중산계급

부에노스아이레스의 한복판(플로레스, 산 카를로스, 산 크리스토발, 발바네라, 콘셉시온, 몬세라트, 산 베르나르도 교구)을 가로지르며, 과두지배계급의 노르테와 노동자 계급의 수르 사이의 경계선을 이루는 기다란 띠 지역은 상층 부르주아지와 프롤레타리아 사이에 낀 계급인 소부르주아지의 의미심장한 거주 생태계였다.

　중간계급은 변화에 대한 두려움과 아파트를 콘벤티요(conventi-llo)[1]로 연상하는 편견이 심리적 걸림돌이 되어, 처음에는 낡은 데다 근대적인 편의 시설도 부족한 구가옥을 포기하지 못했다. 상류 부르주아 계급이 먼저 다층 아파트를 받아들인 다음에야 중산층도 이를 따랐다. 그리하여 겉멋으로 살아가는 계급을 위한 소부르주아 아파트, 앞쪽은 호화스럽고 뒤편은 그늘지고 우울한 아파트가 들어서기

1　[옮긴이] '수도원'(convento)에서 유래한 단어로, 빈민들이 살던 공동주택을 가리킨다. 주거 공간이 수도원의 방을 연상시킬 정도로 작아서 그런 이름이 붙었다.

시작했다. 소부르주아 아파트의 건축양식은 그들의 일상생활의 빈약함과 조화를 이루었다. 가령 협소한 방, 고함 소리와 대화 소리와 라디오 소리가 스며드는 허술한 벽, 녹슨 배관과 파이프가 교차하는 천장, 주방 연기로 그을음이 끼고 지하실을 방불케 하는 길고 어두컴컴한 복도, 꼬불꼬불한 계단, 삐걱거리는 엘리베이터, 세대 사이를 가르는 철판 격벽, 빨래를 넌 창문, 회색 타일의 안마당(하루 한 시간가량 가느다란 햇빛이 들어 시트와 카펫과 커튼의 먼지, 보푸라기, 실오라기 등이 떠다니는 것을 볼 수 있는 곳이자, 바람 부는 날이면 마른 잎, 신문지 조각, 구겨진 종이가 가득 쌓이는 곳이기도 했다)을 특징으로 했다.

그런 아파트에는 '내 집'이라는 모두의 꿈(적어도 인플레이션 시대 이전에는 그런 꿈이 있었다)을 실현하지 못한 이들이 살았다. 경제적 안정과 사회적 지위의 보증 수단으로서의 부동산 투자는 중산계급의 지속적이고 근본적인 강박관념이었다. 하지만 이는 더 가난한 계층을 끌어들여 부동산 가격을 방어하려 했던 부르주아지가 조장한 것이기도 하다. 부에노스아이레스 서쪽 지역(플로레스, 플로레스타, 비야 루로, 리니에르스, 비야 베르사유, 비야 레알, 비야 데보토, 비야 우르키사, 비야 델 파르케)은 집 있는 소부르주아지의 주거 공간이 되었다. 그리고 이 공간은 서부선 철도가 지나는 근교 마을까지 뻗어 갔다. 이 지대 주택은 대체로 발코니 대용의 옥상이 있는 낮은 건물이었다. 돈을 벌면 한 층 더 올릴 작정이었던 것이다. 자택 앞에는 정원이 있었는데, 이는 미학적이거나 위생상의 이유가 아니라 대문을 제대로 만들려면 비용이 많이 들어서였다. 대문 역시 나중에 만들려는 생각이었지만, 대부분의 경우 결국 그러지 못했다. 그렇게 하여 집들은 반쯤

짓다 만 상태에 영원히 머물렀다. 건축학적 독창성을 추구하기는 했지만, 결국은 천편일률적인 단조로움을 벗어나지 못했다. 상업화된 '건축 합리주의'는 이 소부르주아지의 게토(차스 공원이 전형적인 사례이다)에서 가장 실망스러운 측면을 보여 주었다. 질서와 상식의 미로인 이곳에서는 길을 잃기도 어렵고 길을 찾기도 어려웠다.[2] 대립과 갈등도 없고 극적인 특징도 없는 평범함 자체인 이 바리오들은 나름대로 도시계획적 가치를 지니고 있었지만, 모험으로 초대하지는 않았다. 다시 말해 옛날의 바리오, 정교하게 설계되지 않은 바리오가 지닌 매력은 없었다. 옛 바리오에서는 어쩌다 범죄가 일어날 수도 있었다면, 이 새로운 바리오에서는 필연적으로 따분함과 우울함이 유발되었다.

뜰마다 있는 작은 동상, 동일한 모조 가구, 동일하게 밝은 주방을 지닌 이 똑같은 모양새의 집들에 사는 사람들은 서로 많이 닮았다. 다들 자기가 이웃 사람보다 더 우월하다고 믿었지만, 유사한 직종에 종사했고 고정불변의 동질적인 인생관을 공유했다.

주의주의(主意主義)

기업가나 노동자는 상품과 직접적인 관계를 맺으면서 현실주의적이고 실용적인 세계관을 갖게 되었고, 그 결과 자신들의 이해관계에 맞

---

2 아드리안 고렐릭은 "거리 블록을 부에노스아이레스 중산계급의 공고화와 연결 지은" 내 혜안을 그의 책 『격자형 도시와 공원』에서 지적했다.

취 행동하게 되었다. 반면 중산계급은 부르주아지처럼 물건을 소유한 것도 아니고, 노동자처럼 물건을 만드는 것도 아니다. 라이트 밀스는 이렇게 말한다. 중산계급이 "하지 않는 유일한 것이 있다면 물건을 만드는 일이다. 이들은 물건을 만드는 사람들을 조직하고 조율하는 사회적 메커니즘에 기대어 살아간다".[3] 이러한 독특한 상황으로 인해 중산계급은 다른 계급들과 달리 물질적 가치보다 상징적 가치에 더 관심을 기울이게 되었다.

생산자와 소유자 사이의 중개자(변호사, 회계사, 교수, 언론인, 중개인, 대행업자, 은행원, 단순 사무직 종사자)로서의 중산계급은 사물의 추상적인 상징(단어, 숫자, 도식, 도표, 기록 카드, 행정 문서, 급여 명세서)들만 취급한다. 이로 인해 이들은 이상주의적인 세계관과 법규적이고 행정적인 사고방식을 갖는 경향이 있다. 또한 사상, 문서, 구호, 규칙, 명령 등과 같은 모든 의지의 산물들이 지닌 추상적인 가치를 신뢰하는 경향이 있다.

중산계급에게 역사는 특정 사회 조건 속에서 객관적인 필요, 계급의 이해관계에 따른 적대적 집단들 간의 힘의 투쟁이 아니라, 동질적인 세계 안에서 벌어지는 개인 의지 간의 각축, 주체의 의도 간의 각축이었다. 따라서 정치는 이에 임하는 사람이 좋은 의도를 가지고 있는지 나쁜 의도를 가지고 있는지에 따라 좋은 정치가 되기도 하고 나쁜 정치가 되기도 한다.

그래서 절정기 중산계급의 전형적인 표현이었던 이폴리토 이리

---

3 Charles Wright Milis, *Las clases medias norteamericanas*(1951), Madrid: Aguilar, 1957.

고엔의 급진시민연합 정부는 거의 가족적이라고 할 정도로 친밀한 정치를 구현하고자 했다. 이는 면 대 면 접촉, 살가운 악수, 개인적 대화, 가정의 온기가 느껴지는 당 위원회 사무실 회합을 통한 직접적인 추종자 설득에 바탕을 두고 있었다.[4]

다비드 비냐스는 자신의 소설에서, 이리고옌 시대의 급진시민연합 지지자인 인물의 입을 빌려 그러한 소부르주아 정치관을 다음과 같이 표현했다.

> 정치는 모르는 사람끼리가 아니라 아는 사람끼리, 친구끼리 했다. […] 브라질 길이나 아르테스 길에 함께 사는 사람끼리, 말할 때 입술을 삐죽이 내밀거나 입꼬리를 실룩거리며 말하는 [공통점이 있는] 사람끼리, 천연두 자국이 있거나 리볼버 권총을 차고 다니거나 팔레르모에서 말을 키우는 사람끼리. 자신처럼 필부의 아들이라는 이유로, 카뉴엘라스의 보수당 카우디요(caudillo)[5]가 변호사가 아니라 뚜쟁이 혹은 의사라는 이유로, 어릴 때 급진주의자 역장의 아들과 같이 놀던 사이라는 이유로 정치인을 지지했다. 그러면 정치인은 호의를 베풀었

---

4 이리고옌의 급진주의는 객관적으로 볼 때 중앙집권적, 자유주의적, 소부르주아적 정치 운동의 전형적인 우유부단함과 비일관성을 가지고 있었다고 말할 수 있다. 계급적으로는 한편으로는 과두지배계급과 대립하고, 다른 한편으로는 초기 형성 단계의 노동계급과 대립하는 소부르주아지가 구성원이었다. '비극의 일주일'(Semana Trágica)이나 파타고니아 파업의 경우를 보면([옮긴이] 각각 1919년과 1921년에 일어난 사건으로 이리고옌 정부와 노동운동 간의 갈등이 폭력적 탄압과 학살로 귀결되었다), 급진주의자들의 반(反)노동자적 성향은 의심의 여지가 없다. 급진주의와 종종 비교되는 페론주의와는 이 점에서 다르다. 이리고옌 지지자 계급은 일부 세력을 제외하면 반페론주의 대열에 합류하여 이를 강화시켰다.

5 [옮긴이] 토호, 군벌, 우두머리 등의 뜻을 지니고 있다.

다. 병원에 병상을 하나 잡아 주는 것부터 함부르크에 총영사직을 주는 일까지. 지지자는 자신이 지지하는 정치인이 과묵하든 시끄럽든 간에 별명이나 사생아 여부까지 알았다. 그런 이야기들을 흘리지 않기 때문에 더 속속들이 알게 되었다. 그러나 미워하는 정치인에 대해서는 공격을 해대고, 카페나 길모퉁이에서 욕하고, 중상모략도 했다. 다들 누구는 이쪽 편이고 누구는 저쪽 편이라는 사실을 잘 알고 있었다. 이는 비밀도 아니고 복잡할 것도 없는 일이었다. 자기 당이 여당 지위를 상실하면 다른 당에 붙는 사람들에 대해서도 잘 알았다. 의사당에서는 욕을 해대다가, 거리나 클럽에서 만나면 안부를 물을 수 있었다. 이는 돈 이폴리토[이폴리토 이리고옌] 이전에도 또 그의 시절에도 그랬다. 정치란 그런 것이었다. 우정, 많은 친구, 대화, 표를 얻어 내는 것, 사람들의 사랑을 받도록 하는 것, 그들의 이름과 친척을 기억해 두는 것, 하원의원이 되는 것, 길을 가다가 다른 편 사람에게 인사하는 것, 미소를 짓다가 누군가 성가시게 굴면 싸우는 것, 더 많은 친구를 만드는 것, 다른 집단들과는 다르고 자신들끼리는 비슷하니 서로 인정하면서 자신이 과거에 참여한 혁명에 대해 우수에 젖어 이야기하고 학창 시절이나 공통의 질병 혹은 공통의 은사를 추억하는 것, 사람들이 알 만한 기타 곡을 치는 것이었다.[6]

그리하여 역사는 달력으로, 프랑스 혁명의 원인은 마리 앙투아네트 왕비의 목걸이 때문이라고 설명하는 학교 교재나 역사 소설처

---

6 David Viñas, *Los dueños de la tierra*, Buenos Aires: Losada, 1958.

럼 소매용 역사로 축소되었다. 모든 것은 클레오파트라의 코 높이, 나폴레옹의 키, 에바 페론의 사회적 원한, 페론의 "아이 성기"처럼 아무 것도 아닌 것, 사소한 것, 내밀한 삶의 감지하기 힘든 우연을 통해 정당화되었다.[7]

개인의 행동을 조건 짓는 경제적·사회적 세력은 존재하지 않았다. 개인적 야망, 변덕, 약점, 나쁜 풍속만이 존재했다. 매수, 타협, 횡령은 크리오요 정치의 최대 악이었다. 그래서 중산계급은 관료와 공권력의 부패에 반대하는 도덕주의 캠페인의 먹이가 되기 쉬웠다. 이러한 경향들은 민선 정부의 붕괴에 이로운 분위기를 조성했고, 모든 쿠데타의 정당화를 위한 조작에 취약했다.[8]

부분이 다른 부분들에게 달려 있는 총체성으로서의 역사를 부정하는 것과 개인의 특수성 이면에 있는 사회관계를 은폐하는 것, 이 두 가지는 소부르주아적 사고방식의 특징이다. 그리고 둘 다 중산계급을 그 어느 쪽도 옳지 않은 두 가지 대립적인 태도로 분열시킨다. 낙관적인 주의주의와 비관적인 주의주의로 말이다. 결국 그 어느 쪽도 수용하거나 편들 수 없다.

중산계급은 한편으로는 모든 비순응주의에 맞서서 낙관주의적 세계관, 천부적으로 관대하고 아름답고 영웅적인 인간상을 견지했다. 교화적인 연설, 장례식 기도, 기념식, 교구 신문의 심층 기사, 해피

---

7 Raúl Damonte Taborda, *Ayer fue San Perón*, Buenos Aires: Gure, 1955.

8 다음을 참조하라. Helio Jaguaribe, "El moralismo y la utilización imperialista de la pequeña burguesía", *Cadernos do Nosso Tempo*, Río de Janeiro, 1954. 이 글은 다음 저널에 재수록되었다. *Izquierda*, no. 2, Buenos Aires, September 1955.

엔딩 영화, 로맨스 소설과 교훈적인 소설, 라디오와 텔레비전의 해설, 보이스카우트 규칙, 학교 선생님의 건전한 조언, 지역 발전 단체와 신지학 혹은 자유의지론자 단체의 성도들이 들려주는 이상 등 소부르주아지의 감수성에 맞는 모든 장소에서 그러한 인간상을 설파한다.

그러나 중산계급은 다른 한편으로는 동시에 "인간의 본성은 변하지 않는다"는 식의 자연주의적이고 환멸적이며 비관주의적이고 회의주의적인 세계관, 인간은 하찮고 이기적이며 비열하다는 식의 인간상도 조장했다. 이를테면 "민중의 지혜", "경험이 풍부한" 사람들의 카페 대화, 일요일 모임에서 중년 부인들이 듣게 되는 내밀한 이야기, 가사 도우미의 열쇠 구멍 시야(이들은 훌륭한 사람도 속옷 입은 모습까지 보게 되기 때문에 누구도 훌륭한 사람으로 여기지 않게 된다)에 그러한 인간상이 담겨 있었다.

"상관 마", "그럭저럭 지내", "등골이 휘어", "될 대로 되라지", "그런데 대체 뭐하러", "어쩌겠어" 등[9] 전형적인 부에노스아이레스의 표현에 담긴 '슬픔', '무심함', '숙명론'(성급한 이론가들은 이들을 민족정신에 내재된 자산 또는 자질이라고 규정했다)은 결국 특정한 역사적 상황에서 특정한 사회계급의 심리적 반응이었다. 이들은 행동하지도 않고, 결정을 내리지도 않으며, 헌신하고 싶어 하지도 않는 계급이었다. 대중 행사에 참여하지도 않고 삶을 구경거리 보듯 관찰할 뿐이었다. 길 건너편에서, 발코니에서 팔꿈치를 괴고 있으면서, 현관의

---

9 [옮긴이] 스페인어 원문은 차례대로 "no te metás", "ir tirando", "agachar el lomo", "dejarse llevar", "total para qué", "qué se le va a hacer"이다.

어둠 속에 반쯤 몸을 숨긴 채, 길모퉁이에 멈춰 서서, 무심하고 조금은 지루한 모습으로 카페 테이블에 앉아서 말이다. 이들은 역사에 참여하고 싶어 하지 않았다. 그런데 스스로는 참여하지 않는다고 생각하지만 실상은 참여하고 있었다. 다만 '어떻게, 무엇을, 어디로'가 없는 맹목적인 참여였다.

도덕주의

중산계급은 사르트르가 "여론 직업"(oficios de opinión)이라고 부르는 직업을 영위하였다. 그는 이렇게 말한다.

> 그들의 직업은 일솜씨가 아니라, 타인들의 여론에 달려 있다. 변호사든 모자장수든, 고객이 마음에 들어 해야 찾아온다. 우리가 지금 논하고 있는 직업은 의례로 가득 차 있다. 고객을 유혹해야 하고, 붙잡아야 하고, 신뢰를 얻어야 한다. 단정한 옷차림, 절제된 행동거지, 신망 등이 그 의례, 다시 말해 고객을 유혹하기 위해 추어야 하는 그 천 가지의 소소한 춤과 관련이 있다.[10]

라이트 밀스도 사르트르의 기술에 동의하고 있다.

---

10 Jean-Paul Sartre, *Reflexions sur la question juive*, Paris: Ed. Paul Morihien, 1946, p. 95. 스페인어 번역본도 있음.

예의, 싹싹함, 친절함은 예전에는 내면의 영역에 속하던 것들이다. 그러나 이제는 수많은 지층의 화이트칼라 직업에서 돈을 벌기 위한 몰개성적인 수단이 되고 있다. 그래서 소외된 직업에는 자기소외 현상이 수반된다.

화이트칼라는 일자리를 얻으면 자신의 시간과 에너지뿐만 아니라 개성까지 판다. 일주일 또는 한 달 내내 미소와 친절한 제스처를 팔고, 양심과 폭력성을 신속하게 억눌러야 한다.[11]

따라서 중산계급에게는 평판, 겉치레, 타인의 생각이 중요했다. 타인에게 긴밀하게 종속되어 있었고, 사람들이 어떻게 말할까 하는 두려움, 소문과 스캔들에 대한 두려움의 지배를 받으며 살았다. 그런 우려에 매몰되어 살다 보니 부르주아적이고 기독교적인 가부장 사회의 주요 토대인 '청교도적인 성적 억압'의 주요 희생자였다. 군사독재는 물론 민선 정부들도 도덕주의 캠페인, 박해 충동이 가미된 사생활 사찰을 통해 중산층을 휘어잡으려고 했다. 또한 미풍양속을 수호하는 단체들을 장려했다. 이 단체들의 근본적인 목표는, 의식적이든 아니든 간에 정치적 목적으로 소부르주아지의 의식을 들쑤시는 것이었다. 예의 '국가적인 도덕 위기'는 많은 경우 경제적·정치적 위기에서 관심을 돌리기 위한 방법이었다. 그리하여 호세 마리아 기도 정권에서 페소화 평가 절하와 임금 체불은 부에노스아이레스의 광장, 호텔, 바, 거리에서 벌어진 남녀 커플에 대한 일제 단속과 긴밀한 관계가 있

---

11   Charles Wright Mills, *Las clases medias norteamericanas*.

었다. 물론 이러한 어리석은 억압은 갈수록 위태로워지고 추잡해지던 부패를 은폐하기 위해서였다. 젊은 유대인 소녀 노르마 펜헤렉 살인 사건이 마르가리데 경찰서장이 도시의 교화를 시도하던 시기와 겹친 것은 우연이 아니다.[12]

중산계급은 부르주아 도덕의 금기들이 매우 내면화되어 있어서, 자신들의 좌절과 심각한 성적 불균형을 유발하는 법률들을 용인했다. 마찬가지로 자기 계급에 위해가 되는 경제정책들에 대해서도 우호적인 배노를 취했다. 세속주의를 수장했음에도 불구하고, 성을 출산과 독립적인 쾌락으로 간주하고 억압한 유대교 및 기독교 도덕의 케케묵은 고정관념에 순종하는 자기모순에 빠졌다. 이와 관련해서는 성직자의 도덕주의와 일부 스탈린주의적 도덕주의가 일치하는 점이 있어서 역설적이다.

반면, 하류계급은 각인된 금기들이 있었던 중산계급에 비해 자기 억압이 적었다. 가족 내부의 통제도 더 적어서 하류계급 청년들은 성 문제에 조숙했다. 그리하여 그들의 성은 기본적으로 '이교도'적이었다. 이는 다니엘 게랭처럼 이단적인 일부 좌파 인사들에게 "성 혁명은 사회 혁명과 쌍생아이고, 이 혁명들은 민중의 과업이 될 것"[13]이라고 단언하게 하는 빌미가 되었다.

---

12 [옮긴이] 이 사건은 1962년, 16세 소녀 노르마 펜헤렉 실종으로 시작되어, 성매매 조직책의 납치 및 살인 사건으로 잠정적인 결론이 내려졌다. 그러나 범인으로 지목된 중년 남성에 대한 기소는 증거 불충분으로 무산되었다. 그 후 경찰의 강압 수사가 있었으며, 발견된 시신이 소녀의 시신이 아닐 수도 있다는 정황이 수사 과정에서 묵살된 사실이 드러났다. 사건은 영구 미제로 남았다.

13 Daniel Guerin, *Kinsey et la sexualité, le puritanisme demasqué*, Paris: Juillard, 1955.

도덕주의는 중산계급을 유년기 예찬, 돌이킬 수 없는 잃어버린 시절에 대한 향수로 이끌었고, 이는 소설이나 영화에 자주 투영되었다. 자신의 유년기를 완전히 망각한 소부르주아지에게 어린이는 순수함의 상징이요 악을 모르는 결백의 상징이었다. 물론 어린이는 이 주제와 관련하여 기만당하지 않은 유일한 존재였다.

위선은 중산계급의 몫이었다. 소부르주아지는 은밀하게 타인의 아내를 욕망하면서도, 부부 간 신의를 설파했다. 또한 여성의 처녀성을 찬미하고 오쟁이 진 남편을 조롱하면서도 남성의 무분별한 성 풍속은 묵인했다. 그리하여 딸을 영화관 좌석이나 거실 소파에서 애인에게 수음을 해 주는 반쪽짜리 처녀로 만들었다. 그리고 무엇보다도 자연과 유리된 성애를 맹렬하게 비난했다. 자기 계급이 자위행위와 동성애 비율이 제일 높다는 사실을 알아채지 못한 채 말이다. 중산계급은 여러 가지 이유로 수음을 선호했다. 부에노스아이레스에 성욕해소 수단이 부족했고, 수음에 동반된 환상이 그들의 현실 도피 행태에 부합했고, 성 관계에서 만족도가 떨어졌기 때문이었다. 성교는 여성들의 빈번한 불감증과 남성의 무능력한 성적 자극 탓에 실망스러웠다. 남성과 여성 모두 쾌락과 죄책감 사이에서 자기 억압에서 탈피하지 못한 데 따른 것이다.

20세기 상반기 부에노스아이레스 사람들의 성생활에 관한 개인적 관찰과 증언을 보면 지역적인 특수성 부분을 제외하고, 미국 사례를 분석한 킨제이 보고서의 결론과 일치한다는 것을 알 수 있다.[14] 앨

---

14 Alfred Kinsey, Wardell B. Pomeroy and Clyde E. Martin, *Le comportement sexuel de*

프리드 킨제이의 흥미로운 관찰은 수음을 중산계급과 밀접하게 연결 짓고 있다. 나아가 직업에 따른 정도의 차이를 대단히 섬세하게 나누어 단계화시킨다. 의도하지 않았건만 성적 행동에서 계급의 콘텐츠를 발견한 킨제이에 따르면, 제일 높은 자위율은 교수, 법조인, 의사, 치과의사, 엔지니어 등의 자유직업 종사자들이 기록하고 있다. 그중에서도 사무원, 은행원, 사서, 점원, 교사, 우체국 직원, 비서, 보험사 직원, 간호사 등 일반적인 직장인 자녀에게서 가장 높았다. 그 시대에 부에노스아이레스에 관한 킨제이 보고서가 있었다면 유사한 결론이 도출되었을 가능성이 충분하다.

부에노스아이레스 중산계급에서의(그리고 다른 계급들에서의) 성과 사회적 조건 사이의 이러한 밀접한 연관성에 대해 오스카르 마소타 역시 로베르토 아를트의 작품을 통해 "성은 인간과 생산의 실질적인 관계에서 비롯된 가치에 의해 그 색깔이 달라진다"[15]고 말한 바 있다.

소부르주아지의 성적 금기는 두 성 간의 급진적인 분리를 유발했다. 예를 들어 사교 모임에서 남성과 여성은 끼리끼리 어울리는 경향이 있었다. 사회계급과 한 시대의 특징을 '아르헨티나적 존재'(ser argentino)의 특징과 혼동한 스칼라브리니 오르티스는 우정에서 비롯된 특이한 "남성 간 쓰다듬기"(caricia de varones)를 거론하면서 부

　　l'homme, Paris: Editions du Pavois, 1948.

15　Oscar Masotta, "Roberto Arlt: 'La plancha de metal'", *Centro*, No. 13, Buenos Aires, 1959. 이 글은 다음 서지에 재수록되었다. Oscar Masotta, *Sexo y traición en Roberto Arlt*, Buenos Aires: Jorge Álvarez, 1965.

에노스아이레스인을 "사랑의 인간이 아니라 우정의 인간"이라고 규정했다.[16] 이러한 성의 분리는 처음으로 조직화된 성매매가 사라져서 부에노스아이레스가 고독과 고립의 도시, 비애와 권태의 도시로 변한 1930년대에 두드러졌다. 처음에는 성매매 업소의 음악이었던 탱고는 후에 성적 억압의 감정을 반영했다. 자유분방한 유쾌함의 감성이 담긴 구(舊)구아르디아(guardia vieja)[17] 시절의 탱고를 뒤이어 중산계급의 고독감이 수반된 느릿한 우수의 탱고가 출현했다. 이제 성적 소통의 부재가 탱고 가사의 주제였고, 이는 버림받은 연인, 다른 여성들과 대조되는 어머니의 모습, 방탕한 청춘, 남성끼리의 우정, 상실된 명예, 몰락, 배우자의 부정, 아버지 집으로의 귀환 등을 통해 간접적으로 표현되었다. 그러나 그 개인적이고 사회적인 억압들은 탱고나 로베르토 아를트의 소설처럼 가치 있는 예술적 표현으로 승화되기도 했다.

성적 관계를 맺기 어려운 상황은 예의 길모퉁이에서, 또 축음기가 있는 카페에서 남성끼리의 우정으로 승화되었다.[18] 이러한 장소들은 중산계급이 노동자들과 친분을 맺는 곳, 그리하여 두 계층의 정확한 경계선이 사라지는 구역이었다. 성은 중심 화제 중 하나였고(성적

---

16 Raúl Scalabrini Ortiz, *El hombre que está solo y espera*, seventh edition, Buenos Aires: Reconquista, 1931.

17 [옮긴이] 탱고 초창기 혹은 이 시기의 작곡가, 작사가, 무용수를 통칭하기도 하고 탱고를 낳은 문화적 흐름을 지칭하기도 하는 용어이다. 시기적으로는 대체로 1880년대에서 1925년경까지를 탱고의 구구아르디아 시대로 본다.

18 [옮긴이] 부에노스아이레스의 길모퉁이는 한가한 남자들이 서성이며 잡담을 나누는 공간이었다.

억압은 모든 부에노스아이레스 사람이 성적 강박증을 가지게 만들었다),
성매매 업소를 가 본 세대와 그 업소들이 폐쇄되던 시기에 아직 어린
나이였던 세대 사이에는 분명한 차이가 있었다. 1938년의 청춘에 대
해 얘기하면서, 베르나르도 베르비츠키는 다음과 같이 설명했다.

콘베르티의 단편소설의 무대는 변함없이 한 가지였다. 적갈색 혹은
포도주 빛깔 커버의 침대, 머리맡 탁자, 세면대, 움직임을 복제하는 거
울이 달린 옷상이 있는 방이었다. 보통 그 부대에는 나신을 뜨겁고 너
그럽게 선사할 요량인 듯, 걸친 듯 만 듯한 옷을 머리 위로 벗고 있는
커다란 여자 사진이 있었다. 콘베르티는 2페소만 주면 원하는 순간에
기꺼이 몸을 맡기는 여자를 얻을 수 있었던 일종의 황금시대가 존재
했다는 생각에 심히 당황스러워 하라고 일부러 젊은 남자들을 자극
하곤 했다. 그는 자기 판단으로는, 어쩔 수 없이 '퇴화된' 무기력한 청
춘 세대에 경멸을 표현하곤 했다. 콘베르티와 그의 친구들이 '마초'로
성적 경험을 시작한 반면, 나이가 더 어린 친구들은 사춘기가 시작될
무렵에나 하던 행동에 만족해야 했던 것이다.[19]

그러나 앞서 보았듯이, 성매매 업소 폐쇄가 아니라 성매매 외의
자유로운 성관계를 가로막는 금기들이 수음의 주된 원인이었다. 그
런 조건에서 결혼은 유일한 탈출구였다.

---

19 Bernardo Verbitsky, *La esquina*, Buenos Aires: Sudamericana, 1953.

이 젊은 여성들의 목표는 결혼이었다. 반면 그들의 남자 형제 혹은 약혼자들의 목표는 이 여자 저 여자를 만나다가 나중에 유리한 조건의 결혼을 하는 것이었다. 결혼은 그 수컷들과 암컷들의 종착지였다. 대다수가 이런 생각을 하기에 사랑 때문에 결혼하는 일은 확연히 비정상이었다. 여성은 종종 사랑의 열정과 가벼운 호감을 혼동했다. 호감 정도로 결혼하는 경우, 여성은 그 어떤 상황에서도 자신을 제어하면서 신분의 변화가 가져다줄 경제적인 이익을 계산할 수 있었다. 남자들은 그렇지 않았다. 그들은 그저 더 이상 여자를 사귈 수 없을 때 결혼했다.[20]

중산계급의 성적 태도는 동성애 문제에 대해서도 다른 사회계급들과 비교되었다. 이에 대해서도 킨제이 보고서가 안내서가 되리라. 보통 하위 계급에서는 이성애와 동성애를 구별 없이 경험하는 이들이 더 많다. 그런 점에서 '총고'[21]라는 룬파르도 단어는 의미하는 바가 크다. 이는 처음에는 노동자를 일컫는 말이었다가 시간이 지나면서 적극적인

---

20 Roberto Arlt, *El amor brujo*, Buenos Aires: Futuro.
21 이 단어는 호세 고베요의 룬파르도 사전(*Diccionario del Lunfardo*, Buenos Aires: La Siringa, 1960)에는 수록되어 있지 않다. 필자 생각에는 이 단어의 본래 의미를 그대로 사용한 유일한 경우는 후안 호세 데 소이사 레일리의 「여자 옷차림의 도둑들」(Ladrones vestidos de mujer)이다(재수록, *La escuela de los pillos*, Buenos Aires: Editorial Matera, 1920). 이 표현을 다시 발견할 수 있는 것은 카를로스 코레아스의 「역사의 서술」("La narración de la historia", *Centro*, No. 14, 1959)이다. 코레아스의 글은 도시의 성 풍속에 대해 세세하게 묘사해서 사회학적인 가치가 크다. 특히 실패로 끝날 수밖에 없었던 소부르주아지와 룸펜 사이의 독특한 동성애 관계를 그렸다. 덧붙여 말하자면 유대교 및 기독교 도덕의 금기들의 열성적인 수호자들이 사법부를 움직여 이 연구를 금지시켰고, 포르노그래피라는 이유로 필자를 6개월 징역에 처하게 했다.

동성애자를 지칭하는 단어가 되었다. 노동자 계급에서는 동성애만 행하는 경우도, 또한 동성애를 강력하게 거부하고 이성애만을 행하는 경우도 일반적이지 않았다. 이 행동 양태는 성적 금기의 영향이 프롤레타리아 계급에서 제일 적다는 사실을 드러낸다. 노동계급 성애의 기본적인 이교도성으로 인해 이 계급은 역설적으로 상층 부르주아지와 더 가깝고(극단은 서로 만난다) 중산계급과는 거리가 있었다. 중산계급은 정반대의 태도를 보여 주었다. 배타적인 동성애자(자신의 이성애성을 통제하고 억누르는 사람)와 동성애를 혐오하는 배타적인 이성애자(자신의 동성애적 잠재성을 통제하고 억누르는 사람)가 지배적이었다. 프로이트 학파의 빌헬름 슈테켈이 보여 주는 것처럼, 이 두 경우 모두 우울증, 의기소침, 히스테리, 불안, 건강염려증, 기분 장애, 공포증, 자살 충동 등 여러 형태의 신경증으로 발전할 소지가 있었다. 그리하여 동성애에 가장 적대적인 계급이 동성애가 가장 많고 뚜렷한 계급이 되는 역설이 발생했다. 동성애에 대한 사회적 족쇄들이 결정적인 역할을 한다는 또 다른 증거는, 프롤레타리아는 보통 사춘기에 동성애를 경험하는 반면, 중산계급은 성인 동성애자의 수가 훨씬 많았다는 사실이다. 노동자는 억지로 지켜야 할 도덕이 원래 없었고, 성인이 되어 인생을 설계할 때 과거의 자유분방함을 버리는 경우도 많았다. 반면, 소부르주아지는 틀에 박히고 편견에 사로잡힌 교육에 묶여 금욕적인 사춘기를 보낸 뒤에 점진적으로 이 속박에서 해방되는 경향이 있었다. 동성애가 늦게 찾아올수록 소부르주아지의 가족에 대한 전형적인 반란과 관계있는 경우가 많았다.

한 인간의 욕망을 알기 위해서는 그의 가장 내면적인 증오 대상

을 찾아야 한다. 부에노스아이레스인은 동성애에 대해 일종의 혐오
스러운 매력을 느꼈다.[22] 무엇보다도 가장 즐겨하는 농담 주제의 하
나가 동성애라는 사실이 이를 증명하는데, 이 경우 농담은 프로이트
가 말하는 무의식에 해당한다. 슈테켈은 남성 동성애자에 대한 이 적
대감은 "부정적인 정동(情動)"이라고 지적했다. "혐오는 부정적인 방
식으로 표출된 요구이기 때문이다."[23] 동성애자가 불러일으키는 증오
와 분노의 이면에는 성적 자유분방함에 대한 은밀한 질투, 성의 부조
화 사회에서 동성애가 표상하는 억압된 욕망, 자신의 성적 갈등에서
눈을 돌리려고 속죄양을 찾는 강박증이 숨어 있다. 다비드 비냐스는
부에노스아이레스의 동성애자 문제를 인종적 소수자 문제와 유사하
게 보았다.

[…] 이미 흑인을 공격하는 것은 바보 같은 짓이었다. 너무도 분명하
고 무용했다. "게다가 이곳[부에노스아이레스]에는 흑인이 없다"고들
말했다. 반면 동성애자는 누구나 우월감을 느끼게 하는 존재로 이용
되었다. 모든 사람이 멸시하는 하위 인종이었다. 모호하고 불안하며
매력적이고, 모두와 비슷하면서도 모두와 다른 종자였다. 누구든 동
성애자로 비난받을 수 있었다. 코가 길어도 피부가 검어도 말이다. 그
점이 위험했다. 동성애자들과 거리를 두기 위해 델피나가 한 짓보다

---

22 H. A. 무레나는 동성애를 묵시록적인 징후로 여기기에 이르렀다. "Erótica del espejo",
    Homo Atomicus, Buenos Aires: Sur, 1961.
23 Wilhelm Stekel, *Onanismo y homosexualidad. La neurosis homosexual*(1920), Buenos
    Aires: Imán, 1952.

더 나은 행동은 없었다. 선제공격을 해서 다가오지 못하게 했고, 적어도 팔 하나 길이, 손가락 하나 길이만큼은 떨어져 있으려고 그들을 비난했다. '마리카'(marica)[24]의 자리는 거기까지였다. 델피나는 항상 누군가를 경멸함으로써 스스로를 신성화했다. […] 그리고 한동안은 검은 머리들(cabecitas negras),[25] […] 너저분하고 숫자도 많고 광장에 모여들어 시끌벅적하게 떠드는 그 '흑인'들을 멸시했다. […] 델피나는 유대인도 동성애자도 '흑인'도 아니었다. 어느 누구와도 잠자리를 하지 못한 가엾은 여자였다.[26]

소수자 문제는 항상 다수의 문제였다. 반동성애적 도덕은 결국 반성애적 사회의 결과물이었던 것이다.

중산계급과 상류 부르주아지

II장에서 중산계급과 과두지배계급의 관계, 과두지배계급이 전성기를 누릴 때 이에 가담하고 투사하고 일체화되기를 원했던 중산계급의 심리와 도덕에 대해 분석했다. 별로 산업화되지 못한 나라의 중산계급은 지주 부르주아지를 위해 일할 수밖에 없었고, 지주 부르주아

---

24 [옮긴이] 동성애자를 경멸적으로 부르는 표현의 하나.
25 [옮긴이] 아르헨티나에서 노동자 계층에 속하면서 머리카락과 피부가 어두운 색깔의 사람들을 비하하는 표현. 그렇다고 진짜 흑인은 아니고 내륙 지방에서 이주해 온 사람들이 그렇게 불리는 경우가 많았다.
26 David Viñas, *Dar la cara*, Buenos Aires: Jameana, 1962.

지가 소득과 사회적 품위의 원천이었다. 과두지배계급은 과두지배계급대로 대중계급과 초보적인 노동운동을 무력화시키기 위한 무의식적 동맹자로 중산계급을 이용했다. 분할 통치는 늘 효과적인 억압 수단이었고, 한 집단에게 특권을 부여하여 더 큰 다른 집단을 희생시켰다. 이러한 특권은 무엇보다도 심리적인 것이었다. 육체노동보다 지적 노동이 더 면이 서듯이, 직원들의 환상은 생산 업무가 아니라 관리 업무를 맡는 것이었다. 자신들이 명령을 내리는 것이 아니라 명령을 수행하는 사람일 뿐이라는 사실, 다른 이들이 결재한 서류를 처리할 뿐이라는 사실, 다른 사람 주머니에 들어갈 수익을 올리고 있을 뿐이라는 사실을 부정하면서 말이다. 로베르토 아를트는 다음과 같이 관찰했다.

> 풀 먹인 와이셔츠를 입은 우리의 하인들은 설명하기 힘든 모순 때문에 사이비 애국자이고, 자신들을 착취하는 주인의 부와 교활함을 용인하고, 멀리 런던, 뉴욕, 혹은 암스테르담에 있는 임원진이 직원들의 탁월하고 규율적인 협조에 대해 상여금 대신 감사의 글을 회람시킬 수 있는 주식회사의 권능을 자랑스러워한다.[27]

소부르주아지 중에서 제일 가난하고, 제일 평범하고, 제일 불운한 사람도 적어도 노동자 앞에서는 우월감을 느낄 수 있었다. 이는 일종의 상징적 보상으로, 미국 남부의 가난한 백인이 흑인에 대해, 또는

---

27 Roberto Arlt, *El amor brujo*.

III. 중산계급 125

양차 대전 사이의 독일인 실업자가 유대인에 대해 느끼던 감정과 흡사했다. 과두지배계급은 이와 동시에 이러한 균열을 통해 노동자들의 주의를 돌려 소부르지아지를 그들의 적으로 간주하게 만들었다(노동자에게는 소부르주아지가 상류 부르주아지보다 훨씬 더 가시적이었다). 그리하여 종속된 이들 스스로가 지도층의 협조자요 공모자가 되었고, 지도층은 이런 식으로 고객 스스로가 서비스를 챙기게 하는 일종의 인사경제학(economía de personal)을 운용했다. 과두지배계급의 최대 성취는 하위 계급의 마음을 파고들어 자신들의 생각, 나아가 자신들에 대한 생각도 공유하게 만든 것이었다.

보수주의자들의 시대에 중산계급은 칼라 있는 셔츠와 옷과 넥타이를 사용했다. 양복 재킷을 입지 않으면 시내를 걸어 다니는 것을 시당국이 금했기 때문이다. 이런 미묘한 행정으로 도시의 주요 거리는 노동자 출입 금지 지역이 되었다. 노동자는 양복을 살 여력이 거의 없었기 때문이다. 가구 세트, 피아노, 나중에는 냉장고, 마르 델 플라타 여행, 급여를 거의 주지 않고도 "하녀를 두는 것" 등은 중산계급이 과시할 수 있는 사치였고, 가난한 친척들 사이에서 사회적 위신이 서는 일이었다. 이 인생 열차는 이따금 그들의 진짜 경제력을 지나치는 바람에 희생을 요구하기도 했다.

상상하거나 원하는 것과 실제 처지 사이의 불균형 때문에 중산계급은 겉치레 인생을 살 수밖에 없었다. 솔직하고 개방된 소통을 완전히 차단하고, 타인들과 항상 거리를 유지하고 살았다. 점잔 빼는 몸짓, 기교를 부려 에둘러 말하는 화법, 지나치게 말쑥한 복장 등으로 표현되는 그들의 허망한 거만함 속에는 다른 계급들 때문에 느끼는 불안감, 자신의 하찮음으로 인한 굴욕감과 수치심이 서려 있었다.

존재를 소유와 동일시하는 사회, 소유하고 있는 재산이 타인의 인정을 받기 위한 유일한 수단인 사회에서 중산계급은 자신이 갖지 못한 것을 가진 척하기 위해, 허세로 눈속임하기 위해 자신이 가진 모든 것을 사용할 수밖에 없었다.

그 아가씨들은 거의 모두 중간층 부르주아지 바로 위의 계층에 속했다. 사무직 종사자나 상인의 딸이었고, 보통 중간층 부르주아 가족이 사는 집들과 겉모습이 크게 다르지 않은 집에 살았다. 지체에 맞지 않을까 싶어 잡화점, 시장, 정육점에는 가지 않았다. 외출할 때는 제대로 차려입고 나갔다. 경비원조차도 상황에 따라서는 그녀들이 귀족인지 세미부르주아지인지 구별할 수 없었을 것이다. 거주하는 집의 외관이 구별 불가능하듯이.[28]

소부르주아지의 직종 특성은 은폐에 도움이 되었다. 프랑스 영화감독 클로드 란츠만은 이렇게 주장했다.

일반적으로 급여를 봉투로 받는 사무직 직원은 액수를 함구하거나 과장함으로써 비밀을 유지한다. 그의 인생 열차는 무엇보다도 체면을 구기지 않으려 한다. 다시 말해 자신의 참 존재가 아닌 다른 존재로 비치게 하려 하고(직업이 이를 요구한다), 그래서 버는 돈의 상당 부분

---

28 Roberto Arlt, *El amor brujo*, p. 62.

을 품위 있게 차려입는 데 할애할 수밖에 없다.[29]

　자신이 아닌 다른 존재로 가장하고, 자신을 하대하는 상류계급과 연대하고, 자신과 더 가까운 노동계급과 거리를 둘 필요성은 그레고리오 데 라페레레의 『바랑코 사람들』(Las de Barranco)에서 그로테스크하게, 플로렌시오 산체스의 『가족적으로』(En familia)에서 극적으로 묘사되어 있다. 산체스의 희곡에서 아버지는 자신이 감당하지 못하는 인생 일차의 덫에 걸려 살아가는데, 충동적으로 다음과 같이 솔직하게 고백하였다.

　버는 만큼 정직하게 살기로 한 호르헤 아쿠냐 씨는 먼저 콘벤티요의 제일 싼 방으로 가족을 데려가야겠지. 그런데 아쿠냐 부인과 그 댁의 고상한 딸들에게 물어보라고. 이 집의 수치스러운 궁핍을 콘벤티요의 명예로운 궁핍과 바꿀 마음이 있는지. 아니면 영웅적인 짐꾼 아버지와 자신들의 품위와 체면을 지켜 주는 경멸스럽고 사기꾼 같고 뻔뻔스러운 아버지 중에서 누구를 택하겠는지.
　우리는 완벽하게 규정된 사회계급을 구성하고 있고, 많은 사람이 우리와 함께 하지. 우리 계급의 여러 단점 중 하나가 결코 계급을 벗어날 수 없다는 점이야. "모든 희망을 버릴지어다."[30]

29　Claude Lanzmann, "L'homme de gauche", *Les Temps Modernes*, No. 112-113, Paris, 1955.
30　Florencio Sánchez, *Teatro completo*, compiled by Dardo Cúneo, Buenos Aires: Claridad, 1941. [옮긴이] 단테의 『신곡』 지옥편에 "여기 들어오는 자, 모든 희망을 버릴지어다"

어쩔 수 없이 프롤레타리아가 된다는 두려움은 세베로 비야파녜의 소설 『열병(熱病)의 시간』에도 반영되어 있다.

그러니 우리 신세도, 참! 전반적인 빈곤의 발톱이 그 부끄러운 가난을 별것 아닌 것으로 만들 날 […] 하나의 사회계급 전체가 지금 위치에서 하락할 그날, 우리 신세도, 참! 우리는 더 이상 옛날처럼 영광스럽고 도도한 국민이 못 되리라. 우리는 타락한 무리와 뒤섞여 버리리라. 빈곤에 좀먹고 사회주의에 깊이 감동한 나라들에서, 건전한 이민자들 틈에 섞여, 우리 나라로 온 타락한 무리와.[31]

교양 있는 척하기, 아무 노력 없이 지식의 세계를 전부 품으려 하는 경향도 위신과 재산에 대한 중산계급의 가식에 해당한다. 관공서에서 백과사전 할부 판매가 성공하고, 소위 키치 문화 산품 안내서가 횡행한 점이 이를 입증한다. 중산계급의 특징에 대해 지노 제르마니가 실시한 설문조사 결과[32]는 이 경향을 확인시켜 준다. 즉, 중산계급은 고급 독서를 하는 척했지만, 실제로 수준 높은 잡지를 읽는 독자는 1, 2퍼센트밖에 되지 않았다. 중산계급 독자의 70퍼센트는 『리더스

라는 구절이 있다.

31 Severo Villafañe, *Horas de fiebre*, Buenos Aires: Imprenta de la Facultad de Filosofía y Letras, 1960.

32 Gino Germani, "Sociografía de la clase media de Buenos Aires: características culturales de la clase media en la ciudad de Buenos Aires estudiadas a través del empleo de sus horas libres", *Boletín del Instituto de Sociología*, No. 2, Buenos Aires, 1943, p. 209; No. 3, 1944.

다이제스트 선집』 수준의 잡지들을 읽었으며, 실제로 이 잡지가 가장 많이 읽히는 것 중 하나였다. 서열, 고위 공직, 경의의 표현, 직함 등에 대한 미신적 숭배는 자신과 본질적으로 무관한 권위를 이용해 자신의 미심쩍은 지적 경쟁력을 추인하고자 한 중산계급의 절박한 필요성을 보여 주었다.

사생활 보호 신화

중산계급의 도덕은 평온한 시절에는 저축, 유지, 축적에 의거했다. 통제할 수 없는 외부 세계는 중산계급에게 영원한 위협이었다. 모든 새로운 것, 놀라운 것, 예기치 못한 것, 상황 변화는 두려움을 유발했다. 이기주의가 판치는 사회에서 길을 잃고 보호받지 못하는 중산계급, 한 개인으로서 진정한 평가와 인정을 받지 못하는 중산계급 사람들은 자기 꼬리를 무는 뱀처럼 자신을 가해한다. 가족은 바깥 세계와 분리되고, 그 세계에 무관심하고 심지어 적대적인 폐쇄된 영역인 경우가 많았다. 그들은 폭풍우 속에서 항해하는 배처럼, 자기 자신만으로 족한 밀폐된 총체성처럼, 가스통 바슐라르가 말하는 "반(反)우주 또는 대항 우주"(contrauniverso o un universo en contra)처럼 불통의 세계를 구축했다. 모두가 집에만 있는 형국이었다. 문이란 문은 다 걸어 잠그고, 네 벽의 보호를 철저히 받고, 무분별한 시선들로부터 자유를 누렸다. 소부르주아지의 가정은 최고 부유층의 자동차와 마찬가지로 외부와의 고립과 분리를 확실하게 해 주는 도피처였고, 타인과의 관계가 유발하는 피로감과 긴장감을 해소하는 휴식처였다. 정신분석을 해 보면 자궁의 의미, 즉 모태로 되돌아가려는 무의식적 소망이 발견될지도 모른다. 그러나 이러한 해석은 너무 상징적이다. 그것은 출생 전 행복감에 대한 무의식적 기억이라기보다는 사생활 보호 신화에 해당하며, 이 신화는 갈등의 상존을 가리키고 있다. 외부에 대한 공포, 세상이라는 드라마에서 도피하려는 욕망, 낯선 사람과의 접촉과 타인과의 위험스러운 모험에서 도망치려는 욕망을 반영하였다. 그런 조건에서 인간은 더 이상 타인과 미래를 향한 투사(投射)나 실현이 되지 못했다. 자신의 존재를 정적인 정체성에 묶어 두고자 골몰할 뿐이었다.

그 결과 생존을 위한 가장 근본적인 수단이 목적 자체로 바뀐다. 중산계급의 대화에서 과도한 시간을 차지하는 음식에 대한 지나친 관심, 심지어는 소화와 배변에 대한 관심(제임스 조이스가 『율리시스』에서 묘사한 욕실에서의 비밀스런 의례)은 자신에게만 관심을 기울이려는 집착, 비루한 사생활의 끝장을 보리라는 집착이었다. 이들은 자기도취에 빠져 자기 자신을 느끼고, 되새김질하고, 흡수했다.

주변의 모든 일상적인 사물은 더 이상 실용적인 도구들이 아니라 일종의 장밋빛 행복을 비추는 거울이었다(그중에서도 라디오와 텔레비전은 토템 역할을 한다). 그리하여 집 안에서의 유폐 생활, 은둔, 사생활을 찬양하고, 또 자신의 조건, 자신의 계급에서 이탈하는 것을 비도덕적이고 위험한 것으로 보는 '현상유지 도덕'을 전파하였다. 라디오, 텔레비전, 잡지를 통해 세상은 행복한 가정으로 축소된다. 중요한 일이라고는 요리법, 양육, 여성미, 감정에 관한 조언, 패션, 스타의 사생활, 가족 오락 등이다. 모든 사회적·정치적·보편적 책임에는 눈을 감는 즉흥적이고 초보적이고 개별적인 세계였다. 인간은 자연이 우발적으로 부여한 수동적 존재로 인식되었다. 예를 들어 아버지로, 아들로, 남편으로 인식될 뿐이었으니, 행동이 아니라 무엇인지로 가치가 매겨졌다.

1930년대와 1940년대에 소부르주아지가 선호한 오락거리의 하나였던 라디오 연속극의 진화 과정은 이 주제에 대한 흥미로운 사실들을 보여 주었다. 사회적 분리는 프로그램 선택, 나아가 방송사 선택에서 극명한 차이를 가져왔다. 온갖 산혹한 내용으로 비극적인 분위기를 유지하던 초창기 연속극은 프롤레타리아가 주요 애청자인 라디오 델 푸에블로(Radio del Pueblo, 민중의 라디오) 방송국으로 밀려났다. 소부르주아지가 선호하는 라디오 연속극에서는 평범한 주인공, 일상적인 상황, 해피 엔딩을 특징으로 하는 델리[33] 스타일의 연애극이 자리잡아 청취자들로 하여금 자신과 등장인물을 동일시하게 만들었다. 상냥한 스타 메차 카우스가 비극적이고 항상 불행했던 여주인공 올가 카사레스 피어슨을 대체했다. 카우스는 옛날 인형처럼 정형화된 얼굴에, 아무리 슬픈 상황이 와도 미소를 짓는 행복한 인물형으로 "모든 가정의 여배우"가 되었다. 카우스의 배역이 청취자들과의 일체화를 가능하게 했기 때문이기도 하고, 현실에서도 그녀가 일정 역할을 계속 했기 때문이다. 동료들과 가족처럼 지내고, 청취자들을 초대하여 집에서 차를 마시고, 자선 활동도 많이 했다. 비록 카를로스

---

33 [옮긴이] 프랑스의 로맨틱 소설가 프레드릭 앙리 프티장 드 라 로지에르와 잔 마리 앙리에트 프티장 드 라 로지에르 남매의 필명.

가르델 신화만큼 널리 퍼지지도 지속적이지도 않았지만, 1930년대에는 메차 카우스 신화도 존재했을 정도다. 메차 카우스는 영화 스타들과 경쟁하면서 대중의 사랑을 받았다.[34] 그녀를 둘러싸고 투사-동일시 현상, 허구에 대한 대중의 정서적인 참여 현상이 작동했다.

영화에서도 유사한 현상이 있었다. 아르헨티나 영화산업이 팽창하기 시작한 1937년 전후였다. 처음에는 대중계급만 영화에 매료되었으나, 이윽고 중산계급에 퍼졌고, 그러자 영화의 주제도 바뀌었다. 1940년대는 '예술적 상상력의 부르주아화'의 표현인 화이트 코미디의 절정기였다. 마누엘 로메로의 부르주아 버전인 프란시스코 무히카[35]는 아르헨티나 영화의 이러한 진화를 뚜렷하게 보여 주었다. 로메로의 「옛날 청년들은 염색약을 쓰지 않았다」(Los muchachos de antes no usaban gomina)가 세기말 가족들의 편견에 대한 민중주의적 비판이었다면, 무히카의 「산다는 건 그래」(Así es la vida)는 반대로 공감과 관용의 태도로 그런 가족들을 회상했다. 이후 무히카는 「화요일에는 난초를」(Los martes orquídeas)을 통해 화이트 코미디 장르로 옮겨 갔다. 이 작품은 가난한 청년이 이해심 많은 백만장자의 딸과 결혼하는 계급 간 유연성을 긍정적으로 다루었다.

허구는 교양이 모자란 대중에게는 자신에게 이미 내재된 특정 감각 혹은 정서적·도덕적·이념적 효과를 즐길 수 있는 외부 자극이

---

34 [옮긴이] 메차 카우스는 연극과 영화에서도 활발하게 활동했지만, 라디오 연속극 분야에서
    가장 큰 성공을 거두었다.
35 [옮긴이] 두 사람 모두 아르헨티나의 영화감독.

되어 왔다. 어떤 종류의 음악이 자신을 "슬프게 만들기" 때문에 듣는 이들이 있듯이, 또 슬퍼하면서 즐기는 이들이 있듯이, 허구적 작품은 대중의 감성을 격발시켰다. 대중은 허구를 통해 유일하게 그리고 전적으로 현재의 자신을 추구했다. 말하자면 절대적 정체성, 자기 자신에의 완전한 밀착, 총체적인 일치감, 변함없는 단일성 등을 추구한 것이다. 이런 유형의 대중은 모든 새로운 것을 거부했다. 새로운 것은 영속적인 변화, 지속적인 움직임, 나아가 자신이 편안함을 느끼는 사회질서가 일시적인 것이고 소멸 가능성이 있다는 점을 상기시킴으로써 인간 현실의 변증법적인 특징을 암시했기 때문이다. 그런 대중은 자신이 이미 알고 있는 것을 듣고 싶어 했고, 이미 본 것을 보고 싶어 했다. 그리하여 만물이 항상 동일하리라는 환상, 자신이 몸담고 있는 체제가 영원하리라는 환상에 사로잡혔다. 새로운 경험을 추구하는 법이 없었고, 자신이 이미 알고 있는 것만 인정하고 싶어 하고, 자신의 취향에 맞는 것만 보고 싶어 했다. 자신의 닫힌 세계, 동질적이고 경직되어 있고 불변하지만 자신에게는 충만하고 갈라진 틈이 없는 그 세계를 열어 줄 새로운 시야를 거부하였다.

중산계급 사람은 정해진 날 정해진 월급을 받았다. 그 주기적인 반복, 월말의 영원한 도래는 그에게 안정감을 주었고, 그의 모든 삶은 그 위에 구축되어 있었다. 미지의 것에 대한 두려움 때문에 그의 일상생활은 집착에 가까울 정도로 규칙적이고 의식을 치르는 듯 사소한 부분까지도 질서가 잡혀 있었다. 모든 것이 제자리에 있어야 했고, 이를 위해 시간을 보내야 했다. 집안 위생에 대한 주부의 신경증적 결벽은 너무나 심해서, 지저분함과 무질서는 거의 원죄의 범주에 속했다.

악에 대한 진공청소기 수준의 이런 푸닥거리는 지속적인 불안감의 산물이었다. 매순간 발생하는 사소한 무질서, 새로운 얼룩 때문에 모든 가사 노동이 허사가 될 수 있기 때문이다. 이 절대적 청결 모델은 모든 실현 불가능한 이상 그 자체였다.

아돌포 비오이 카사레스가 의도하지는 않았지만, 그의 『눈[雪]의 위증』(*El perjurio de la nieve*)의 한 인물이 이 사고방식의 알레고리이다. 이 인물은 매일, 매해 똑같은 제스처, 똑같은 말, 똑같은 상황을 되풀이함으로써 덧없이 사라지는 시간과 죽음을 막을 수 있다고 믿는다. 마찬가지로 중산계급 사람은 정해진 시간에 먹고 정해진 시간에 잠자며, 일요일이면 결말이 항상 비슷한 영화를 보러 같은 영화관에 가고, 해마다 즐겨 찾는 같은 곳에서 여름휴가를 보내고, 아무 의미도 없는 기념일을 꼼꼼히 챙겼다. 가족의 생일, 성탄과 새해 파티, 어머니날, 그밖에 상인들이 장삿속으로 정한 날이 되면 선물을 샀다. 포틀래치(potlatch)[36]의 소박한 형태를 실천한 것이다. 예기치 못한 일들 중에서는 오직 출생과 죽음만 예식의 질서에 포함되었다. 실존주의자들에 따르면, 일상적 존재의 비진정성은 무엇보다도 구체적인 역사적 상황에 따른 존재론적 비전이었다. 모든 사람을 표상하고 특수한(particular) 그 누구도 표상하지 않는 중립적이고 익명적인 존재, 그래서 각자가 타인이고 그 누구도 자신이 될 수 없는 그 존재가 중산계급 사람의 특징이었다. 모든 사람과 철저히 똑같이 입고, 말하

---

36 [옮긴이] 북미의 일부 인디언 사이의 선물 분배 행사를 의미한다. 넓은 의미로 선물을 주고 받는 파티를 가리키기도 한다.

고, 생각하고, 행동할 필요성, 널리 인정받고 용인된 규칙에 맞추고자 하는 의지, 기이한 사람, 비정상적인 사람, 미친 사람으로 여겨지는 것에 대한 두려움 등은 자신의 운명을 스스로 만드는 결정이나 책임감의 번민에서 벗어나, 안정, 평온, 확신, 편안함을 쟁취하려는 욕망에 다름 아니었다.

변화

충분히 짐작이 가겠지만 페론주의의 갑작스러운 등장은 중산계급의 평화로운 삶에, 개구리들이 잠자는 고요한 물웅덩이에 힘껏 돌을 던진 것 같은 효과를 발휘했다. 페론주의의 통제 불능의 소용돌이(페론주의의 함정, 매복, 위험, 박해, 놀라움, 공포 등)는 위험 없는 단조로운 일상을 뒤흔들었다. 평화주의자, 우유부단한 사람, 안락한 소부르주아지는 그 지속성과 따분함 안에서 행복의 공식을 발견했다. 그러나 이제부터 그들은 잃어버린 낙원이 된 과거의 호시절, 모든 혁신이 배제되어 있었고 아무것도 자리를 바꾸지 않는 듯했던 그 낙원을 그리워하며 살게 되었다. 그 가정적인 신화들의 세계, 소소하지만 아끼는 것들(바리오, 집, 학교, 클럽)의 세계는 현기증 나는 페론주의에 의해 산산조각 났다. 계급으로 갈리고, 오랜 친밀함이 깨지고, 순수한 성정에 구김살이 생기고, 자연스러움 대신 의도가 개입되고, 확신이 사라지고, 순수한 인간관계가 정치화되었다. '팔 걷어붙인 사람'(el hombre en mangas de camisa)[37]이 짙은 색 정장과 빳빳한 칼라의 와이셔츠를 입는 사람을 끝장냈다. 페론주의는 소부르주아지의 전통, 관습,

가치관, 도덕적 토대, 속물적인 자제심, 위선적인 덕목들의 이념에 대한 도전이었다. 지폐와 등기 권리증의 가치조차 땅에 떨어졌는데 어떤 가치를 신뢰할 수 있을 것인가? 미친 듯이 춤추는 인플레이션은 모두가 끝없는 나선형 계단을 오르게 만들었으며, 필연적으로 저축 정신의 파괴를 가져왔다. 이제는 미래를 계획하는 것, 자녀의 장래를 보장하는 것, 자기 집을 갖는 것, 서서히 발전하고 승진하고 은퇴하는 것, 편안한 노후를 즐기는 것이 불가능해졌다. 그 모든 것을 악마가 휩쓸어 가 버린 것이다.

중산계급은 보수적인 소유 방식을 지니고 있었다. 절대로 인출하지 않는 은행 예금, 깨뜨릴까 두려워 절대로 사용하지 않고 진열장 안에 전시만 해 놓던 크리스털 세트와 자기 세트, 신경 써서 가구를 구비해 놓았지만 특별한 날에만 사용하던 응접실, 덮개 천이 변색될까 싶어 꽁꽁 닫아 놓던 창문 등이 그 사례였다. 그러나 그런 소비 방식은 인플레이션 과정에서, 또 내수시장의 수요에 따른 경공업의 성장과 이에 따라 가능한 한 빨리 사용하고 낭비하라는 소비 촉진 과정에서 파괴되었다. 미디어를 통해 유포되는 상업 광고도 이에 한몫했다. 상업 광고는 소비주의 그 자체가 지배하는 화려하고 쾌적한 세상을 예찬했기 때문이다.

물론 아르헨티나의 취약한 산업 발전은 소비적 사고방식의 환상에 사로잡히게 만들 정도는 아니었다. 하지만 선진국 대도시 부자들의 삶을 보여 준 영화가 그러한 환상에 크게 기여했다.

---

37 [옮긴이] 팔을 걷어붙이고 일하는 사람들, 즉 노동자를 가리킨다.

구중산계급은 이 새로운 세태에 잘 적응하지 못했다. 열심히 모은 돈을 낭비하기에는 그동안의 희생이 너무 컸다. 빠듯함, 어느 정도의 가난, 부족한 재산을 아끼는 생활에 익숙했고, 또한 모든 것을 끝까지 알뜰하게 쓰는 데 익숙해서, 때우고, 수선하고, 천을 대고, 기우고, 소소하게 눈속임하고, 구멍 난 곳에 수를 놓았다. 그러나 짧았던 번영기에 유년기와 청소년기를 보낸 자녀는 편한 삶에 익숙해져 있었다. 자신들이 경험한 궁핍을 겪지 않게 한 부모의 관대함 덕분이었다. 그래서 그들의 자녀는 망가지면 버리고, 저축보다 지출에 익숙하고, 유지 대신 변화를 택한 최초의 세대였다.

이리하여 1950년대의 지역 풍속에 '페티테로'라는 명칭의 인간형이 등장했다. 카야오 길께의 산타 페 대로에 있던 프티 카페의 단골들을 모방했기 때문에 붙은 명칭이다. 일종의 '테디 보이'(teddy-boy)[38]라 할 수 있으나, 영국의 이 청년 집단보다는 훨씬 덜 공격적이었다. 하지만 그들처럼 상류계급 청년의 특징인 과시적 소비를 하면서 그들처럼 보이려고 애썼다. 그러나 정작 상류계급 청년들은 그들을 경멸했다. 페티테로는 바리오 노르테를 활개치고 다녔지만 그곳에 거주하지는 않았다. 그들의 주거지는 카바이토, 플로레스, 플로레스타, 비야 델 파르케 등 살 만한 중산계급의 전형적인 바리오들이었다. 카바이토와 플로레스의 쇼핑몰에는 과시적 신발을 소비하는 성향의 청소년들이 멋을 부린답시고 모카신을 질질 끌면서 걷는 습관

---

38 [옮긴이] 로큰롤을 좋아하고, 딱 붙는 바지에 긴 재킷, 뾰족한 신발의 자유로운 복장을 선호한 영국의 청년 집단을 지칭하는 표현.

이 생겨났다. 페티테로들이 대체로 복장으로 과시하기 때문에 차별화를 위해 그랬지 싶다.

1950년대에 페티테로의 과장스럽게 짧은 재킷과 통 좁은 바지는 바리오 청년들과 구별되기 위한 표지의 하나였다. 바리오 청년들은 여전히 1940년대의 기예르모 디비토 스타일의 긴 재킷을 입고 다녔고, 페티테로의 옷차림을 조롱했다. 마침내 비도심 가게들이 결국 새로운 패션을 채택하게 되자, 페티테로들(이제는 더 이상 페티테로라는 이름으로 불리지도 않았다)은 전광석화처럼 패션을 바꿨다. 1960년대에는 재킷이 다시 길어지고 옥스퍼드 스타일의 바지가 우세했다. 어른들도 청년들의 이러한 변덕이 죽 끓듯 하는 패션을 따라갔다. 또한 머리 모양과 태도까지 따랐다. 청년이 어른을 따라 하던 과거와는 정반대였다. 라디오와 텔레비전과 관련된 대중문화에서도 청년이나 청소년이 두드러졌다. 옛날 같았으면 이들은 부차적인 역할만 맡았을 것이다. 1960년대의 아이돌은 트위스트와 록 장르의 가수이자 댄서였던 팔리토 오르테가 혹은 산드로였다. 이들은 각각 부에노스아이레스의 폴 앵카와 엘비스 프레슬리였다.

이전에는 경험하지 못한 청년 세계의 이러한 습격은 가족 관계에도 변화를 야기했다. 청춘은 그 자체로 하나의 가치가 되었고, 현기증 나게 변하는 사회에서 어른들의 경험은 소용이 없었다.

미국 사회학자 데이비드 리스먼이 보여 주었듯이,[39] 젊은이들은 평소에 "최신 파동"(últimas ondas)과 더 많이 접촉하기 때문에 오히

---

39 David Riesman, *La muchedumbre solitaria*(1949), Buenos Aires: Paidós, 1954.

려 부모를 가르쳤고, 그리하여 가족의 권위에 문제를 제기하고 가정이라는 폐쇄된 공간을 개방시켰다.

중산계급과 페론주의

이 역시 의도한 바가 아니었지만, 페론주의는 소부르주아지 특유의 가족 형식을 해체했다. 가족은 극히 개인적이고 사적인 집단이라는 환상이 사라지고, 삶은 마음속 가장 비밀스러운 것까지 공개될 정도로 공적인 것이 되었다. 어느 누구도 외부 세계로부터 도망칠 수 없었다. 사생활을 위한 작은 틈새조차 남지 않았다. 초탈의 나라, "상관마"의 나라, 정신적 가치의 나라는 멀어지고 없었다. 페론주의는 모든 이로 하여금 타인, 비슷한 부류, 동료, 적과 연대의 관계 혹은 적대의 관계, 공모 혹은 폭로의 관계를 맺도록 강요했다. 무관심은 결코 불가능했다.

중산계급은 결코 이해할 수 없었던 그 역사적 과정에 히스테리컬한 반페론주의 태도로 반발했다. 그들은 인플레이션이 어떻게 자신들의 상황을 악화시키고 있는지 목격했다. 조합에 소속되지 않고 고립된 삶을 살았기에, 또 이념적 대의도 사회적 권위도 없었기에, 노동자들의 부상 앞에서 무방비 상태였다. 자기 계급의 일부가 가난해지자, 중산계급은 심리적으로 가난한 이들과 더욱 멀어졌다. 이러한 비이성적이고 모호한 증오심은 근본적이고 잠재적인 인종주의로 표출되었고, '검은 머리들'을 자신들의 불행을 야기한 속죄양으로 삼았다. 이 현상은 다른 나라들의 국내 이주, 가령 이탈리아에서 북부 도시들로 이주한 남부 출신자들에게 일어난 일과 유사했다. 아르헨티나의 지방 주 출신 이주자들을 프롤레타리아와 동일시하여, 노동자는 금발이어도 '검둥이'(negro), '거무스레한'(negrada) 등의 경멸적인 별칭이 붙게 되었다. '검은 머리'의 진정한 반대 세력은 소부르주아지였다. 상류층 부르주아지는 자신들만의 바리오, 폐쇄적인 저택, 빨리 달리는 자동차 등 사생활이 보장되는 세계에서 살았다. 그래서 길에서 '검은 머리'와 마주칠 일이 거의 없었고, 이들을 무시하는 사치를 누렸다. 그러나 소부르주아지는 피부색이 어두운 노동자들과 부대끼며 만원 버스를 같이 타고, 담장을 사이에 두고 콘벤티요 옆에서 살면서 지방 출신 가족들이 즐거워하며 내뱉는 거친 말을 듣고, 심지어 내륙 지방 출신 아가씨를 가사 도우미로 두고 있을 경우 온갖 요구사항을 감내해야 했다. 훌리오 코르타사르의 단편소설 「점령당한 집」(Casa tomada)[40]은 국내 이주가 부에노스아이레스의 중산계급에게 야기한 침입과 관련된 고통스러운 감정의 알레고리로 해석될 수 있다.

'검은 머리'의 이촌향도, 프롤레타리아의 바리오와 교외 지역으로부터 도심으로의 진출은 무뚝뚝하고 익명적인 새로운 도시를 만들었다. 이는 소란과 혼잡과 악취(진짜 악취든 상상의 악취든)로 가득한 도시, 로나르디 장군의 표현에 의하면 "시끌벅적한 악취미"가 가득한 도시였다.

이는 평화로운 풍속과 우아한 몸짓이 존재하던 예전의 도시, 보

---

40 Julio Cortázar, *Bestiario*, Buenos Aires: Sudamericana, 1951.

헤미안들이 사치스러운 고독이라는 호사를 부릴 수 있었던 도시의 파괴였다. 옆 테이블에서 검은 머리 한 무리가 시끄럽게 술주정을 부리게 되면서, 부에노스아이레스 사람들은 이제 평온하게 차를 마시던 카페가 그리워졌다. 한적한 해변으로 실어다 줄 안락한 기차 여행도 불가능했고, 휴가비와 상여금 덕분에 해변도 민속 축제 마당처럼 변했다. 코리엔테스 길과 에스메랄다 길이 만나는 모퉁이에 잠시 멈춰 서서 길가는 사람들을 구경하는 것 역시 불가능했다. 가만있을 수 없게 밀쳐 대거나 통행을 가로막곤 했기 때문이다. 사실 어디를 나다니기도 힘들었다. 버스가 항상 만원이라 몸을 움츠리고 있어야 할 지경이었다.

'재킷 입은 사람들'이 산책하는 세련된 거리를 '팔 걷어붙인 사람들'이 다니지 못하게 막던 그 보이지 않는 '방역' 저지선은 이미 파괴되어 버렸다(재킷을 벗는 도발적인 행동이 아직 존재하지 않던 시절도 있었다. 그런 짓을 할 만한 사람들이 재킷조차 가지고 있지 못했기 때문이다). 애석해도 어쩔 수 없었다. 우리 사회에서 누군가의 낙원은 또 다른 이들에게는 늘 지옥이었다.

페론주의 시기에 지주 부르주아지의 정치권력의 몰락은 이들이 중산계급에 미치던 온화한 후견 역할의 상실을 유발했다. 그때부터 보수주의자들이 통치하던 농업국가라는 시대착오적인 과거를 그리워할 뿐이었다. 그것은 멀어진 거리만큼 이상화되었지만 다시는 되돌아오지 않을 실낙원이었다. 와이셔츠 차림이 아닌 프롤레타리아[41]

---

41 [옮긴이] 페론 시절 그의 주요 지지자였던 노동자들은 '데스카미사도'(los descamisado)라

와 구별되는 것이 유일한 위안이었던 이 빳빳한 칼라의 와이셔츠 차림의 '프롤레타리아'(임대법에 따라 소득이 동결된 영세 임대업자, 인플레이션에 휘둘린 고정급 공무원, 가격 상한선 상품 목록에 위협받는 소매상)는 자신을 무차별적으로 프롤레타리아와 섞어 버린 체제와 불구대천의 원수가 될 수밖에 없었다.

중산계급 전반과 대학생들은 반페론주의와 1955년의 군부 반란으로 귀결된 시민적 분위기를 조성했다. 그러나 노동자들을 '제자리에' 돌려놓으면 잃어버린 위신과 특권을 되찾으리라는 헛된 환상은 머지않아 사라졌다. 경제 위기 심화와 반동의 물결로 중산계급의 하락이 조금 더 진행되었다. 물가는 이미 제어할 수 없을 정도로 올랐다. 물가 대비 급여 인상의 지체와 연금제도의 파괴는 결정타였다. 중산계급 평화의 바탕이었던, 월말이면 돌아오는 영원한 회귀의 수레바퀴가 별안간 멈추자 이들은 혼란 속에 길을 잃고 말았다. 모든 삶의 근간이었던 현실과 환상들이 파괴되어 버리자, 이들을 대체할 만한 새로운 희망을 제대로 찾아내지 못했다.

실업, 물가 상승, 굴욕감, 군부의 연이은 반란에 따른 지속적인 긴장 등에 따른 혼란, 불안, 분노는 중산계급의 태도에 변화를 야기했다. 페론 정부의 모순들을 겪으면서 모든 악의 원인이 노동자 계층에 있다고 보고 이들과 거리를 두었다면, 페론 이후 시대에 겪어야 했던 점진적인 빈곤화는 중산계급의 많은 부문(가령, 의사와 교사)으로 하

고 불렸다. '와이셔츠를 입지 않은 사람'이라는 뜻의 이 단어는 '와이셔츠 입은 사람', 즉 화이트칼라층과 대비되는 표현이다.

여금 파업 같은 노동자의 투쟁 방식을 채택하게 했다. 과거에는 자기 계급에 걸맞지 않는다 싶어 하지 않았을 일이다.

당시 사회는 우파의 극단적인 젊은이들도 비이성적으로 폭발할 만한 분위기였다. 그즈음에 테러 단체인 타쿠아라(Tacuara)가 출현했다. 이 조직은 초기에는 상류계급 자녀(사립학교 학생)들로만 구성되어 있었고, 자유교육(enseñanza libre) 찬성 분위기 조성을 목적으로 한 성직자들이 이끌었다.[42] 그 후 이 단체의 사회적 구성이 부분적으로 바뀌었다. 자유교육 캠페인이 끝나자 '있는 집 사식들'은 거리를 두었고, 그러면서 타쿠아라는 순전히 우파적인 단체인 민족회복수비대(Guardia Restauradora Nacionalista)로 변신했다. 로헬리오 가르시아 루포가 지적한 대로, 타쿠아라는 이제 소부르주아지 하위층에 속한 새로운 세력들의 조직이 되었다. 이들은 프롤레타리아에 가까운 이들이었고, 특히 낮에는 공장이나 사무실에서 일하고, 밤에 공부하는 야간 중등학교 학생들이었다. 가르시아 루포는 다음과 같이 주장했다.

10월 17일[43] 서른 전후의 나이였고, 페론주의에 도취되어 낙관주의적인 상황을 구가했던 노동자들과 평범한 임금 생활자들은 이제 대략

---

42 [옮긴이] 페론 집권 시절, 교육 부문에서 국가가 헤게모니를 장악한 조치를 철회하라는 시위였다. 반페론 입장에 선 가톨릭 교단이 상류층 학생의 시위 참여를 독려했다.

43 [옮긴이] 1945년 10월 17일을 말한다. 당시 군부 내의 반페론 세력이 군부의 실세이자 요직을 차지한 후안 도밍고 페론을 구금하자, 30만여 명의 노조 노동자들과 가난한 사람들이 대통령궁 앞에 운집하여 페론 석방을 요구하는 시위를 벌여 관철시켰다. 10월 17일은 페론주의자들에게 '승리의 날'로 기억된다.

마흔다섯 살이다. 이들은 상대적으로 정치에 실망감을 느끼고 있으며, 타쿠아라 소속 청년 또래의 자녀가 있다. 1955년의 보복적인 군사 반란과 생활수준의 실질적인 하락으로 축적된 침묵의 사회적 원한은 이들 소부르주아지 또는 숙련된 노동자들을 절망의 구렁텅이로 밀어넣었다. 이 절망감은 그들 사이에서는 무기력한 모습으로 표출되었지만, 반대로 자녀 세대의 폭력에는 공감하게 만들었다.[44]

아르헨티나의 모호한 사회경제적 특징은 빈곤화된 중산계급을 두 가지 상반된 태도로 내몰았다. 한쪽은 파시즘에, 또 다른 쪽은 좌파에 경도되었다. 좌파에는 부에노스아이레스대학 철문학부가 위치한 비아몬테 거리와 인근의 서점과 바(코토 길께의 플로리다 길)를 배경으로 한 소규모 지식인 그룹들이 속해 있었다. 특히 심리학과 사회학 전공 학생들이 많았는데,[45] 문화주의를 숭배한 이들은 라운드 테이블, 문학지(다수가 문학지 편집부에서 일했다), 독립 연극(일부는 배우 혹은 연출자였다), 비밥이나 프리 재즈 혹은 아스토르 피아졸라의 새로운 탱고 등이 연주되던 클럽, 잉마르 베리만 영화주간, 로레인 영화관[46]의 누벨바그 등의 열혈 소비층이기도 했다. 이 청년들은 흔히 프랑스 실존주의자, 영국의 앵그리 영 맨, 미국의 비트족에 비견되었

---

44 Rogelio García Lupo, *La rebelión de los generales*.
45 [옮긴이] 심리학과 사회학은 1988년 사회과학대학 창설 이전까지 철문학부에 속해 있었다.
46 코리엔테스 대로에 있던 오래된 상영관으로, 1940년 레온 클리모프스키 주도로 '예술영화'(Cine Arte)라는 이름의 아르헨티나 최초의 시네 클럽이 되었다. 그러나 '로레인'이라는 이름으로 새로운 세대에서 골수 관객층을 확보할 때까지 15년이나 기다려야 했다.

지만, 폭력, 술, 무분별한 복장, 자유분방한 에로티시즘, 마약 등의 극단적인 것들과 전혀 무관했다(마약류로는 심리 치료 요법에 쓰이는 엘에스디[LSD]만 했다). 로돌포 쿤의 편향적인 영화 「늙은 청년들」(Los jóvenes viejos)의 한 인물은 자신의 세대에게 페론은, 서구의 그런 젊은이들에게 세계대전이 갖는 것과 같은 의미라고 말한다. 간단히 말해 아르헨티나의 새로운 청년은 부모 세대의 자유주의 전통과 단절한 최초의 대학생 세대요 지적인 세대였다. 프론디시주의(frondizismo)[47]는 이 청년들이 뒤늦게 발견한 지성화되고 개선된 페론주의이자, 아르헨티나에 존재하지 않는 좌파의 대체재를 의미했다. 그들은 『콘토르노』지의 가르침에 따라, "과두지배계급 및 제국주의에 맞서는" 새로운 투쟁의 시대에 주도적인 역할을 할 용의가 있었다. 반쯤은 순진하고 반쯤은 과오를 범한 이들은 '이상의 배신'을 경험했다. 사실 그 이상은 객관적인 현실 속에 존재한 적이 한 번도 없었다. 오직 주관적인 의식 속에서만 존재했던 것이다. 희망도 임박한 미래도 사라진 그들은 경솔한 자족감에 빠졌고, 아르헨티나의 보잘것없는 현실에서 도피하려고 자신들의 환상을 머나먼 땅에서 일어난 쿠바 혁명이라는 초월적인 천국에 투영시킬 수밖에 없었다.

우파든 좌파든 모든 젊은 계층에게 공통적이었던 것은 현실에 맞지 않는 전통적인 정당들에 대한 무관심이었다. 맹아기의 봉기 혹은 테러 집단들과 달리, 그 어느 정당도 청년 활동가 그룹을 당원으로

---

47 [옮긴이] 아르헨티나의 정치인이자 지식인 아르투로 프론디시의 노선을 가리킨다. 1958년 대선에서 페론주의자들의 협력으로 당선되었으나 1962년 군부 쿠데타로 실각했다.

두지 못했다. 젊은이들은 혁명적 운동만이 자신들의 무기력한 저항을 올바른 길로 이끌 수 있고, 부모 세대가 빠져든 환멸과 회의주의를 피할 수 있는 길이라고 믿었다.

중산계급은 전반적으로 어느 쪽을 바라보아야 할지 몰라 고립무원 상태로 서로 갑론을박할 뿐이었다. 누가 적이고 누가 친구인지, 누가 싸워야 할 대상인지 혹은 누구를 탓해야 할지 제대로 인식할 능력이 없었다. 자신의 처지가 견딜 수 없는 것이라는 점은 인지했지만, 자신의 거부를 긍정적인 방향으로 구체화할 방법을 알지 못했다. 개인의 불행을 집단적인 경험으로 객관화시킬 능력도 없었다. 국가는 더 이상 참을 수 없는 것이었지만, 바꿀 수 있다는 생각은 하지 못했다. 변화는 필요하지만 가능하지 않은 것이었다. 부패, 정부의 거짓말, 계속되는 배신은 모든 정치를 부도덕한 것으로 생각하게 만들었다. 법, 민주주의, 의회, 정부의 타락으로 중산계급에게는 자율적 정치를 갈망하는 것도 불가능했다. 자기 계급의 의지대로는 아무것도 결정할 수 없었다. 그러나 특정 정치 노선을 지지함으로써 결정적인 역할을 수행할 여지는 아직 충분히 남아 있었다. 그 누구도 대표하지 않기에, '정의할 수 없는 계급'이라고 정의된 그들은 아무나 자신들을 대표하고 있다고 느낄 소지가 있었다. 서로 대치하는 계급들 간의 세력 관계는 중산계급을 가운데 두고 표출되었고, 중산계급의 약점으로부터 일정한 권력 형식이 출현했다. 주저, 의구심, 비일관성, 망설임, 기복, 성향 변화, 침묵이 중산계급의 특징이었고, 이 계급의 존재는 이 계급의 부재로 더 빛났다.

자동차라는 토템

프론디시의 발전주의 덕분에 일어난 자동차 산업 붐(1955년 아르헨티나의 자동차 등록 대수는 거의 34만 1000대에 달했고, 1960년에는 40만대로 증가했다)은 처음으로 자동차에 대중적인 접근이 가능해진 중산계급을 기만하여 사회적 위신에 대한 거짓 환상에 사로잡히게 만들었다. 자동차 구매를 부추기는 대대적인 광고들은 심각한 가계 불균형을 유발했다. 얼마 되지도 않는 재산의 상당 부분을 자동차 구입과 유지에 써야 한다는 강박을 느꼈기 때문이다. 광고는 실제의 자신보다더 그럴 듯해 보이기를 원하는 이 계급을 겨냥하여 자동차가 그 소유자에게 부여하는 사회적 지위를 일부러 강조했다. 한 텔레비전 광고에서는 아버지의 자동차를 자랑하는 어린이와 아버지가 자동차가 없어서 풀죽은 어린이를 보여 주면서, "아이가 당신을 부끄러워하지 않게 하세요. ○○ 브랜드 자동차를 사세요"라는 목소리가 흘러나왔다.

자동차의 사회적 의미에 대한 교육은 어렸을 때 이미 시작되었다. 모든 아이가 각종 자동차 브랜드와 가격을 알고 있었다. 차도 없고 구입 가능성도 없는 젊은이들이 정기적으로 이탈리아와 프랑스자동차 카탈로그를 샀고, 확산 일로의 자동차 잡지들을 읽었다.

자동차는 과시적 소비의 주된 형태가 되었다. 그것은 위신의 토템이었고, 이동 수단을 넘어 계급을 드러내는 기호였다. 과거의 가마, 사륜마차, 인도 왕자의 코끼리 같은 것이었다. 자동차는 편의나 스포츠가 아니라 하나의 이념이 되었다. 주요 자동차 판매업자이자 보카주니어스 프로축구팀 회장 알베르토 J. 아르만도에 대해서 사람들은 다음과 같이 얘기했다. "그는 자동차가 아니라 바퀴 달린 관념을 판다." 신흥 중산계급 사이에서 자가용의 꿈은 자기 집의 꿈을 대체하는, 사회적 지위의 주요 표지가 되었다. 차는 아무 곳이나 몰고 갈 수 있어서 소유자의 경제력을 한눈에 보여 준다는 이점이 있었다. 지저분한 집에서 비좁게 사는 가정이 차는 있는 경우가 이상할 것이 없었다. 많은 사람이 차량 유지를 위해 여러 직업을 가져야 했고, 우스꽝스럽게도 이 직장에서 저 직장으로 이동하는 데 차가 도움이 되었다. 자동차 구매자의 꿈인 주말 나들이는 많은 경우 세차 의식이 대신했다. 토요일 오후나 일요일 오전이면 이웃 사람들의 눈이 닿지 않는 한적한 곳에서 세차를 하는 소부르주아지들의 모습을 흔히 볼 수 있었다. 팔레르모 공원 호수, 골프 클럽이나 부에노스아이레스대학 법대 건물 앞, 또는 팔레르모 다리 아래 등이 그런 장소였다. 아마도 자동차의 유일한 즐거운 용도는 '비야 카리뇨'(Villa Cariño)[48]라는 이름으로 흔히 불리던, 팔레르모 공원 숲속에서 차 뒷좌석에서 나누는 사랑이었을 것이다.

소스타인 베블런이 지적한 것처럼, 필요 이상으로 소유하고 있는 사물은 그 소유주에게 위신을 부여한다. 자동차가 그런 경우였다. 도시에서 자동차는 이미 바쁜 사람을 위한 시간 절약의 수단이 되지 못했다. 주차 장소를 찾는 일은 돈을 벌 수 있는 몇 분의 시간을 허비하게 했고, 결국 너무 먼 곳에 주차할 수밖에 없어서 목적지까지 다시 버스를 타는 일이 빈번했다. 게다가 기술 발전으로 차 속도는 더 빨라

---

48 [옮긴이] '카리뇨'는 '애정'이라는 뜻이다.

졌지만, 병목현상으로 이동은 오히려 더 지체되었다. 이런 모든 불편에 덧붙여 다른 운전자와 행인, 심지어 도로에 출몰하는 회색 여우 때문에 신경이 곤두섰다.

그밖에도 자동차가 지위를 부여하는 수단이 되려면 비싸고 최신 모델이어야 했다. 커다란 희생을 치르고 피아트 600을 사면서 자신이 바라던 목표를 달성했다고 믿은 가난한 직장인은 이내 피아트 1500을 갖지 못해 고통스러워했다. 그리고 언젠가 피아트 1500을 소유하게 되면, 포드 차를 갖지 못해 불행이 시작되었다. 그렇게 무한 반복되었다. 자동차도 의류처럼 모델이 끊임없이 변했다. 신상품은 과시적 낭비의 또 다른 법칙이었다. 사용 기간이 짧을수록 경제력이 더 부각되었다. 미국에서는 중고차를 길에 버려도 더 이상 놀라워하지 않는다. 부에노스아이레스에는 진 하우레스 길께의 디아스 벨레스 길에 낡은 차들을 버리는 최초의 '시립 묘지'가 생겼다.

자동차 브랜드가 바리오와 주택에 이어 서열화 수단이 되었다. 20세기 중반 미국에서 여론조사 기관 소셜 리서치가 구매자의 자동차 브랜드에 대한 무의식적 이미지 조사를 실시한 적이 있다. 캐딜락은 강력한 경제력, 포드는 실용성, 스튜드베이커는 세련됨, 폰티악은 사회적 안정의 동의어였다. 아르헨티나 자동차와 관련해서 추정하자면, '피티토'라는 애칭의 피아트 600은 소부르주아지 중에서 가장 가난하고 평범한 직장인들의 차였다. 한편 피아트 600 못지않게 저렴한 시트로엥은 같은 계층 안에서도 과시욕보다 기능성을 선택하는 더 많은 이가 선호했다. 플레이보이 청년들은 푸조를 선호했다. 램블러와 포드 팔콘은 상인이나 산업가 중에서 출신이 상대적으로 낮은 계층이라 차의 외관보다 견고함을 신경 쓰던 이들이, 반면 밸리언트와 쉐보레는 높이 승진한 회사 중역 및 과시 필요성이 더 컸던 신흥 상류 계급이 선택하는 차였다. 차의 사회적 계층화는 택시도 마찬가지였다. 승객들은 브랜드 가치를 고려해 택시를 선택했다.[49]

피아트 600을 몰면서 한이 맺힌 회사원은 밸리언트가 지나가는 것을 보면 "유대인 차네" 하고 말했다. 자동차가 사회적 지위의 상징일뿐만 아니라, 사람들의 한과 편견을 조장하던 존재임을 보여 주는 좋은 사례이다.

---

49 오늘날 상류계급이 선호하는 최고의 승용차는 메르세데스 벤츠, BMW, 사륜구동 밴이다.

IV. 룸펜

19세기 말 부에노스아이레스에는 도시와 농촌이 섞여 있는 모호한 지역들이 있었다. '아라발'(arraval) 혹은 '오리야'(orilla)라는 이름의 자생적 변두리 지역이었다. 이런 곳은 카오스 같은 구조 때문에 거주자 신상파악이 어려웠다. 그래서 모험가와 도피자의 피난처가 되었고, 프런티어 마을 같은 독특한 분위기가 조성되었다.

그런 지역 중의 하나가 티에라 델 푸에고였다. 오늘날에는 라스 에라스, 리베르타도르, 푸에이레돈, 코로넬 디아스 길에 둘러싸인 지역이다. 보르헤스는 이 지역을 다음과 같이 면밀하게 묘사했다.

차방고 길(훗날의 라스 에라스)을 따라 내려오면 길 맨 끝에 라 프리메라 루스라는 볼리체(boliche)[1]가 있었다. 일찍 일어나는 사람의 습성을 암시하는 이름이지만, 사실 사람 없는 막다른 골목 혹은 이리저리

---

1 [옮긴이] 춤을 출 수 있는 바를 말한다.

돌다가 조우하는 잡화점의 인간적인 불빛 같은 느낌을 준다. 바리오 노르테의 붉은 빛이 감도는 묘지와 교도소 사이의 흙먼지 날리던 땅에 낮은 집들이 뜨문뜨문 들어선 동네가 돌이킬 수 없이 형성되어 왔다. 그 이름도 유명한 티에라 델 푸에고이다. 태초의 잔해, 공격이 가해지는 길모퉁이 혹은 고독의 길모퉁이, 휘파람으로 사람을 부르고 골목의 가장자리 밤(noche lateral) 속으로 불현듯 흩어지는 이들, 이러한 것들이 이 지역의 특징이었다. 바리오는 마지막 길모퉁이에 있었다. 말 탄 불량배 무리(malevaje), 미트레식 참베르고(chambergo)[2]를 눈가까지 눌러쓰고 격정의 봄바차(bombacha)[3]를 입은 불량배 무리는 무기력함 혹은 충동 때문에 경찰과 일대일 결투를 벌이곤 했다. 이 변두리 칼잡이의 그다지 길지 않은 칼날(단도 사용은 용자의 사치였다)은 최악의 재질에 최고가를 '선호'하는 국가가 조달한 경찰 마체테(machete)[4]보다 담금질 면에서 더 나았다. 충동적이라기보다 열의로 가득한 팔이, 합을 겨룰 때 순간적으로 방향을 더 잘 읽는 팔이 그 칼을 다루었다. 운율이 생생하다는 유일한 장점 덕분에 한순간의 그 기세가 40년 마모의 세월을 견디고 살아남았다.

좋은 말 할 때 비켜서,

---

2 [옮긴이] 참베르고는 중절모 비슷하게 생긴 모자로, 아르헨티나 대통령을 역임한 바르톨로메 미트레가 이마의 총상 흉터를 가리기 위해 즐겨 사용하면서 대중화되었다.
3 [옮긴이] 가우초들이 입던 품이 넉넉한 바지.
4 [옮긴이] 원래는 사탕수수를 베거나 밀림에서 길을 내는 용도로 사용하는 커다란 낫 같은 농기구를 가리킨다.

나는 티에라 델 푸에고 사람이야.

싸움만 벌어지지는 않았다. 그 프런티어는 기타의 동네이기도 했다.[5]

남서쪽 변두리는 1872~1900년 사이의 마타데로 델 수르 혹은 코랄레스 비에호스(오늘날의 파트리시오스 공원)에 해당했다. 그 주위로 도축업자들이 많이 찾던 잡화점, 무도장, 도박장, 투계장이 들어선 지역이 형성되었고, 그곳에서는 남자들끼리 탱고를 추었다(미겔 A. 카미노는 그의 시 「탱고」(El tango)에서 탱고는 "코랄레스 비에호스에서 탄생했지/1880년 무렵에"라고 노래한다). 근처에는 쓰레기 소각장과 그 부속 동네가 있었다. 아투엘 길, 아센시오 길, 철길 사이에 위치한 바리오 데 라스 라나스였다. 파리 떼가 구름처럼 몰려다니고 땅에서는 연기가 쉴 없이 자욱하게 피어오르는 가운데, 양철집과 판잣집에 300명 넘는 사람이 포개져 살았다. 그들은 쓰레기 더미 위로 기어 다니며 쓰레기차가 쏟아 낸 악취 나는 잔반을 먹고 살았다.[6]

산 텔모의 오래된 주택 지역도 19세기 말에 변두리로 전락해서 소위 어깨(matón)들 사이에 칼부림이 많이 벌어졌다. 산 텔모의 내리막길에 있던 라 레드라는 이름의 유흥업소에서는 남성끼리 탱고를

---

5 Jorge Luis Borges, *Evaristo Carriego*, Buenos Aires: Emecé, 1955; *Obras Completas*, Emecé.
6 바리오 데 라스 라나스에 대해서는 다음을 참조 바람. Juan José de Soiza Reilly, "Un pueblo misterioso", *Crónicas de amor, de bellezas y de sangre*, Buenos Aires: Editorial Alfredo Angulo, 1938. 엔리케 가르시아 베요소의 희곡 『바리오 데 라스 라나스에서』(*En el Barrio de las Ranas*, 1910)도 참조하라.

추었다. 근처의 몬세라트 동네의 페카도 길은 오월혁명[7] 초기에 이미 흑인과 칸돔베(candombe)[8]의 지역으로 절정기를 누렸다. 나중에는 아로마스로 길 이름이 바뀌었으며, 오늘날에는 공공사업부 건물이 들어서 있다.

한편 바리오 콘스티투시온에도 훗날 병기창이 들어선 곳 근처에 거친 변두리가 있었다. 린콘 길과 파스코 길 사이에 라 피초나 카페가 있었는데, 당대의 유명한 성매매 여성 라 모레이라가 그곳에서 탱고를 추었다. 그리고 사람들이 춤추는 틈을 이용해 자신의 포주인 엘 시비코와 함께 손님 "주머니를 털었다".[9]

린콘 길을 따라 위쪽으로 20블록을 더 가면, 라바예 길께의 후닌 길에 당대의 가장 유명한 성매매 업소들이 모여 있었다. 마니타, 노르마, 엘 초리소, 클라리타, 라스 에스클라바스, 엘 가토 네그로, 라스 페라스 등이었다. 하도 유명해서 "후닌에 간다"라는 말이 관용적인 표현이 될 정도였다. 1908년에 정부는 이 업소들이 너무 시내 한복판에 있다 여겨 시행령을 통해 모두 없앴다. 그러나 업주들은 곧 다시 문을 열 날이 오리라 기다리면서 소유권을 그대로 유지했다. 하지만 그날은 다시 오지 않았다. 그러는 사이 아무도 드나들지 않는 업소들이 불량배들의 은신처가 되어, 동네 전체가 오랫동안 슬럼으로 남았다.

---

7 [옮긴이] 1810년 5월에 시작된 독립운동을 가리킨다.
8 [옮긴이] 아프리카 기원의 춤. 식민지 시대 말부터 19세기 하반기까지는 아르헨티나에도 흑인 주민이 상당수 있었다.
9 라 모레이라에 대해서는 다음을 참조하라. José Sebastián Tallón, *El tango en su etapa de música prohibida*, Buenos Aires, 1959. 참조할 만한 연극 작품도 하나 있다. Juan Carlos Ghiano, *La Moreira*, 1962.

도시의 북쪽 경계는 템플레 길(오늘날의 비아몬테 길)의 진창 지대였고, 수스피로스 다리를 통해 접근 가능했다. 불량배들의 밤의 거처는 비아몬테 길이 수이파차 길과 만나는 남서쪽 길모퉁이에 있던 유명한 카술레 카페였다. 이 카페에는 경찰의 일제 단속에 대비한 비밀 입구가 있었다. 카페 위층에는 방들이 있어서 성매매 여성이 손님을 받을 때 사용했다. 카페가 문을 닫는 자정이 되면 그곳은 야간 도피처가 되었다. 2페소를 내면 당구대 위에서 잘 수 있었고, 1페소만 내도 안마당에서 잘 수 있었다. 프라이 모초는 카술레 카페의 밤 분위기를 다음과 같이 묘사했다.

> 그곳은 부에노스아이레스 사회의 밑바닥 세계 사람들이 바글대는 곳이었다. 인간의 모든 악덕과 비참함이 있었고, 모든 불우한 사람이 잠잘 곳을 구했다. 이들은 한 계단만 더 내려가면 바호 데 라스 카탈리나스 지역에 겹겹이 쌓여 있는 커다란 수도관에서 공짜 잠자리를 찾아야 할 판이었다. 카술레 카페는 밤이면 상층 세계에서 추방된 비참함이 신의 섭리처럼 존재하던 곳이었다. 또한 사회의 찌꺼기들이 모여드는 강 하구이기도 했다. 끊임없는 물결이 그들을 미지의 해변으로 휩쓸고 갔다.[10]

템플레 길의 진창 지대와 카술레 카페의 호시절은 1870년대의 마지막 몇 년과 1880년대 초였다. 그 후 성매매 장소와 방랑자들의

---

10   Fray Mocho, "Mundo lunfardo", *Memorias de un vigilante*, 1897.

거처는 라바예 광장으로 옮아갔다.

도심에 더 가까운 지역에도 변두리 느낌의 지대가 띠 모양으로 이어졌다. 시골과 도시의 중간지대가 아니라 항구와 도시의 중간지대였다. 파세오 데 훌리오 길(오늘날의 알렘 길)의 너저분한 회랑 아래와 그 인근, 5월 25일 길과 레콩키스타 길에 다양한 업소가 무질서하게 모여 동양의 장터 같은 분위기를 풍겼다. 여인숙, 싸구려 식당, 중국풍 극장, 만화경 관람소, 엽서와 포르노 서적을 진열해 놓은 고서점, 할인 매장, 물물 교환소, 사격장과 만곡형 거울과 펀칭볼을 갖춘 오락장, 입구에서 여종업원이 호객 행위를 하는 콘서트 카페, 5월 25일 거리의 코스모폴리타 극장처럼 익살스런 무대를 연출하는 레비스타 쇼 극장(teatro de revista)[11]들이 있었다. 이 모든 업소가 거리 악사, 손풍금 연주자, 취한 선원, 행상인, 아치 기둥 아래에서 노숙하는 부랑자들과 뒤섞여 있었다. 하나하나가 기적의 단면 같았던 그 부산스러움은 거의 1920년까지 지속되다가, 지하 영화관이나 접대부가 있는 우수 어린 무도장이 뮤직홀을 대체했다. 이 지역의 업소들은 대략 1943년 쿠데타 무렵까지, 즉 교회가 성화를 부려 군부독재가 엘 바호 지역[12]에서 도덕 캠페인을 벌일 때까지 생존했다.[13]

---

11 [옮긴이] '레비스타'는 스페인어로 통상적으로 잡지를 뜻하지만, 여기서는 검열, 논평, 풍자 희극 등의 뜻을 가진 프랑스어 'revue'의 번역어이다. 레비스타 쇼는 19세기 말에서 1930년대까지 프랑스와 영국에서 인기를 끈 공연 형식으로 노래, 코미디, 춤 등의 다양한 레퍼토리로 구성했다. 세태 풍자가 가미되기도 했다.

12 [옮긴이] '엘 바호'는 저지대라는 뜻으로, 부에노스아이레스 도심에서 강변까지의 내리막 지대를 가리킨다.

13 파세오 데 훌리오는 자주 문학의 소재가 되었다. 시 작품으로는 다음을 들 수 있다. Pedro

가장 위험스럽고 거친 변두리는 오랫동안 보카, 독 수드[Dock Sud, 남쪽 부두], 핀손, 브란드센, 올라바리아, 미니스트로 브린, 가보토 길, 특히 수아레스 길이 네코체아 길과 만나는 모퉁이였다. 그곳에는 파세오 데 훌리오에서 옮겨 온 콘서트 카페, 접대부들이 있는 바, 성매매 업소, 비밀 사창가, 어둑한 길의 반쯤 열린 문 앞에서 불법 성매매 여성들이 행인의 관심을 끌려고 '츠츠' 소리를 내는 치스타데로(chistadero)들이 무질서하게 모여 있었다. 독 수드에는 가장 유명한 성매매 업소의 하나로 포르노 영화를 틀던 파콜 콜로라도가 있었다. 또 미니스트로 브린 길과 콜로라도 길 사이의 바리오 치노[중국인 촌]에는 라 루스 아술이라는 이름의 아편굴이 있었다. 중국인들이 실권을 쥐고 있던 이 아편굴은 엑토르 페드로 블룸베르그의 『바벨의 문들』(Las puertas de Babel, 1920)에 포함된 한 단편소설에서 잘 묘사되어 있다.

비밀 성매매 업소는 음험한 어둠과 위협적인 침묵에 감싸인 거리에 주로 위치했다. 문이 굳게 닫혀 있고, 간판도 없고, 가 본 사람이나 이용 가능한 곳이었다. 안에는 붉은 타일을 깐 전형적인 콘벤티요

Herreros, *Buenos Aires grotesco y otros motivos*(1922); Jorge Luis Borges, *Cuaderno San Martín*(1929); Raúl González Tuñón, *El violín del diablo*(1926). 산문으로는 다음과 같은 작품들이 있다. Marcos Arredondo, *Croquis bonaerense*(1896); Manuel Gálvez, *El mal metafísico*(1916); Héctor Pedro Blomberg, *Los soñadores del bajo fondo*(1924) and *Las puertas de Babel*(1920); José Gabriel, *La fonda*(1939); Eduardo Mallea, *La ciudad junto al río inmóvil*(1933); Bernardo Kordon, *Un horizonte de cemento*(1940); Enrique González Tuñón, *La calle de los sueños perdidos*(1941); Bernardo Verbitsky, *Es difícil empezar a vivir*(1941); Pedro Luis Larrague, *Vida en la bruma*(1943); Osvaldo Sosa Cordero, *Anclas (Estampas del Bajo*, 1943); Roger Plá, *El duelo*(1951).

식 안마당을 따라 방이 나란히 있었고, 남자들이 뜰에 앉아 있거나 무리를 지어 있었다. 벽마다 거울이 걸려 있고, 연기로 공기가 텁텁하고, 붉은빛이 감도는 널따란 홀에서는 피아노, 바이올린, 플루트의 삼중주단이 격렬한 탱고를 연주했고, 그에 맞춰 걸걸한 목소리가 외설적인 가사의 노래를 불렀다.[14]

호세 세바스티안 타욘은 보카 지역 성매매 업소들의 무절제한 분위기를 이렇게 되살려 냈다.

보카의 밤을 쏘다니는 탕아들은 보카에 들르면 유곽에서 탱고 한 곡 추지 않고는 못 배겼다. […] 코르테와 케브라다,[15] 음란함, 고함, 술, 더듬거리는 손, 질시에 찬 칼부림이 예사이고, 난투극과 구금 사태가 빚어지고, 악사들은 아침이 올 때까지 쉬지 않고 연주했다. 동성애자들도 있었다. 우스꽝스럽고 그로테스크한 광경들도 펼쳐졌다. 1910년 이전에 보카에 살았던 내 친척에게는 여러 가지 기억 중에서도 만취한 어느 성매매 여성이 시끌벅적한 사람들 사이로 미니스트로 브린 길을 가로지르던 기억이 선명하다. 그녀는 자기 업소에서 속옷 차림으로 나와 맞은편 성매매 업소로 향하면서 욕설을 해 대고 있었다. 엉

---

14 이런 유형의 성매매 업소가 칠레의 산티아고와 발파라이소에 아직 존재한다. 우리는 1960년 칠레 여행 때 그런 곳 한 군데를 알게 되었다. 산티아고 변두리의 코킴보 거리에 위치한 엘 부케라는 곳이었다. 콘벤티요식 안마당, 붉은색 조명, 탱고 음악, 술, 단도, 남성끼리의 춤 같은 뜻밖의 요소들이 부에노스아이레스 사람에게는 19세기 말 보카와 바라카스의 피린군딘[옮긴이: 서민 춤의 일종]에서 탱고가 탄생하던 시절을 살았던 이들의 기억을 통해 알게 된 유사한 광경이 몽환적으로 되풀이되는 느낌을 주었다.
15 [옮긴이] 둘 다 탱고의 춤사위.

큼하고 대담한 어느 취객이 그녀의 속옷을 단숨에 벗겨 내는 것을 보고 술에 절은 '사냥개'들이 가가대소했다.[16]

타욘의 말처럼 '유쾌한' 동네에는 동성애가 넘쳐 났다. 그렇다고는 하지만 19세기 말에서 20세기 초의 동성애에 대한 유일하고 구체적인 언급은 일부 동성애자가 성매매 업소 종업원으로 일했다는 것뿐이다. 복장도착증은 특이한 유형의 범죄로 기록되어 있을 뿐이고, 복장도착자들은 당시의 주름치마 주름에 성기를 은폐한 채 마차에 함께 타자는 제안을 받아들인 고객의 돈을 훔치곤 했다. 마부는 공모자였고, 경우에 따라서는 경찰의 추격을 피할 수 있게 도와주었다. 가장 유명한 인물은 '부르봉가의 왕녀'(호세 곤살레스 카스티요의 1928년 연극 「동성애자들」[Los invertidos]의 주요 인물)라는 별명의 스페인인 루이스 페르난데스였다. 그는 부에노스아이레스, 몬테비데오, 산티아고, 리우데자네이루의 콘서트 카페에서 쿠플레[상송의 내레이션 부분]를 담당하기도 했다. 나중에는 서류에 루이스 사엔스 페냐의 서명을 위조하여 파라과이전쟁 참전 용사의 미망인으로 아르헨티나 의회에 연금을 청구하는 사기극을 벌였다. 또 다른 유명한 복장도착자로 쿨피노 알바레스가 있다. 그도 스페인 사람으로, '베야 오테로'(미녀오테로)로 통했다. 그는 부잣집에 청소 도우미로 고용되어 절도 행각을 벌이고, 온세 지역의 한 콘벤티요에서 점집을 운영하고, 미성년자

16 José Sebastián Tallón, *El tango en su etapa de música prohibida*.

를 유혹하고, 에로틱한 시를 썼다.[17]

1920년대에는 알베아르 대통령의 품격 있는 자유주의 정부하에서 부에노스아이레스의 소위 불량한 삶이 절정기에 달했다. 부에노스아이레스의 무대에 누드가 유행하는 것에 때맞춰 마담 라시미의 프랑스 레비스타 쇼 극단과 바타클란 극단이 각각 1922년과 1923년에 코카인을 도입했다. 알렘 길의 무도장, 보카의 작은 카페, 좁은 코리엔테스[18]와 파라나와 마이푸 길의 카바레, 에스메랄다 길의 아파트, 리베르타드 길께의 리바다비아 길의 유명한 카페 라 푸냘라다, 라바예 길께의 에스메랄다 길의 레스토랑 줄리앙 등을 무대로 마약 거래와 백인 여성 인신매매를 둘러싼 광범위한 네트워크가 조직되었다. 당시 부에노스아이레스는 세계 제일의 성매매 시장이었다. 훗날 성매매 업소의 분위기를 다룬 프랑스 소설가 알베르 시모냉의 『그리스비[19]』(1953)에서는 해 질 무렵 두 명의 포주가 향수에 젖어 이렇게 회상한다. "데뷔는 런던, 그 다음은 알렉산드리아, 마지막은 부에노스아이레스였지. 당시의 부에노스아이레스는 열심히 사는 사람들한테는

---

17 후안 호세 데 소이사 레일리는 「여자 옷차림의 도둑들」에서 이 동성애자들을 언급하고, 긴 명단을 덧붙였다. 고인의 가사 도우미였다면서 영안실을 돌아다니며 도둑질하던 동성애자 네그라 페트로닐라(혹인 페트로닐라), 푸엔테 알시나스에 무도장을 소유하고 있던 초리세라, 레비스타 쇼 극장의 합창단원 모로시니와 여배우 가예가(갈리시아 여인), 대령 미망인 행세를 한 미녀 노에, 그밖에도 베누스(금성), 도라, 시레나(인어), 타나, 마드릴레냐(마드리드 여인), 마리아 루이사, 잉글레사(영국 여인), 인시피다(재미없는 여인), 브리사 데 라 프리마베라(봄의 미풍) 등이 명단에 포함되어 있다.

18 [옮긴이] 1931~1936년의 확장 공사 이전의 코리엔테스 길을 가리킨다.

19 [옮긴이] '그리스비'는 '돈'에 해당하는 아르헨티나의 은어.

그야말로 노다지였어."[20]

　포주들은 국적에 따라 여러 집단으로 나뉘었다. 주로 마르세유 출신인 프랑스인들은 조직을 만들지 않고 독자적으로 일했다. 이들은 코리엔테스와 라바예 사이의 수이파차 길, 세리토와 에스메랄다 사이의 라바예 길을 따라 들어선 카페들, 특히 레스토랑 줄리앙에 모이곤 했다. 우편물은 세리토 길의 프랑스 서점에서 받았다. 소이사 레일리에 따르면, "그들은 유배지[아르헨티나]에서 이미지와 상징으로 가득 찬 파리 은어를 사용한다. 거의 모두 우울한 남자들이다. 멍하고, 마른 체형에 배만 불룩하고, 세계대전 시절의 콧수염을 기른 모습들이다".[21] 이 포주들이 착취하는 프랑스 성매매 여성들이 제일 급이 높았으며, 프랑스 대사관 편 보도를 따라 오후 산책을 하는 습관이 있었다. 그래서 '보초병'이라고 불렸다.

　한편 폴란드인 포주들(주로 폴란드의 유대인)은 유대인 상호부조 단체로 위장하여 진정한 조합 형태의 조직이었던 스위 미그달(Zwi Migdal)을 결성하였다. 본부는 코르도바 거리 3200번대의 호화 저택이었는데, 이곳에 가짜 랍비들을 두어 유대교 회당으로 위장하였고, 이 조직에 속아서 아르헨티나에 온 유대인 여성들을 놓고 가짜 결혼식을 벌이곤 했다. 조직 회원이 500명 이상이었고, 3만 명 이상의 여성이 일하는 2000개의 성매매 업소를 관장했다.

　가장 소박한 집단은 크리오요 포주들이었다. 프랑스 포주들

20　Albert Simonin, *Grisbi*(1953), Buenos Aires: Tirso, 1956.
21　Juan José de Soiza Reilly, *La escuela de los pillos*.

은 이들을 경멸적으로 '카페 콘 레체[22] 뚜쟁이'(cafischo del café con leche)라고 불렀다. 이들은 처음에 여자 하나로 영업하는 데 만족하다가, 나중에는 조직을 만들어 서로 여자를 훔치기에 이르렀다. 동시에 불법 도박으로 수입을 올리기도 했다. 가예고 홀리오[갈리시아인 홀리오]와 루게리토가 가장 유명한 포주였다.

조직화된 성매매에 대한 시 당국과 경찰의 일제 단속은 1930년에 시작되어 군부 집권기에 절정에 달했다. 그리하여 이미 쇠락 중이던 '불량한 삶'의 마지막 보루였던 알렘 길의 카바레 업소들이 폐쇄되었다. 그러나 산업화와 그 여파인 이촌향도로 대도시에서 길을 잃은 새로운 고독한 남성, 즉 내륙 출신의 '검은 머리'들을 상대로 조직적으로 성매매가 이루어지기 시작했다. 독 수드의 임시촌(barrio de emergencia) 인근에는 옛 콘서트 카페의 부활이 시도되었다. 베네데티 길의 로드 키츠너와 가토 네그로가 그것이다. 인근의 멘도사 길에는 성매매 여성들의 비야 미세리아[23]가 생겨났다.

이 국내 이주 시기의 특징은 댄스 살롱(salón de baile)이었다. 팔레르모에는 라 엔라마다와 엘 팔레르모 팰리스가, 레티로 지역에는 엘 팔라시오 데 라스 로사스가 있었다.

홀리오 코르타사르는 단편소설 「천국의 문들」(Las puertas del cielo)에서 그런 환경에 대한 기괴하고 편견에 찬 시각을 남겼다.

---

22 [옮긴이] 밀크 커피의 일종.
23 [옮긴이] villa miseria. 아르헨티나에서 '빈민가'를 칭하는 말.

내 메모 카드 중에는 산타 페 펠리스에 대해 기술해 둔 것이 있다. 사실 원래 이름은 산타 페 펠리스가 아니다. 또 산타 페 거리에 있는 업소도 아니다. 그 옆쪽에 위치해 있기는 하지만. 그곳에 대해 곧이곧대로 묘사할 수 없는 것이 유감이다. 자극적인 포스터와 어둑한 매표구가 있는 평범한 외관도, 입구에 죽치고 있으면서 사람을 아래위로 훑는 자들에 대해서도. 안쪽의 광경은 더 심하다. 진짜 심해서가 아니라 아무것도 명확하지 않아서이다. 카오스 그 자체이고, 거짓 질서 속에서 혼란이 소용돌이친다. 지옥, 지옥의 부뷰이다. 입장료 2페소 반, 여성은 반 페소에 일본공원[24] 같은 지옥에 들어갈 수 있다. 제대로 분리되어 있지 않은 부스들이 있고, 차양을 친 뜰이 연이어 있는 형국이다. 첫 번째 안마당에는 탱고 표준 악단, 두 번째 안마당에는 민속음악 악단(una característica), 세 번째 안마당에는 가수와 말람보(malambo)[25] 춤꾼을 대동한 북부지방 악단(una norteña)이 있다.

그곳에 오는 사람들에 대해 코르타사르는 다음과 같이 말하고 있다.

사람들은 밤 11시에 모습을 드러낸다. 천천히 그리고 확신에 찬 발걸음으로 혼자 또는 짝을 이루어 도시의 이곳저곳에서 온다. 여인들은 아주 키가 작으며 피부가 까무잡잡하고, 남자들은 자바인이나 모코비

---

24 [옮긴이] 1911년에 개장한 일본풍 공원.
25 [옮긴이] 발장단을 맞추며 추는 가우초의 민속춤.

인(mocovíes)[26] 같다. 이들은 몸에 꽉 끼는 체크무늬 혹은 검은색 양복을 입고 있고, 공들여 머리카락을 고정시켰는데, 조명 때문에 머릿기름 방울들이 점점이 파란색으로, 분홍색으로 물들었다. 여인들은 거대한 올림머리를 해서 키가 좀 더 작아 보인다. 공들여 단단하게 고정한 머리 모양에 피로감을, 또한 자부심을 느낀다. […] 남정네와 여인네들은 아닌 척하지만 서로 인정하고 감탄한다. 이것이 그들이 춤추는 법이자 만남의 법칙이요 색깔 있는 밤이다. (메모 카드에 적을 일이다. 그들이 어디 출신이고, 낮에는 어떤 직업에 종사하면서 자신을 감추고, 어떤 허드렛일 때문에 소외되고 가면을 쓰는지). […] 체취도 있다. 그 괴물 같은 존재들은 촉촉한 텔컴파우더[27] 냄새, 썩은 과일 냄새 없이는 상상이 가지 않는다. 급하게 씻고, 젖은 걸레로 얼굴과 겨드랑이를 닦았다는 의구심이 든다. 그 다음이 중요하다. 로션, 마스카라, 여인마다 얼굴에 바른 분, 허옇게 뜬 화장과 그 안에 내비치는 가무잡잡한 피부.[28]

불량배 무리

부에노스아이레스의 변두리에서 소위 불량한 삶의 유행은 1880년대

---

26 [옮긴이] 아르헨티나, 볼리비아, 파라과이에 걸쳐 있는 그란 차코 지역에 거주하는 과라니족의 일파. 아르헨티나에서는 주로 북동쪽인 차코주나 산타 페주에 거주했다.

27 [옮긴이] 보통 땀띠약으로 사용한다.

28 Julio Cortázar, *Bestiario*. 라 엔라마다의 더 진정한 면모는 다음 소설에서 참조하라. Bernardo Kordon, *Vencedores y vencidos*, Buenos Aires: Capricornio, 1965.

에 시작되어 1920년대에 절정에 달했다. 1886년부터 1889년 사이에 유입된 26만 명의 이민자(대부분은 남자였다)가 그 주요 원인의 하나였음은 의심의 여지가 없다. 훌리안 마르텔이 편견에 사로잡혀 다음과 같이 표현한 존재들을 부에노스아이레스 거리에서 처음으로 볼 수 있었다.

> […] 아득하게 멀리 떨어진 지역에서 이민 와 우리 강변에 옮겨진 우리 부의 기생충들. 붉은 펠트 모자와 시서분한 신발과 무표정한 얼굴을 하고 알록달록한 잡동사니 짐을 짊어진 터키인,[29] 조잡하게 착색된 유화풍 석판화 장사치, 휴대용 진열장을 펼치는 와중에도 어중이떠중이를 상대로 터무니없는 말을 늘어놓는 떠버리 행상인, 경이로운 은현잉크[30]며 유리 접착제에 대한 찬사를 듣느라 비도 감내하는 사람들, 잘린 손을 내밀거나 움직이지 못하는 흉측한 다리를 내보이며 사람들의 동정심을 자극하는 거지, 얼간이 같은 여자 보헤미안. 어쩌다가 참으로 아름다운 보헤미안도 있지만 꾀죄죄한 몰골이기는 마찬가지였다. 하나같이 누더기를 걸치고 머리는 산발이었다. 그리고 많은 여인이 핏기 없고 오싹한 모습이고, 다 죽어 가는 듯한 아이를 안고 있었다. 그 아이들은 불법 유통되는 마취제에 취해 있었다. 그 모습을 보면 누가 더 혐오스럽고 터무니없는지 의구심이 들었다. 행인에

---

29 [옮긴이] 오스만튀르크의 영토에 살던 사람들을 통칭하여 터키인이라고 불렀다.
30 [옮긴이] 종이를 가열하거나 특정 화학약품으로 처리해야 쓰인 글씨를 알아볼 수 있게 되는 잉크.

게 구걸하려고 그런 수단을 쓰는 무지막지한 어머니가 더 문제인지, 궁핍이 야기한 그 끔찍한 광경, 생계를 위해 범죄도 마다하지 않는 그 광경을 보면서도 우둔함 때문인지 태만 때문인지 무심하게 쳐다만 보는 경찰이 더 문제인지.[31]

그 시기에 '아토란테'(atorrante)라는 독특한 인물형이 출현했다. 버려진 배수관에서 노숙하는 실패했거나 실직한 이민자를 가리킨다. 배수관에 'A. Torrent'라는 제조사 이름이 있어서 생긴 용어였다. 그 즈음 생각 있는 사람들 사이에서 온갖 사회적 갈등과 뒤섞인 절도, 범죄, 성매매, 범죄 조직 관련 지표가 증가하고 있다는 점을 질타하는 목소리가 대두되었다는 것도 이상하지 않다. 질겁한 지도층은 그 문제에 대한 적절한 설명을 내놓기 위해 노력을 기울였다. 가장 낙관론자들은 소위 불량한 삶이 인구 증가의 결과물, 일종의 성장통이라고 보았다. 실증주의 사회학자와 범죄학자들은 당시 이름 있던 이탈리아 범죄학자 체사레 롬브로소의 이론을 따라 생물학적 타락이 원인이라고 설명했다.[32] 그러나 진짜 원인은 당시 부에노스아이레스의 사회적·경제적 구조에서 찾아야 한다. 노동시장의 한계로 그에 흡수될 수 없었던 이주자 집단은 불가피하게 사회 가장자리에 머물 수밖에 없었다. 그리하여 누더기를 걸친 프롤레타리아, 룸펜 프롤레타리아,

---

31 Julián Martel, *La bolsa*, Buenos Aires: Estrada, 1955.

32 José Ingenieros, *Criminología*(1911); Francisco de Veyga, *Degeneración y degenerados*(1938); Daniel Navarro, *Gente de mal vivir*; Eusebio Gómez, *La mala vida en Buenos Aires*(1908). 이들 외에도 범죄 증가에 놀라 이를 주제로 삼은 저술이 많이 있다.

마르크스의 고전적인 표현을 빌리자면 가진 것도 없고 자기들끼리도 뭉치지 못하는 "수동적인 썩은 부위" 계급을 형성하였다. 이 부류로는 부랑자, 거지, 성매매 여성, 도둑, 포주, 사기꾼, 직업 폭력배들, 악자(惡者, pícaro), 온갖 일로 근근이 살아가는 사람들, 사소한 대가에도 기꺼이 응하며 불순한 일로 생계를 유지하는 사람들이 있다.

앞에서 본 것처럼, 룸펜은 '구아포'(guapo)에서 '콤파드레'(compadre)에 이르는[33] 어느 단계에 있든지 농촌과 도시가 혼재된 모호한 중간지역 주민이었다. 일자리 없는 국내 이주자(가우초를 선조로 둔 크리오요인 경우가 많았다) 혹은 내전 종식과 국경 수비대 해체로 일자리를 잃은 군인들이었다. 어느 쪽이나 도시에 정착한 시골 사람이었다. 그러나 상이한 역사 발전과 경제 발전의 산물인 시골 사람과 도시 사람이라는 이질적이고 양립 불가능한 두 가지 인간형의 특징을 모두 지니고 있었다. 불량배 무리는 아마 개인의 의식 내부에서 각축 중이던 그 두 가지 상반된 시스템의 분열, 실패한 반역, 비정상적인 혼합이라고 볼 수 있다.[34]

---

33 [옮긴이] 당시 아르헨티나에서 구아포와 콤파드레는 모두 남자다움을 과시하기 위해 싸움을 마다하지 않는 이들을 지칭했는데, 보통 구아포가 더 폭력적인 인물형이었다.
34 콤파드리토(compadrito, 콤파드레와 유사한 의미를 지님)는 가우초처럼 문학적 신화가 되었다. 다음은 그 예이다. Tomás Gutiérrez, *La maldición o el compadrito*(1859); Evaristo Carriego, "El guapo", *El alma del suburbio*(1913); Federico M. Quintana, *En torno a lo argentino*(1941); Carlos Octavio Bunge, *Nuestra América*(1903); Jorge Luis Borges, *Hombre de la esquina rosada*(1927); Jorge Luis Borges, *Los orilleros* (with Adolfo Bioy Casares, 1939); Jorge Luis Borges, *El compadrito, Antología* (with Silvina Bullrich, 1945); Ezequiel Martínez Estrada, *Radiografía de la pampa*(1933); Miguel Etchebarne, *Juan Nadie*(1954); Fernando Guibert, *El compadrito y su alma*(1957); Adolfo Bioy Casares, *El sueño de los héroes*(1954); Nicolás Olivari, *El almacén*(1959).

룬파르도는 불량배끼리만 이해할 수 있는 전문 언어로 시작되었다가 이윽고 사회에 동화되지 못한 이 모든 계층의 공용어가 되었다. 그들은 제도화된 사회의 토대를 언어적 단절을 통해 상징적으로 약화시켰다. 자신들을 배제한 이들에 대한 대적 수단이 없을 정도로 고립무원의 상황에 빠지면, 룸펜은 똑같이 배제로 맞서는 것밖에는 출구가 없다. 그런 식으로 자신을 내친 적들로부터 주도권을 다시 빼앗았다. 분리(segregación)를 겪었기 때문에 분리주의자(segregacionista)가 되고, 사회의 멸시를 받았기 때문에 고의로 멸시를 선동했다. 룸펜은 적이 자신에게 제공한 바로 그 무기로 적을 공격했다. 외견상의 자족감은 기성사회에 대한 절대적인 종속의 다른 얼굴이었을 뿐이다. 룸펜의 도전은 굴복, 타인들이 강제한 운명의 수긍이었을 뿐이다. 불량배는 사회의 근간은 뒤흔들지 않으면서 악의 무질서를 스스로에게 허용하는 사치를 누리던 합법적 사회의 창조물이었을 따름이다. 악은 특수하고 고립된 사례일 경우에만 허용되었다. 질서를 유지하려는 세력은 불량배, 성매매 여성 등을 통제하고 추적하지만, 아예 박멸하지는 않았다. 왜냐하면 이들도 사회의 균형을 위해 담당하는 역할이 있기 때문이다. 룸펜은 어떤 순간에도 기성사회의 근간을 위태롭게 하지 않았다. 세상을 바꾸려는 시도도 하지 않았고 대안사회에 관심을 두지도 않았다. 타인이 소유한 것을 다른 방법을 써서 소유하고자 했을 뿐이었다.

부에노스아이레스의 룸펜 세계를 매우 정확하게 보여 준 작가 베르나르도 코르돈은 그의 걸작 단편인 「'가르델리토'」에서 룸펜의 좌절을 지적했다. 부르주아지는 룸펜을 겁내지 않고 "그의 의도를 발

가벗기듯 꿰뚫어 보는 눈으로" 바라보았다. "마치 룸펜을 사악하지만
대수롭지 않은 존재, 따라서 해로울 것 없는 존재로 여기는 듯이."[35]

룸펜과 정치

기성사회의 가치체계에 대한 룸펜의 굴복은 주체의 굴복이면서 물적
인 측면의 굴복이었다. 보르헤스는 콤파드레를 이렇게 표현했다. "항
상 반란자는 아니었다. 위원회[바리오의 정당 조직]는 콤파드레가 자
아내는 두려움과 그의 칼 솜씨를 빌리고, 그 보상으로 보호를 제공했
다."[36] 룸펜은 유리를 깨는 아이이고, 수습은 유리 장수가 하는 형국이
었다. 콤파드레는 경찰 앞에서 일종의 면책특권을 누렸다. 그를 경호
원으로 쓰거나 선거에서 경쟁 후보를 방해하는 일을 맡기는 바리오
위원회의 카우디요가 보석금 제도를 십분 활용했기 때문이다.[37] 정치

---

35 Bernardo Kordon, *Vagabundo en Tombuctú y Alias Gardelito*, Buenos Aires: Losada,
1961. 「'가르델리토'」의 가장 흥미로운 점은 악의 상상의 세계를 예술가의 상상의 세계와
동일시하는 점이다. 이야기꾼이자 음악인인 '가르델리토'[주인공 토리비오 토레스의 별명]는
가르델 같은 탱고 가수가 되기를 갈망한다. 이 꿈을 결코 이룰 수 없었던 '가르델리토'는 희
생자들을 가지고 노는 소소한 '희극'을 통해 욕구를 충족시킨다. 그의 사기 행각은 늘 예술
적이고, 상상력이 넘치고, 창의적이다. 그의 진정한 예술이 미적 영역이 아닌 일상의 영역에
서 행해지는 셈이다. 탱고는 부에노스아이레스인들의 집단적 비현실화 형식이다. 즉, 리듬
을 타며 고통스러워하는 것은 더 이상 고통이 아니라 고통의 비현실화이다. 그러나 '가르델
리토'는 삶 자체의 영역에서 삶을 비현실화한다. 모든 예술이 속임수의 한 형태라면, 그는
속임수를 예술의 한 형태로 바꾸는 셈이다. "나는 예술가이다. 나는 마음만 먹으면 누구든
설득할 수 있다. […] 이 세상은 평생 지루한 역을 되풀이하는 나쁜 예술가들로 가득한 연극
이기 때문이다. 반면 나는 이야기꾼이고, 더 나은 역을 할 수 있다."

36 Jorge Luis Borges, *Evaristo Carrlego*.

37 사무엘 에이첼바움의 연극 「1900년의 구아포」(Un guapo del 900, 1940)는 구아포와 정치인

인 아돌포 알시나를 위해 일한 전설적인 구아포 후안 모레이라에서 더 현대적인 콤파드레에 이르는 정치 룸펜 전통이 아예 존재할 정도이다. 급진시민연합에 부응한 가예고 훌리오, 그의 라이벌이자 궁극적으로는 희생자가 된 보수당의 후안 루게로, 일명 '루게리토'가 현대적인 콤파드레들이다. 두 사람 모두, 암살되었을 때 각 정당의 위원회에 빈소가 차려졌고, 마치 애국지사 대하듯 아르헨티나 국기로 관을 덮었고, 찬양 연설로 그들을 보내 주었다.[38]

아나키스트라는 이유로 면직된 경찰관 페데리코 구티에레스는 자신이 몸담았던 경찰 조직을 비판하는 내용을 담은 책 『경찰 소식』(*Noticias de Policía*, 1907)에서 네코체아 길의 성매매 업소 여주인이자 마담 블랑슈로 더 잘 알려져 있던 블랑카 데 마시아스가 어떻게 지역 경찰서장의 오른팔이 되고, 그 덕에 한동안 보카 바리오 전체를 지배하게 되었는지 들려주고 있다. 대부분의 성매매 업소가 유력 정치인들의 소유였다. 대규모 범죄 조직은 심지어 국가 및 지배적인 정치적·사회적·경제적 시스템과 관계가 있었다. 스위 미그달의 성매매 신탁과 백인 여성 인신매매는 이민청,[39] 경찰, 시청, 침묵을 지킨 사법

의 관계를 이상화시켰다. 레오폴도 토레 닐슨은 1960년에 이 소설에 동성애적 색조를 모호하게 덧붙여 같은 제목의 영화로 만들었다.

38 베아트리스 기도의 「파티의 끝」(Fin de fiesta, 1958)은 루게리토와 그의 보호자인 알베르토 바르셀로의 삶에 대한 매우 자유로운 해석이다. 가예고 훌리오의 삶에 대해서는 토레 닐슨의 영화 외에도 카를로스 리날디의 「다리 저편」(Del otro lado del puente, 1953)이 있다. 또한 알프레도 루아노바의 책도 있다.

39 프랑스, 폴란드, 오스트리아에서 수천 명의 여성이 성매매를 위해 유입되었다. 이민청은 형식적인 요건만 챙길 뿐이었다. 가령, 전체 여정을 여성('콜리', '짐짝', '허위 무게' 등으로 불렸다)과 함께 했던 포주는 부에노스아이레스로 여정을 계속하고, 여성은 친척으로 위장한 다

부와 입법부와 언론의 일부 인사와의 공모 관계 속에서 이루어진 것이었다. 아르헨티나의 주요 금융가와 농장주들도 백인 여성 인신매매 신탁에 투자해서 높은 이익금을 받았다. 스위 미그달 간부이자 실크 밀수업자인 시몬 루빈스타인은 어마어마한 부를 쌓았고, 덕분에 가장 폐쇄적인 집단 내에서 대단한 존경과 대접을 받았다.[40]

당시의 또 다른 유명 범죄 조직이었던 마피아에 대해 언급하자면, 보스였던 후안 갈리피, 즉 '돈 치초 그란데'는 사회 주요 인사로서 멘도사주와 산 후안주의 포도주 양조상, 부에노스아이레스의 제재소, 팔레르모와 마로냐스[41]에 출전하는 경주마, 프로그레소 클럽[42]의 도박 회원권을 소유하고 있었다. 그의 수하였던 아브라함 데샤르프, 즉 '돈 치초 치코'[43]는 아내인 아가사 갈리피를 통해 산타 페주의 상류사회와 연결되어 있었다.

이 사례들은 부패한 돈을 밝히는 정치인과 폭력배 간의 관계가 세기말의 개인적이고 친밀한 관계를 넘어섰다는 점을 보여 준다. 정

른 여성(이 역시 포주를 위해 일하는 사람이다)이 기다리는 몬테비데오에서 내린다. 두 여성은 이틀 뒤 증기 여객선을 타고 부에노스아이레스로 향한다.

40 한편, 가톨릭교회는 이런 상황을 고발하는 데 전혀 목소리를 내지 않았다. 심지어 1938년 파리의 한 극장에서 알베르 롱드르가의 저서 『부에노스아이레스 가는 길』(*El camino de Buenos Aires*, 1927)에 기초한 연극을 무대에 올려 아르헨티나에서의 백인 여성 인신매매를 고발했을 때에도, 가톨릭 잡지 『크리테리오』(*Criterio*)는 부에노스아이레스 언급 부분이 모두 삭제되도록 외교적 경로를 통해 노력해 달라고 아르헨티나 당국에 요청했다. 가톨릭교회의 전형적인 위선은 악의 교정에는 관심이 없고, 오로지 이를 숨기려고만 한 것이다.

41 [옮긴이] 각각 부에노스아이레스와 몬테비데오의 경마장.

42 [옮긴이] 1852년 정쟁으로 분열된 아르헨티나의 발전을 위해 단합을 도모한다는 기치를 내걸고 57명의 유력 인사가 모여 창립한 클럽.

43 [옮긴이] 후안 갈리피의 별명 '돈 치초 그란데'는 '큰 돈 치초'라는 뜻이고, 아브라함 데샤르프의 별명 '돈 치초 치코'는 '작은 돈 치초'라는 뜻이다.

치와 갱단의 관계는 1920년대에는 더 광범위해지고 복잡해지고 희석되었다. 새로운 정치층의 도전으로부터 권력을 유지하기 위해, 특히 사회적 권리를 위한 노동계급의 최초의 투쟁에 대응하기 위해 지배계급이 부정행위와 폭력에 호소할 필요성이 생긴 바로 그때 '불량한 삶'이 다시 격렬해진 것은 단순한 우연이 아니었다. 과두지배계급은 총잡이들을 고용하여 반대 세력의 선거 참여를 방해하고, 파업을 진압하고, 조합을 파괴하고, 활판을 뒤엎고, 도서관과 좌파 회관에 불을 질렀다. 대신 불량배에게 어느 정도의 자유를 제공했다. 이렇게 특정 시기 일부 지역에서는 불량배 무리를 묵인했다. 공업 도시 아베야네다가 알베르토 바르셀로 시장 치하에서 범죄 조직의 왕국이 된 것이 그런 사례이다.

지배계급은 범죄 조직보다 노동단체를 더 우려했다. 날뛰는 범죄 조직을 자신의 이해관계 수호를 위해 활용하는 법을 알았다. '순수한 악'이란 탱고나 룬파르도 세계처럼 상상의 세계, 시간과 역사 바깥의 세계, 노동과 정치의 외부 세계일 뿐이지 효능이 없었다. 순간적으로 일어나는 범죄의 순수한 파괴성과 부정성은 특수성을 파괴할 뿐이었다. 도시는 파괴되지 않고 고스란히 그대로 남았다. 룸펜들만 동료들에게 버림받거나 배신당해서 어두운 뒷골목이나 황량한 공터에서 죽을 운명이었다. 그들은 다른 곳에서, 변두리 밑바닥에서, 때로는 콘벤티요 자체에서 출현한 다른 종류의 사람들이 자신들과는 다른 방향으로 가고 있다는 사실을 꿈에도 생각하지 못했다. 다른 방향을 선택한 이들은 모험의 도취감이나 탱고의 황홀경에 혹하지 않고 사방에 흩어져 있는 고독한 영혼들을 결집시키는 노력을 기울였다. 그리하여 천천히, 집요하게, 그리고 눈에 띄지 않게 노동운동의 주춧돌을 놓았다.

변천

1930년부터는 부에노스아이레스의 '불량한 삶'이 더 이상 전면에 대두되지 않았다. 페론 정부 시절에는 더 그러했다. 『크리티카』지는 범죄 뉴스의 비중을 줄이고, 처음에는 스페인 내전, 그 후에는 제2차 세계대전 같은 뜨거운 정치 이슈에 더 많은 지면을 할애했다. 적색 저널리즘에 중독된 대중계급은 제도화된 사회에 동화되면서, 또는 자신의 사회적 요구를 실현할 효과적인 방식을 찾아내면서 더 이상 그런 종류의 상징적인 만족을 필요로 하지 않았다. 부르주아지 역시 그들을 위해 복무하는 불량배들이 문제를 해결하는 피비린내 나는 방식을 더 이상 편하게 지켜볼 수 없었다. 그들의 고삐 풀린 폭력을 제지할 수도 관리할 수도 없게 되자 종국에는 부르주아 계급에 위험을 야기했기 때문이다. 풍속이 세련되어 가면서 불량배의 반장화가 대저택 카펫을 더럽히는 것에 불쾌감을 느끼기 시작했다. 그리하여 1930년의 군사 쿠데타 이후 지배계급은 부에노스아이레스 정화를 결심했다. 물론 여전히 그들은 양날의 칼을 사용하여 불가피한 경우에는 범죄 집단과 결탁했다. 1930년에 스위 미그달이 폐쇄되고 그 공동 출자자들은 모두 감호 처분을 받았다. 비록 여전히 영향력을 발휘하여 머지않아 자유의 몸이 되었지만 말이다. 조직화된 성매매, 마약 거래, 불법 도박 등에 대한 탄압이 시작되면서 성매매 업소들이 문을 달았다. 바로 그즈음에 가예고 훌리오가 경마장 출입이 허용되지 않아 자기 말이 뛰는 걸 철교에서 지켜보다가 루게리토파에게 암살당했다. 1933년에는 루게리토가 백주 대로에서 살해되었다. 사람들은 가예고 훌리오파 소행이라고 믿었지만, 어느 경찰관이 한 일이었다. 마지막으로 1934년에는 주요 마피아 보스들이 국외로 추방되었다.

그렇지만 부에노스아이레스의 '불량한 삶' 전성기를 부분적으로나마 끝장낸 것은 경찰의 조직적인 추적이 아니라 사회경제적 구조의 변화, 즉 1930~1940년대의 초기의 산업화였다. 백주 대로를 활개치던 '불량한 삶'의 드라마는 진보에 의해 가려졌다.

카를로스 라마는 '주변적 주민'의 재배치는 이미 산업화된 국가에서는 경제적 팽창의 축소로 인해 그 규모가 상대적으로 작았지만, 저발전 국가에서는 그보다 큰 규모로 이루어지는 경향이 있다고 보았다.[44]

산업화 이전 사회가 잉여 인간들을 내몰던 변두리와 빈 땅은 산업의 팽창으로 공업지대로 바뀌었다. 이곳의 주변인, 즉 변두리 주민은 새로운 노동 수요로 상당 부분 흡수되었다. 변두리의 도시화는, 그보다 수십 년 전 들판에 철조망을 두른 일[45]과 일정 부분 유사한 과정이었다. 에스탄시아가 가우초를 일용 노동자로 바꾸었듯이, 공장은 콤파드리토를 노동자로 변모시켰다. 노동의 기술적 조직화나 노조 투쟁이 중요해진 세상에서 불량배의 개인적 결기(coraje)에 의거한

---

44 Carlos Rama, *Las clases sociales en el Uruguay*, Montevideo: Arca, 1960.
45 [옮긴이] 1870년대 가시철조망의 도입으로 울타리를 두른 목장들이 생겨난 일을 가리킨다.

모험의 여지는 없었다. 프롤레타리아가 되기를 거부하는 룸펜에게는 한 가지 선택만 남았다. 바로 근대화의 산물이기도 한, 더욱 조직화된 형태의 범죄 조직에 들어가는 것이었다.

콤파드리토에게 '부에노스아이레스 영혼'의 영원한 정수를 찾을 수 있다고 믿은 마르티네스 에스트라다의 오류는 이렇게 하여 명백해진다. 콤파드리토는 사회적 진화의 어느 시기에 존재한 과도기적 인물이었을 뿐이다.

성매매의 상대적인 퇴조도 동일한 설명이 가능하다. 이제 성매매는 가사 도우미 일과 더불어 여성 룸펜이 가질 수 있는 유일한 직업이 아니었다. 공장에서 일자리를 구함으로써 다른 출구를 찾았기 때문이다. 또한 독신 이민자 남성의 숫자가 줄고 경기 호황으로 혼인율이 높아지면서 성매매 수요도 줄었다.[46]

룸펜이 완전히 사라진 것도 결코 아니고, 불법 행위(절도, 범죄, 성매매 등)도 새로운 형태로 잔존했다. 20세기 중반 룸펜의 특징은 확연한 특징이 없다는 점이었다. 콤파드레의 시대처럼 튀는 옷차림도, 특정한 몸동작도, 크리오요식 결투나 뒤에서 목을 낚아채 옴짝달싹 못하게 만드는 고유의 싸움 방식도, 룬파르도 같은 고유의 언어도 없었다. 그래서 룸펜은 일반인이 식별하기 어려운 모호한 존재가 되어

---

46 1914년 이후 혼인율은 인구 증가에도 불구하고 변동이 없었던 반면, 1929년 경제 위기와 함께 감소했다. 다음을 참조하라. Nicolás Besio Moreno, *Buenos Aires, puerto del Río de la Plata, capital de la Argentina (Estudio crítico de su población)*, Buenos Aires: Editorial Tuduri, 1939. 이 연구에 따르면, 성매매 비율이 가장 높았던 시기도 혼인율 정체 시기인 1914~1929년이었다.

버렸다. 룸펜을 표현한 문학도 음악도 없었다. 탱고는 중산계급에게 받아들여진 1920년부터 더 이상 룸펜의 음악이 아니었다. 이들을 대표하는 신문, 이를테면 1920년대에 일정 부분 그 역할을 한 『크리티카』 같은 것도 없었다. 『아오라』(*Ahora*)와 『아시』(*Asi*)는 나탈리오 보타나의 『크리티카』가 비운 자리를 메우지 못했다. 차별화와 특징이 없어지면서, 예전에는 대단히 매력적이었던 밑바닥 사람들의 색깔이 사라졌다. 데카당스적인 매혹과 변두리의 모호한 아름다움을 상실한 것이다. 부에노스아이레스는 신비로움이 사라지고, 절망적으로 지루하고, 이국적 향취가 완전히 결여된 도시가 되었다.

노동과 질서의 도시와 카오스적인 변두리 사이의 명확한 경계들이 사라졌다. 주변적 집단들이 잠시 숨어 살던 외지고 일시적인 게토가 몇 군데 존속하긴 했다. 1950년대 와르네스 거리의 황폐한 일체형 집들과 바리오 라카라의 비야 미세리아가 그런 사례이다. 그러나 이런 예외들을 제외하면, 변두리는 시내로 변했고, 이에 따라 룸펜들은 거리와 바를 비롯한 모든 곳에서 모든 사회계급과 뒤섞였다. 룸펜의 세계가 일상 세계와 뒤섞이고 병치되면서, 보통 사람들이 알지 못하던 은밀한 세계가 동요했다. 유사한 욕망과 습속이라는 보이지 않는 굴레, 똑같은 필요성의 은근한 흔적 등 상식적인 시선으로는 알아채기 어려운 것들이 고독한 존재들을 쉽게 연결시키고는 했다. 겉보기에는 서로 거리가 멀고 낯설게 느껴졌지만, 삶을 순간순간 공유하고 있었던 것이다. 길모퉁이에서, 카페에서 사람들은 분리되어 있고, 흩어져 있고, 우연히 마주쳤다. 그러나 감지하기 힘든 시선 하나, 작은 몸짓 하나면 그림의 형태가 바뀌고(숲속에 숨어 있는 사냥꾼 퍼즐 조각을 제자리에 끼워 맞출 때처럼), 그리하여 그곳에서 전개되는 상황이 하나의 의미, 하나의 단일성, 하나의 논리를 획득하게 되었다.

도심의 거리에 득실대는 고독한 사람들의 그 특수한 동포애가 늘 범죄적이지는 않았다. 하지만 이 새로운 룸펜들은 항상 범죄 주변에서 어슬렁거렸고, 대체로 범죄의 조력자들이었다. 정확한 경계는 없지만, 다른 지역보다 유난히 더 특징적인 지역이 존재했다. 가령 살타 길과 산 호세 길 사이 구역의 쇠락해 가는 오월로는 그 모호한 룸펜 세상의 중심지였다. 이곳의 퇴락한 아르누보 건축물들은 호텔이나 값싼 여관으로 바뀌었다. 오월로와 만나는 어두운 길들이 그 상업 거리의 불빛을 중간중간 끊었고, 다양하면서도 완전히 합법적이지는 않은 일에 종사하는 수많은 남녀가 통행했다. 리베르타드 길이 떠들썩한 중고품 가게들의 세계를 통해 차별화된 특징을 보여 주었다면, 탈카우아노 거리는 오히려 전형적인 룸펜의 거리였다. 1920년대에 탈카우아노는 이미 어수선한 아침 분위기로 유명했다. 오전 11시쯤에 성매매 여성들이 호텔에서 나왔던 것이다. 코르돈은 호시절의 이 거리를 다음과 같이 묘사했다.

한 줄기 낯선 바람이 그 거리들을 지나고, 오래된 잡화점이 들어선 길 모퉁이마다 소용돌이쳤다. 그리고 찌든 소스의 음식을 파는 싸구려 식당(fonda), 평판 나쁜 호텔, 미심쩍은 아파트 안으로 파고들었다. 그 바람은 모험의 열망을 부추기는 강렬한 타종이었다. 호텔에서 풍기는 악자소설 분위기가 그에게 고통과 쾌락을 동시에 안겨 주었다. 석쇠를 씻을 때 나오는 과망가니즈산염 가스,[47] 축축한 침대 시트 악취, 구석에 방치된 오래된 종이 냄새가 났고, 알쏭달쏭한 여관들로부터는 온갖 소음이 흘러나왔다.[48]

그 지대는 여러 블록을 뻗어 나가 코리엔테스 길에 이르렀다. 이 길의 탈카우아노와 카야오 길 사이 구역의 남쪽 보도에는 도로 확장 이전부터 있던 쓰레기가 아직도 일부 남아 있었고, 엘 팔로마르로 알려진 코리엔테스 1200번 대의 미로 같은 콘벤티요도 그대로였다. 또한 사라져 가는 보헤미안적 코리엔테스의 향수 어린 추억일 뿐인 엘 에스타뇨 같은 잡화점들도 살아남았다. 헌책방들도 명맥을 유지했는데, 그중 일부는 혼란스럽던 초창기에 전직 신문팔이나 은퇴한 마담들의 소유였다. 쇠락한 영화관들도 남아서 다른 용도로 이용되었다. 아무 할 일 없고, 갈 데도 없고, 만날 사람도 없는 고독한 존재들이 얼마 안 되는 관객이었다. 앞줄 좌석에 다리를 올려놓고 잠을 자는 이도 있고, 이야기를 나눌 사람이라도 찾는지 수시로 자리를 옮기는 이도 있었다. 끝없는 교차로가 있는 그 밤의 도피처들에서 두 개의 욕망이 우연히 만나면 야맹증 인류끼리 즉흥적인 관계를 가지기도 했다. 코리엔테스 1752번지의 엘 버킹엄은 최초의 쇠락한 영화관이었으며, 코르돈[49]과 베르비츠키 작품의 주제가 되기도 했다.

---

47 [옮긴이] 석쇠 등의 찌든 때 제거를 위해 사용되었다.

48 Bernardo Kordon, *Vagabundo en Tombuctú y Alias Gardelito*.

49 Bernardo Kordon, *Reina del Plata*, Buenos Aires: Cronos, 1946.

그에게 그 영화관은 80센타보에 침대를 빌려주는 여인숙들만큼이나 지저분하게 느껴졌다. 그리고 마침내 흐릿한 불빛이 켜졌을 때, 고독한 남성 관객들은 그가 받은 인상이 맞았음을 확인시켜 주었다. [⋯] 그에게 그 영화관은 대도시의 상징이었다. 진정으로 고독한 이들, 진정으로 보호받지 못하는 이들에게 스스로를 망각할 유일한 도피처를 제공하는.[50]

초창기의 영화는 압도석으로 서민의 오락거리였다. 룸펜과 노동자 분위기의 대중적인 극장이 많았다. 심지어 영화관과 바를 독창적으로 결합한 사례도 있었다. 카를로스 칼보 길께의 보에도 거리에 있던 카푸치노 영화관이 그러했다. 이곳은 입장료가 없는 대신 최소한 카푸치노 한 잔을 주문해야 했다. 이러한 종류의 영화관들은 사라지거나 변신했다. 역사적 유물처럼 마지막까지 살아남은 영화관은 코리엔테스 길의 에클레어, 파트리시오스 공원의 파블로 포데스타, 온세 바리오의 아르모니아, 바리오 비야 루가노의 프로그레소, 바리오 마타데로스의 누에바 치카고[뉴 시카고], 아베야네다의 로카, 독 수드의 에덴, 라누스 지역의 내셔널이었다.

오월로, 탈카우아노 길, 코리엔테스 길, 카야오 길로 둘러싸인 중심가 바깥으로, 또 다른 매력적인 장소들 주변으로 룸펜 세계가 들어섰다. 레티로역 같은 기차역들이 그 무대였다. 레티로역에 딸린 놀이공원은 1961년 철거될 때까지 부에노스아이레스에서 가장 넓은 면

---

50 Bernardo Verbitsky, *Un noviazgo*, Buenos Aires: Goyanarte, 1956.

적의 기적(奇跡)의 단면이었다. 그런 분위기는 레콩키스타 길과 5월 25일 길 사이의 엘 바호 지대 전체로 퍼져나갔고, 지저분한 호텔과 카바레와 동양 물품 가게들이 뒤섞여 있었다. 유사한 분위기가 온세 광장 아케이드, 특히 콘스티투시온역 주변 전체를 감돌았다.[51] "대성당 돔 아래에는 군중의 삶, 응집되고 긴장감 높은 삶이" 시장에서, 떠돌이와 성매매 여성이 나무 그늘에서 이야기를 나누는 광장에서, 또 인근 거리에서 "들끓고 있었다".[52] 산티아고 델 에스테로, 살타, 오르노스, 리마 등과 같은 그 거리들에는 집 없는 노동자, 휴식 중인 소작인, 휴가 중인 지방 직장인들을 위한 지저분한 호텔들과 벽 장식이 있는 작은 싸구려 식당들이 있었다. 1964년 통계에 의하면, 콘스티투시온 바리오에는 250개의 호텔이 있었고, 그중 16개는 시간제로 돈을 받았다. 그밖에도 산 미겔 보호소에 수용된 사람 80퍼센트가 콘스티투시온 지역에서 잡아들인 이들이고, 2위는 온세 광장이 차지했다. 콘스티투시온과 시내 사이 지역에서는 옛 바리오 수르의 콘벤티요와 하숙집에서 노동자와 룸펜이 한데 섞여 살았다.

이 모든 지역의 공통적인 특성은 불안정성이다. 끊임없이 사람이 들고 났다. 일자리의 유목적 특수성으로 인해 그들은 한곳에 장기간 머물러 살 수 없었다. 이는 오랫동안 아무도 이사 가지 않는 중산 계급 동네의 평온한 분위기와는 대조적이었다. 앞서 살펴본 것처럼

---

51 콘스티투시온역의 동성애 분위기에 대해서는 앞에서 언급한 다음 단편을 참조하라. Carlos Correas, "La narración de la historia".

52 Bernardo Kordon, *Vagabundo en Tombuctú y Alias Gardelito*.

룸펜이 거주하는 호텔과 하숙집은 중산계급 가정이 바리오가 쇠퇴하기 이전에 살다가 떠난 오래된 주택 혹은 방이 여러 개 딸려 있어서 방 단위 세를 놓는 낡은 아파트였다. 이런 유형의 숙박 시설들은, 영화와 소설의 소재가 되기도 한 '트로이의 집'처럼(특히 마르코 데네비의 『10시의 로사우라』[*Rosaura a las diez*]) 지방 분위기의 오랜 하숙집들과 차이가 있었다. 오래된 하숙집들은 장점도 있고 불편한 점도 있었지만 나름대로 가정집 분위기를 제공했다. 하숙인들은 특정한 집에 익숙해지고 오래 살았다. 그리하여 다른 하숙인들과도 알고 이웃처럼 지냈다. 식사 때가 되면 모두 함께 자리했고, 식후 담소도 하나의 의례였다. 또 겨울밤이면 복권이나 카드놀이를 했고, 여름밤에는 안마당에 의자를 둥글게 내놓고 담소를 나누었다. 하숙집 여주인은 근엄한 주부처럼 모든 하숙인의 생활에 간여하고, 이들의 도덕적인 면에 열성적으로 신경 썼다. 하숙인 방에 이성 손님이 방문할 때는 반드시 방문을 열어 놓게 했다. 물론 이러한 친밀함은 인간관계에서 심각한 문제와 갈등 상황을 낳았다. 그러나 이는 고독이나 고립이 아니라 공동생활에서 비롯된 것들이었다.

오랜 하숙집의 소멸 원인으로는 먼저 교통 불편과 시간 외 노동을 꼽을 수 있다. 실질 급여의 지속적인 가치 저하가 시간 외 노동을 강요했고, 하숙인들은 직장 가까이에서 식사를 할 수 있는 곳을 찾아야 했다. 그 밖에도 가사 노동력 부족과 인플레이션에 따른 식료품비의 지속적 상승으로 식사 제공이 하숙집 주인에게 커다란 부담이 되어 버린 일도 한몫했다. 식사를 제공하는 바, 지나는 길에 들를 수 있는 식당, 대중적인 그릴 식당 등이 사방에 생겨났다. 그리고 신속함을 무기로(사람들은 가끔 서서 식사를 했다) 식후 담소와 카드놀이, 하숙인끼리의 어울림을 특징으로 하는 하숙집의 느긋한 세계를 잠식했다. 하숙집은 이제 잠만 자는 곳, 뜨내기들의 호텔이 되었고, 하숙인끼리의 관계는 비인간적이고 익명적이 되었다. 서로 누군지 모른 채지내고, 주인도 하숙인의 생활이나 습성에 무관심했다. 그래서 독신자는 그 어느 때보다 더 독신자가 되었다.

사회 변화에 따라 룸펜 지역 거주자들도 바뀌었는데, 그 가운데가장 우세한 일군의 직업이 있었다. 대체로 반(半)숙련 노동자들이었다. 예를 들면 요리사, 별로 전문화되지 않은 업무를 보는 시급 직원, 접시닦이, 심부름꾼, 중개인, 행상, 단역배우, 서커스 배우 등 모든 종류의 임시직 종사자들을 들 수 있다. 도둑, 성매매 여성, 포주, 이야기꾼, 불법 도박업자, 복권 장수 등 불법적인 활동이 가미된 '임시직'들도 이에 포함되었다. 또한 알코올 중독, 마약 중독, 치정 범죄, 자살, 동성애, 남성 성매매(라바예 길과 기차역들을 중심으로 활동하는 일명 '택시 보이') 비율도 높았다. 그리고 여성보다 남성 인구가, 기혼자보다 미혼 남녀가, 법적 부부보다 혼외 관계 커플이 더 많았다. 아이가없다는 점도 특징이었다.

역사의 무자비한 객체성(objetividad)은 이들을 물건(objeto) 취급하듯 한쪽으로 내팽개쳤다. 그들에게는 주변인에서 벗어나 집단적가치를 중심으로 조직화시킬 정당, 대변인, 구호, 지도자, 조직, 고유의 문화 형식, 사회적 위상, 사법적 보호, 자의식, 인생철학, 자신의 존재에 대한 정당화가 결여되어 있었다. 그래서 그들은 악과 동일시되기에 이상적인 속죄양이었다.

V. 노동자

19세기의 마지막 수십 년 동안 큰 마을(gran aldea)에서 근대적인 메트로폴리스로 이행하면서 부에노스아이레스는 처음으로 주택난을 겪었다. 프리드리히 엥겔스가 말한 대로 이는 세계적인 현상이었고, 농촌사회에서 산업사회로의 이행의 결과물이었다.

　1880년대 유럽인 이민자와 내륙 지방민의 급격한 유입으로, 나름의 특수성을 지닌 아르헨티나 최초의 프롤레타리아가 형성되었다. 이들은 부에노스아이레스에 이끌려, 산업과 무역과 서비스업의 발전이 창출한 새로운 일자리에 이끌려 이 도시에 모여들었다. 주택 부족, 임대료 상승, 부동산 투기, 임차인의 콘벤티요 집중 등은 이러한 사회적·경제적 변화의 결과였다. 여러 개의 안마당과 폼페이식으로 줄줄이 이어진 방들이 딸린 식민지 시대의 옛 가옥은 이전에는 전통적인 가정집이었으나, 이제는 가난한 사람들이 포개져 사는 콘벤티요로 전락하였다. 이들은 집주인(경우에 따라 여전히 거주하는 이들도 있었다)에게 적지 않은 수익을 안겨 주었다. 호세 안토니오 윌데는 콘벤티요로 바뀐 여러 구저택 중 하나를 사례로 들었다.[1] 빅토리아 길, 데펜사 길, 5월 25일 길 사이에 위치해 있으면서 빅토리아 광장과 만나는 지점에 있던 에스칼라다의 대저택이 그것이다.

당시의 문학은 콘벤티요에 대한 수많은 묘사를 남겨 놓았다.

공동임대주택은 북적대는 광경이었다. 안마당이든 복도든 마찬가지였다. 나이, 국적, 성별이 다른 사람들이 뒤섞인 일종의 구더기 소굴이었다. 나오는 사람, 들어가는 사람, 서로 엇갈리는 사람 등 모두가 부산스러웠다. 축축한 안마당에는 주민들의 퇴적물이 흩어져 있었다. 비좁은 '감방'의 열린 문틈으로 풍자만화 신문으로 도배된 불결한 실내가 들여다보인다. 간이침대와 함, 헐거운 의자, 다리 부러진 탁자, 곰팡이 슨 거울 등이 빼곡하다. 여섯 명이 함께 기거하기 때문에 각자의 물건을 되는 대로 놔둘 수밖에 없는, 특유의 무질서가 지배하는 방이다.[2]

커다란 비둘기 둥지를 연상시키는, 양철 지붕과 판자벽으로 된 방들이 두 줄로 늘어서서 좁고 길쭉한 안마당을 둘러싸고 있었다. 쓰레기 천지인 바닥 여기저기에서 화롯불이 피어나고, 냄비에서 김이 모락모락 솟아오르고, 프라이팬에서 기름이 지글지글하는 소리가 났다. 1월

1 José Antonio Wilde, *Buenos Aires desde 70 años atrás*(1881), Buenos Aires: Espasa Calpe, 1944.

2 Ceferino de la Calle, *Palomas y gavilanes*, Buenos Aires: Lajouane, 1886.

의 작열하는 태양 아래 많은 거주자가 모여 있었다. 남정네들은 즐겁게 떠들고 여인네들은 질색하며 소곤거렸다.[3]

거리로 난 문을 통해 희미하고 좁은 시야 사이로 안마당이라고 부르는 좁고 막다른 골목길이 들여다보였다. 양쪽으로 스무 개씩 마흔 개의 방이 모여 하나의 콘벤티요를 이루고 있었다. 자유인의 방이라기보다 지저분한 축사나 흉악범 감방 같은 모습이었다. [⋯] 여기저기 빌레 먹고 미끄럽고 끈적거리는 안마당은 이론적으로는 방과 마찬가지로 정방형이다. 그러나 연기에 그을린 상자, 시들시들하고 거무튀튀한 식물이 자라는 통과 단지, 상상 가능한 온갖 집기와 잡동사니가 쌓여 있어 안마당의 형체를 거의 찾을 수 없었다. 수많은 집기 위쪽에는 방에서 방으로 쳐 놓은 줄에 온갖 종류와 색깔의 옷이 크고 작은 깃발처럼 펄럭이면서 각 방에서 새어 나오는 악취에 또 다른 악취를 섞었다. 40가구의 사람들이 구정물 위를 지나고, 산더미처럼 쌓인 물건 사이를 곤혹스럽게 지나고, 감옥의 대기를 호흡했다. 상이한 언어와 풍습과 삶의 양식을 지닌 그 40가구의 사람들, 유럽 중부와 북부와 남부를 떠나온 그들은 단 하나의 공통적인 열정으로 그곳에 모여들었다. 더 나은 삶을 위한 투쟁 희망, 대부분의 사람에게 '아메리카'[미주 대륙]라는 단어의 본질인 신속하고 손쉬운 부(富)였다.[4]

---

3 Eugenio Cambaceres, *En la sangre*, Buenos Aires, 1887; *Obras Completas*, Santa Fe: Editorial Castellvi, 1968.
4 언급한 작가들 외에도 다음 책들이 콘벤티요를 다루고 있다. Francisco Sicardi, *Libro extraño*(1894~1902); Marcos Arredondo, *Croquis bonaerense*(1896); Manuel Gálvez, *Na-*

지도층은 콘벤티요나 공동임대주택의 주거 문제를 지속적으로 염려했다. 그러나 이런 상황 자체가 부당하다고 생각하기보다는 그저 위험하고 위협적 요소로만 간주했다. 그리하여 개선을 꾀하지 않고, 박애주의와 공공 자선사업으로 이를 감추려고만 했다. 기예르모 라우손은 콘벤티요의 사회적 문제를 공공보건 문제인 양 다루었다. 콘벤티요를 질병의 거점으로, 그것도 비도덕성의 거점으로 여기며 우려했다.

[…] 우리가 보기에 비좁고 비위생적인 그 방 하나하나마다 서너 명이 살고 있다. 남자와 여자, 어른과 아이가 모두 아무렇게나 뒤섞여서. 그런 식의 생활은 필연적으로 온갖 고통이 뒤따르는 육체적인 타락을, 퇴폐와 부도덕의 학교를 초래한다. […] 지속적으로 주목해야 할 점은 거주자들이 그들의 주거 조건상 육체적·도덕적 타락을 피할 수 없다는 사실이다.[5]

---

cha Regules(1911), *Historia de arrabal*(1922); Carlos G. Antola, *Hablando claro*(1917); Ernesto Mario Barreda, *Una mujer*(1924); Bernardo Kordon, *La vuelta de Rocha*(1938); Manuel Castro, *Buenos Aires de antes*(1949). 콘벤티요를 다룬 시로는 다음 작품들이 있다. Evaristo Carriego, *El alma del suburbio*(1913); Felipe Fernández, "Yacaré", *Versos rantifusos*(1916); Álvaro Yunque, *Versos de la calle*(1924); Raúl González Tuñón, *El violín del diablo*(1926); Atilano Ortega Sanz, *Motivos de Nueva Pompeya*; Vladimir Marchetti, *Versos de cemento armado*(1953). 콘벤티요 주제가 가장 많이 다루어진 것은 연극과 사이네테(sainete, 소극[笑劇])다. 다음과 같은 작품들이 있다. Ezequiel Soria, *Justicia criolla*(1897), *El deber*(1898); Carlos María Pacheco, *Los disfrazados*(1906); Florencio Sánchez, *La pobre gente*(1904); Alberto Vacarezza, *El conventillo de la Paloma*(1936). 이후에도 다음과 같은 작품들이 콘벤티요를 다루었다. Omar del Carlo, *Proserpina y el extranjero*; Juan Carlos Ghiano, *Narcisa Garay, mujer para llorar*(1959).

5 Guillermo Rawson, *Estudio sobre las casas de inquilinato de Buenos Aires. Escritos*

에우헤니오 캄바세레스도 『혈통 속에』(En la sangre, 1887)의 한 부분에서 콘벤티요는 악습의 학교라는 그 테제를 예증했다. 가난한 아이들의 생활을 편견에 차 언급하는 대목에서다.

그들은 잠도 자고, 잠에 곯아떨어지기 전까지 '놀이도 할' 은신처를 찾는 박쥐들처럼 이 구석 저 구석에 들러붙었다. 그리고 '남녀놀이'를 했다. 나이 많은 아이들은 '남자', 나이 적은 아이들은 '여자' 역할이었다. 영혼 깊은 곳까지 악습에 물들어 어둠 속에서 '수치의 망도'[6]를 입은 것처럼 둘씩 짝을 지어 바닥에서 뒹굴면서 부모 흉내를 시연했다. 조숙하고 이미 심각하게 타락한 아이들은 은밀한 기교를 총동원하여 콘벤티요 방에서 어른들이 벌이는 일을 패러디했다.[7]

II장에서 본 바와 같이 전형적인 콘벤티요 동네는, 시내에서 가깝지만 쇠락한 구역에 기원을 두었다. 수르와 산 텔모처럼 1880년대부터 부르주아지가 떠나간 지역이었다. 콘셉시온 교구에 220개의 콘벤티요가 있었다고 라우손의 연구는 밝히고 있다. 심지어 바리오 노르테의 심장부에도 몇 개 있었다. 필라르 교구에는 35개의 공동임대주택이 있었다. 1915년 통계에 따르면 부에노스아이레스의 콘벤티요

científicos, Colección Grandes Escritores Argentinos, vol. XX, Buenos Aires: Editorial Jackson, 1930.

6 [옮긴이] 『성경』의 「시편」 109편에 나오는 표현. 부끄러운 일을 마치 옷 입듯 거리낌 없이 한다는 뜻.

7 Eugenio Cambaceres, En la sangre; Obras completas.

는 모두 2462개였고, 14만 명이 거주했으며, 방 하나에 평균 5~10명이 살았다.

쇠락한 옛 바리오들 옆에 또 다른 바리오들이 산업 시설 주변에, 혹은 옛 농장저택이 경매로 팔리거나 구획 분할되면서 생긴 공터에 차츰 들어섰다. 이런 바리오에는 중산계급 하층으로 신분 상승한 노동자들이 자기 손으로 직접 집을 짓고 콘벤티요 주민과 섞여 살기도 했다. 처음에는 콘벤티요보다 나을 것이 없었다. 가령, 악취 풍기는 웅덩이가 여기저기 팬 흙길 위에 지어진 나무집에 불과한 경우들도 있었다. 전기와 상하수도 시설은 거의 없었다. 그러나 이러한 많은 아쉬움들은, 매우 천천히나마 개선되었다. 부에노스아이레스의 남서쪽 벨트는 그런 식으로 성장했다. 독 수드, 보카, 바라카스, 누에바 폼페야, 파르케 파트리시오스, 비야 솔다티, 비야 루가노, 마타데로스 등으로 이루어진 벨트로 아예 다른 도시였다.

끝없이 이어진 황량한 그 바리오들에는 트라바호, 알베르디, 데라 리에스트라, 사엔스, 치클라나, 코랄레스, 테이에르처럼 그저 잿빛 시골길 같은 길만 났다. 그리고 덩그러니 있는 영화관, 작은 가게의 진열창, 가끔 지나는 도심행 버스, 술좌석을 갖춘 잡화점의 희미한 불빛만이 음험한 어둠이 감도는 길모퉁이에서 실룩거릴 뿐이었다. 도랑에 고인 초록빛 물과 포석 사이에 풀이 자라난 로카, 데르키, 라카라, 크루스, 라푸엔테, 프로빈시아스 우니다스, 크로바라 같은 또 다른 길들은 간선 도로이기는 했지만 황량한 벌판으로 사라졌다. 비에이테스, 벨레스 사스필드, 아만시오 알코르타, 살문 페이호오 같은 지역들은 삭막한 풍경이었고 런던의 변두리와 다소 비슷한 느낌이었다. 마른 피 색깔의 기나긴 벽돌담, 덩그러니 있는 광장, 철교, 작업장, 발전소, 가스탱크, 기차 플랫폼, 기차 대피선 등이 있었다. 공장 퇴근 시간을 제외하면 이 거리들은 텅 빈 무대의 묘한 분위기, 광산이나 혹성의 풍경을 연출했다. 오라시오 마치 또는 오노프리오 A. 파센사의 그림이 이를 제대로 포착하였다. 역설적이게도 이러한 공장 지대, 특히 바라카스 같은 곳은 부에노스아이레스의 다른 지역에서는 찾아볼 수 없는 독특한 특징을 지녔다. 그럼에도 불구하고 보르헤스처럼 가끔 들리는 산보객들만 이를 포착했을 뿐, 거주자들 눈에는 불편함과 궁핍밖에 보이지 않았다.

자기가 살 집을 직접 지은 평범한 이탈리아 미장이들은 안드레아 팔라디오나 칼 프리드리히 싱켈 풍의 절제된 고전주의를 자신도 모르는 사이에 복원한 셈이었다.[8] 흰색이나 분홍빛 채색의 석회 파사드, 평평한 지붕, 난간, 석공예 기둥 장식, 화초를 심은 체스판 같은 안마당을 갖춘 그 거의 큐비즘적 작은 집들은 미적으로 보면 소부르주아지나 상류 부르주아 바리오의 무절제하고 과시적인 절충주의보다 더욱 품위가 있었다.[9] 한편 비슷비슷하고 야트막한 집들이 길게 늘어선 모습으로 인해 아주 광활하고 위압적인 하늘이 거리 바로 위에 있

---

8 [옮긴이] 팔라디오는 16세기의 이탈리아 건축가, 싱켈은 17~18세기의 독일 건축가.

9 독일 건축가 베르너 헤게만은 1932년 여행 중 부에노스아이레스와 몬테비데오의 변두리 지역에서 예기치 않은 고전주의 전통을 발견했다. '아르누보 리시'(art nouveau riche) 건축의 몰락으로 독일, 프랑스, 이탈리아에는 이런 경향이 거의 남아 있지 않았다. Werner Hegeman, "El espíritu de Shinkel en Sud América", *Revista de Arquitectura*, Buenos Aires: Sociedad Central de Arquitectos, October 1932(다음 글의 재수록이다. *Wasmuths Monatschafte Baukunst und Stadteban*, July 1932).

는 듯했다. 그리하여 빛의 다양한 농담, 즉 시에스타 때의 고즈넉한 광채와 해 질 녘의 우수 어린 보랏빛 채광과 밤의 신비로운 명암이 더욱 두드러졌다.

이 바리오들은 시간이 지남에 따라 나름의 전통을 구축했다. 가장 오래된 프롤레타리아 가문, 노동계급의 엘리트, 세기말 유럽 이민자들의 후손이 거주했다. 페론주의 10년(1946~1955) 동안의 산업화로 유입된 훗날의 새로운 주민들, 즉 거대한 국내 이주 물결과 더불어 도래한 '검은 머리'들은 새로운 생태계를 조성했다. '비야 미세리아'로 완곡하게 명명된 임시촌이었다.[10] 부에노스아이레스 여러 지역에 들어선, 양철집과 목조 주택이 즐비한 임시촌은 1930년대의 바리오 데 라스 라나스나 비야 데스오쿠파시온과 외적인 유사성이 있었지만 실제로는 전혀 공통점이 없었다. 무엇보다도 비야 미세리아는 넝마주이나 범죄자 바리오가 아니었다(라카라 바리오처럼 범죄자들이 일시적으로 들어와 사는 경우들은 있었다). 또 실업자 동네도 아니었고, 독신 남성보다 가족 단위의 주민이 지배적이었다. 비야 미세리아의 주민은 도시에서 직업을 얻었지만 주거는 확보하지 못한 노동자, 즉 '검은 머리'들이었다.[11]

---

10 1962년 1월 29일부터 2월 5일 사이에 일간지 『클라린』(*Clarín*)에 실린 통계를 통해 수많은 비야 미세리아의 존재를 알 수 있다.

11 비야 미세리아에 대해서는 다음 소설들을 참조하라. Bernardo Verbitsky, *Villa Miseria también es América*, Buenos Aires: Kraft, 1957; Rafael Gallegos, *Los barrios de Mauricio*, Buenos Aires: Lautaro, 1958; Rubén Benítez, *Ladrones de luz*, Buenos Aires: Emecé, 1960. 연극 작품으로는 다음을 꼽을 수 있다. Osvaldo Dragún, *El jardín del infierno*(1962). 영화로는 루카스 데마레 감독, 식스토 폰달 리오스 각본의 「기다란 담장 뒤」

변화에 불안했던 이들은 페론 집권기의 비야 미세리아 출현을 농촌 인구 감소와 아르헨티나의 산업화를 공격하기 위한 궤변적 논거로 이용했다. 고임금 노동자들까지 비야 미세리아에 거주한다는 사실을 두고 그들의 도덕적 타락, 더러움과 난잡함에 대한 천부적 성향이라고 설명하는 도덕주의적 해석도 없지 않았다.

구(舊)노동자

1930~1940년대의 산업화 단계 이전에는 소규모 가내수공업 업체만 존재했다. 노동자들은 아직 직접 연장을 다루었고, 손재주, 숙련도, 직장 서열 등에 따라 상대적인 자율성을 누렸다. 그런 조건에서의 노동은 질료에 대한 실질적인 지식을 지닌 노동이었다. 따라서 그 결과물은 하나의 창작물이자 개인 작품이었다. 노동자는 자신이 부의 진정한 생산자라는 자부심을 느낄 수 있었다. 초기 산업주의 시기의 노동자는 노동의 긍정적인 측면(인간에 의한 질료의 변화)을 경험했다. 그러나 아직 새로운 방식의 노동에 함축된 사회적·경제적 소외라는 부정적인 측면을 간과하는 경향이 있었다.

게다가 그 노동자에게는 퇴근하면 갑자기 발견하는 사실이 있었다. 어디로 가야 할지도 알 수 없고, 갈 곳도 없고, 아무 데도 갈 기분이 들지 않는다는 사실이었다. 그리하여 심리학자들이 '일요병'이라

(Detrás de un largo muro)와 다비드 호세 코온의 단편영화 「부에노스아이레스」(Buenos Aires)가 있다.

고 부르는 공허함, 무료함, 불안감에 빠졌다. 노동은 억압적일 수 있지만, 노동만 할 처지인 인간에게, 즉 다른 욕구와 취향의 개발이 허용되지 않는 인간에게 노동은 필수 불가결한 것이었다. 노동자의 여가 시간이 지닌 이 독특한 특징들은 1930년 이후 대중매체의 팽창과 더불어 근본적으로 변하게 될 것이었다.

자긍심에 찬 고립, 계급의식보다 직업의식에서 비롯된 그 존엄성은 노동자를 아나키즘적인 개인주의 쪽으로 기울게 했다. 아르헨티나의 사회 투쟁 초기 단계에서 아나키즘이 득세한 것은 우연이 아니었다.[12]

직장 동료와의 관계는 그 개인주의를 확연히 보여 주었다. 소규모 작업장은 개인을 지배할 만한 권력이 없었고, 건물의 기능성 결여는 엄격한 감시를 어렵게 했으며, 부족한 노동 합리화는 노동자끼리의 긴밀한 면 대 면 관계를 허용했다. 그러다 보면 개인적 갈등이 빈번해져서 단합과 연대를 침해하기도 했다. 그러나 그러한 형식의 관계는 무엇보다도 심각한 정신적 장애물을 형성했다. 노동자가 개인

---

12 이 단계의 아르헨티나 노동운동사에 대해서는 다음 서지를 참고 바람. Enrique Dickmann, *Historia del 1° de Mayo en la República Argentina 1890-1912*, Buenos Aires: Librevia de La Vanquardia, 1913; Julio Ferrarazo, *La acción obrera*, Buenos Aires: UBA, 1927; Diego Abad de Santillán, *El movimiento anarquista en la Argentina*, Buenos Aires: Argonauta, 1930; Diego Abad de Santillán, *La FORA*, Buenos Aires: Nervio, 1933; Alfredo Fernández, *El movimiento obrero en la Argentina*, Buenos Aires: Editorial Plus Ultra, 1936; Jacinto Oddone, *Gremialismo proletario argentino*, Buenos Aires: La Vanguardia, 1944; Rodolfo Puiggrós, *Historia crítica de los partidos políticos argentinos*, Buenos Aires: Argumentos, 1956; Rubens Iscaro, *Historia del movimiento sindical,* Buenos Aires: Fundamentos, 1973; Alberto Belloni, *Del anarquismo al peronismo*, Buenos Aires: La Siringa, 1960.

적인 고립에서 탈피해 자신이 특정 사회계급에 속한다는 인식의 획득을 가로막은 것이다.

동네 생활도 동료와의 이러한 긴밀함에 기여했다. 그 시절의 노동자는 대체로 근무하는 공장 근처에 살면서 같은 길, 같은 잡화점에서 계속 접촉하고 살았기 때문이다. 이 습속은 산업 발전으로 대규모 노동력이 필요해지고, 노동자들이 부에노스아이레스의 주택난 때문에 토지를 할부 구입하여 집을 지을 가능성이 있는 교외로 이동하면서 비로소 사라졌다.

또한 공장 사장과 서로 잘 알고 지내는 긴밀한 관계도 노동자로 하여금 그들의 열악한 상황이 사회의 경제구조 때문이 아니라 사장 때문이라고 생각하게 만들었다. 노조 투쟁은 당면한 경제적 요구에만 한정되었다. 모든 정치적 활동은 지나치게 추상적이고 일반적인 것으로 보여서 살쾡이 파업[13]이나 즉흥적인 시위를 선호했다.

한편 가내수공업 생산 방식에서의 노동의 숙련도, 서열화, 개인화는 노동계급의 단합을 저해하여 숙련 노동자와 비숙련 노동자 사이의 깊은 분열을 고착시켰다. 이러한 구분 외에도 민족적 차이가 노동자 사이의 관계를 더욱 복잡하게 만들었다. 숙련 노동자는 대체로 유럽 이민자였고, 크리오요 노동자는 이들에게 일용 노동자로 예속되었다.

반면, 냉동 도축장에서는 반대 상황이 벌어졌다. 숙련 노동자, 예

---

13 [옮긴이] 중앙노동조합의 승인 없이 단위노동조합에서 개별적으로 벌이는 조직화되지 않은 파업.

를 들어 육류 가공원은 칼 다루는 솜씨가 좋은 내륙지방 출신, 특히 엔트레 리오스주 출신의 아르헨티나인이었다. 반면에 일용 노동자들은 외국인이었다.[14]

프롤레타리아의 이 첫 단계의 모든 역사는, 당시의 연극도 보여 주고 있듯이, 크리오요와 그링고(gringo)[15] 사이의 갈등으로 특징지어진다. 크리오요는 그링고가 "일자리를 빼앗으려고" 아르헨티나에 온다고 생각했다. 노조 결성 투쟁도 "그링고들의 일"로 여겼다. 그래서 초기의 노동자 조직들은 독일인들의 포어베르츠(Vorwarts), 프랑스인들의 레제고(Les Egaux), 이탈리아인들의 파쇼 데이 라보라토리(Fascio dei Lavoratori)였고, 최초의 좌파 신문들은 아예 외국어로 발행했다. 그 결과 부르주아지는 이민자를 반체제 분자와 동일시하였고, 이들에 대해 「거소지법」(Ley de Residencia), 애국동맹(Liga Patriótica)의 집단 학살, 당시의 서적과 담론에 나타나기 시작한 맹아적 크리오요 인종주의로 대응했다.

---

14 냉동 도축장의 현실에 대해서는 루이스 오라시오 벨라스케스의 『가난한 사람들은 늘 있으리라』(Pobres habrá siempre, 1944)와 라울 라라의 『휴식 없이』(Sin tregua, 1953)를 보라. 이 두 번째 작품은 공산당 지도자였던 호세 피터의 삶을 바탕으로 한 소설이다. 이 두 작품과 안드레스 리베라의 『가격』(El precio) 및 미겔 앙헬 스페로니의 『모래판』(Las arenas)이 오늘날까지 도시 노동계급에 대해 우리 나라 소설가들이 쓴 유일한 증언 서사이다. 이런 작품들이 별로 없는 것은 작가가 프롤레타리아의 일상생활을 들여다보기가 매우 어려웠기 때문이다.

15 [옮긴이] 이 문맥에서는 외국인 이민자를 가리킨다. 원래는 유럽인 혹은 유럽계 백인 중에서 스페인어 비사용자를 가리키는 용어이지만, 20세기 하반기가 진행되면서 '양키'의 뉘앙스로도 많이 사용되었다.

변화

전 산업사회의 특징인 옛날 기술과 가내수공업 생산 방식은 부분적이기는 해도 여전히 잔존했다. 계급이 완전히 정립되지 않고 사회구조가 지나치게 경직되지 않은 이 과도기 사회에서는 노동자가 사회적 신분 상승을 열망하고, 독립하여 사장이 되어 자신의 처지를 바꿀 기회를 희구했다. 페론 집권기의 특징적인 현상은 노동자 출신의 소부르주아 사장이었다. 이들은 산업은행에서 대출을 받아 작업장이나 작은 공장을 세웠다. 채무에 쫓겨 살고, 어서 부자가 되려고 조바심을 냈다. 그리고 휘하 노동자들과 출신 성분이 같아 긴밀하게 유착된 생활을 영위하면서도, 자신은 그들과는 다르다는 분명한 의식을 지니고 있었다.[16] 그래서 사장과 노동자의 관계가 모호하고 유동적이었다. 사회가 번창하고 평화로운 시기에는 가부장주의와 계급 간 협력 형태를 띠었다. 반대로 위기의 시기에는 고용주가 이전에는 신뢰로 대했던 노동자들과 거리를 두기 위한 방책을 찾아야 했다. 예를 들어 소규모 작업장에 출근 시간을 찍는 시계가 마련되었다. 그렇게 함으로써 직원에게 직접 주의를 주지 않고도 지각을 방지할 수 있었다.

그러나 예전의 생산 형태가 전적으로 사라지지는 않은 상태에서, 1930년대부터 대기업에서 연속 생산라인, 기계화, 합리주의, 테일

---

16 노동자 출신 사장과 휘하 노동자들 사이의 이러한 특수한 관계는 안드레스 리베라의 다음 두 소설에 잘 묘사되어 있다. Andrés Rivera, *El precio*, Buenos Aires: Platina, 1957; *Los que no mueren*, Buenos Aires: Nueva Expresión, 1959.

러주의, 규격화, 노동 분업과 전문화 등이 도입되기 시작했다. 그 결과 노동 의식에 중요한 변화가 일어났다. 현대적인 공장(전형적인 예가 무채색, 무악취, 무형식의 세계인 올리베티 공장이었다)은 작업 중단과 휴식 시간 없이 노동자를 옭아맸고, 어떠한 경우에도 통제력을 잃지 않았으며, 최소한의 딴생각이나 행동 여지를 주지 않았다. 컨베이어 시스템, 복잡한 기계에 요구되는 극단적인 집중, 한 공장에서 일하는 노동자 수의 증가, 옛날 작업장과 달리 벽 없는 기능주의적 신축건물(옛날 작업장에는 벽에 가르델, 레기사모,[17] 축구 스타 등의 핀업 사진을 벽에 붙여 놓았고, 숨어서 담배를 피거나 이야기를 나눌 만한 외진 곳이 있었다)은 면 대 면 관계에는 별로 적당하지 않았다. 그래서 식당(식당이 딸려 있는 경우)이나 화장실이 최후의 도피처였다. 한편 과도한 소음 때문에 농아인처럼 손짓으로 의사소통을 해야 했다. 섬유 공장에서는 고함 대신 입술 모양으로 기계 소리를 극복했다. 현대식 공장은 그런 식으로 노동자들 사이의 거리 두기를 조장했다. 이들은 서로를 이따금 친목을 도모하는 구체적인 개인으로서가 아니라 단순한 동료, 동일한 공장 규율에 예속되어 있고 기계를 통해서만 접촉하는 동료로 인식하게 되었다. 퇴근하면 만원 버스가 도시의 여러 극단으로 노동자들을 흩어 놓기 때문에, 노동자끼리의 직장 외부에서의 관계는 거의 불가능해졌다.

현장 감독의 전횡은 예전에는 싸움을 통해, 나아가 익명의 협박까지 포함된 불법적인 수단들을 통해 해결되었다. 그러나 생디칼리

---

17 [옮긴이] 콜롬비아 출신의 미국 배우이자 코미디언, 프로듀서, 극작가, 시나리오 작가.

슴의 융성과 더불어 공장 노동자 대표자에게 직접 불만을 제기하게 되었다. 대표자는 현장 감독의 권위에 맞섰고, 그 과정에서 현장 감독이 축출되는 사례도 있었다. 현대식 공장에서는 정서적인 고통이란 전혀 없었다. 조용한 피로감과 소박한 지루함이 있을 따름이다. 게다가 고용주는 이제 미지의 주식 소유자들이고, 공장은 거의 비가시적인 관료 체제로 운영되었다. 이제는 증오할 대상도, 저항할 직접적인 대상도 존재하지 않았다. 심지어 현장감독과 작업반 반장은 보통 호의적이었고, 고용주는 노동자들 앞에 모습을 드러내는 법이 없었다. 그리하여 노동자는 자기 자신을 동질적이고 보편적인 하나의 사회계급에 속하는 존재, 특정 유형의 사회구조에 예속된 존재로 인식하게 되었다. 기계화는 모든 요소를 연계시키고 호환시킴으로써 노동계급의 동질성을 초래했다(이에 따라 직업의 특수성 유지에 주안점을 둔 아나르코생디칼리슴 대신 노동자총연맹[CGT] 주도의 중앙집중화가 수반되었다). 한편 노동자는 가내수공업 시대에는 이해하지 못했던 일, 즉 생산과정이 어떤 것인지 인식하게 되었다. 그리하여 최초의 도시 대중운동이 일어났다. 이와 동시에 생디칼리슴의 관료화라는 새로운 문제도 발생했다.

노동자의 태도는 동료나 고용주에 대해서뿐만 아니라 자기 일에 대해서도 바뀌었다. 기계화, 분업화, 전문화는 노동자를 호환 가능하고 대체 가능한 사물, 복잡한 생산 메커니즘의 단순한 부품으로 만들었다. 이는 노동의 단조로움을 초래했고, 흥미가 사라진 노동은 결국 견디기 힘든 노동이 되었다. 거기다 직업적 자율성, 숙련도, 질료에 대한 지식이 사라지면서 책임감도 사라지게 되었다.

한편 과거의 노동자가 퇴근할 때 느끼던 공허감은 이제 소위 대중문화, 그러니까 여러 가지 형식의 소외된 여가로 채워졌다.

노동 의욕 저하, 잦은 결근, 대중문화에 대한 전적인 관심, 파업 일의 즐거움은 경영주들의 분노의 불평을 초래했다. "노동자는 이제 일하기 싫어한다"고 말하면서 이를 노조의 선동 때문이라고 치부했다. 한편, 초창기 노동운동에 대한 향수에 젖은 일부 시대착오적인 이들도 새로운 노동자 세대의 노동에 대한 애정 결핍, 자부심 상실을 한탄했다. 이들 역시 페론주의만 비난할 뿐, 이 현상이 기술 변화로 인한 직업의식의 상실에서 비롯되었다는 사실을 숨기고 있다.

구엘리트 노동자(금형 기술자, 프레이즈공, 선반공)의 마지막 여운은 표준화되지 않은 일부 산업에 잔존했다. 비숙련 노동은 섬유, 금속, 유리, 타일, 크리스털, 목재, 포도주 분류 등 기계화가 가장 많이 이루어진 분야에서만 두드러졌다. 생디칼리스트들은 구엘리트 노동자들을 좋게 보지 않았다. 후자는 급여가 높고 직업적 자부심이 강하며 대개 독일이나 이탈리아 출신의 기술공이었기 때문에, 애초에 고립적이고 정치적으로 무관심하며 연대 의식이 없었다.

'노동자 귀족', 숙련 노동자 엘리트의 이러한 상대적인 소멸은 농촌 출신의 무수한 대중, 일명 '검은 머리'들의 아르헨티나 정치 침입을 가능하게 했다. 이들은 노동에 별로 준비된 이들이 아니었지만, 새로운 기계화된 산업에는 며칠만 배워도 능히 흡수될 수 있었다. 1940년대 중반에는 프롤레타리아의 프롤레타리아화라고 부를 만한 현상이 발생해서, 노동자 귀족에서 비숙련 노동자 대중으로 이행했다. 다시 말해 전문 기술 덕분에 아직은 약간의 특권을 갖고 있던 노동자들이 비숙련 노동자 대중이 되어갔다. 사르트르가 프랑스 프롤레타리아에 대해 설명하듯이, 노동자 귀족의 특징이었던 노동의 휴머니즘이 사라진 것이다.

바리오라는 마술적 세계

노동자는 두 가지 영향을 받았다. 기술적 진보로 인해 공장에서 받게 되는 영향과 가속이나 주거 환경에서 받는 영향이다. 후자의 영향으로 노동자들은 기계화의 가장 실망스러운 양상들에 대해 감상적이고 복고적인 방식으로 반발했다. 노동자 바리오는 현대 산업사회의 심장부에 박혀 있는 지역으로, 전통적이고 마술적이며 미신적인 사고방식이 여전히 존재했다. 노동자 가족은 내국인이든 이민자든 주로 농촌 출신이라서, 농촌의 사회구조가 여전했던 것이다.

> 그러나 사람들은, 바리오가 하늘이 무너져도 규칙적으로 작동하는 동물적 기능을 갖춘 수동적 유기체라는 인상을 가끔 받는다. 세상이 뒤흔들리고 괴로움을 겪어도, 어떠한 고통도 […] 바리오에는 들이닥칠 것 같지 않다는.[18]

노동자 바리오의 사회생활에는 프롤레타리아 여성이 크게 기여했다. 이들은 계급적으로뿐만 아니라 젠더 면에서도 열등한 위치에

---

[18] Bernardo Verbitsky, *La esquina*, Buenos Aires: Sudamericana, 1953.

있었다. 정계에서도, 또 남성 프롤레타리아 위주의 노동계에서도 젠더 문제는 아직 낯선 것이었다. 그러나 정치적 권리 획득과 노동시장 진입으로 어느 정도의 여성 해방이 이루어지면서 노동자 바리오의 전형적인 삶에도 변화가 찾아왔다. 대중매체의 발달은 바리오 단위의 세계관 종식에 더 큰 영향을 주었다. 대중매체가 바리오 사이의 경계를 지우고, 바리오와 도심의 관계도 가까워지게 했기 때문이다. 그러나 도심에서 먼 일부 바리오에는 예전 세계의 특징이 여전히 많이 남아 있었다. 도심에서 멀고, 여기에 더해진 교통 불편이 도시 다른 지역들과의 상호 관계에 장애물이 되었던 것이다. 1950년에 에스텔라 칸토는 이렇게 말했다.

> 부에노스아이레스의 바리오는 넘을 수 없는 투명 담장으로 분리되어 있다. 단창을 던진들, 손이 부서져라 두드린들 소용없다. […] 비좁은 집에 거주하는 창백한 얼굴들은 즉각적이고 지역적인 번민을 겪는다. 그들의 구체적인 문제는 열 블록, 아니 어쩌면 그보다 적은 수의 블록에 한정되어 있다. 일상의 소비, 대로변 영화관, 구멍가게, 술좌석이 딸린 잡화점, 매일 눈에 띄는 사람들 정도가 그들의 관심사이다. 서로 비슷하다 보니 사람들 얼굴만 봐도 […] 자기만의 벌집 같은 바리오 안에서 더 큰 보호를 받는 느낌을 받는다. 각각의 바리오는 감지하기 힘든 섬세한 차이로 인해 다른 어느 바리오와도 닮지 않았으며, 도시의 북쪽 지역과는 전혀 교류가 없고 도심 지역과는 드문드문 있는 정도다.[19]

바리오의 경계를 벗어난 관계는 드물었다. 노동자 가족의 경우는 친인척 관계가 전부였다. 반면 상류층의 밀폐된 바리오와 정반대로 노동자 바리오에서는 이웃과의 결속이 불가피하였다. 돈으로 어려움을 해결할 수 없으면, 이웃의 도움이 필요해지는 법이다. 노동자주거의 불편함 때문에 방문이나 파티는 빈번하지 않은 반면, 프롤레타리아 가정에서는 상징적으로 대문이 항상 열려 있었다. 이웃 사람들이 자유롭게 드나들고 사생활에서 일어난 문제도 거리낌 없이 공유되었다. 이러한 개방성은 한편으로는 내밀함의 상실을 초래하고, 다른 한편으로는 자연스러움, 솔직함, 연대 의식을 키웠다. 주거 공간이 협소한데 가족이 복작복작하니 다툼이 잦아지고, 이에 따라 빠른 화해가 필요했다.

노동자 바리오의 가족들을 결속시키는 진정한 사교 클럽은 소매 상점이었고, 장터와 시장도 더러 그 역할을 했다. 손님들끼리, 또 손님과 장사치 사이에 긴밀한 관계가 형성되었다. 물건을 사고파는 장소 외에 광장과 영화관도 꼽을 수 있다. 광장은 두 극단적인 연령대인 노인들과 아이들의 만남의 장소였다. 텔레비전의 출현 전에는 동네 영화관의 오전 상영 시간에 여인들이 많이 모여들어서, 남편들이 카드놀이를 하는 술좌석이 겸비된 잡화점이나 자식들이 모이는 당구장 카페를 대신했다.

프롤레타리아 가정의 청년들도 외부 세계와는 단절된 채 자기 바리오의 지역 분위기에 동참했다. 아르헨티나에는 윌리엄 푸트 화

---

19   Estela Canto, *El retrato y la imagen*, Buenos Aires: Losada, 1950.

이트의 『길모퉁이 사회』(*Street Corner Society*)처럼 젊은 패거리들의 행동 양식을 다룬 사회학적 연구가 없다. 우리 사회학의 공백을 부분적으로나마 메워 준 이들은 소설가들이었다. 베르나르도 코르돈의 『레이나 델 플라타』(*Reina del Plata*)나 이미 인용한 베르나르도 베르비츠키의 『길모퉁이』를 들 수 있다. 베르비츠키는 서민 바리오에서 젊은이 무리의 집단적 특징을 다음과 같이 관찰하고 있다.

> 그들은 패거리를 만들었다. '바라'(barra)라고 불리는 집단이었다. 토요일 밤이면 주중에도 늘 가던 카페에 모이고, 축구를 하고 돌아오는 일요일 오후에 그곳에서 다시 만났다. [⋯] 이런 문화에 대해 처음으로 관찰한 사람은 알바레스인데, 이 집단의 상투적인 정신세계에 대해 "결국 바리오 젊은이는 도시 자체도, 자신의 바리오도 제대로 알지 못한다"라고 반복적으로 비판했다. [⋯] 젊은이들은 카페가 지겨워지면 유제품 가게(lechería)나 돈 후안의 볼리체의 포도주 테이블로 옮겨 가는 정도였다. 그리고 그 모든 곳이 지루해지면 이발소로 옮겼다. 이발소는 늘 의견과 소식 교환을 위해 들르는 장소, 아무 때나 바리오의 파노라마를 볼 수 있는 전망대였다.[20]

거리로 난 문, 길모퉁이, 카페, 소매상점, 이발소, 시장, 바리오 영화관 사이에는 모든 동네 주민을 이어 주는 정보망이 형성되었다. 험담, 소문, 잡담은 단순히 교양 부족의 산물이 아니었다. 바리오의 일

---

20 Bernardo Verbitsky, *La esquina*.

상에 대한 진정한 구전 전통으로서 고대의 신화와 동일한 역할을 수행했다. 또한 실현 수단이 없다 보니 바리오 주민의 심리 기저에만 깔려 있는 염원을 충족시켜 주기도 했다(있지도 않은 이야기를 꾸며 대면서 실제로는 아무 일도 일어나지 않은 곳에 뭔가가 일어난 듯한 인상을 주었다). 나아가 서민 동네 주민들 사이에 일시적인 의사소통 형식, 왜곡되었지만 결국에는 인간적인 그러한 연결고리를 구축했다.

1920~1930년대에 『크로니카』(Crónica)지를 통해, 노동자 바리오에서 발생한 범죄 기사, 사건 기사가 절정에 달한 것도 유사한 동기에 따른 것이다. 심각한 강도 사건의 위험성, 뜨르르한 범죄의 미스터리, 사회적 스캔들의 발발 등은 기존 도덕이나 사회질서의 근간을 위태롭게 하지 않으면서도, 감동할 일 없는 우울하고 하찮은 일상을 살아가는 이들에 대한 상징적인 보상이었다.

마찬가지로 사행성 게임(복권은 노동자 바리오에서 대단히 인기가 많았다)은 일상적인 노동의 단조로움을 깨뜨리는 강렬한 기대감, 흥분 상태를 자극하는 기능을 했다.

마술과 환상은 극도로 진부한 일상에 함몰된 사람들을 위한 또다른 도피 방식이었다. 고독과 좌절에 따른 커다란 문제들의 해결책을 소소한 미신, 점성술, 마법, 부적에서 찾았다. 노동자 가정, 노동자 바리오에는 루한 성모, 성모마리아, 프란시스코 '판초' 시에라, 이시도로 하이메 프레스 등이 구별 없이 숭배되었다.[21] 서민층의 신비학

---

21 [옮긴이] 루한 성모는 아르헨티나판 성모마리아, '판초' 시에라는 19세기의 아르헨티나 주술사, 하이메 프레스는 20세기 중반 영적 치료로 유명세를 떨치다가 의료계 및 교회와 마찰

심취 성향을 안 페론은 바실리오 과학학교(Escuela Científica Basilio)를 지원하여, 1950년 루나 파크(Luna Park)[22]에서 이와 관련된 대대적인 행사를 거행할 수 있도록 지원했다. 페론주의와 가톨릭교회가 충돌한 최초의 사건 중 하나였다.

1950~1960년대에 전(前) 육상선수 티보르 고르돈은 아르코 이리스(Arco Iris)를 만들었다. 농촌 출신 프롤레타리아 가족에게 가장 적합한 형태의 공제회였다. 부에노스아이레스주 필라르에 있던 킨타 데 티보르는 신비학 성전, 놀이공원, 민속음악 공연장, 정당의 부속기관(시대에 따라 페론주의자 혹은 프론디시주의자들의 회합 장소였다), 아르코 이리스 상표를 단 가전제품 판매를 통해 물신숭배를 조장한 쇼핑몰이 적절히 혼합된 곳이었다.

바리오는 자발성이 있기 때문에, 바리오 생활의 모호하고 부정확하지만 지속적인 삶의 조건들이 노동자들에게 근무시간 동안만 머무는 공장보다 훨씬 강력한 영향력을 발휘했을 것이다. 바리오를 중심으로 한 가족적 생활은 회사를 중심으로 한 직장생활이나 노조생활과는 다른 영향력을 행사할 수밖에 없었다. 노조 활동에 대한 노동자들의 점진적인 무기력감과 무관심이 여가산업의 출현, 소위 대중문화(대중잡지, 영화, 라디오, 텔레비전, 특히 축구)의 출현과 완전히 일치했다는 점은 그 징후였다. 예전 시대의 노동자들은 퇴근 후에 느끼

을 빚었던 인물이다.

22 [옮긴이] 스포츠 행사와 각종 공연이 벌어지는 부에노스아이레스의 대표적인 체육관 겸 공연장.

는 공허함 때문에 더러 잡화점에서 취하도록 마시기도 했지만, 노조 활동도 하고 아테네오(ateneo)[23]나 사립 도서관을 다니기도 했다. 그러나 이제는 다양한 형태의 소외 여가가 이들을 대체해서 뭔가를 배우거나 서로 알게 될 여유 시간을 허용하지 않았다. 미디어 시대의 노동자는 환영과 틀에 박힌 일상으로부터의 순간적인 도피에 혹해 자신을 속이면서 노동의 따분함을 잊으려 했다. 이를 위해서는 의식에 임하듯 단장할 필요가 있어서 출근복과 외출복을 구별해서 입었다. 그리고 돈빌이가 별로 힘든 일이 아니라는 듯이 여가에 돈을 지출하는 것도 필요했다. 이런 식으로 대중계급을 위해 특별히 만들어진 오락거리의 순간적이고 조잡한 세계에 빠져들었다. 대중계급의 스포츠는 부르주아 계급의 스포츠와 반대로 수동적이었다. 가령, 축구팬들은 직접 공을 차는 법은 별로 없고, 그저 자신들과 마찬가지로 프롤레타리아 출신인 프로 선수들의 경기를 관람할 뿐이었다. 경기장에 가서 먼 관중석에 앉아 좋아하는 팀을 위해 광란의 함성을 지르면서 승리의 사절단으로 참여했다. 나중에 입장권 가격이 올라가면서, 관중과 경기 사이의 거리는 더욱 멀어졌다. 라디오나 신문을 통해서 겨우 경기를 접할 수 있었고, 그리하여 경기 수준에 대한 관심마저 사라지고 어처구니없게도 결과와 순위에만 집착하게 되었다. 직접 참여에 대한 무능은 극에 달해 경기장에서 시합을 관전하면서 동시에 그 시합 중계를 트랜지스터라디오로 듣는 팬들도 있었다.

마르티네스 에스트라다를 비롯한 일부 지식인은 이러한 대중적

23　[옮긴이] 문예 혹은 과학 등에 대한 토론, 연구, 강연이 이루어지는 민간 학당.

오락거리의 타락이 엘리트에 대한 대중 권력의 증대에 따른 것이라고 설명했다.[24] 그러나 사실, 올더스 헉슬리에 대한 아도르노의 대답, 라이트 밀스에 대한 오르테가 이 가세트[25]의 대답이 보여 준 대로, 대중사회는 필연적으로 그 반대 세력, 즉 권력 엘리트의 존재를 내포하고 있었다. 대중이 무지하고 복고적이고 무기력하다면, 매체와 문화를 거머쥔 소수가 이를 이용해 다수를 그러한 무지, 도덕적 결핍, 천박함의 상태에 묶어 두기 때문이다. 축구처럼 무해한 오락거리들을 수단으로 삼아, 일상생활의 추잡함에 대한 모든 저항을 조절하고 비순응주의의 배출구로 이용하는 것이다. 가진 집단은 문화와 대중계급의 영속적인 분리에 관심이 있기 때문에, 분리가 사회적인 것이 아니라 본질적인 것이라고 주장한다. 이에 따르면, 분리는 영원하고 변화는 상상 불가능하다. 이런 식으로 소수가 다수 대중이 문화에 접근하지 못하도록 갖은 수단을 통해 방해한다. 동시에 다수 대중에게는 그럴 능력이 없다고 천명한다. 베르비츠키 작품의 한 인물은 다음과 같이 말하였다. "당신들은 어떤 사람인가? 보카 주니어스 팬인가? 아니다. 노동자이고 장인이다. 당신들이 보카 팬이기만을 원하는 이들은 바로 다른 집단 사람들이다."[26]

대중사회에서는 노동시간의 소외에다가 여가 시간의 소외가 추가된다. 일상생활의 단조롭고 부조리한 흐름으로부터의 실패한 도피

24 Ezequiel Martínez Estrada, *La cabeza de Goliath*, Buenos Aires: Emecé, 1940.
25 [옮긴이] 20세기 초 스페인의 세계적인 철학자로서. 스페인 '생의 철학'의 대표자.
26 Bernardo Verbitsky, *La esquina*.

가 여가 시간의 소외이다. 대중문화 속에서 소외된 노동자는 축구나 텔레비전 프로그램에 자신을 투사함으로써 일시적으로는 자신의 처지에서 도망칠 수 있다. 그러나 도망치고 있다는 사실을 모를 수 없다. 좋아하는 팀이 지거나, 영화가 평소보다 지루하거나, 비가 내리기라도 하는 길고 공허한 일요일이면 좌절감과 무기력감이 엄습한다. 프롤레타리아의 일요일은 항상 흥이 깨지는 기분으로 끝난다. 해 질 녘이 되어 바로 내일이 월요일이라는 생각이 밀려들면, 노동자는 먹먹한 분노, 이유 없는 증오, 모호하고 영문 모를 원한에 사로잡힌다.

통합과 고독

산업 부문에서 기계화된 거대 조직의 출현은 노동자들의 노동조합 의식과 조직화된 노동운동의 부상에 유리한 조건이었다. 그러나 모순적이게도 동시에 노동자의 특수성 포기를 유발하는 지속적인 유혹이기도 했다. 산업화는 페론 정부 시절 내수시장의 필요성 때문에, 노동자에게 생산자뿐만 아니라 소비자가 될 것을 요구했다. 그리하여 노동자는 소부르주아지에 가까워졌다. 이제 노동자는 다른 사람들을 위해 단순히 물건을 생산하는 존재가 아니라 그 물건을 사는 사람이기도 했다. 냉장고, 세탁기, 믹서기, 축음기, 트랜지스터라디오, 텔레비전 등을 생산하는 경공업 분야는 내수시장을 확대시켜 주는 대규모 소비자로서의 노동자를 발견했다. 섬유산업의 발전과 노동계급의 구매력 상승으로 노동자 매장에서 구입하던 옷, 즉 과거에는 노동계급의 기호였던 옷이 사라졌다. 이제는 옷차림으로 노동자를 식별하는 것이 불가능했다. 중산계급의 옷과 브랜드 차이만 있었을 뿐이다. 그 결과 직장 외부, 가령 영화관, 해변, 공연장에서 노동계급과 중산계급은 구분이 되지 않았다. 직장에서조차 작업복 대신 청바지와 티셔츠를 입어서 중산계급의 스포티한 청년의 차림을 연상시켰다.

노동자의 복식과 풍습은 갈수록 중산계급과 뒤섞였다. 다만 경직되고 부자연스럽고 과장되고 도식적인 느낌을 주어 소부르주아지의 캐리커처에 가까운 모양새였다. 라디오극과 영화의 유명 캐릭터였던 카티타의 과도한 세련됨은 노동자의 촌스러움을 여지없이 보여주었는데, 이는 프롤레타리아 여성의 특징을 상당히 충실하게 반영한 것이었다.

노동자들은 수년 전 자신들이 조롱하던 소부르주아 멋쟁이들의 옷차림을 따라했다. 새로운 유행을 보면 조롱을 되풀이하고, 유행이 지난 뒤에 어김없이 또 자신들이 조롱하던 옷을 입었다. 그런 식으로 노동자들은 늘 시대에 뒤떨어진 모습이었다. 마치 주인이 입다 만 옷을 입는 하인들 같았다.

노동자 가정의 장식도 소부르주아지의 과시용 장식의 좋지 않은 모방이었다. 그들의 석고상, 조화(造花), 데칼코마니 등을 모방했으나 조악한 수준이었다. 모방은 비야 미세리아 주민들에게까지 퍼져서 판자벽에 벽돌이나 창문을 그렸다.

노동계급의 저항 정신을 제거하는 경향이 있는 '인간관계의 기술'이 선진적인 작업장만 파고들었다면, 대중문화는 훨씬 더 광범위한 영향을 끼쳤다. 그러나 초창기의 라디오나 영화의 역할은 달랐다. 초기의 라디오는 소부르주아지의 평범함 예찬과는 거리가 멀었다.

가우초나 변두리 주민의 요소들로 포장한 19세기 말의 잔혹하고 기상천외한 연재소설에 대한 대단히 대중적인 취향을 반영했다. 초창기 라디오 연속극은 연재소설이나 황색지 기사를 대체하였으며, 프롤레타리아 대중이 허구에 자신을 투영하고 동일시하며 정서적으로 일체감을 느끼게 하는 효과를 추구했다. 라디오 델 푸에블로 방송국의 성공적인 캐릭터였던 침벨라는 콘벤티요 아가씨를 구현했다. 청취자와 침벨라의 일체감 수준은 다양한 일화를 통해 증명되었다. 배신자 역을 맡은 남자 배우가 길거리에서 야유를 받고, 방송국에서 나올 때 청취자들의 보복을 피하기 위해 가끔 경찰의 경호를 받기도 했다. 한편 여주인공은 꽃, 케이크, 캐러멜, 스타킹 등을 선물로 받았고, 극 중에서 출산이 임박하자 사람들이 실내 가운이나 목양말을 소포로 보냈다. 초창기 라디오 시절에는 중산계급의 하층 사람들도 프롤레타리아의 취향을 공유했다. 곤살레스 풀리도의 가우초 연속극인 「배신의 불꽃」(Chispazos de traición)이 거둔 성공은 놀라운 것이었다. 이 작품의 방송 시간이 되면 손님이 끊길 걸 염려해 가게나 영화관들도 라디오를 켜 연속극을 방송할 정도였다. 농촌 주제의 라디오극의 성공도 대단했다. 애청자 대부분이 농촌 출신이어서 인물들과 일체감을 느끼는 것이 가능했다. 농촌에서도 라디오 연속극이 크게 인기를 누려서, 그 시절 라디오가 있는 농장에서는 연속극 방영 시간에 백기를 게양해 지나가던 사람이 들어와 들을 수 있게 하였다. 이모든 것은 메차 카우스의 도시 소부르주아지풍 로맨스 코미디물의 성공과 함께 종결되었다.

아르헨티나 영화도 유사한 전개 양상을 보였다. 초기에는 교양 있는 계층이 경멸했기 때문에, 확연한 서민 오락거리였다. 관객도 영화감독이 받은 영감도 서민적이었다. 가령 호세 A. 페레이라, 마누엘 로메로, 레오폴도 토레스 리오스 같은 감독들은 사이네테, 변두리 관련 기사, 대중 연재소설, 탱고 가사에서 영감을 받는 등 세기말 대중주의 문학의 모든 소재를 주워 담았다. 가령 급격한 사회적 신분 상승과 하락, 박해받는 순진무구한 인물, 권선징악, 하늘의 섭리, 숭고한 희생, 착한 빈자와 악한 부자의 전형적인 이분법, 사회 불의에 대한 아나키즘적·대중주의적·감상적 반발 같은 것 들이었다. 제3장에서 우리는 영화가 다른 계급들을 정복함에 따라 어떻게 영화의 부르주아지화 과정이 일어났는지 살펴본 바 있다. 라디오, 영화, 텔레비전, 화보 잡지 모두 광고주의 이익을 고려하게 되면서 결국은 대중계급이 좋아하는 문화라는 점을 잊고 더 큰 소비 능력을 지닌 중산계급에 집중하게 되었다. 중산계급의 이상에 영감을 받되, 사회 전반, 그러니까 모든 계급을 위한 삶의 모델을 제공하는 쪽을 택함으로써 상상의 층위에서나마 대중 계층의 고립과 배제를 지워 냈다.

에드가 모랭은 "대중문화는 거대한 친구 클럽, 서열화되지 않은 대가족을 구성하는 경향이 있다"[27]고 말했다. 그러나 대중문화의 영향을 과대평가해서는 안 된다. 기성사회에 노동자가 일정 정도 통합되고 동화되었다는 점(이는 보수주의 공화국[28]의 마지막 시기에 서서히 시작되어 페론주의 시기에 절정에 달했다)이 그들의 사고방식 변화의

---

27 Edgar Morin, *L'Esprit du temps*, Paris: Grasset, 1962.
28 [옮긴이] 1880~1916년이 보수주의 공화국 시대에 해당한다.

객관적·실질적 토대였다. 노동조합 운동을 통해 노동자가 기성사회에 편입되었기에 가능한 일이었던 것이다. 동화는 노동자에게 자유, 권리(특히 파업권), 모든 종류의 사회적 보장과 개선(퇴직금, 사회보험, 유급 휴가, 상여금, 노동시간 단축)을 쟁취하게 해주었다. 그러나 다른 한편으로, 그러한 성취들은 제도화되었다. 그리하여 노동운동은 가부장적이고 후견인적 국가에 종속되고(특히 페론 정부 때), 사회적 갈등의 정당성이 부정되고, 노동자들의 자율적 조직의 발전이 저지되었나.

영웅적인 시대의 거의 사도 같았던 노동운동 지도자들은 나태하고 기회주의적이고 종종 부패한 관료주의적 지도자들에 의해 대체되었다. 이들은 기층 노동자들과는 괴리된 채 경영주와 국가와의 야합을 통해 모든 노동문제를 해결하는 습관에 물들었다. 그들의 투쟁 정신 결핍은 정부의 지지를 얻어 내지 못할 때마다 결국 좌절을 맛보게 했다.

그럼에도 불구하고 통합은 반쯤 이루어졌을 뿐이다. 노동계급은 잘못된 개량주의에 현혹되어 그들의 이해 수호를 방치했고, 상류계급은 이 통합을 전적으로 용인한 적이 없고 경우에 따라서는 노동자들이 쟁취한 것을 제한했다.

물론 노동자와 중산계급의 경제적 수준에 별 차이가 없어진 경우들도 있었다. 가령, 전문화된 노동자는 교사나 공무원보다 더 많이 벌었다. 그럼에도 불구하고 노동자의 사회적 지위는 여전히 더 하위에 있었다. 때로는 중산계급의 직업이 훨씬 더 위상이 높다는 식의 순전히 심정적인 이유 때문에, 혹은 거주 바리오와 주택 형태 때문에 그렇게 여겨졌다.

그럼에도 불구하고, '노동귀족'보다 혜택이 적었던 내륙 출신 노동자들 역시 도시 생활의 이점 덕분에 머지않아 북서부 지방의 농촌 일용 노동자들에 비해 상대적으로 특권적인 계층이 되었다. 그리하여 새로운 차이, 그리고 새로운 풍습이 정착되었다. 전통적으로 노동자의 아들은 유년기와 성년기 사이의 과도기 없이 바로 노동을 시작하고 책임을 짊어졌다. 그런데 이제는 중산계급 자녀와 마찬가지로 책임을 지지 않고 한가함을 누리는 사춘기라는 인위적인 연령대를 거쳤다.

페론 집권기에 새로운 노동자 세대가 출현했다. 그들은 환영에 빠지듯 소비사회에 통합되고, 나일론과 스쿠터에 매료되어 살고, 록과 트위스트를 추고, 즉각적인 쾌락만을 추구했다. 페론 집권기 초기의 번영기에 그들은 마르 델 플라타의 노조 호텔에서 휴가를 보내면서 여가, 복지, 약간의 사치를 일시적으로 경험했고, 광고를 통해서 선대의 "가난하지만 명예로운" 체념이나 희생을 거부하라는 부추김을 받았다. 이 정당화된 거부는 사실 새로운 속임수였다. 기회의 불평등에 대한 비판은 외면한 채, 우연히 찾아온 좋은 기회를 통해 계급을 바꾸리라는 개인적인 열망에 의거했기 때문이다.

노동자들의 연대, 의식, 투쟁 정신이 사라지고, 노동자 조직들이 일련의 고립된 개인들로 분산된 무정형의 대중으로 해체된 현상은 대의명분도 책임자도 사라지게 만든 해악으로 작용했다. 정도는 다르지만 민중주의적 선동, 노동조합의 관료화, 좌파의 무능, 소위 대중문화의 현혹도 이러한 상황을 초래한 책임이 있다.

노동자들은 소부르주아지의 소비에 대한 이상이 자신들을 일상
현실과 괴리시켰다는 사실을 금방 알게 되었다. 인플레이션으로 인
한 생활수준의 점진적인 하락, 실질임금의 지속적인 하락, 실업, 물가
인상을 경험하자 노동자들은 자신의 계급과 여타 계급들 간의 거리,
현실세계와 텔레비전 화면의 신기루 간의 심연을 깨달았다. 이러한
환멸의 의미심장한 징후는 공공 병원과 노동자 바리오 병원의 정신
과에서 확인할 수 있었다. 풍요의 시대를 살던 노동자들 사이에 두드
러졌던 과대망상과 강박적 신경증이 위기의 시기가 되자 우울증으로
바뀐 것이다.

　　새로운 생산양식, 소비 산업의 팽창, 도시의 진화는 노동자의 삶
에 변화를 가져왔으나 불평등을 제거하지는 못했다. 기본 욕구를 두
고 갈등이 일어나지 않는다 뿐이지, 가난의 상징들이 달라졌다. 가
난하다는 것은 항상 같은 의미는 아니었다. 가난은 전체 사회의 부
에 대한 상대적인 용어이다. '생존'을 위한 긴급한 필요가 이제 '잘살
기'(vivir mejor)라는 더 광범위한 필요로 변했다.

소외와 탈소외[29]

일상성의 소외는 진부함, 어리석음, 추악함, 지루함, 패배감 등에 잠
겨 산다는 것을 의미한다. 이는 모든 사회계급이 겪는 일이지만 소외
의 방식은 물론 다르다. 대중계급에게는 필수불가결한 것들에 대한

29　이 절은 1964년 판본에는 없는 것이다.

불만족 및 욕구, 중산계급에게는 과시하려는 긴장감과 쟁취한 것을 잃을까 두려워하는 마음, 상류계급에게는 의례적인 행사들의 반복에서 오는 따분함과 남아도는 부를 창조적 활동 없이 향유하는 데 따른 권태이다.

그러나 탈소외는 열린 과정이고 해결책 없는 변증법이다. 탈소외를 절대적인 목표로 설정하면 새로운 형태의 소외에 빠지고, '새로운 삶', '새로운 시대', '새로운 인간'이라는 신화, 유토피아, 이념을 양산한다. 한 번도 존재한 적 없는 실낙원(대지나 공동체)으로의 복귀, 결코 오지 않을 행복한 미래(조화와 화해)의 투사, 재앙만을 초래할 급작스럽고 총체적인 단절이라는 절대적이고 임박한 사건에 대한 기대감 등이 그런 예이다. 이 모든 것은 신화적이고 무시간적인 역사관의 표현으로, 환영이 깨져 회의주의와 허무주의로 이행하게 될 때 역사 스스로에 의해 파괴될 것이다.

일상성의 합리적이고 실현 가능한 혁신이란, 불가능한 행복을 추구하는 것이 아니다. 그것은 일순간의 기쁨에 대한 가장 소박한 성취를 가능하게 하는 것으로, 삶의 향유라는 에피쿠로스 학파적인 기교를 의미한다. 반기술적이고 반소비주의적인 신낭만주의와 달리, 안락, 편안함, 풍요로움을 수용하되, 도시와 우리를 둘러싸고 있는 것을 아름답게 하는 일을 소홀히 하지 않는 것을 말한다. 또한 자유로운 시간을 확대하되 하찮음과 공허함을 유발하는 권태가 없는 삶, 복합적인 상호작용과 다변화된 만남이 있으되 내밀함과 사생활과 고요함이 보존되는 삶, 현대성과 변화는 추구하되 우리의 항구성과 정체성의 표지를 구성하는 장소들은 유지되는 삶, 억압적인 특수성(민족, 인종, 종족, 종교, 젠더)을 약화시킬 습속과 관습을 보편화시키되 개인적인 생활양식은 포기하지 않는 삶을 함축하고 있다.

부록 가르델 신화[1]

탱고를 부르기 위한 가장 적절한 방식을 창안함으로써 탱고 역사에
서 주인공 자리를 차지하고 있는 가수 가르델과 가르델 신화는 구별
이 필요하다. 가르델 신화는 그의 사후에 문화 산업이 발명한 것이고,
이후 민중주의적 지식인들과 이들의 민중 우상 숭배가 재추인한 것
이기 때문이다.

'아르헨티나 땅에서 영감을 받은 민중의 가수(cantor del pue-
blo)'라는 전형적으로 낭만적인 신화는 탱고와는 전혀 상관없는 얘
기다. 앞서 살펴본 것처럼 탱고의 뿌리는 국제적이었기 때문이다. 가
르델 역시 이러한 코즈모폴리턴적 패러다임에 부합하는 인물이었다.
프랑스 이민자였고, 스페인의 가극 사르수엘라(zarzuela)의 영향(특
히 테너 가수 사히 바르바의 영향), 이탈리아 오페라에 심취해(가르델

---

1 이 하위 장(章)의 위치를 이동시킨 것에 대해서는 서두의 「2003년판 서문」을 참고하기
  바람.

은 엔리코 카루소의 음반들을 들었다) 음악학자 카를로스 베가가 지적한 대로 일부 오페라 가수의 단점까지 답습했다. 덧붙여 가르델은 최종적으로는 미국에서 음악적 소양을 완성했으며, 제일 선호한 브라질 이민자 작사가였던 알프레도 레 페라를 그곳에서 만났다. 가르델의 마지막 목표는 샹송 분야의 모리스 슈발리에의 뒤를 잇는 세계적인 가수가 되는 것이었다. 마지막 활동 무렵, 그가 칸초네, 샹송, 폭스트롯을 도입한 것이 그 증거이다. 그래서 순혈주의 탱고 음악가 카를로스 데 라 쑤아는 1931년 9월 『크리티카』를 통해 이러한 점들을 공격하기도 했다.

바리톤에 가까운 그의 테너 목소리는 탱고를 부르기에 가장 적절했다. 그러나 열광적인 숭배자들이 주장하는 것처럼 완벽한 목소리와는 거리가 멀었다. 자의적으로 강세를 넣어 부르기도 하고, 의도적으로 기타 반주를 단조롭게 하기도 했다. 편곡자 테릭 툭시의 증언에 따르면, 가르델이 복잡한 화성을 이어 가기에는 어려움을 느꼈기 때문이다.

그를 노래 탱고 장르의 본질에서 벗어나게 한 영향들이 또 있었다. 가르델은 초기에 호세 라자노와 듀엣으로 노래하면서 밀롱가(milonga),[2] 크리오요 왈츠, 에스틸로(estilo)[3] 등 부에노스아이레스주의 농촌 창법(tonada campera)으로 각광을 받았다. 확고한 가르델 지지

---

2 [옮긴이] 가우초들의 음악 장르로 탱고의 탄생에 영향을 끼쳤다. 탱고를 추는 무도장을 밀롱가라고 지칭하기도 한다.
3 [옮긴이] 아르헨티나 민속음악의 하나.

자인 호세 고베요의 지적처럼, 가르델은 탱고로 넘어와 이 장르에 시골 분위기가 물씬 나게 했고, 우루과이의 파야도르(payador)[4] 아르투로 데 나바의 반향도 약간 느껴졌다. 기타 반주는 탱고 장르가 아니라 농촌 노래(canción campera) 장르의 특징이었다. 탱고의 초창기 악기 트리오는 바이올린, 플루트, 피아노 세 가지였다.

가르델의 초창기 탱고의 이 혼종적인 성격으로 그는 농촌과 도시가 뒤섞이는 공간인 변두리의 불량배 무리와 동일시되기도 했다. 그러나 농촌 노래는 리듬이 빨라서 훌리오 데 카로[5]식 정전을 따른 신(新)구아르디아(guardia nueva)[6]의 감상적인 느린 탱고와는 맞지 않았다. 이미 고베요는 가르델의 초기 노래들이 속도 면에서 부적절했다고 지적한 바 있다(가르델 추종자들은 그래도 초기 노래들을 계속 선호했다). 가르델이 미국에서 내셔널 브로드캐스팅 코퍼레이션 오케스트라와 함께한 마지막 시절에 느리게 부르는 것을 배웠다는 주장이 더 설득력 있다. 가르델의 편곡자들이고 그의 이름으로 나온 세련된 곡들의 실제 작곡자였을 것으로 추정되는 알베르토 카스테야노스와 테릭 투시의 지휘 덕분이었다. 아마 이들이 가르델에게 조언도 했을 것이다.

그러나 가르델의 노래 방식이 '민중의 가수'로서의 가르델 신화의 본질적인 요소는 아니었다. 그의 미천한 출신이 대중적 우상이 될

---

4 [옮긴이] 가우초 노래꾼을 지칭하는 말.
5 [옮긴이] 바이올린 연주자, 오케스트라 감독, 작곡가로 탱고에서 굵직한 자취를 남긴 인물.
6 [옮긴이] 구(舊)구아르디아와 대비되는 새로운 탱고 경향. 대략 1925에서 1950년 사이에 전성기를 누렸다.

수 있었던 요인 중 하나였다. 청년 가르델은 프롤레타리아 이민자와 룸펜의 경계에 있었다. 페론과 에비타 같은 아르헨티나의 우상들과 마찬가지로 가르델은 사생아였고, 그의 어머니는 다리미질로 생계를 꾸린 이민자였다. 19세기 말의 거친 변두리에서 유년기를 보냈고, 절도 기록이 있어서 훗날 심의위원회가 그곳의 거리 중 한 곳의 명칭을 가르델로 하는 안에 반대하기도 했다. 가르델은 악의 세계에 끌렸지만, 범죄의 경계를 넘지 않는 정도를 유지했다. 로사리오시의 마피아 보스였던 돈 치초 치코와 친분이 있었고, 성매매업이나 여성 인신매매와도 연결되어 있었다. 성매매 업소 여주인 마담 블랑슈를 통해 유명한 뚜쟁이들이었던 아마데오 가레스토와 그의 아내 조반나 리타나를 알게 되었고, 리타나의 보호자였다고들 한다. 가르델은 로사리오의 피친차 지역, 몬테비데오 항구 지역, 부에노스아이레스의 을씨년스러운 후닌 길, 특히 알베르토 바르셀로 시장 시절에 성매매, 술, 마약, 불법 도박의 메카가 된 아베야네다시의 성매매 업소들을 자주 들렀다. 그 당시 범죄 조직과 크리오요 정치는 매우 밀접한 관계를 맺고 있었다.

　가르델은 부에노스아이레스의 오 롱드망 델 아바스토 카페에서 노래를 한 뒤 정치에 입문했다. 카페 주인 트라베르소 형제가 보수파 행동대장이자 부에노스아이레스의 유력 카우디요인 베니토 비야누에바의 사람이었는데, 나중에 가르델을 콘스티투시온 바리오의 보수파 위원회에서 노래하게 한 것이다. 가르델은 그 후 비야누에바의 구역에서 지방 카우디요인 마르셀리노 우가르테와 아베야네다 시장 알베르토 바르셀로 파의 구역으로 옮겨 갔다. 그리고 파본 길에 있던 과두지배계급 민중주의(populismo oligárquico)의 본산인 부에노스아이레스 보수파 당 위원회에서는 총잡이 후안 루게로, 일명 '루게리토'와 교류했다.

가르델이 비야누에바, 우가르테, 바르셀로의 사람이 되고 주요 보수파 정치인들과 접촉하게 된 것은 그의 신분 상승에 크게 작용했다. 가르델에게 대저택들의 문이 열렸으며, 그곳에서 그는 파티의 흥을 돋웠다. 이런 관계 덕분에 가르델은 가짜 우루과이 시민권을 취득할 수 있었다. 그리하여 출생국인 프랑스와 이민 수용국 아르헨티나에 대한 의무를 동시에 회피할 수 있었다. 이 신분증은 그가 어느 귀부인과 우루과이의 타쿠아렘보 출신 군인의 아들이라는 전설에 힘을 실어 주었고,[7] 가르델 신화를 더욱 강화하는 소설 같은 내용이었다.

가르델에 관한 혼탁한 소문들은 그의 전성기에도 따라다녔다. 파리와 뉴욕에서는 '아르헨티나 제비족(gigoló)'으로 알려져 있었다. 백만장자 미국인 여성으로 크레이븐 담배 공장 주인이었던 샐리 배런 드 웨이크필드의 후원을 받았기 때문이다.

가르델은 하류계급과 무관한 세계를 살았다. 보수파 당 위원회와 대지주의 대저택, 에스탄시아, 종축장을 오갔다. 중세의 귀족이 음유시인을 불러들이듯이, 대지주는 가수들을 불러 파티의 여흥을 돋우게 했다. 오르테가 이 가세트와 영국 황태자 같은 저명한 여행자들이 아르헨티나 관광에 매력을 느끼는 데 필요한 지역색을 가르델이

---

7 [옮긴이] 가르델의 출생지는 프랑스 툴루즈라는 것이 정설이고, 이 책의 저자도 이를 지지한다.

제공한 것은 맞는 이야기이다. 부에노스아이레스 아르메농빌과 팔레 드 글라스 혹은 파리의 플로리다에서 열린 가르델의 공연을 관람한 이들은 부유한 젊은이들에 국한됐다. 입장료가 일반 대중은 물론이고 중산계급도 감당할 수 없었기 때문이다. 파리에서나 부에노스아이레스에서나 탱고의 발견은 귀족의 밑바닥 세계 소풍, 일명 '대공의 여행'이었다.

상류계급과 일체화된 가르델은 보수파 당 위원회 회합에서 노래로 흥을 돋우었을 뿐만 아니라, 선거 유세에도 뛰어들었다. 1916년 선거전이 특히 유명한데, 이때 가르델은 보수당 안에서도 가장 반동적인 세력인 우가르테와 비야누에바를 지지하며 이리고옌의 입후보에 맞섰다. 이는 역사의 아이러니가 아닐 수 없다. 그러나 가르델 추종자들은 물론 이 사실을 망각하고 있다. 가르델은 자신의 정치적 성향에 충실해서, 1930년 9월의 쿠데타와 뒤이은 우리부루 독재를 기리기 위해 탱고 신곡을 발표하기도 했다. 프란시스코 가르시아 히메네스 작사, 안셀모 아이에타 작곡의 「조국 만세」(Viva la patria)라는 노래였다. 또 우루과이와 베네수엘라에서도 각각 독재자 테라와 고메스를 기리는 노래를 불렀다.

이른바 '부에노스아이레스의 가수'는 외국에서 훨씬 더 많은 시간을 보냈다. 그는 부에노스아이레스 관객은 두려워했고, 박수갈채가 들리는 곳이 조국이라고 생각했다. 파리에서 훌리오 데 카로에게 "부에노스아이레스는 멀리서 추억해야 할 도시일세"[8]라고 말하면서,

---

8 Julio de Caro, "Cómo conocí a Gardel", report by Eduardo Eggers, *Mundo Argentino*,

방문차 들리는 일 외에는 부에노스아이레스로 돌아갈 생각이 없다는 심경을 고백했다.

가르델의 대중과의 접촉은 뒤늦게, 또 어렵게 이루어졌다. 그는 생애 마지막 시기에야 널리 알려지기 시작했을 뿐이다. 아르헨티나에 전기식 음반과 라디오가 각각 1926년과 1930년에 출현하면서, 또 그가 영화관에서 거행된 바리에테 공연에 간헐적으로 출연하면서였다(일부 열악한 영화관에서도 공연했다). 그래서 살아 있을 때는 사실 대중의 우상이라고 하기에는 거리가 멀었다. 한번은 산 페르난도에서 산티아고 데비와 각각 다른 영화관에서 공연했는데, 훗날 금방 잊힐 가수인 데비가 더 많은 관객을 동원했을 정도였다. 국립극장에서 열린 레비스타 쇼에서 마지막 부에노스아이레스 공연을 했을 때는 관람석을 다 채우지 못했다. 파리에서의 성공도 뉴욕에서는 되풀이되지 못해서, 그의 라디오 출연이 주목을 끌지 못했다. 영화에서는 아주 저예산의 B급 영화들만 출연했고, 그나마 할리우드에서 제작된 것들도 아닌 라틴아메리카 관객만을 겨냥한 것이었다. 그저 가르델 사후에 성스러운 숭배 대상이 된 영화들이었을 뿐이다.

실제의 가르델은 그의 신봉자들이 만들어 낸, 정형화된 신성한 인물보다 흥미로운 사람이었다. 불리한 출신 성분, 청년기의 거친 환경, 알려지지 않은 심리적 원인들이 그로 하여금 당시의 일부 관습을 위반하게 만들었다. 가령 결혼이라는 제도를 지지하지 않는다고 어느 인터뷰에서 밝히기도 했다. 그러나 가르델은 반(反)영웅이나 혹

July 4, 1957.

(黑)영웅은 아니었다. 자신의 주변성을 얼른 버리고 기성사회에 편입되었다.

이미 블라스 마타모로가 지적했지만,[9] 모든 스타 가수와 마찬가지로 히스테리컬한 성격의 소유자였던 가르델은 어떻게든 사람들을 매료시킬 필요성을 느꼈다. 이러한 특징은 카리스마를 발휘하려면 꼭 필요한 것이었다. 그러나 마음속에는 냉정함과 무관심이 있었다. 영화배우 비센테 파둘라에게 "나는 사랑에 빠진 적이 한 번도 없어"[10]라고 털어놓았을 때, 그런 면모가 드러난다. '라틴 러버'[11]로서는 기이한 고백이 아닐 수 없다. 노래나 연기를 할 때의 과장된 표정(내밀한 순간에도 그런 표정을 지을까?)은 자신이 느끼지 못하는 열정을 가장하려는 필요성의 산물이었다. 그의 진면목은 제스처가 아니라 노래였다. 그의 노래는 제스처와 달리 소박했다. 아마도 가르델은 자기 예술에만 관심이 있었을지도 모른다. 그래서 자신의 감정을 예술에 종속시켰으리라.

비극적이고 때 이른 죽음 덕을 본 가르델 신화는 경제적 이유를 비롯해 다양한 이유 때문에 날조된 것이었다. 다만 '가르델 비즈니스'는 가르델 자신이 시작했다. 보헤미안적이고 낭비에 찌든 삶을 청산하고 미국에서 팀을 구성하면서였다. 재산 관리인 아르만도 데피노에게 보낸 서신들은 상업성 문제에 예민한 가르델의 모습을 드러냈

9 Blas Matamoro, *Carlos Gardel*, Buenos Aires: Centro Editor de América Latina, 1971.

10 Tabaré de Paula, "Carlos Gardel, mártir orillero", *Todo es Historia*, No. 27, July 1969.

11 [옮긴이] 미국 대중문화에서 정형화된 라틴계(지중해 또는 라틴아메리카 출신) 매력남을 가리킨다.

다. 그러나 진정한 비즈니스는 그가 죽으면서 시작되었다. 가르델의 장례식은 그보다 9년 전 루돌프 발렌티노[12]가 죽었을 때처럼 할리우드식 공연의 형태로 거행되어 많은 사람에게 짭짤한 수익을 안겨 주었다. 장례업체 비소도 홍보를 위해 그 기회를 이용했다. 그리고 음반사, 가르델이 출연한 영화의 배급사, 엽서와 달력과 포스터 제작자, 라디오 방송국, 관련 라디오 프로그램 평론가, 연이어 출현한 '미망인'들이 가르델에 대한 기억을 생생히 유지하는 데 힘을 쏟았다.

정치도 가르델 신화와 무관하지 않았다. 일간지 『크리티카』의 나탈리오 보타나와 그의 친구이자 공동 출자자인 아구스틴 P. 후스토 대통령은 리산드로 데 라 토레가 제기한 육류 논쟁과 상원의원 보르다베에레 암살 사건[13]을 덮기 위해 가르델의 죽음을 이용했다.[14] 그러나 모든 신화가 그러하듯이 계산된 조작의 결과물은 아니었다. 가르델 신화는 개인 및 사회 집단들의 무의식적인 욕망과 맞아떨어지면서 효력을 발휘했을 뿐이다.

어두운 출신 성분으로 인해 가르델은 존경받는 부르주아지의 세계에 진입할 수 없는 처지였다. 그러나 여인들과의 관계에서 거둔 성공, 호감도, 탁월한 목소리 덕분에 운명으로 타고난 어둠의 세계에서 벗어나 상류계급의 갈채는 물론이고 돈과 사회적 명망을 얻고, 사후

12　[옮긴이] 미국에서 활동한 이탈리아 배우로 1920년대 할리우드의 섹스 심벌이자 라틴 러버의 정형이었다.

13　[옮긴이] '육류 논쟁'이란 육류 수출 조건을 두고 영국에 특혜를 주었다는 논쟁이다. 가장 비판 수위를 높인 리산드로 데 라 토레에 대한 암살 시도가 있었는데, 그만 그의 근처에 있던 보르다베에레가 사망하였다.

14　Helvio Botana, *Memorias*, Buenos Aires: Peña Lillo, 1977.

에도 영광을 누릴 수 있었다. 가르델은 무대의상으로 콤파드레의 달라붙는 옷차림에 목에 스카프를 두르기도 하고, 장미꽃을 수놓은 로코코풍 실크 옷으로 가우초처럼 꾸미기도 하고, 풀 먹인 가슴 덮개를 걸치고 프록코트를 입고 벨벳 모자를 쓰기도 했다. 실제 생활에서는 댄디처럼 입었지만, 그래도 하류계급 사람들이 일체감을 느꼈다. 이는 카리스마 있는 우상들이 지닌 상당히 공통적인 특징으로, 크리스챤 디올 옷을 입고 반클리프 보석을 두른 에비타가 또 다른 사례다. 가르델의 화려한 옷차림, 있는 집 자식 같은 분위기, 유럽 귀족과의 교분은 그를 소외된 사람들과 멀어지게 하기는커녕 더욱 가까워지게 했다. 서민 계층과 중산계급 하류층도 그에게 친근감을 느꼈다. 모두가 그런 화려함을 조금은 공유할 수 있었던 것이다. 가르델은 사회에서 배제된 이들의 몽상을 위한 상징이었다. 그는 그 몽상에 이미 도달한 사람이고, 도달할 수 없었던 모든 사람 대신 복수를 해 주었다. 콘벤티요의 어둑한 동굴을 벗어나 국제적인 대부르주아지의 눈부신 파티장으로 상승한 사람이었다. "멀리 도달할 것이다", "아무 곳에도 도달하지 못할 것이다", "이미 도달한 사람", "곧 도달할 것이다", "도달할 수 없었다" 등의 표현에서 사용되는 '도달하다'(llegar)라는 동사가 핵심이었다. 가르델 탱고의 감상주의는 멀리 도달해 파티를 벌이면서 유년기의 바리오, 콘벤티요의 안마당을 회상하는 이의 향수를 집대성한 것이다. 가르델은 자신의 출신 계급에서 탈출한 사람이고, 사람들은 단 한 사람만 구원받아도 족히 기적을 믿을 수 있었다. 그의 신화 속에는 사회적 권리 요구에 관한 내용은 전혀 없었다. 가르델의 세계에는 부자와 빈자, 성공한 사람과 실패한 사람, 도심의 빛과 씁쓰

름한 변두리가 고정되어 있고 변하는 법이 없었다. 하지만 계급 간의 이 서열화된 질서를 바꿀 수는 없어도, 한 계급에서 다른 계급으로 암암리에 이동하는 것은 가능했다. 배타적인 살롱에 입장하는 가르델의 우쭐거림은 도전과는 거리가 멀었다. 기성 질서를 한 번도 문제 삼지 않고 고스란히 인정했다.

효과적인 행동 수단이 없는 누더기 차림의 프롤레타리아 중의 프롤레타리아가 찾아낸 해결책은 느리고 끈기가 필요한 일을 역사 속에서 실현해 가는 것이 아니라, 노력 하나 없이도 터무니없는 욕망을 당장 이룰 수 있는 마술처럼 부조리한 관대함이었다. 하류계급 출신 가르델은 노동자의 고된 노동도 호전적인 투쟁도 필요하지 않았다. 그저 노래하는 것으로 충분했다. 그의 정형화된 영원한 미소는 우편엽서, 잡지 표지, 달력, 바의 벽, 영화관 스크린, 시내버스 광고, 콘벤티요의 방에서 끝없이 증식되었다. 그 미소는 행동이 아니라 상징적인 가치를 지닌 제스처였다.

가르델의 박물관화와 그에 대한 공식적인 헌사들이 가르델 신화를 훼손시켰다. 그의 초상이 시내버스와 택시에서 사라지고, 그의 기일에 그가 출연한 영화들을 의례적으로 상영하던 일은 바리오 영화관들이 문을 닫기 전부터 관객 부족으로 이미 사라져 갔다. 차카리타 묘지에는 아직도 가르델 관련 기념일에 다소 기묘한 사람들이 모여든다. 그중에는 세월의 흐름을 멈추려는 듯 1930년대 옷차림을 한 이들도 있다. 그들은 어떠한 종파에든지 존재하는 유형의 사람들이다. 성모마리아 신자들이 그러듯이, 그들은 가르델에게 기적을 구한다. 청년들은 대체로 가르델 현상에 무관심하다. 다수가 지지한다는 이유로 가치를 부여했던 그 민중주의적 신화는 이제 손상을 입었다. 다른 대중적 현상들의 경우도 마찬가지지만, 가르델 열기의 쇠퇴는 민중을 정태적이고 불변하는 존재로 보는 민중주의적 관념이 오류라는 사실을 보여 준다. 그러나 민중의 열정, 집단적 숭배의 본질은 바로 늙을 줄 모른다는 점이다.

제2권

위기의 도시,
부에노스아이레스

"[…] 이미 상당한 쉬퇴를 포착할 수 있다. 그러니 외국인은
바이런 경이 베네치아에 대해 말했듯이, 하루하루 죽어
가는 이 남미의 수도의 지난날의 위대함에 대해 아직
대단히 높이 평가할 것이다."

— 윌리엄 매캔, 『말을 타고 간 여행』(1853)

서문

20세기와 21세기 초의 부에노스아이레스에 살았다는 운명이 우리의 상황을 결정지었다. 같은 장소와 같은 시대를 함께하고, 비슷한 경험을 하고, 유사한 정치적·경제적 시스템하에 있었던 사람들 사이의 상호 관계와 접점은 풍속, 양식, 말투, 신념을 공유하게 만들었다. 영향, 자극, 암시, 고무 등의 연결망은 특정한 삶의 양식을 형성할 수밖에 없다. 후대는 사람들 사이의 차이를 망각하고 유사성만을 과장하면서 우리를 동질적인 하나의 집단으로 간주하려는 유혹을 느낄 것이다.

그렇기는 하나 우리가 살고 있는 시간과 공간이 분리 불가능한 것은 아니다. 즉, 어떤 위치에 있는가, 어떤 관점에서 보는가에 따라 다양한 공간과 상이한 시간들이 존재한다. 나는 상이한 양상들을 통해 지난 40년간 부에노스아이레스의 일상생활에서 경험한 변화를 보여 주고자 한다. 그 양상들이 다소 두서없고 무질서하게 보일 수 있겠지만, 그런 특징이야말로 부에노스아이레스의 모든 현상의 파편적인 특성들을 드러낸다. 한 도시에 대해 글을 쓴다는 것은 정처 없이 걷는 것, 미로 속에서 길을 잃는 것을 의미한다.

도시는 한 개의 바윗덩어리도 아니고, 하나의 종합(síntesis)으로 포착 가능한 유일하고 변하지 않는 본질을 갖고 있지도 않다. 사르트르가 말한 대로, 도시의 현실은 "자신의 부재의 편재성에" 있다. "즉, 도시는 이 거리와 저 거리에 동시에 존재한다." 포착 불가능한 이유는 한 거리 내에서도 다양한 특징이 있고, 동네마다 다른 특징이 있기 때문이다. 환경이 다양하기 때문에 동시대인이라고 하더라도 나양한 시대를 살아가는 형국이다. 동시대를 공유한 사람들이라 할지라도 공통분모, 공동의 감성이 없을 수도 있다. 한 세대에 속한다는 것은 한 개인에게 부과되는 범위의 조건이기는 하지만, 오르테가 이 가세트식의 생물학적 생기론(vitalismo biológico)이 주장하는 바와 달리, 동일한 세계관을 결정짓지 않는다. 물론 한 세대에 속한 사람들에게는 동일한 질문이 제기될 수밖에 없지만, 그들의 해답은 서로 다를 수 있다. 따라서 생명력(entelequia)으로서의 '시대정신'이나 '도시의 영혼', 즉 말로는 표현하기 어렵지만 한 세대를 구성하는 개인들로부터 독립적이고 고유한 의지를 가진 유일하고 초개인적인 그 무엇인가는 존재하지 않는다.

집단의 구조는 종합이다. 수많은 상호작용을 통해 '도시 사회' 또는 '세대'라고 부르는 집합적 단일체를 형성하는 상이한 개인적 특징들이 융합되어 도출된 결과물이다. 이 집합적 단일체는 개인들의 합이 아니다. 그 어느 개인과도 같지 않고, 그 어느 개인도 지니고 있지 않은 새로운 특질을 부여하기도 한다.

각 개인, 각 집단은 고유의 성장 과정을 지니고 있다. 동시에 타인, 타 집단과 복합적인 관계를 유지한다. 도시와 그 일상생활은 특정 시기에는 계급, 성별, 연령, 관심사, 선호 등으로 분리된다. 영향의 사슬은 특정 범위 내부에서만 작동하기도 하고, 사슬이 끊어져 접점이 사라지기도 한다. 도시에 대한 시각은 남녀노소에 따라, 노동자와 중산계급과 상류 부르주아지 중 어느 계급에 속하는가에 따라 다르다. 집단의 특수성은 가끔은 개인의 개별성과 충돌한다. 또한 도시는 도시에 거주하는 개인들의 환경, 기질, 습속, 성향, 신경증 등에 따라 다양하게 지각된다. 내밀한 감성은 사회규범에 좌우되지만, 사회규범 역시 개인의 주관성에 영향을 받는다. 모든 상황에는 항상 다양한 선택지가 있고, 그래서 개인은 사회구조보다 더 다양하다. 각 개인은 저마다 섬세하고 은밀하게, 감지하기는 어렵지만 독자적인 방식으로 한 도시, 한 시대를 살아간다.

도시의 사회성과 집단이나 사회계급 혹은 계급 사이의 모순, 그리고 집단이나 사회계급 혹은 계층과 개인 사이의 모순은 다음과 같은 질문을 제기하게 만든다. 개인도 집단도 상반된 이해관계와 욕구에 따라 움직이는데, 접점 없는 이러한 복합적 상호작용으로부터 도시라는 특별한 형태의 공동체, 그리고 동네나 거리처럼 더 작은 공동체들이 출현하는 이유는 무엇인가? 어떻게 갈등에서 합의가, 불일치에서 일치가, 대립에서 협력이 도출될 수 있는가?

세계의 다른 도시들과 비교하고, 지역적 특수성과 보편성 사이의 관계를 분석하면 부에노스아이레스의 '모순적 단일성'은 더 이해하기 힘든 현상이다. 부에노스아이레스의 몇 가지 특징은 동시대의 모든 대도시가 공유하는 것이라서, 각 도시 고유의 역사적 과거보다 모든 도시가 공유하는 '현재'라는 시간의 동시성이 더 크게 작용한다. 반면 부에노스아이레스만의 특이한 양상들도 존재해서 이들을 구별할 필요가 있다. 보편성과 특수성은 융합 과정을 겪으면서 서로 변화를 주고 서로 왜곡시키기 때문에 외견상 독창적이고 유일해 보이는 양상들을 자아낸다는 점을 염두에 두어야 한다.

20세기의 끝자락에 전 세계, 아르헨티나, 부에노스아이레스가 경험한 변화들로부터 또 다른 질문이 제기된다. 사람들의 삶은 나아졌는가 나빠졌는가? 얼마나 얻었고 무엇을 잃었는가? 우리는 진보했는가 쇠퇴했는가? 답은 한목소리일 수 없다. 진보의 시기와 퇴보의 시기가 번갈아 나타날 뿐 아니라 심지어 상반된 두 움직임이 동시에 진행되기도 하기 때문이다. 모든 전진은 어떤 측면에서는 진보이지만 어떤 측면에서는 퇴보이다. 변화는 항상 상실의 대가로 얻는 소득이다. 어떤 가능성의 실현은 다른 가능성의 희생을 의미한다. 우리가 옹호하는 가치체계만이 쟁취한 성과가 결핍을 보상하는지 아닌지를 판단하게 해 준다.

'직선적인 진보'라는 관념은 19세기의 대단히 낙관론적인 실증주의적 진화론을 상기시킨다. '몰락'(decadencia)이라는 관념은 그 자체로 데카당스적이고, 슈펭글러식의 문화적 비관주의의 반향이다(한편 문화적 비관주의는 실낙원 신화, 황금시대 신화, 혹은 타락한 도시와 대비되는 목가적인 농촌 신화의 일종의 보완물이다).

그 외에 이 책에서 우리가 '역사주의' 또는 '상대주의'라고 부를 관념도 존재한다. 이는 과거와 현재를 비교하는 것 자체가 불가능하다는 관념이다. 도시가 끊임없이 변하는 것이라면, 개별 시기마다 자체적인 가치가 있고 따라서 이에 의거해 판단해야 할 것이다. 그리고 시간이 흐르면 그 가치는 해당 시기와 역사적 상황에만 국한되는 상대적인 가치로 간주된다. 이러한 관점에서 보자면, 오늘날의 도시에 대한 모든 비판은 의미가 없어진다. 도시 외부로부터 도시를 비판할 시각이 아예 존재하지 않는 셈이기 때문이다. 과거는 가치를 상실할 테고 지향할 미래는 존재하지 않을 것이다. 우리는 영원한 현재를 사는 것 외에는 대안이 없어질 것이다. 또한 상대주의는 실재하는 현실(realidad existente)만을 유일한 진실로 받아들이는 절대적 현실주의(realismo absoluto)의 한 형태, 존재(ser)에 예속된 '당위'(deber ser)일 뿐이다. 이 실재하는 현실은 기회주의적인 정치 지도자, 부동산 투기자, 자동차 제조업자, 새로운 것과 최신의 것만 받아들이는 전위주의 예술가, 당대의 관습을 규범으로 신봉하는 보통 사람들 같은 매우 다양한 주체에게 걸맞은 현실이었고, 이들이 제대로 알지도 못하면서 택한 현실이었다. 이 관점을 따르자면, 심각한 견해 차이도 취향 문제일 뿐이라는 주장은 거의 받아들일 수 없으리라. 가령 영국의 미학자이자 철학자 로빈 조지 콜링우드는 정처 없이 걷는 것을 좋아하는 사람은 자동차의 증가를 한탄할 것이고, 신속한 이동을 선호하는 사람이면 반대로 생각하리라고 말한다.[1]

상대주의자들은 나름의 논리를 갖고 있다. 도시는 삶과 마찬가

1   Robin George Collingwood, *Ensayos sobre la filosifía de la historia*(1965), Barcelona: Barral Editores, 1970.

지로 항구적이고 지속적으로 변화한다고 본다. 그러나 도시계획적·미학적·윤리적·인문주의적 일부 가치의 객관성과 보편성을 부정한다는 점에서 오류를 범하고 있다. 이러한 가치들을 기준으로 삼아 특수한 상황과 개인적 취향을 넘어 도시의 무엇을 바꾸고 무엇을 보존할지 정해야 하기 때문이다.

모든 것은 변한다. 그러나 변하는 것은 변하지 않는 무언가의 변화여야 한다. 그런 경우가 아니라면 변화를 논할 일이 아니다. 변화를 꾀한답시고 이것저것 다 파괴하고 다른 것을 새롭게 창조해 봐야, 그 새로운 창조 역시 언젠가 흔적 없이 사라질 운명일 테니 말이다. 오늘날의 일부 도시, 특히 부에노스아이레스에서 하려는 짓거리가 바로 이런 것이라는 사실이 유감스럽다.

서로 다른 시기에 쓰였으며, 동일하면서도 달라진 도시를 다루는 이 두 권의 책, 『부에노스아이레스, 일상생활과 소외』와 그 새로운 버전인 『위기의 도시, 부에노스아이레스』를 읽다 보면, 독자들은 기묘함을 느낄 것이다. 외견상 완전히 다르고 소통 불가능한 두 세계를 대면하는 기분일 것이기 때문이다. 두 책을 가르고 있는 40년 사이의 변화는 그 정도로 크다.

필자는 이 책들이 아우르고 있는 시기에 부에노스아이레스의 거주민이었다. 따라서 어느 정도 자전적인 면이 담긴 개인적 시각을 피해 가기는 어렵다. 나는 부에노스아이레스에서 충분한 세월을 살았고, 꽤 기억력이 좋아서 옛날 삶의 방식을 잊어버리지 않았고 그것을 오늘날의 생활방식과 비교하는 것이 가능하다. 황금시대와 실낙원은 결코 존재한 적 없다는 사실을 기억하고 있고, 두려워하던 미래도 갈망하던 미래도 도래하지 않았다는 사실을 똑똑히 알기 때문에, 역사의 최후의 심판도 유토피아적인 밀레니엄도 없으리라고 추측한다. 시간은 불확실이라는 확실성을 지닌 채 계속 흘러갈 터이다.

두 책을 결합시킴으로써 나는 현재와 과거, 새로운 것과 낡은 것을 연결하고 있는 보이지 않는 복잡한 실타래를 풀어 보고자 했다. 연결점이 없는 시기들을 단순히 연대기적으로 기술하지 않고, 연속성과 불연속성, 지속과 변화, 동일성과 타자성, 보존과 쇄신, 통합과 분리 사이의 변증법적인 합일의 형식을 추구했다. 두 시대를 긍정적인 것과 부정적인 것, 진보와 퇴보로 대비시키지 않으려고 나는 현재의 사유를 통해 과거를 복원하고자 했고, 이와 동시에 축적된 과거 경험들을 통해 현재를 판단하고자 했다. 양 시대를 살아 보았다는 이중적인 조건은 필자에게 이들을 비교할 수 있는 이점을 부여한다. 그 두 시대가 단순히 성찰의 외적 대상이 아니라 내면적으로 살아 본 극적인 상황들이기 때문이다. 개인의 운명은 그의 시대 및 도시의 부침과 결코 분리될 수 없다.

I. 일상생활

전설의 과두지배계급(습한 팜파의 지주 목축업자들)은 제2차 세계대전 이후 헤게모니를 상실했다. 페론주의가 이 계층을 악마화시킨 덕분에 그들이 여전히 권력을 가진 것처럼, 그래서 불가능한 복귀를 꿈꾸고 있는 것처럼 보였을 뿐이다. 그러나 앙시앵 레짐 몰락 이후의 유럽 귀족과 부르주아지의 관계가 그러했듯이, 과두지배계급은 반페론주의적 중산계급을 상대로는 여전히 영향력과 찬란했던 과거의 위상을 유지했다. 『부에노스아이레스, 일상생활과 소외』가 농산물 수출경제모델이 고갈된 시기에 쓰인 것임에도 불구하고, 그 책에서 과두지배계급이 특별한 위치를 차지하고 있는 것은 바로 이러한 이유에서였다.

20세기 하반기의 부자들은 안초레나, 알사가 혹은 알베아르 가문이 아니라 더 나중에 아르헨티나에 온 이민자 가문 출신이었다. 어떤 이들은 중산계급의 자손이었고, 페론 첫 집권기에 경제적으로 성장한 빈한한 집안 출신도 소수 있었다. 통치 세력은 몇 명의 예외를 제외하고는 더 이상 명문가 혈통이 아니었다. 아르헨티나 농촌협회(Sociedad Rural Argentina)[1] 지도부에도 구귀족은 매우 적었고, 회원제 단체인 경마 클럽도 노조 지도자 호르헤 트리아카의 가입을 허용할 정도였다. 또 과거에는 전통적인 상류계급의 자산이었던 문화계도 대부분 중산계급의 차지가 되었다.

사회는 점점 요지경이 되어, 20세기의 마지막 수십 년간 사회계급들의 면모가 더욱 바뀌었다. 유서 깊은 집안이어도 재산이 많지 않으면 급이 예전 같지 않았고, 최근에 부를 축적한 집안이라 해서 별다른 문제가 되지는 않았다. 중산계급도 예전과 달라서, 쇠락하는 귀족을 모델로 삼기는커녕 미국처럼 격식을 따지지 않는 경향을 보였다. 갈수록 숫자가 줄어드는 구부유층과 힘차게 압도해 오는 신부유층 사이의 차이는 희미해졌다. 이러한 경계선의 부재는 1970년대 중반 소위 '금융 국가'(patria financiera)[2]가 개막되면서 더 두드러졌다. 부주의하고 교양이 없으며 과시적인 신흥 부유층, 하루살이 은행과 머니 마켓의 급증과 함께 투기, 차입, 수상쩍은 사업들을 이용해 갑자기 부상한 사람들이 생겼다.

새로운 사회계층이 무대에 등장했다. 전문 경영인이나 테크노크라트들이었다. 이들은 비록 대기업에서 맡고 있는 직책의 불안정성

---

1 [옮긴이] 1866년 설립되어 19세기 말에서 20세기 초에 전성기를 누렸지만, 아르헨티나에서 농업과 목축업이 차지하는 비중이 크다 보니 그 이후에도 상류층의 상징적인 협회로 오늘날까지 이르고 있다.
2 [옮긴이] 1976년 들어선 군부독재 정권이 수입대체산업보다 금융업을 더 중요시하면서 생긴 용어.

때문에 신분이 취약하기는 했으나, 생활방식은 상류계급과 같았다. 문인이자 음악인인 마리아 엘레나 월시의 대중적인 노래 한 곡이 이 인물들의 급작스러운 등장을 다룬 바 있다.

신흥 상류계급은 대립적인 이해관계를 가진 분파들로 나뉘어 있었고, 이러한 이질적이고 파편화된 특성으로 인해 과두지배계급이 전성기에 지닌 지도력에 비견될 만한 헤게모니 세력의 형성은 불가능했다.

그 파편화에도 불구하고 신흥 상류계급 역시 구상류계급과 마찬가지로 폐쇄적인 집단이어서 동일한 경제 수준을 지닌 이들만 편입될 수 있었다. 대부호들은 결혼, 폐쇄적 동네, 비싼 사립학교, 회원제 클럽, 스키처럼 비싼 스포츠, 여름 휴양지 등을 통해 서로 계속 관계를 맺었다. 1964년부터 구성원, 주거지역, 삶의 방식에 변화가 있었다고는 하지만, 상류계급의 상징적 의미는 그대로였다.

청색편람(Guía Azul)은 2년마다 갱신되는 사회편람(Guía Social)으로 대체되었는데, 이 명부에 포함되는 것이 쉬운 일은 아니었다. 물론 화보 잡지에 사진이 실리거나 텔레비전에 출연하는 것이 더 중요하긴 했다. 이제 출신은 상관없었다. 명성을 가져오는 매력에 대한 강박이 족보에 대한 강박을 대체했다.

커다란 살롱을 갖춘 대저택의 소멸과 가사 인력 부족으로 구과두지배계급의 사회적 게임의 기본 의식이었던 사적 파티가 클럽, 호텔 혹은 인기 해변에서의 공개적 회동으로 대체되었다. 이런 장소들에서는 모델, 공연계의 세계적인 스타, 스포츠 스타 등과 뒤섞이는 것이 불가피했다.

과두지배계급의 과시 형식의 하나였던 문화 소비는 반(反)문화의 유행으로 가치 절하되었다. 또 미니멀리즘 인테리어로 대형 서재를 포기하게 되었다. 회화는 투자 형식의 일종이 되어, 과거에는 미술관을 그다지 지속적으로 가지 않던 사람들이 크리스티 경매나 소더비 경매를 많이 드나들었다. 콜론 극장은 과거의 회합 장소 중에서 그 명성이 보존된 드문 경우였지 싶다. 그 옛날 귀빈용 박스석을 차지한 이들의 증손주들이 오늘날에는 무대 앞 좌석을 채우고 있다. 그렇다고는 하나, 새로운 세대의 부자에게는 오페라나 경마 클럽의 근엄한 살롱에서 하는 식사보다 디스코텍의 VIP룸이나 패션쇼가 더 매력적이다.

대학 졸업장도 유명 외국 대학의 것이 아니면 위상이 떨어졌고, 대학원 졸업장이 추가되어야 했으며, 석사 학위는 마찬가지로 외국 기관에서 수여한 것이 대접을 받았다.

만남의 장소도 변했다. 레스토랑이 많이 생겼지만, 20세기 내내 존재하며 최고 엘리트 계층에 의해 고전적인 레스토랑이라고 여겨지던 페데몬테, 런던, 라 카바냐 등은 새로운 고객의 변덕을 버티지 못하고 21세기가 시작될 무렵 문을 닫았다. 레스토랑 숫자가 많아지고 유행이 빨리 바뀌다 보니 지역 레스토랑의 수명이 짧아졌다. 금방 철 지난 레스토랑으로 여겨졌기 때문이다.[3]

사회적 지위의 또 다른 징표인 식습관도 변화를 겪었다. 건강에

---

3 오늘날의 특급 레스토랑으로는 라 부르고뉴(알베아르 팰리스 호텔), 호세 루이스(킨타나 거리), 오비에도(에콰도르 길께의 아레날 길)가 있다.

대한 관심과 콜레스테롤 관리로 인해 가벼운 음식이 지방이 많은 음식을 대체했다. 육류 대신 어류(곱사연어나 메로), 채소류(루꼴라 등), 곡류를 선호하게 되었다. 이국 취향과 새로운 것에 대한 숭배로 스시를 비롯한 종족적 요리의 열풍이 불었다. 샴페인(나뛰르 샴페인만 쳐주었다)은 처음에는 칵테일로, 그 후에는 위스키로 대체되었다가 다시 지위가 회복되어 질 좋은 적포도주와 더불어 사랑받았다. 포도주 종류를 훤히 꿰고 있어야 했고, 별장에 리저브 등급의 루이지 보스카 포도주를 위한 저장고를 두는 것이 제격이었다.

사회적 지위에 따른 바리오의 분할은 유지되었다. 그러나 많은 바리오에서 의미 있는 변화가 있었다. 바리오 노르테는 부분적으로는 「공동주택관리법」(ley de propiedad horizontal)에 의해 야기된 1950년대 건축 붐 결과, 더 이상 상류계급의 배타적 공간으로 남지 못했다. 몇몇 호화 아파트가 그대로 남아 있지만, 이제는 인구가 많은 중산계급 바리오로 변했다. 이 바리오의 동맥인 산타 페 거리는 오늘날에는 밤의 룸펜들을 비롯한 모든 사회계급이 자주 찾는 곳이다.

상류계급은 다른 지역들로 이동했다. 다만 바리오 노르테의 북쪽 맨 끝에는 층계와 분수들을 특징으로 하는 이슬라(섬이라는 뜻)처럼 고립 주거지역이 몇 군데 남았다. 바리오 파르케 데 팔레르모 치코는 구과두지배계급이 선호한 고립되고 밀폐된 위치 덕분에 여전히 유지되었다. 반면 바리오 레콜레타는 레스토랑 밀집 지대에 사람들이 몰리면서 위상을 상실했다. 레콜레타 원래의 분위기는 킨타나 길, 알베아르 길(특히 카야오 길과 몬테비데오 길 사이의 구간), 짧은 파레라 길을 비롯하여, 이 두 길과 만나는 길들에 보존되어 있다. 그러나 대기업 사무실과 영업장들이 들어서면서, 전적으로 주거지역이었던 레콜레타가 과거의 상업적 위상을 상실한 산타 페 길의 대체 지역이 되었다.

바리오 벨그라노에서는 농장저택에 거주하던 유서 깊은 가문들이 고층 건물에 거주하는 과시적인 신흥 부자들에 의해 대체되었다. 이 고층 건물들의 매력은 살아남은 저택들에 딸린 정원으로 둘러싸여 있다는 점이었다. 그러나 이제는 하나도 남아 있지 않아서, 고층 건물에서 내다보이는 풍경은 또 다른 고층 건물들이다. 벨그라노 R 지역[4]의 포레스트 길에 있는 아르데코[5] 분위기의 대저택들에는 아직 과거의 흔적이 일부 남아 있다.

1990년대의 새로움은 근교의 프라이빗한 동네들과 필라르 거리의 붐을 들 수 있다. 부에노스아이레스 상류계급의 여름 휴양지는 마르 델 플라타였다가 우루과이의 푼타 델 에스테로, 나중에는 라 바라와 호세 이그나시오로 이동했다. 최근에는 카릴로나 마르 데 라스 팜파스가 아르헨티나 해변 붐을 다시 일으켰다. 1990년대에는 또한 부

---

4 [옮긴이] 'Belgrano R'은 비야 우르키사, 비야 오르투사르, 벨그라노 세 바리오를 묶어 부르는 비공식 지명이다. 20세기 초 벨그라노를 지나는 철도 노선이 두 개 있었는데, 하나는 로사리오로 가는 로사리오선(Ferrocarril de Buenos Aires a Rosario)이고, 다른 하나는 라 플라타강 해안 지방으로 가는 중앙선(Ferrocarril Central Argentino)이었다. 그래서 로사리오선이 지나는 벨그라노 인근 지역은 R을 붙이고, 중앙선이 지나는 인근 지역은 C를 붙여 통칭하게 되었다.

5 [옮긴이] 시각예술 디자인 양식의 하나로, 제1차 세계대전 이후 프랑스에서 출현하여 1930~1940년대에 세계 디자인계에 영향을 주었다. 전통적 수공예 생산양식과 기계시대의 대량생산 방식을 절충한 스타일로, 풍부한 색감과 두터운 기하학적 문양, 호화로운 장식성 등이 대표적이다.

에노스아이레스주나 우루과이의 콜로니아와 말도나도에 목가적인 농장을 두는 이들이 있었다.

『부에노스아이레스, 일상생활과 소외』에서 지적한 대로, 중산계급의 패션과 습속이 텔레비전이나 잡지를 통해 유포되었고, 이로 인해 모든 계급이 중산층 모델로 획일화되었다. 그러나 이는 진정한 평등을 의미하지는 않았다. 복식이 단일화되었다고는 하지만, 청바지나 운동화 등의 브랜드 및 품질에 미묘하고 세심한 차이가 있어서 사회계층 간의 구별이 가능했다. 이는 일상생활의 여러 측면에서도 일어나는 일이었다.

새로운 중산계급

중산계급은 팽창하여 사회의 다수 계층이 되었다. 1947년에는 부에노스아이레스 인구의 38.4퍼센트, 1970년에는 43.1퍼센트였다.[6] 부에노스아이레스 중산계급의 성장률은 자가 소유자 증가율에서도 관측된다. 1947년 17퍼센트였다가 1960년에는 46퍼센트, 1980년에는 87퍼센트로 뛰었다. 1991년에는 80퍼센트로 감소했고, 1990년대에 몇 퍼센트 더 하락했지만 여전히 높은 비율을 유지한다.[7]

중산계급은 아르헨티나 사회의 상징적인 존재이고 여타 라틴아

---

6 Susana Torrado, *Estructura social de la Argentina, 1945-1983*, Buenos Aires: Ediciones de la Flor, 1992.

7 재인용, Susana Torrado, *Historia de la familia en la Argentina moderna(1870-2000)*, Buenos Aires: Ediciones de la Flor, 2003.

메리카 국가들과 구별되는 특성이다. 그러나 잇따른 경제 위기의 결과, 20세기 중반부터는 중산계급의 존속 여부에 대해 의구심이 제기되었다. 그렇다면 중산계급은 상승하는 계급인가 하강하는 계급인가? 하나의 답을 도출하기는 불가능하다. 중산계급이 동질적 집단이 아니어서, 그 경계가 끊임없이 움직이고 특정하기 쉽지 않다는 특징을 지니고 있기 때문이다. 위로는 부르주아 계급, 아래로는 프롤레타리아 계급과 불분명한 경계를 이루고 있고, 중산층 내에서도 상층·중층·하층으로 나뉘어 있다. 이 세 가지 층위는 매우 상이한 이해관계와 생활수준을 보여 주고 있고, 따라서 운명도 상이하다. 다만 그 구성원들은 이 층위에서 저 층위로 이동하는 일이 빈번하다. 쇠락하는 중산계급 집단이 항상 존재했고, 그 집단이 비운 자리는 상승하는 집단이 메웠다. 경제학자 조지프 슘페터의 비유에 따르면, 내리고 타는 사람들이 있을 뿐 늘 만원 버스이다.

페론 1기 정부에서 사람들은 이미 '중산계급의 죽음'을 이야기했다. 실제로 일부 전통적인 중산계급(수공업자, 지대 소득자, 교사)의 소득이 숙련 노동자 임금의 아래로 떨어졌다. 그러나 동시에 국가의 경공업 진흥으로 또 다른 집단(소규모 작업장 소유주와 소규모 제조업자)이 상승했다. 소비 증가에 힘입은 소상인, 「사회보장법」의 혜택을 입은 하급 직원, 지대 동결의 수혜자인 소작농들도 꼽을 수 있다.

페론 1기 이후에는 전통적인 중산층의 하락이 더욱 가속화되었다. 교사와 의사를 비롯한 몇몇 직군은 이전에는 노동계급의 전유물이었던 파업을 벌이는 데 익숙해졌다. 한편 소규모 작업장 소유주와 소규모 제조업자들은 국가의 지원을 받지 못하게 되자 소매업을 필두로 한 다른 분야로 옮겨 가야 했다. 또 자영업인지 아닌지 불분명한 직종(택시가 대표적인 사례이다)이나 비공식 노동으로 옮겨 가기도 했다. 비공식 노동 부문에는 이들과 공장 폐쇄로 실업자가 된 노동계급이 뒤섞였다. 그러는 동안 서비스 분야 종사자, 산업 기술자, 집중화된 대규모 산업 부문과 금융기관 전문직 종사자들이 부상했다.

개방적이고 전 지구화된 경제로 상류계급과 중산계급 상층부의 삶은 더욱 향상되었고, 이와 대조적으로 하류계급과 중산계급 하층부의 빈곤화는 두드러졌다. 숙련화나 전문화가 덜 된 집단은 붕괴했다. 고등학교 졸업장은 너무 흔해져서 가치를 잃었고, 민간 기업에서 양질의 일자리를 얻으려면 대학 졸업장이 필수 불가결해졌다. 컴퓨터는 중산계급 하층의 일자리 감소를 야기했다. 가령, 하급 직원의 대명사였던 타자수가 사라졌다. 발전된 기술과 자동화는 더욱 정교한 훈련 과정을 필요로 했는데, 누구나 이에 접근이 가능하지는 않았다.

대신 비전통적인 많은 직업의 출현으로 혜택을 본 중산계급의 다른 부문들이 있었다. 서비스업, 대중매체, 정보통신(시스템 분석가, 프로그래머, 인터넷 기업 창업자)과 관련된 직업들이었다. 또 이전에는 없던 방식의 각종 매개 전문가들도 생겨났다. 광고업자, 스타 기자, 비즈니스 어드바이저, 마케터, 컨설턴트, 매니저, PR 전문가, 여행업자, 개인 트레이너, 산업 디자이너, 심리학자, 사회학자 등이다. 과거의 매우 한정된 직업군의 경계를 넘어서는 다채로운 직업 세계이다. 예전의 서민층 직업이 중산계급의 우아한 직업으로 변한 사례들도 있다. 가령, 셰프 같은 경우이다(게다가 요즘에는 셰프가 고급 레스토랑 체인 경영주, 요리 경연 대회 진행자, 시그니처 요리 및 식단 관련 TV 프로그램의 진행자다). 프랑스에서 요리 마스터 과정을 거친 프란시스 말만은 사회적 지위를 꿈꾸는 청년들에게 최고의 모델이었다.

확고한 직업은 없지만 어느 정도 자본이 있는(이 자본은 많은 경우 명예퇴직금이다) 중산계급의 경우에는 간헐적으로 다양한 종류의 서비스 업체를 창업했다. 괜찮은 서비스업인 경우도 있었지만, 이내 부에노스아이레스의 거리마다 넘쳐 나서 시장 포화로 사라지는 경우도 있었다. 전화방, PC방, 복사가게, 빨래방, 편의점, 주유소, 주차장, 포켓볼 당구장, 패들 테니스장, 스케이트장, 오락실, 체육관, 인터넷 카페, 커피숍, 배달업체, 사우나, 파티 홀, 디스코텍, 콜택시, 렌트업, 운수업, 다목적 공방, 대만이나 한국에서 수입한 잡다한 물건을 파는 2페소 숍, 민박 등이다. 빈곤층으로 전락할 가능성도, 또 가난을 벗어날 방법도 배가된 복잡하고 다변화된 사회에서 3차 산업 직종이 엄청나게 늘어난 것이다.

소부르주아지의 고정관념은 효력을 상실했다. 그들의 특징이던 저축 정신, 노력, 금욕주의는 인플레이션으로 인해 정당성을 상실하고 과시적 소비 성향으로 대체되었다. 이러한 문화적 변화에 기여한 것은 페론 정부의 몰락 이후에 찾아온 대대적인 표현의 자유, 1956~1966년 사이의 부에노스아이레스대학 현대화, 기이하게도 반동적인 일련의 군부 쿠데타 지지와 문화적 세련됨을 양립시킨 『프리메라 플라나』(Primera Plana) 같은 잡지들의 창간이었다. 연재만화는 이러한 변화들을 더욱 분명하게 보여 주었다. 키노의 「마팔다」(Mafalda, 1963)는 데비토의 『리코 티포』(1940~1950)의 인물들을 순진하게 보이게 할 정도였다. 텔레비전, 또 소위 '달콤한 돈'(plata dulce)[8] 덕분에 1970년대부터 중산계급 사이에 확산된 해외여행은 선진국 습속을 배우고 이에 동화되는 데 영향을 끼쳤다.

그렇기는 하나 '중산계급의 죽음'과 아르헨티나의 '라틴아메리카화', 즉 부유층과 빈곤층의 이원화 사회로의 변화는 계속해서 언론 기사와 사회학의 분석 주제가 되었다. 이 불길한 예측에도 불구하고, 중산계급은 참혹한 타격을 받기는 했으나 지금까지 살아남아 여전히 과거를 그리워하고, 현재를 불평하고, 미래에 대한 이유 있는 두려움을 토로한다.

예금 압류, 실질임금을 절반으로 감소시킨 페소화 평가 절하[9]와 비대칭적 페소화 같은 전대미문의 현상들이 수반된 2000년대 초반의 경제 위기는 마침내 이 예고된 죽음을 확인 사살하는 듯했다. 실업과 고용 불안정에 시달리게 된 중산계급을 지칭하는 '신빈곤층'이 출현했다. 이 용어는 두 개의 상이한 범주를 뒤섞고 있다. 마르크스는 사회계급을 생산체계 안에서 어디에 위치하는가를 기준으로 규정하지, 빈곤 정도와 계급을 동일시하는 것을 배격했다. 그래서 생활양식, 비육체노동자라는 사회적 위상, 거주 동네, 주거 유형 등을 이유로 여전히 자신이 중산계급에 속한다고 생각하는 3차 산업 종사자보다 숙

---

8 [옮긴이] 1976~1983년 사이에 집권한 아르헨티나 군부는 외자 도입을 통한 금융 국가를 표방했다. 이 시기에는 부유한 사람이라면 달러를 대량 구입하고, 쇼핑 여행을 할 수 있을 정도로 돈이 넉넉했기 때문에 '달콤한 돈'이라는 표현이 생겼다. 그러나 인플레이션이라는 악영향을 끼쳐 산업이 후퇴하고 빈곤화가 가속화되었다. 1982년에 같은 제목의 영화가 만들어지기도 했다.

9 [옮긴이] 금융 부채는 미국 달러와 아르헨티나 페소를 1:1로, 외환 예금은 1:1.4로 고정시킨 조치.

련 노동자가 더 높은 임금을 받기도 한다. 만일 절대 빈곤이 하층계급에게 광범위하게 퍼진다면, 상대적 빈곤은 중산계급을 분석하기 위한 적절한 범주이다. 이질적인 특수한 상황들이 존재할 것이기 때문이다.

반세기 전부터 몰락을 거듭한 직업군은 최근에 상황이 더 열악해졌다. 다만 고등교육을 받은 전문직들은 충격을 덜 받았다. 빈곤해진 중산계급, 즉 신빈곤층은 주로 전문성이 떨어지는 직업에 종사하고 자기 방어 가능성이 적은 중산계급 하층에서 비롯되었다. 은퇴자, 실업자, 장애인, 의료보험 없는 병자, 여성 가장, 비공식 부문 혹은 고용 불안정 부문 노동자처럼 특별한 상황에 처한 개인들도 신빈곤층이었다. 이 층에 속하는 많은 사람이 과거에 간신히 빈곤 경계선을 넘어선 이들이었는데 이제 다시 예전 처지로 떨어졌다. 그들 모두에게 불안정성과 이에 따른 미래의 불확실성은 새로운 일이 아니다. 그들의 삶에서 번영과 위기의 시기는 주기적으로 되풀이되던 일이었다.

그럼에도 불구하고 '빈곤'은 정확성이 떨어지는 평가 범주이다. 빈곤은 시대마다(오늘날의 빈곤층은 과거의 부유층이 누리지 못한 것을 누린다), 또 사회마다 다르다. 심지어 같은 사회에서도 지역마다 다르다. 가령 아르헨티나 북서부 지방의 빈곤은 부에노스아이레스의 빈곤과 의미가 다르다. 그래서 중산계급의 빈곤화는 고려 요소에 따라 상대적이다. 중산계급 상층부에게 빈곤화는 차를 두 대에서 한 대로 줄이거나, 작은 차나 중고차로 바꾸거나, 차를 덜 자주 바꾸거나, 휘발유를 아끼려고 덜 사용한다는 의미이다. 그러나 차를 판다는 뜻은 절대로 아니다. 또 방 개수가 적은 아파트로 이사 가는 것, 도시의 집과 주말용 전원주택 중 하나를 선택하는 것(이는 시골 이주의 원인 중 하나이다), 자녀들이 다니는 사립학교를 학비가 덜 드는 학교로 바꾸는 것, 외식 횟수를 줄이는 것, 철마다 옷을 새로 사지 않거나 짝퉁 브랜드를 사는 것, 푼타 델 에스테, 브라질, 마이애미 등에서 보내던 여름휴가를 아르헨티나 해변 휴가로 바꾸는 것(2001~2002년 디폴트 때 아르헨티나 해변들에는 관광 붐이 일었다)을 말한다. 겉보기로나마 현상을 유지하기 위해 가장 많이 사용하는 방법은 무절제한 신용카드 사용, 많은 채무, 아파트 관리비 같은 고정 지출의 납부를 최대한 미루기 등이다. 이런 방법들이 '경기에 따른 일시적 빈곤층'의 방어 메커니즘이다. 그리고 이는 당연히 '구조적 빈곤층'의 방어 메커니즘과는 매우 다르다. 일시적 빈곤층은 구조적 빈곤층의 생존 수단을 아마 수치스럽게 생각할 것이다.

기대치가 있는데 실현 불가능한 현실에 봉착해 있다는 점을 기준으로 하면, 일부 중산계급은 '신빈곤층'으로 간주될 수 있다. 그런데 진짜 빈곤층의 관점에서 본다면 그렇지 않다.

중산계급 빈곤화의 징표로 여겨지는 물물교환 장터야말로 빈곤의 상대성을 보여 준다. 하류계급에게는 물물교환이 긴급한 필요를 임시로 해결하는 것을 의미했다. 그러나 변두리가 아닌 곳에 위치한 물물교환 장터를 자주 가는 일부 중산계급에게 그곳은 새로운 모임 장소 혹은 필요한 이들을 도움으로써 자기만족을 얻을 수 있는 곳, 또는 저렴한 가격으로 아디다스 제품, 요가, 타로, 화장품에 접근할 수 있는 곳을 의미했다. 한편, 물물교환 장터는 1년도 지나지 않아 쇠락하곤 했다. 투기(전표의 가치 조작)와 사기(가짜 전표의 유통) 때문이었다.[10] 부에노스아이레스 일부 중산계급의 투기와 사기 성향이 연대 정신을 압도한 것이다.

사회학자 마누엘 모라 이 아라우호에 따르면, 중산계급 특유의 상징은 동네마다 있는 은행이었다.[11] 예전의 잡화점이 그랬듯이 거의 길모퉁이마다 있었다. 아마도 이 때문에 '코랄리토'(corralito) 조치가 단행되었을 때, 즉 데 라 루아와 카발로가 은행 예금을 동결하고 두알데와 레메스 레니코브가 일반인 예금을 압류했을 때,[12] 부에노스아이레스 역사상 가장 큰 규모의 중산계급 시위, 가장 격렬한 시위가 촉발되었을 것이다.

비록 부침은 있었지만, 보수주의 공화국 시대든 페론주의 시대든 20세기 상반기에는 중산계급과 하류계급의 전반적이고 뚜렷한 사회적 신분 상승의 경향이 있었다. 그러나 민중주의 모델과 보조금 자본주의(capitalismo subsidiado) 모델의 고갈로 야기된 지속적인 경제 위기(메가인플레이션, 하이퍼인플레이션, 불경기) 등으로 그 이후 상승세가 꺾였다. 완전히 사라지지는 않았지만, 그때부터는 신분 하락이 상승보다 더 일반적이었다. 처음에는 느리고 감지하기 힘든 속도였

---

10   [옮긴이] 물건 대 물건의 직접 교환은 서로 원하는 물건이 맞지 않는 경우가 많았다. 그래서 장터 운영자들은 우선 사람들이 가지고 온 물건에 점수를 매긴 전표를 주었고, 사람들은 원하는 물건을 발견하면 이를 화폐처럼 이용하여 구입했다.

11   Manuel Mora y Araujo, "Las clases medias consolidadas", Eds. José Luis Romero and Luis Alberto Romero, *Buenos Aires historia de cuatro siglos*(1983), 2nd ed., Buenos Aires: Altamira, 2000.

12   [옮긴이] 데 라 루아와 두알데는 대통령을 역임한 적이 있고, 카발로와 레메스 레니코브는 고위 경제관료였다.

으나, 2001~2002년의 재앙 때부터는 가속화되었다.

하위 계급

1960년대를 풍미한 각종 유토피아의 영향으로 『부에노스아이레스, 일상생활과 소외』는 노동계급에게 주인공 역할을 부여하였다. 그러나 역사는 노동자들이 오히려 쇠락하는 계급이었음을 보여 주었다. 수입대체산업화 시기(1933~1950) 동안의 경이로운 신분 상승 이후, 포스트 페론 시대에는 중소 규모 산업의 위기로, 임금노동자의 수와 수입이 감소하고 서비스업 근로자들이 증가했다.

　전 지구화 시대에는 기술 발전, 자동화, 로봇이 육체노동 일자리의 상당한 감소를 유발했다. 그 결과 생디칼리슴은 1970년대부터 영향력을 상실했고, 1990년대에는 더 미미해졌다. 중산계급에 일어난 파편화와 이질화가 노동계급에서도 일어났다. 숙련 노동자와 비숙련 노동자, 자영업자와 임금 생활자, 취업자와 실업자, 보조금을 받는 사람과 받지 못하는 사람, 청년과 장년, 구이민자의 후손과 신이민자(볼리비아인, 페루인, 파라과이인), 빈곤층과 룸펜 사이의 갈등이 심화되었다. 더러는 적대감이 절정에 달해 비야 미세리아 주민과 인근 동네 주민 사이의 소요로 비화하기도 했다. 이를테면, 강도를 당한 소상인들과 비야 미세리아에 은거하는 범죄자들 사이의 적대감이었다. 비야 미세리아가 범죄자 소굴이라는 믿음은 진실의 일부일 뿐이다. 그곳에는 근로자, 심지어 경찰도 살고 있다. 이와 정반대의 오류는 민중주의자들과 기독사회주의자들이 만들어 낸 '선량한 빈자/이기적인 부자'라는 신화이다. 열악한 동네라고 해서 별천지, 즉 부르주아 도시에는 결여된 연대 의식이 지배하는 고유의 가치를 지닌 세계가 아니다. 비야 미세리아 역시 다른 지역과 마찬가지로 파편화되어 있고, 더 좋은 입지 조건의 비야 미세리아가 있고, 같은 비야 미세리아 내부에도 더 많은 것을 갖추고 사는 집이 있는 법이다. 비야 31[13]에는 다층주택들도 있는데, 이곳 주민은 바로 이웃 사람들만 알고 지내고, 모르는 곳에는 아예 가지 않는다. 범죄와 절도가 존재하는 이런 난장판에서는 서로 돕기도 하지만 적대감도 유발되는 법이다. 그래서 비야 미세리아 주민 중 제대로 된 일자리가 있고 그곳으로부터의 탈출을 열망하는 이들은 '나쁜 만남'을 피하고, 비야 미세리아가 아닌 곳에 거주하는 가족의 주소를 사용하고, 자녀를 이웃이 가지 않는 학교에 보낸다. 또 그들 자신이 '쉬운 발포'에 따른 무차별적인 총격의 희생양이 되는 일이 종종 있는데도, 부랑자, 마약 중독자 혹은 범죄자에 대한 경찰 진압을 지지한다. 비야 미세리아의 파편화, 같은 부족을 이루듯 끼리끼리 사는 현상으로 2000년 대학도시(Ciudad Universitaria) 인근에 게이촌이 생겨날 정도였다.

아르헨티나에서뿐만 아니라 오늘날의 하류계급 전체가 에릭 홉스봄의 말마따나[14] 소수자 집단, 어떠한 공통분모도 갖지 않은 이들의 군집일 뿐이다.

『부에노스아이레스, 일상생활과 소외』 집필 당시 나는 좌파의

---

13 [옮긴이] 부에노스아이레스의 대표적인 비야 미세리아.
14 Eric Hobsbawm, *Política para una izquierda racional*(1989), Barcelona: Crítica, 1993.

상투적인 관념에 얽매여 있었고, 사르트르의 이론을 따라[15] 가장 혜택을 적게 받는 비숙련 노동자들에게 혁명가 역할을 기대했다. 그러나 이 집단에게는 이제 불확실한 미래만 남아서, 주인공 역할과는 가장 거리가 멀다. 오늘날 그들은 열악하고 음성적이고 주변적이고 불안정한 일자리를 얻거나 실업자 대열에 합류하는 것 이외에는 다른 선택이 없다. 숙련되고 전문화된 노동자는 중산계급의 하층과 뒤섞이며 살아남을 것이다. 다만 이들과 마찬가지로 갈수록 훈련, 교육, 전문적인 소양을 필요로 할 것이다.

노동계급의 파편화로 이 계급의 노동조합, 각종 동네 단체, 정당과의 일체감이 희석되었다. 그 공백을 채운 것은 대중매체와 대중문화의 아이돌이다. 텔레비전과 라디오는 또한 개신교(복음주의 기독교, 특히 기독교 근본주의, 종말론, 오순절 교회, 여호와의 증인) 확산에도 도움이 되고 있다. 서민 계층에게 사이비 정체성을 심어 주고, 심리적 불안을 억제하고 달래 주는 엑토르 히메네스 같은 미디어 목사들과 움반다(Umbanda) 같은 아프로아메리카(아프리카계 아메리카) 신비학 분파 역시 그 덕을 보고 있다. 그러자 우월적 지위가 흔들리는 것을 목격한 가톨릭교회는 기적을 일으키는 성인(성 카예타노, 루한 성모), 카리스마적인 미사, 병 고치는 사제 혹은 루이스 파리네요 같은 선동적인 미디어 신부들을 통해 경쟁에 나섰다.

21세기 초의 실업 문제와 만성적인 주거 문제는 공적 공간 점거

---

15 Jean-Paul Sartre, "Les Communistes et la Paix", *Les Temps Modernes*, No. 81, July 1952, No. 84~85 October-Novembre 1952, reproduced in *Situations*, Paris: Gallimard, 1964.

라는 새로운 양상으로 귀결되었다. 빈집을 차지하는 '점거자들'(los ocupas)과 거리를 침탈하는 '지붕 없는 사람들'(los sin techo)이 출현한 것이다. 이 노숙자는 다른 도시에서는 익히 알려진 현상이었지만, 있는지도 모를 정도로 거지가 극히 적었던 부에노스아이레스에서는 얼마 전까지만 해도 생소했다.[16] 그러나 디폴트 때부터 그들의 존재는 항구적인 것이 되어, 이제는 도시 풍경의 불가피한 일부가 되었다. 불행하게도 부에노스아이레스 사람들은 이전에 다른 라틴아메리카의 도시민들이 그랬던 것처럼, 그들 곁을 못 본 척 지나는 법을 배워야 했다.

'지붕 없는 사람들'은 옛날에 농촌 지역을 떠돌던 유랑자(linyera) 혹은 부랑자(croto)에 뿌리를 두고 있지 않다. 대부분의 경우 자발적으로, 아나키스트적 자유에 대한 사랑으로 방랑 생활을 한다.[17] 또한 1930년의 경제 위기로 일시적으로 생긴 배수관 노숙자(atorrante)와도, 또 정신적인 문제를 지니고 있었거나 부적응자였던 과거의 주정꾼 거지와도 유래가 다르다.

'지붕 없는 사람들'의 상당수는 얼마 전까지만 해도 일자리와 집이 있었던 품위 있는 빈자였다. 그러다가 경제 위기와 대량 실업으로 '지붕 없는 사람들'이 되었다. 일부는 중산계급 하층부에 속해 있던 이들이었다(가령 실업자, 파산한 소상인, 방 하나 구할 정도도 안 되는 적

---

16 '지붕 없는 사람들'에 대해서는 다음을 보라. Irene Vasilachis de Gialdino, *Pobres, pobreza, identidad y representación social*, Barcelona: Gedisa, 2003.

17 유랑자에 대해서는 다음을 보라. Osvaldo Baigorria, *En pampa y la vía: Crotos, linyeras y otros trashumantes*, Buenos Aires: Perfil, 1998.

은 연금을 받는 노인). 이들은 거의 모두, 길에서 사는 일이 '곧 벗어날' 잠정적인 상황이라고 생각하고 있다. 불안정하고 일시적인 일자리를 가진 이들도 없지는 않다. 짐꾼, 전단지 배포자, 세차원, 차 돌보미, 개 산책인, 넝마주이, 고철 줍는 사람, 행상인 등이다. 그러나 아예 구걸을 하는 사람, 수치심 때문에 차비가 없다거나 약을 사야 한다는 거짓말로 동전 몇 개를 요청하는 사람, 성인이 그려진 기도 카드를 나눠주는 아이들도 있다. 젊은이와 노인, 혼자 혹은 가족 단위, 늘 가난했던 사람, 새로운 빈곤층 등 천차만별이다. 대부분은 초졸이고, 14퍼센트는 한때 호시절을 보낸 이들로 중등교육까지 마쳤고, 6퍼센트는 대학물도 먹은 사람들이다.

이들은 여러 종교 단체나 NGO 식당에서 끼니를 때우고, 남는 음식을 제공하는 식당이나 빵집이 문 닫을 때까지 기다리고, 혹은 쓰레기통을 뒤져 음식을 구한다.

담요, 종이 박스, 종이 등을 몸에 두르고 있고, 막 노숙자가 된 이들은 고정 주거가 있던 시절의 살림살이를 가방에 담아 갖고 다닌다. 병이 나면 공립 병원에 가지만, 약품이 부족해 치료를 계속 받을 수 없다. 겨울밤에 추위로 죽는 것도 이상한 일이 아니다.

그들은 집단을 이루지도 도시 부족을 이루지도 않으며, 심지어 서로 불신한다. 그래도 밤이 되면 광장(특히 트리부날레스 광장)에 모여들어 불 주위에 둘러앉아 마테 차를 돌려 마시기도 하고, 구호 기관에서 제공한 음식을 나눠 먹기도 한다.

공원, 광장, 현관, 지하철 입구, 기차역, 버스 터미널, 교회 문가, 버려진 차, 공터, 다리, 고속도로 밑에서 몸을 움츠린 채 잠을 잔다. 병원 경비실 같은 엉뚱한 곳에서 자기도 한다. 시 정부의 지원을 받는 임시 숙박업소와 쉼터에서 밤을 보내기도 하고, 중산계급 출신으로 외양만은 계속 유지하고 싶은 이들은 이런 곳들을 이용하여 샤워도 하고 수염도 깎는다. '배움'을 얻을 수 있다는 이유로 길거리를 선호하는 청년들도 가끔 있다.

가족

가족은 권위주의 정부와 교회의 지속적이고 주된 관심사였다. 이들은 대가족 장려와 산아제한 반대를 가장 중요한 목표로 삼았다. 프랑코주의의 겉치레 도덕에 물들어 돌아온 페론은 3기 정부[18]에서 이와 관련하여 극단적인 입장을 취했다. 1974년 페론은 직접 당시 보건사회부 장관이던 호세 로페스 레가와 함께 콘돔을 비롯한 피임기구 판매를 제한하고, 산아제한과 관련된 모든 활동을 금하는 법령에 서명했다. 군사평의회 시절(1976~1983)에는 모든 공공기관 내 가족계획 상담소를 폐쇄하고, 민간 부문의 관련 종사자들을 박해하고, 낙태 시술 의사와 조산원들에 대한 일제 단속을 조직적으로 벌였다. 내무장관 알바노 아르긴데기 장군에 의하면, 이러한 조치는 "조국이 군인을 필요로 하기" 때문에 취해졌다.

　1980년대에 정치적 민주화와 함께 뒤늦은 자유화가 실현되어,

18　[옮긴이] 페론은 1955년 실각한 뒤 프랑코 총통 치하의 스페인에서 망명 생활을 하다가 1972년 잠시 귀국했고, 이듬해 완전히 귀국하여 세 번째로 대통령이 되었다.

성평등과 차별 금지를 내용으로 하는 법제화가 이루어졌다. 후견인·친권법, 혼외 자녀의 동등한 권리 인정, 간통 폐지 등으로 가족 관계의 세속화가 안착되었다. 교회는 이혼법(1984)에 맞서 '가족 수호'라는 구호하에 미션스쿨 학생들과 가장 성공적인 '우상'인 루한 성모를 거리로 내보내는 전투를 벌였다. 그러나 사람들의 무관심 앞에서 패하고 말았다.

메넴 정권 시절에는 동성애 단체에 법적 권한이 부여되었다(다만 대법원이 편견에 친 철회 판결을 내렸다). 2003년에는 부에노스아이레스시 의회가 교회의 반대 압력에도 불구하고 「동성결혼법」을 승인했다. 동성애자 부부에게 결혼한 부부와 동등한 사회적 혜택을 제공하는 내용의 법이었다. 반면, 교회는 현재까지 낙태 합법화를 위한 모든 시도의 저지에 성공했다.[19]

억압에도 불구하고 지난 수십 년 동안 암암리에 정복한 공간을, 이 세속적 법령들이 세계적인 추세에 따라 인정한 것이다. 교회는 더 이상 산아제한과 이혼에 반대하는 교리로 사람들을 굴복시킬 수 없었다.

가족계획은 1920년대 말로 거슬러 올라간다. 고무 콘돔이 보급되고 비밀 낙태도 행해지면서였다. 1960년대와 마찬가지로 1930년대는 중산계급의 성적 태도 진화에서 이정표가 되는 시기였다. 부모 세대가 일고여덟 명의 자녀를 둔 데 비해, 청년 세대의 자녀 수는 두세 명으로 줄었다. 이 산아제한 경향은 1929년 경제위기 및 여성의

19　[옮긴이] 2020년 12월, 아르헨티나는 임신 14주 이내의 낙태를 합법화하였다.

노동활동 유입 증가와 일치했다.

출산에 대한 이러한 태도 변화는 하위 계급이나 소외 계층에서는 덜 나타났다. 국가의 출산 장려 정책, 학교와 공공 보건기관에서의 성교육 부족, 공립 병원의 피임 시술에 대한 족쇄(그 당시의 의사들 상당수가 징계에 대한 두려움이나 개인적인 신념 때문에 피임 시술에 부정적인 태도를 갖고 있었다) 등으로 인해 무력했기 때문이다. 억압적인 성 정책은 많은 아이에 따른 하위 계급의 궁핍을 강화시켰다. 또한 가난한 여성의 높은 사망률을 유발하기도 했다. 열악한 조건에서 낙태 수술을 받아 낙태에 관대한 사회에 비해 사망률이 훨씬 더 높았다. 반대로 중산계급에서는 이러한 장애물들에 비교적 수월하게 대처했다.

이혼법은 이전부터 축적된 수많은 실질적인 이혼을 합법화한 것이다. 다시 말해 헤어진 부부와 그 자녀들의 상황을 정상화한 것일 뿐이다.

동거는 1960년대까지는 예술가나 대학생 같은 매우 소수의 집단에서만 이루어졌다. 그러나 1980년대가 되자 중산계급 젊은이 다수가 결혼 전에 함께 살았다. 이미 누구도 '부부'(esposos)라는 표현을 쓰지 않았다. '애인'(amante)이라는 용어는 19세기 소설을 떠올리게 했고, '동반자'(compañero/a)는 좌파 사이에서만 사용되고, 정신분석학은 '커플'(pareja)이라는 용어를 정착시켰다. '연인'(novio/a)이라는 단어도 여전히 사용되었지만, 전통적인 의미와는 매우 다른 함의가 있었다.

과거에는 사생아가 대체로 하위 계급의 소외된 사람들, 특히 농촌 출신 사람들에게 많았다. 1960년대부터는 중산계급 사이에도 급증하기 시작했다. 부부가 갈라서도 이혼이 허용되지 않는 바람에 생긴 현상이기도 하고, 자발적인 사실혼의 결과이기도 했다. 1960~1970년의 10년 사이에 사생아 숫자는 두 배가 되었다. 1990년대에는 전체 출생아의 절반 이상이 사생아였다. 가령 1998년에는 53퍼센트에 달했다.[20]

전통적인 가족의 위기는 돌이킬 수 없었다. 부모와 자녀로 이루어진 핵가족은 더 이상 전형적인 형태의 가족이 아니었다. 이혼 때문이기도 하고 가부장제의 쇠퇴 때문이기도 하다. 남성은 더 이상 유일한 경제적 지주가 아니었다. 또 유일한 생식자도 아니었다. 1986년부터 시행된 인공수정과 시험관 아기로 인해 부성 신화는 무너졌다. 여기에 자녀의 분리가 더해졌다. 그 주요 원인의 하나는 청년 이민 물결이었다. 이들은 조부모나 증조부모의 나라로 역이민을 떠났다. 1970년대에 시작되어 1990년대 말의 경제 침체기에 절정에 달한 현상이었다. 이 시기에 국적 취득을 위해 이탈리아와 스페인 영사관 앞에 길게 늘어선 줄은 일상적인 광경이었다.

핵가족은 이제는 여러 가족 형태의 하나일 뿐이다. 오늘날에는 신가족, 포스트가족, 심지어 일종의 반(反)가족이 공존한다. 한부모 가족, 결혼하지 않은 커플, 게이 혹은 레즈비언 커플, 앙상블 가족(커플이 이전 혼인에서 각각 낳은 아이들을 모두 데리고 사는 가족), 따로 거주하는 커플, 집을 같이 쓰는 친구 집단, 비슷한 나이의 젊은이끼리 또는 노인끼리 함께 사는 집단, 하위 계급에서 많이 나타나는 인척끼

---

20 Susana Torrado, *Estructura social de la Argentina, 1945~1983*.

리의 복합 집단, 1인 가구 등 다양한 형태를 띠고 있다.

아직 거대 도시들만큼은 아니지만, 부에노스아이레스도 1인 가구가 갈수록 늘고 있다. 국립통계청의 최근 통계에 따르면 그 비율이 26퍼센트에 달한다(파리나 뉴욕은 절반 이상이 1인 가구이다). 그리하여 과거의 밀애용 원룸 또는 투룸 아파트가 이제는 독신 거주자의 항구적인 주거지가 되었다.

이러한 비전형적인 가정들을 위해서는 음식 배달 서비스, 냉동식품, 냉동고, 전자레인지, 빨래방, 점포 영업시간 연장 등 새로운 인프라가 필요했다. 1인 가구는 여러 가지 이유로 여성 가구가 더 많다. 여성이 남성보다 장수한다는 점, 특히 여성이 혼자 사는 것을 금기시하지 않게 되었다는 점이 그 이유다. 이전에는 미혼 여성은 가족과 함께, 남편과 사별한 여성은 자녀와 함께 살아서 혼자 따로 사는 경우는 드문 일이었다. 또 부부가 갈라섰을 때, 남성이 더 많이 새로운 가정을 꾸리고자 한다는 점도 한몫했다. 이 경우 전 배우자보다 더 젊은 여성과 재혼하는 일이 빈번했다. 나이가 많은 대신 더 나은 사회적·경제적 지위로 보상하는 셈이다. 속칭 '비서와 결혼하는 사장' 신드롬이다. 이혼 여성은 반대로 경제적으로 더 불리한 여건에 빠질 수 있었다. 그래도 더 이상 남편과 다 자란 자녀에게 신경 쓰지 않아도 되어 새로운 삶을 시작하고, 이전에는 알지 못했던 자유를 발견하는 경우도 많다.

가족과 성적 태도 변화의 중심축은 여성 해방이었다. 이 해방은 여성의 노동시장 대거 유입과 이에 따른 배우자로부터의 경제적 독립의 결과였다. 20세기 전반기에 중산계급 여성은 중등교육을 별로 받지 못했다. 반면, 20세기 후반기에는 많은 여성이 대학에 진학했다. 1980년대에는 공립대학 재학생의 43퍼센트가 여성이었다. 그리하여 중요한 자리, 심지어 정치 분야의 자리를 차지할 소양을 쌓았다. 물론 이런 여성은 아직 소수였고, 유감스럽게도 대부분 집안 배경 덕분에 그런 자리에 갔고, 더 큰 문제로, 성의 차이를 장애로 간주하는 '여성 할당제'라는 보호 제도를 통해 가능했던 경우도 있었다.

가전제품의 대중화도 여성 해방에 기여한 여러 요소 중 하나였다. 1960년대의 청년 반(反)문화는 가전제품을 소비주의에 따른 인간 소외의 상징으로 보아 경멸했다. 그러나 이들은 가전제품을 사용하기 이전이 가사 노동에 따른 소외가 훨씬 더 크다는 사실을 결코 경험한 적이 없었다.[21]

커플의 취약성과 잦은 결별, 독신의 증가에도 불구하고 남녀가 같이 살아야 한다는 사회적 계율을 위시한 전통적인 일부일처 문화의 몇 가지 규범은 지속되고 있다. 커플이 깨질 수는 있지만, 사람들은 강박적으로 새로운 짝을 찾는다. 자의로 혼자 지내는 사람들이 있고 그 숫자 역시 증가했음에도 불구하고, 독신은 여전히 교란자이다. 가령 2003년에도 우파는 에우헤니오 라울 사파로니의 대법관 지원을 두고, 그가 미혼이고 자녀가 없다는 점을 문제 삼았다.

그러나 모성과 부성의 사회적 계율은 설득력을 잃었다. 커플, 특히 여성은 여러 가지 이유로 출산을 미루는 경향을 보였다. 경제적 문제, 경력 관리, 현재의 삶이 제공하는 여러 즐거운 대안을 누릴 기회

---

21 *Ibid.*

등이 이유였다.

물론 전통적인 도덕과 정형화된 성 역할이 여전히 지배적인 농촌 출신 하위 계급에서는 이런 변화가 일어나지 않았다. 민주화 이후 비야 미세리아 보건소(이른바 '살리타'[salita])들이 극히 제한적으로 자율적인 산아제한 방법을 일부 안내하기는 했지만(피임기구를 나눠 주기도 했다), 별로 받아들여지지 않았다. 개인적인 자아실현 가능성의 부재로 일부 소외 계층 여성은 모성에서 삶의 의미를 찾기도 한다. 빈곤층의 높은 출산율, 소외 증대와 임신 횟수의 상관성은 그 때문이다. 하위 계급 남성 역시 피임에 적대적이다. 피임이 여성에게 성적 자유를 주리라는 두려움이 있는 데다가 출산을 남성성의 증거로 여기기 때문이다.

전통적인 가족의 해체는 기본적인 의례들의 점진적인 소멸에서도 증명되었다. 이전에는 반드시 챙기던 생일 파티, 그 외의 다른 기념일, 주기적으로 하던 격식 없는 방문 등이 줄었다. 핵가족의 모든 구성원이 식탁에 매일 모이는 일은 근무시간 때문에 드물어졌다. 일요일도 자녀가 정오까지 자기 때문에 마찬가지였다. 집에서 차려 먹던 식사는 외식이나 패스트푸드로 대체되었다.

죽음을 둘러싼 의례도 두드러진 변화를 겪었다. 여성은 상복을 입지 않기 시작했고, 남성도 완장과 검은 넥타이를 착용하지 않았다. 애도 기간 중 음악 청취나 공연 관람 금지도 사라져 갔다. 1950년대 초까지도 사용된 운구 마차는 자동차로 대체되었다. 예기치 못한 상황을 제외하면 집이 아닌 병원에서 죽음을 맞이했고, 상류계급을 제외하면 다들 장례식장에 빈소를 차리거나 아예 차리지 않는 경우도 있었다. 민간 묘지가 생겨나고 화장이 증가했으며, 묘지 방문은 줄어들었다. 가족 관계와 마찬가지로 죽음도 세속화된 것이다.

성 해방

성적 행동 방식의 관점에서 볼 때 현대 사회는 40년 전에는 상상도 할 수 없는 사회이다. 다양한 성의 형태가 두려움도 수치도 죄책감도 없이 행해진다. 서구 세계의 1960년대는 성 습속의 변화, 혼외 관계의 대중화, 대안적인 성적 행동의 수용 등에 있어 절정기였다. 1960년 새로운 피임법의 등장이 도화선이었고, 성 해방(liberación sexual)에 우호적인 운동(학생과 청년의 반란, 페미니즘, 반[反]동성애차별전선)들은 변화의 원인이라기보다 표현이었다.

모든 것을 미화시키는 기억이 우리의 우중충한 시절과 구미(歐美)의 1960년대 황금기를 혼동하게 만들었을 뿐이지, 부에노스아이레스에서는 결코 그런 일이 일어나지 않았다. 성 해방이 도래한 것은 20년은 더 뒤의 일이었다. 즉, 군과 교회의 마지막 지배 시기가 끝날 때까지 기다려야 했다. 1960년대와 70년대는 우리 사이에서는 일상 생활의 억압, 특히 성에 대한 억압을 특징으로 했다. 문민정부 치하에서나 군부 치하에서나 마찬가지였다. 반세기 이상을 제2차 바티칸 공의회[22] 이전의 교회가 정치 권력과 시민사회에 결정적인 영향력을 행사했다. 그리하여 습속을 통제하고, 사생활에 개입하고, 성적 행동 방

---

22 [옮긴이] 가톨릭의 현대적 개혁을 목적으로 1962년부터 1965년까지 열린 공의회.

식을 비롯한 가장 내밀한 영역까지 침범했다. 일률적인 삶을 강제하려는 의도는 설교에만 국한되지 않았다. 권부에 있는 교계 인사들이 강압적인 방법도 동원했다. 경찰 조직의 루이스 마르가리데 경찰국장과 사법부의 기예르모 데 라 리에스트라 검사가 전형적인 인물들이었다.

1961년 아르투로 프론디시 정부 때 부상하고, 기도와 옹가니아 시절에 재등장하고, 1973년 페론의 복귀와 함께 또다시 등장한 마르가리데는 요란한 도덕 캠페인을 진두지휘했다. 광장에서 키스하는 커플이나 길거리에서 즉석 만남을 모색하는 이들을 체포하고, 숙박업소를 수색하고, 공공장소(바, 영화관, 기차역, 지하철역)를 수시로 단속했다. 경찰대는 그의 명령에 따라 장발 남성의 머리를 자르고, 여성이 바지를 착용한 경우에는 바지를 찢어 버리기도 했다. 사적 자유에 대한 엄격한 제약(심지어 통행 자유 제약)은 1943년 쿠데타 때 시작되어 페론 집권기에도 지속되고, 1961년부터 더욱 강화되고 체계화되었으며, 마지막 독재 기간(1976~1983) 중에는 극단적인 수준에 이르렀다.

교육과 문화 영역은 전통적으로 교회의 지배 범위였다. 그래서 잡지, 도서, 극장, 영화관 등을 상대로 '도덕적'인 이유를 내세운 검열이 행해졌다. 군부도 도덕에 대한 집착에 한몫했다. 독재자 옹가니아 시절에는 콜론 극장의 오페라 공연 「보마르초」(Bomarzo)[23]와 발레

23　[옮긴이] 아르헨티나의 세계적인 작곡가 알베르토 히나스테라 작품으로, 보마르초를 비롯한 이탈리아의 여러 장소를 배경으로 하고 있다.

공연 「봄의 제전」을 외설적이라는 이유로 금하는 어처구니없는 일까지 벌어졌다.

몇 차례의 짧은 시기, 예를 들어 상대적으로 관용적이었던 알레한드로 라누세 정부에서는 페미니즘 운동 조직인 아르헨티나페미니즘연합(Unión Feminista Argentina)과 동성애해방전선(Frente de Liberación Homosexual)이 결성되기도 했으나 얼마 가지 못하고, 로페스 레가의 무자비한 박해로 자체적으로 해산했다.

서구에서 생식에서 독립적인 쾌락으로서의 성생활과 자기 육체 결정권은 수 세기 동안 억압을 겪다가 1960년대부터 용인되었다. 그러나 아르헨티나에서는 1983년 민주화가 이루어지면서 개인의 자유가 비로소 함께 인정을 받을 수 있었다. 라울 알폰신 정부에서 사생활 감시 중단과 검열 폐지가 이루어지자 충격을 받은 교회는 '데모크라시'를 '포르노크라시'로 간주했다. 그리하여 아버지연맹, 어머니연맹, 미래를위한재단 같은 방계 조직들을 통해 자유를 제한하라는 압박을 가했다.

성적 억압에서 여성이 자유로워진 데에는 새로운 피임법들을 통한 임신 예방 가능성과 버지니아 E. 존슨과 윌리엄 H. 마스터스의 『인간의 성적 반응주기』(Human Sexual Response, 1966) 같은 연구들을 통한 클리토리스 오르가슴의 발견도 기여했다. 여성 불감증 환자가 줄어들었고, 더 잦은 오르가슴은 남성으로 하여금 상대방의 쾌감에 무관심했던 습관을 되돌아보게 했다.

그때까지만 해도 여성의 자산이었던 육체적 아름다움이 남성 사이에서도 가치를 지니기 시작했다. 그리하여 남성도 성적 대상이 되었다. 예를 들어 남성 누드가 사진(사진작가 로버트 메이플소프가 기원이다), 영화, 광고에 등장했고, 골든 같은 여성 전용 펍이나 가스오일 같은 동성애자 전용 펍의 남성 스트리퍼들에게서 절정을 이루었다. 남성 및 여성의 정형이 희미해지고, 새로운 세대들에게는 '유니섹스'라는 양성적인 외모가 두드러지고 높이 평가되었다.

남성의 전유물로 간주되던 몇 가지 특징(리더가 되기 위한 강인함, 결기, 자질)을 옹호하고, 이에 따라 여성성 경멸과 강박적인 동성애 혐오증을 지닌, 가부장적이고 남성 중심주의적 사회의 특징이었던 마초주의는 이제 그 권위를 상실했다. 완전히 소멸된 것은 아니지만, 감추거나 수치스러운 것으로 치부하는 경향이었다.

지식인 집단에서 성의 자유화는 두 단계를 거쳤다. 1960~1970년대는 학생과 청년의 반란, 페미니즘 운동, 게이 운동 등이 일어난 전투적인 시기였다. 말하자면 성 혁명과 정치적·사회적 혁명이 결합되었던 시기이자, 에로티시즘에 대한 시적·형이상학적 환상(조르주 바타유, 미셸 푸코, 질 들뢰즈, 펠릭스 가타리), 또는 성을 세계 변혁의 동력으로 보는 좌파적 환상(빌헬름 라이히, 허버트 마르쿠제)의 시대였다. 섹슈얼리티가 사회적으로 용인되면서 그 위반자적·전복적인 아우라는 사라지고 자연스러운 것이 되었다. 또한 미디어가 성을 이용하면서 이제는 평범한 것이 되었다.

환멸의 시대인 1980~1990년대는 관능적이면서 사회적인 성적 유토피아에 대한 신념 대신 자기 몸에 대한 쾌락주의적 관리, 그 자체로 가치 있는 것으로 간주되기에 이른 신체 감각에 대한 탐구가 득세했다.

혼외 관계의 확산은 성매매와 더불어 종결되리라고 늘 생각되었으나 그런 일은 일어나지 않았다. 모든 시대, 모든 사회에서 다양성과 판타지가 성적 욕망을 야기하기 때문이다. 여성을 짓누르는 내적·외적 억압 때문에, 과연 여성에게 어느 정도의 다부(多夫) 욕망(deseo omnigámico)이 있는지 알아내기는 불가능했다. 여성 해방 이후 경험한 변화들은 여성에게 남성과의 차이점보다 일치점이 더 많다는 사실을 입증한다.

성에 관대한 시대에도 성매매는 줄지 않았다. 아마 늘지도 않았을 것이다. 그러나 방식에는 변화가 있었다. 도시의 발생만큼이나 오래된 길거리 성매매 여성은 콘스티투시온, 온세, 팔레르모 비에호 등의 몇몇 바리오로 추방되었다. '고양이'라고 불리는 더 비싼 성매매 여성들은 레콜레타의 고급 바나 국제적인 호텔에서 활동했다. 1980년경에는 사우나와 마사지 업소처럼 위장 성매매 업소가 등장했다. 남성이나 여성이 성을 제공하는 '프라이빗' 아파트도 생겨났다. 일간지의 분류 번호 59번 광고란에는 '여성과 남성을 위한 유용한 서비스' 같은 광고도 실렸다. 좀 더 은근한 표현의 '신체 문화'라는 광고도 있고, '에스코트' 서비스, 만남 대행사, '동행' 서비스 등의 광고가 실리기도 한다. 그리고 가끔은 선호를 적시한다. 가령, 사도마조히스트를 위한 '훈육', 소아성애 중독자를 위한 '롤리타'나 '학생' 등의 광고다. 각종 인터넷 사이트에는 믿을 수 없을 정도로 수많은 제안이 증폭되었다.

억압의 시절 부에노스아이레스 사람들은 몬테비데오나 리우데자네이루처럼 성적으로 더 관대한 도시로 여행하는 것이 일반적이었다. 대규모 관광은 이국적인 형태의 성매매를 조장해서, 가이드 딸린 성 관광, 성과 관련한 아시아 톱 국가들로 가는 관광 프로그램 등이 생겨났다. 광고는 하지 않았지만, 말기 카스트로 정부 치하의 아바나도 성 관광의 대상지였다.

성의 자유화는 다양한 에로티시즘에 문호를 개방했다. 이전에는 성매매 여성이나 동성애자만 하던 구강성교(펠라티오와 쿤닐링구스)가 이제는 널리 받아들여졌다. 사도마조히스트적인 유희, 쓰리섬, 부부끼리의 배우자 교환(스윙어), 집단 성교, 난교 파티, 원 나이트 스탠드 등도 그런 현상의 일부였다. 산 텔모의 그룹 세로(Grupo Cero)처럼 부족 가족(familia tribal)이나 공동체 가족을 시도하였다가 실패한 사례들도 있었다. 이들은 로널드 랭과 데이비드 쿠퍼의 반(反)정신의학자들의 사상에 뿌리를 두고 있었다. 쿠퍼의 『가족의 죽음』(*The Death of the Family*, 1971)이 그 대표적인 저서이며, 그는 한때 부에노스아이레스에 거주한 적도 있다.

생산양식의 변화는 풍속의 변화와 무관하지 않다. 초기 자본주의의 저축이라는 금욕적 도덕은 선진자본주의에 와서는 대량 소비를 자극하는 쾌락주의적이고 관대한 도덕에게 자리를 내주었다. 에로티시즘은 쾌락, 육체의 미, 성적 자극 등을 위한 다양한 생산업과 서비스업의 기원이 되었을 뿐 아니라, 판매 물건이 무엇이든 간에 광고의 주요 아이템이 되었다.

1969년부터 미국에서, 그 뒤에 서유럽에서 발생한 변화를 뒤이어 아르헨티나에서는 1983년 민주주의의 정착과 함께 동성애자 박해가 중단되었다. 「공존법」(Código de Convivencia)이 제정되었고,

동성애자 검거를 정당화하던 경찰 칙령 2조 H항이 폐지되었다. 디스코텍, 펍, 사우나, 영화관, 크루징, 다크 룸,[24] 성매매 업소 등 다양한 장소에서의 만남이 허용되었다. 성매매 업소의 하나인 스파르타쿠스는 저명인사 고객들로 유명해졌다. 동성애 관련 전문 서적과 잡지, 신문 광고 등이 급증했고, 영화, 연극, 라디오와 TV 프로그램, 나아가 TV 연속극 등에서도 빈번한 주제가 되었다.[25]

'플래카드 밖으로 나온' 동성애는 중산계급과 상류계급 동성애자 사이에 새로운 신체 유형을 만들어 냈다. 이들은 동성애자의 정형을 깨뜨리고 남성적인 외모를 강조했다. 가령, 미국 잡지 『스파르타쿠스』에서 제안한 방식을 따라 콧수염을 기르고 몸을 만들었다. 몸과 아름다움에 대한 숭배의 반대편에는 소위 '곰'이라 불리는 집단이 출현했다. 이들은 추함, 비만, 주름, 꾸미지 않은 매무새 등을 추구했다.

양 집단과 거리가 먼 존재로 복장도착자가 있었다. 하위 계급과 룸펜 사이에서 더 많았고, 성매매 업계나 레비스타 쇼 공연계에서 활동했다. 크리스 미로와 플로렌시아 데 라 베가 같은 디바들은 스타 패션모델 못지않게 빛을 발했다. 편견에 찬 인습적인 이성애자들에게는 복장도착자가 더 수월하게 용인되었다. 복장도착자는 기존의 관습적인 성 역할에 더 부합해서 남성적인 외모의 동성애자보다 덜 곤

---

24 [옮긴이] '크루징'은 어두운 영화관, 차, 공공 화장실 등의 은밀하고 으슥한 장소를 가리키거나 혹은 그런 곳에서 이루어지는 동성애자끼리의 즉석 만남을 지칭한다. '다크 룸'은 나이트클럽이나 게이 사우나 등에 있는 성행위 용도의 방을 의미한다.

25 Juan José Sebreli, "Historia de los homosexuales porteños", *Escritos sobre escritos, ciudades bajo ciudades*, Buenos Aires: Sudamericana, 1997.

혹스러운 존재였기 때문이다. 판아메리카 고속도로나, 지올과 그레코 같은 술집들의 폐업 후 황폐해진 고도이 크루스 거리의 복장도착자 성매매는 매우 특별한 집단에게 수용되었다. 기혼남, 경험 없는 청소년, 자신의 동성애 성향을 부정하지만 실제로는 양성애자인 사람, 여성 모습의 남성과의 관계에 만족하는 사람이 그들이었다.

언론이 동성애 혐오를 문제 삼기 시작했지만, 그렇다고 동성애에 대한 편견이 극복된 것은 아니었다. 1990년대에 아나 리아 코렘블리트, 마리오 페체니, 호르헤 부호세비치가 부에노스아이레스대학의 지원을 받아 수행한 연구에 따르면, 25퍼센트의 사람들은 동성애에 대해 대놓고 거부감을 표시하고, 42퍼센트는 무관심하며, 33퍼센트만이 용인했다.[26]

성매매와 마찬가지로 자기성애는 사람들이 과거에 생각했던 것과 달리 성관계 결핍에 따른 부산물이 아니었다. 성관계가 더욱 빈번해진 20세기 말의 설문조사에서 자위는 성인 남성, 심지어 기혼 남성에게 여전히 일반적이고, 클리토리스 오르가슴의 존재가 밝혀지고 난 후에는 여성도 더 빈번하게 자위를 한다는 사실이 밝혀졌다.

이 자위행위 붐은 계속해서 극히 일반적이었다. 질 리포베츠키는 『공허의 시대』에서 이를 포스트모던 사회의 개인주의와 자기도취의 표현이라고 해석했다.[27] 그러나 덜 형이상학적인 또 다른 이유들이 존재한다. 무엇보다도 금기의 극복을 들 수 있다. 20세기 전반기

---

26 재인용, Viviana Gorbato, *Fruta prohibida*, Buenos Aires: Atlántida, 1999.
27 Gilles Lipovetsky, *La era del vacío*(1983), Barcelona: Anagrama, 1986.

까지 청소년의 성 입문은 발기부전이나 광기를 자위의 치명적인 징후로 간주하는 의사들의 조언 내지 유사과학 안내 책자에 의존했다. 1980~1990년대에는 성 전문의들이 이와 반대로 수음 억압이 신경증의 원인이라고 지적했다. 치료 그룹, 성 교실, 잡지, 서적 등은 쾌감을 주고 죄책감 없는 자위행위의 미덕을 강조했다. 또 육체의 감각을 개발하는 좋은 수단이라고 지적하기도 했다. 에이즈와 '안전한 성'의 필요성도 다시 자위행위에 의존하는 현상에 기여했다.

21세기 초의 특징은 가상세계의 성이다. 헛라인 진화, FM 라디오 혹은 개인 방송국 심야 프로그램을 통한 접촉, 이메일이나 인터넷을 통한 관계 등이 그런 사례이다. 채팅은 사이버 공간, 가령 인터넷 카페 같은 곳에서 이루어지는 새로운 형태의 크루징 또는 거리 성매매(yiro)이다. PC방은 길거리 매점(kiosco)만큼 젊은이들이 많이 모여드는 공간이 되었고, PC방에서 가장 많이 방문하는 사이트는 포르노 사이트이다.

그러나 성 혁명이 모든 금기로부터의 해방을 가져오지는 않았다. 특히 이전 세대들과 비교할 때 남성은 여성보다 변화의 폭이 적었다. 자기 주도적인 변화와는 거리가 멀고, 그저 새로운 여성주의 행동 방식에 수동적으로 반응할 뿐이었다. 변화에 대한 적응에서 남성과 여성 사이에 시차와 비동시성이 존재했다. 여성은 남성보다 잃을 게 적었기 때문이다.

남성성은 위기에 처했고, 이에 당혹하여 방향을 잃은 남성들은 남성 정체성 모임이나 교실에 가입했다. 특히 치료사 세르히오 시나이가 이끄는 모임이 유명했다. 성 전문의의 빈번한 광고는 남성의 성

기능 장애(발기부전, 조루, 성기 크기에 대한 근심, 성 역할 수행에 대한 초조감)가 사라지지 않았다는 징후, 나아가 여성에 대한 성 억압이 줄어들어 감에 따라 이러한 현상이 더 분명해졌다는 징후였다. 남성의 성폭력, 여성을 굴복시키고 능욕하려는 충동, 병적인 사례인 강간 등은 과거에는 가부장적인 지배의 표현이었으나, 오늘날에는 성평등이라는 새로운 규범에 대한 불안과 부적응의 표현이었다.[28]

마초주의는 여성의 자립을 조롱 대상으로 삼는 비야 미세리아의 쿰비아(cumbia)[29] 곡들의 가사에서 드러나듯이, 하류계급과 소외계급에게는 여전히 유효하다.[30] 하위 계급 젊은이 일부에서 태도 변화의 조짐이 보이기는 하지만, 젠더에 대한 고정관념은 여전히 지속되고 있다.[31]

자유, 양성평등, 성생활 존중 등은 연애 관계나 성적 행동에서 새로운 갈등을 유발했다. 이러한 변화들이 에이즈의 출현과 거의 동시에 일어났기 때문에 더욱 그러했다. 내적·외적 억압에 대한 공포 속에서 인생의 절반을 보낸 세대는 이제 질병의 공포 속에서 나머지 절반을 보내야 할 운명이었다.

에이즈가 성 풍습 해방의 걸림돌이기는 했지만, 다른 한편으로는 성을 주제로 더 자주 대화할 수 있게 해 주었다. 아동 및 청소년 성

---

28 Anthony Giddens, *La transformación de la intimidad: Sexualidad, amor y erotismo en las sociedades modernas*(1992), Madrid: Cátedra, 1998.

29 [옮긴이] 콜롬비아에서 유래한 춤과 노래 장르. 유럽 음악과 아프리카 음악이 혼합되었다.

30 Maristella Svampa and Sebastián Pereyra, *Entre la ruta y el barrio*, Buenos Aires: Biblos, 2003.

31 Mario Margulis et al., *Juventud, cultura, sexualidad*, Buenos Aires: Biblos, 2003.

교육이 늘었고, 안전한 성을 주제로 부모와 자녀, 교사와 학생 사이의 대화가 아직 충분하지는 않지만 증가했다. 이런 대화는 이전 세대들에게는 금기였다. 그럼에도 콘돔 사용을 거부하는 남성의 숫자는 여전히 높았고, 하위 계급에서는 특히 더 그러했다.

진찰실로 간 부에노스아이레스 사람들

1960년대부터 콤플렉스, 드라우마, 익압, 거세, 투사, 리비도, 오이디푸스, 승화, 애도 같은 정신분석학 용어들이 일상 언어에 스며들었다. 신문과 잡지, TV와 라디오에서 빈번하게 사용되었고, 일반인들도 대체로 정확한 의미를 알지 못하면서도 많이 사용했다. 거의 독점적으로 정신분석학을 가르치는 전공인 심리학과에 입학생이 범람했고, 지원자 중에는 여성이 많았다. 부에노스아이레스는 인구 대비 정신분석가 수가 세계적으로 가장 많은 도시 중 하나가 되었다. 미국 도시들과 견줄 정도였다. 1995년 부에노스아이레스대학이 실시한 연구에 따르면 198명 당 한 명이 심리학자였다.[32]

아르헨티나 정신분석학 학회는 1942년부터 존재했다. 1937~1940년에는 '고메스 네레아'라는 가명을 사용한 인물이 토르 출판사를 통해 출간한 프로이트 번역판 시리즈가 길거리 매점에서 판매되었다. 정신분석학의 대중화는 할리우드 영화를 통해 이루어졌다.

---

32 아르헨티나 정신분석학에 대해서는 다음 서지에 빚을 졌다. Mariano Ben Plotkin, *Freud en las pampas*, Buenos Aires: Sudamericana, 2003.

1945년 알프레드 히치콕의 「스펠바운드」와 함께 정신분석 영화 장르가 정립되었다. 여기에는 꿈의 시퀀스를 재현하기 위한 살바도르 달리의 미술 작업이 동반되었다. 이러한 유행을 이용하여 젊은 여성을 위한 잡지인 『이딜리오』(*Idilio*, 1948)는 '정신분석학이 도와줄 겁니다'라는 제목의 난을 '리처드 레스트 교수' 이름으로 마련했다. 장차 부에노스아이레스대학에 각각 사회학과와 심리학과를 개설할 지노 제르마니와 엔리케 부텔만의 공동 필명이었다. 그레테 슈테른이 사진 몽타주를 통해 꿈 삽화를 그렸다.[33] 이 칼럼난에서는 실제 정신분석 진료 대신 독자 편지를 받아 성공적인 삶을 위한 조언을 해 주었다. 초보적이기는 했지만 아르헨티나 정신분석학 학회의 특징이 이미 엿보였다. 즉, 풍습을 현대화하되 전통적인 가족중심주의 도덕에서는 벗어나지 않았고, 젊은 여성들에게 여성성은 모성성과 동일시된다고 상기시켰다.

그러나 대부분의 아르헨티나인에게 정신분석학은 여전히 낯설었다. 이는 1959년의 한 설문조사에서 증명된다. 이에 따르면 대도시 주민들은 신경증을 일종의 도덕적 결함으로 간주했다. 그리고 조사 대상의 겨우 8퍼센트만이 심리치료와 정신분석에 임할 용의가 있다고 언급했다.[34]

33　재인용, Hugo Vezetti, "Las promesas del psicoanálisis en la cultura de masas", Fernando Devoto and Marta Madero, *Historia de la vida privada en la Argentina*, vol. III, Buenos Aires: Taurus, 1999.

34　Floreal Ferrara and Milcíades Peña, "Qué significa la salud mental para los argentinos", *Acta Neuropsiquiátrica Argentina* 5, No. 4, Buenos Aires, October-december 1969, 재인용, Mariano Ben Plotkin, *Freud en las pampas*.

정신분석학에 대한 급격한 관심의 원인으로는 여러 가지를 꼽을 수 있다. 혁신적 사상에 반쯤 개방적이고 어정쩡하게 현대적인 새로운 중산계급의 출현, 혹은 이 계급을 독자로 겨냥하여 정신분석학을 비롯한 선진 이론을 확산시킨 책, 소책자, 잡지 같은 간행물의 등장 등이다. '우리는 모두 신경증 환자인가?'가 1963년 『프리메라 플라나』지 창간호에 실린 글의 제목이었다. 프로이트를 표지 인물로 삼은 호도 있었고, 이 잡지의 칼럼니스트 중에는 아르헨티나 정신분석학 하회의 창립 멤버 중 한 명인 엔리케 피촌-리비에르가 있었다.

그즈음 경제 위기와 정치적 불안정의 시기가 시작되었고, 이는 개인의 신경증을 유발했다. '스트레스'라는 용어가 일상 언어 속으로 들어왔다. 일반적인 심리 치료, 특히 정신분석학은 적절한 스트레스 완화 수단으로 여겨졌다. 그러나 신분 상승을 이룬 그 중산계급의 특징이었던 경박함과 속물 근성도 간과해서는 안 된다. 이들은 자신의 사회적 지위를 과시 소비(문화 소비를 포함하여)로 확인하려는 성향이 있었고, 정신분석 상담도 그 일환이었다. 사교 모임에서 누구에게 정신분석 상담을 받는지 서로 묻는 것이 예절이 되어서, 묻지 않으면 결례였다.

이 붐은 전통적인 가족의 위기, 여성 해방, 혼외 관계의 확산을 함축하고 있는 성 해방의 순간과 일치했다. 그러나 일반적인 믿음과는 반대로, 그 세 가지 변화가 정신분석학 붐의 원인이 아니라 오히려 그 결과였다. 아르헨티나 정신분석학의 창시자들은 프로이트를 충실하게 따라 일부일처제, 전통적인 가족, 아내와 어머니라는 정형적인 여성 역할 등을 옹호했다. 따라서 페미니즘, 자유연애, 모든 대안적인 성애의 반대론자들이었다. 프로이트는 동성애에 대해 모호한 태도를 견지했는데도 불구하고, 그들은 대안적인 성애들을 아예 '도착'으로 분류했다.

마리 랑게르(일부 동료에게 그녀는 선한 어머니의 가면을 쓴 마녀였다)는 자신의 비엔나 시절 공산주의 이력을 망각했고, 1971년 페론주의 좌파로 전향하기 전에 멜라니 클라인에 뿌리를 둔 보수적 정신분석학에 발을 들였다. 그녀는 『모성과 성』(*Maternidad y sexo*, 1951)이라는 저서에서 여성의 성애는 오로지 모성을 통해서만 온전히 실현될 수 있고, 성의 자유는 어머니 역할에 혼란을 초래한다고 주장했다(1964년 개정판에서는 이 관점이 더 강화되었다). 따라서 여성에게 노동은 부수적인 것이어야 했다. 남성만이 직업을 통해 승화를 경험할 수 있고, 여성은 이것이 모성을 통해 가능하다는 것이었다. 랑게르는 피임약에 대해서도 반대를 표명했다.

『자녀 살육과 그 외 에세이』(*La matanza de los hijos y otros en-sayos*, 1971)의 저자 아르날도 라스코프스키는 관습적인 성 역할 구분의 옹호자였다. 가령 가정은 어머니를 중심으로 하며, 어머니는 일하러 나가지 말고 자녀를 돌보며 집에 머물러야 한다고 했다. 페미니즘의 강경한 반대파인 그는 페미니즘이 정신질환의 증가 원인이라고 비난했다. 또한 전통적인 가족이 "사회조직의 토대"이므로, 이를 지키는 것이 심리 치료의 근본적인 역할이라고 보았다. 이는 가톨릭 도덕주의와 일치하는 점이다. 마리아노 벤 플롯킨이 제대로 지적하고 있듯이,[35] 근대성과 전통의 이러한 특수한 결합, 가족과 모성에 관한 낡은 모델을 정당화하기 위한 근대적인 언어와 사상의 이용은 그 두

문화의 압박을 받고 있는 아르헨티나 중산계급 사이에서 정신분석학이 성공한 이유를 부분적으로 설명한다.

정신분석학의 좌파 시대(대표적으로 열정적인 마리 랑게르가 주도한 플라타포르마 그룹과 도쿠멘토 그룹도 이에 속했다. 그녀는 반페론주의적인 이력과 오랜 기간 마르크스주의와 거리를 두었던 과거를 지우려고 애를 썼다)는 1960년대 혁명의 열기에 일시적으로 전염된 것일 뿐이었고, 그 주창자들이 망명하면서 종식되었다.

군부독재에 의해 체포되고 실종된 사람들은 예외는 있지만 대체로 정신분석학자들이 아니라, 교육연구센터(Centro de Docencia e Investigación)와 정신건강노동자 조정실(Coordinadora de Trabajadores de la Salud Mental)에 속한 심리학자들이었다. 이들은 좌파와 몬토네로당(Partido Montonero)[36] 성향의 페론주의 세력이었다. 정신분석학자들이 독재 정부가 희생양으로 삼고 싶어 하는 집단이자 일부 편집증적인 군 인사에 의해 체제 전복적이라고 간주된 집단인 것은 맞다. 그렇지만 실제로는, 아르헨티나 정신분석학 학회는 1976년 5월 라틴아메리카 정신분석학 학술회의를 개최하면서 공공보건부의 경제적 지원을 받았다. 나아가 플롯킨이 지적한 대로, 중산계급 부모를 향한 군 담론의 수사법은 정신분석학의 가장 보수적인 측면에 해당하는 요소들을 취하고 있었다. 라스코프스키는 잡지, 라디오, 텔레

---

35 Mariano Ben Plotkin, *Freud en las pampas.*
36 [옮긴이] 페론이 만든 정의당(Partido Justicialista)의 강경파들이 탈당해서 만든 전투적인 정당이다.

비전 등에 자주 등장하여 테러리즘을 전통적인 가족의 위기에 따른 결과물이라고 해석했다.

그 시기는 정신분석학이 비정치적인 라캉주의의 보호막하에서 좌파에 환멸을 느낀 대중과 더불어 가장 큰 성장을 달성한 시절이었다. 라캉의 이론 자체가 애초에 탈정치적이어서, 인간의 억압은 특정 사회가 아니라 몰역사적인 상징체계에서 비롯된다고 보았다.

그러나 라캉주의는 아르헨티나 정신분석학 학회의 헤게모니 종식을 의미하기도 했다. 왜냐하면 의사 면허 없는 심리학자, 더 나중에는 학위 없는 심리학자라도 구루와 수련한 사람이면 누구에게든 치료 행위를 할 수 있는 기회가 주어졌기 때문이다. 라캉이 인정하는 것처럼, 개개인은 "스스로 권위를 만든다". 그 특별한 기회는 1980~1990년대에 라캉의 이론이 정통 정신분석학 및 모든 심리학 학파보다 확고하게 우월적인 지위를 지닐 수 있었던 이유를 설명해 준다. 라캉을 도입한 사람이 1960년 말에 아웃사이더였던 오스카르 마소타라는 사실은 시사하는 바가 크다.

1990년대에 정신분석학은 쇠퇴기에 접어들었다. 원인은 여러 가지였다. 모든 유행의 불가피한 퇴조, 경제 위기, 과학적 심리학과 약리학이 이룬 성과, 자조(自助)의 대중화, 비교(秘敎)를 포함한 대안적인 치료법 등이었다. 일부 심리학자는 라캉의 이론을 비롯한 정신분석학을 타로, 뉴에이지, 오리엔탈리즘, 기타 신비주의적 실천과 혼합한 독특한 치료법을 시행하기 시작했다.

정신분석학자들은 치료된 환자 숫자의 확인에는 관심이 없었다(이 점이 그들의 인식론적인 결함이다). 그러나 1970년대 정신분석학

붐 때의 아르헨티나 중산계급의 집단적 열광을 고려하면, 실제로 치유된 환자는 많지 않았을 것 같다.

밤의 하위문화

부에노스아이레스 사람들이 우쭐해하던 밤(부에노스아이레스는 "잠들지 않는 도시"라고 불렸다)이 모습을 바꾸었다. 과거에는 극장, 영화관, 카페를 중심으로 밤의 문화가 일정 부분 존재했다면, 이제 이들은 만남의 장소로서의 의미를 상실했다. 밤을 즐기던 공간은 대체로 시내 중심가(오늘날에는 날이 저물면 황량해진다), 특히 이제는 알아보기 어려울 정도로 달라진 코리엔테스 거리였다. 밤의 사람으로는 배우, 기자, 화가, 작가, 대중음악가 등이 두드러졌다. 오늘날의 바쁜 삶과 새로운 노동조건이 그 풍속을 변화시켰다. 더 이상 카페에서 야밤의 만남을 오래 가지거나 레스토랑에서 식사 후 환담을 늘어지게 가질 시간이 허락되지 않았다. 따라서 당시 언어로는 '보헤미안'이라고 부르던 그 잡다한 그룹들은 더 이상 존재하지 않게 되었다. 연속적인 군부독재 정권의 경찰 탄압 또한 이들의 소멸에 기여했다.

    1980~1990년대에 새로운 보헤미안이 출현했다고 말하는 사람들도 있다. 하지만 이들은 야행성이라는 걸 제외하면 지난날의 보헤미안과는 공통점이 별로 없었다. 주인공은 다른 종류의 사람들이었다. 예전의 보헤미안이 문학과 예술을 중심으로 움직였다면, 보헤미안으로 불리지도 않는 새로운 보헤미안은 저널리스트 데이비드 브룩스의 표현에 따르면 부르주아 보헤미안, 줄임말로는 보보(Bobo)였

다. 이들 스스로는 자신을 패션 혹은 블리츠(blitz)라고 불렀다. 이들은 빨리 소비되는 마이너 예술이나 응용 예술을 중심으로 움직였다. 가령 패션, 인테리어 장식, 공예, 액세서리 제조, 광고, 스타 업종, 디자인 등이다.

새로운 보헤미안은 대중사회의 문화산업이나 미디어를 적절히 활용했다. 그래서 구보헤미안의 특징이었던 빈곤과 소외에서 멀어졌다. 제3세계의 앤디 워홀인 세르히오 데 루프는 "패션이 나를 코리엔테스 거리에서 구원했다"[37]고 고백했다.

옛 보헤미안과 달리 새로운 보헤미안에게는 고정된 만남의 장소가 없었다. 디텔라 연구소와 '광란의 블록'(manzana loca, 플로리다, 마이푸, 파라과이, 차르카스 길로 둘러싸인 블록)은 1960년대에는 구보헤미안과 신보헤미안 사이의 변곡점이었다. 양 집단이 어느 정도 공유하던 곳, 그래서 양 집단이 함께 어우러지던 최후의 장소였다. 구보헤미안은 정착민이라 카페 테이블에서 몇 시간씩을 보냈다. 그러나 신보헤미안은 유목민이고 방랑자이며, 재핑(zapping), 플래시 몹, 비디오클립에 익숙하고, 빠르게 움직인다. 휴대전화는 어느 곳에도 머물지 않는 이들에게 적절한 소통 수단이다. 하루 만에, 가끔은 하룻저녁에 바리오를 바꾼다. 시대에 따라 산 마르틴과 레콩키스타 길 사이에 해당하는 도심, 레콜레타, 산 텔모, 팔레르모 비에호, 라스 카니타스, 아바스토, 파세오 데 라 인판타, 아르코스 델 솔 등이 그들의 무대였다. 인기 볼리체는 갑자기 뜨고 아무 이유 없이 문을 닫는다. 그래서

---

37 재인용, Bárbara Belloc, *Tribus porteñas*, Buenos Aires: Perfil, 1998.

'핫한' 장소들(lugares "de onda")을 소개하는 관광 안내서와 잡지들이 항상 시류에 뒤떨어질 수밖에 없다.[38]

젊은 보헤미안들이 모이는 수많은 실험 극장의 경우도 유사하다. 실험 극장은 과거와 달리 도심에서 떨어져 있는 바리오(비야 크레스포나 팔레르모)로 흩어졌고, 연극 무대나 레스토랑으로 개조된 구가옥들 이외에는 그다지 도회적 분위기를 풍기지 않는 길에 주로 자리 잡았다.

이 유목주의에, 번쩍번쩍한 이피트에서 벌이는 프라이빗 파티를 덧붙일 수 있다. 이런 파티는 연줄만 있으면 초대받지 않아도 갈 수 있다. 용도도 명칭도 모호한 장소에서도 이러한 파티가 열린다. 예를 들면, 문화센터, 펍, 언더그라운드,[39] 디스코텍, 메가디스코텍, 멀티숍(polirrubro), 서퍼클럽(supper club)이다. 이런 곳들은 이전의 보이테와는 분위기가 매우 다르다. 가령 개별 테이블에 갓을 씌운 작은 램프를 놓는 대신 조명 효과를 주었다. 실내 장식은 바로크적 브리콜라주(돈 오리오네 매장과 구세군에서 구한 잡동사니로 장식했다)와 미니멀리즘적인 헐벗은 양식을 오간다.

옛 상류 생활(high life)은 동질적이고 폐쇄적이었다. 오로지 상

---

38 선구자는 뉴욕의 나이트클럽 스튜디오 54에서 영감을 받은 엑스페리먼트와 버터플라이(후 닌 길 1700번대), 그리고 뉴욕 시티(알바레스 토마스 길)였다. 최초로 레이저 빔을 선보인 곳들이다. 1990년대에는 볼리비아(발카르세 길께의 칠레 길), 엘 도라도, 디 에이지 오브 커뮤니케이션, 에로스, 모로코, 나베 홍글라, 아르코스 델 솔(코요테 길께의 푸엔테 미트레 길), 부에노스아이레스 뉴스, 엘 시엘로, 린페르노, 라 모로차, 트럼프스, 파차, 아베 포르코, 그 외에 잠깐 인기를 끌었던 여러 클럽이 순식간에 출현했다가 사라졌다.

39 [옮긴이] 지하 1층에 차린 바, 카페, 무도장 등을 가리킨다.

류계급의 것이었고, 그 구성원 모두가 친인척이거나 지인이었다. 반면에 오늘날의 카페 소사이어티나 제트족[40]의 구성원들은 늘 동일하기는 하지만 여러 분야에 종사하는 다양한 사람의 혼합이다. 예를 들어 기업가, 중역, 정치인, 해프닝미술 혹은 설치미술 예술가, 연예인, 패션쇼 연출가, 모델, 의상 디자이너, PR 전문가, 마케터, 텔레비전 프로듀서, 운동선수 등이 섞여 있다. 유일한 조건은 부유하거나 유명해야 한다는 것이다. 그렇지 않으면 잘생기거나 아름다워야 한다.

과거에는 밤의 삶이 남성은 카페, 커플 혹은 혼성 무리는 올리보스나 마우 마우 부류의 보이테(고급주택 거실처럼 꾸몄다)에서 이루어졌다. 1976년 엑스페리먼트의 선구자적이고 짧은 시도가 있었고, 뒤이어 뉴욕 스튜디오 54 모델이 대세가 된 이후에는 커플, 남성 무리, 이성애자와 양성애자, 게이, 레즈비언이 모두 드나들었고, 1980년대 이후에는 화려한 복장도착자들도 가담했다.

밤의 권력자는 볼리체 주인이었다. 가령 마우 마우의 소유주 호세 라타 리스테, 이포포타무스의 소유주 기도 파리시에르, 코스타네라 노르테 거리[41]에 있는 디스코텍들의 주인 레오폴도 '폴리' 아르멘타노 등이었다. '폴리'는 거리에서 살해당했다. 이들과 함께, 세르히오 데 루프 같은 공간 디자이너(볼리비아, 엘 도라도, 모로코 등의 클럽을 디자인했다)들과 레이저 빔 효과를 담당하는 조명 기술자들이 명

---

40 [옮긴이] '카페 소사이어티'는 상류층이 주로 출입하는 고급 클럽의 멤버십, '제트족'은 개인 비행기를 타고 전 세계를 누비는 부호들을 가리킨다.
41 [옮긴이] 라 플라타강을 끼고 있는 강변도로.

성을 공유했다. 조명 기술자들은 컬러 조명, 블랙 라이트, 블랙아웃, 회전 미러볼, 바닥 조명, 점멸 조명 등을 도입하였다. 지하 공간이나 더 심미적 공간에서는 '사이키델릭'이라고 불리는 이런 화려한 장치들 대신, 더러 촛불로 손님들의 은은한 조명 취향이나 뉴로맨틱 취향에 적절한 분위기를 만들어 냈다.

DJ는 예술가의 자리를 차지했고, 일부 DJ는 디스크가 새로운 악기라도 되는 양 루나 파크에서 리사이틀을 열기도 했다. 오늘날 음악 매장에서는 기타보다 디제잉을 위한 트레이가 더 많이 팔린다. 부에노스아이레스에는 DJ 학교들이 생겼다. 물론 가장 유명한 DJ들은 미국에서 마스터 과정을 밟았다. DJ들은 순수하지 않다. 음반 산업 메커니즘의 비밀과 결부되어 있으며 특정 디스크를 틀어 주고 돈을 받는다. 이들은 조직된 즐거움의 기획자이자 흥겨움을 유지할 책임자이다. 디스코텍은 전자 교환국과 닮았다. 수많은 최신 디스크를 갖춘 DJ는 고성능 오디오 장비 뒤편에서 버튼을 누르고, 흥분을 고조시키기 위해 위아래로 레버를 움직인다. 그러면 반복적이고 기계적인 리듬에 도취된 춤꾼들이 자동으로 반응한다. DJ는 홀을 통제하고, 분위기를 살펴 열기가 식으면 소리를 키우고 리듬을 빠르게 한다. 열기가 최고조에 달하면, 조명 담당자의 도움을 받아 이를 유지하려 한다. 춤추는 이들이 지치기 시작하면 리듬을 늦추어 무대에 사람들이 교체될 시간, 사람들이 무대에서 내려가 음료를 마실 시간을 마련한다.

손님이 엘리트 계층의 특권을 누리고 있다고 믿게 하려면 고객 선별이 결정적이다. 그래서 PR 전문가, 하비에르 루케스나 클라우디오 '라 클로타' 란세타 같은 이벤트 기획자의 역할이 중요하다. 루케스의 메일 리스트에 포함되는 것은 선별된 계층에 속한다는 것을 의미하고, '라 클로타'는 프라이빗 모임의 기획 전문가이다. 문지기조차 중요한 인물이 된다. 입장을 막고 싶은 사람이 있으면, 초대장을 제시하라고 요구하면서 고객을 선별하기 때문이다. 마우 마우의 문지기 프라가에게 뒷돈을 주는 이들이 생길 지경이었다.[42]

록 음악과 중산계급 젊은이들이 압도적인 디스코텍은 쿰비아와 살사가 지배하는 바일란티나(bailantina)[43]와 밤을 양분한다. 주요 바일란티나는 이탈리아 광장과 콘스티투시온에 몰려 있고, 손님은 서민계급, 특히 내륙에서 온 이주자들이다. 디스코텍과는 달리 연령 제한이 없고, 가족 단위로 오곤 한다.

탱고 춤은 오랫동안 살롱 아르헨티나에서만 겨우 명맥을 유지하고 있었는데, 클라우디오 세고비아의 탱고 공연단 '탱고 아르헨티노'의 탱고 쇼가 파리(1983), 브로드웨이(1986), 그리고 마침내는 부에노스아이레스(1992)에서 성공하면서, 세계적인 부활이 이루어졌다. 그러나 탱고 신봉자들이 아르헨티나에서 다수는 아니다. 포도주 클럽이나 카페 오메로처럼 탱고를 들을 수 있는 전통적인 레스토랑이나 펍 몇 군데, 일요일에 도레고 광장과 벨그라노 바랑카스에 있는 원형 공터(glorieta) 같은 야외를 제외하면, 탱고를 출 수 있는 살롱 숫자는 제한적이다. 그나마도 일주일에 며칠만 가능하고, 다른 목적의 지역

42　이와 관련해서 다음 서지를 참조하라. Mario Margulis et al., *La cultura de la noche*, Buenos Aires: Espasa Hoy, 1994; Viviana Gorbato, *Noche tras noche*, Buenos Aires: Atlántida, 1997.

43　[옮긴이] 트로피컬 음악을 주로 트는 무도장이다.

동호회가 임대한 공간을 빌려 많이 출 뿐이다. 이곳을 찾는 이들은 다채롭다. 향수에 젖은 나이 지긋한 사람들은 저녁에 이데알 제과점에서, 우아한 상류계급은 라이온스 클럽의 니뇨 비엔 홀에서 탱고를 즐긴다. 그 밖의 춤 살롱들은 이제 막 탱고에 입문했거나, 탱고와 다른 춤을 동시에 즐기는 하류계급이나 중산계급 젊은이들의 차지이다. 지역색을 갈망하는 관광객들도 이들과 섞여 있다. 관광청과 여행사들이 조직하여 탱고의 전설적인 장소들을 탐방하는 각종 투어 프로그램이 그런 곳들의 박물관화에 기여하고 있다.

1920년대에 상류계급의 일부 한량(calavera) 젊은이나 보헤미안 예술가가 소비하던 마약은 그 이후 수십 년 동안은 탱고나 재즈 뮤지션, 연극계 사람들만 제한적으로 사용됐다. 그러다가 20세기 말 새로운 마약류의 등장과 함께 부활하여 전 사회계층에 확산되었다.

1960년대 캘리포니아 히피들에게 반문화적인 형식, 심지어 신앙 수준으로 사용된 마리화나가 1970년대의 부에노스아이레스에서 고상하고 세련된 사람들의 모임에서 유행했다. 1980년대에는 마리화나 합법화를 주장하는 제한적인 청년운동이 있었다. 1990년대 부에노스아이레스의 밤에, 또 디스코텍 VIP룸에 유통된 마약은 이제 긴장 완화, 몽상, 기분 전환을 위한 수준의 것이 아니라 코카인이었다(얼마 후에는 엑스터시도 추가되었다). 여피들이 자극제, 촉진제, 정력제로 이를 선호했다. 효율을 위해, 활동성 항진을 위해, 오랜 시간 자지 않고 버티기 위해, 그리고 무엇보다도 전능함을 느끼기 위해 코카인을 흡입했다. 노동 문화에 대한 반발의 의미로 사용되던 히피들의 마리화나와는 반대로, 코카인은 효율성, 생산성, 경쟁, 충동적인 소비 등과 결합되어 있었던 것이다.

청년 하위문화

역시 1960년대의 캘리포니아에서 유래한 히피주의가 1967년 말 부에노스아이레스에 들이닥쳤다. 그리고 부에노스아이레스에서 이를 소개한 최초의 글이 이듬해 『프리메라 플라나』지에 실렸다. 히피는 이전부터 있었던 로커와 크게 구별되지는 않았다. 로커들은 훈칼 길께의 푸에이레돈 길에 위치한 지하 음악실 라 쿠에바에 모여 음악을 했다. 그리고 유일하게 문을 닫지 않는 바인 페를라 델 온세에서 새벽이 되어서야 자리를 파했다.

히피와 로커들은 초기 좌파 페론주의 청년운동 및 몬토네로 운동과 나란히 활동했다. 서로 담론은 달랐지만 복장과 언어 면에서 몇 가지 유사점이 있었고, 나아가 공통적으로 마약을 한다는 점에서 이들에게 적대적인 세력이 보기에는 한통속이었다. 페론주의 우파는 이들을 싸잡아 '호모에 마약쟁이'(puto y falopero)라고 규정했다. 그러나 당시의 페론주의 좌파는 대부분 민속음악과 록을 대립적인 것으로 보는 시각을 지니고 있었고, 후자를 제국주의적 문화 침투라고 비난했다. 또 성적 문제에 상당히 엄격해서(페론주의 좌파도 정통 좌파도 가톨릭 신자였다) 안정된 부부 관계와 출산을 옹호하고 동성애를 혐오했다.

1980~1990년대에는 반문화와 언더그라운드 분위기가 지배적이었다. 그래서 플라워 파워(Flower Power)[44]의 문화적 유토피아나

히피 코뮌, 게릴라의 정치적 이념이 자아도취적이고 쾌락주의적인 과도한 자기중심주의, 몸 가꾸기, 보디빌딩 등으로 변질되었다.

신체의 아름다움이 최고의 미덕이 되면서 '훌륭한 외양'(buena presencia)을 갖추지 못한 사람들에 대한 차별이 발생했다. 이들은 디스코텍에서뿐만 아니라 채용이나 사회적 관계에서도 뒷전으로 밀린다. 그래서 사람들은 조깅과 다이어트의 포로가 되어 산다. 판에 박힌 일상도, 학교나 직장의 규율도 견디지 못하면서 헬스장 훈련은 감내한다. 몇 시간씩 단조로운 운동을 하고, 온갖 종류의 기구를 사용하고, 피부암이 놀라울 정도로 늘어나는데도 선탠 룸과 선베드에서 구릿빛 몸을 만든다. 여성은 온갖 성형수술과 실리콘 이식을 하고, 날이 갈수록 남성도 마찬가지다. 청소년은 과식증이나 거식증같이 과거에는 없던 질환을 겪는다.

이 새로운 청년들은 이상이 없고, 최고의 우상은 소다 스테레오, 레돈디토스 데 리코타, 찰리 가르시아,[45] 디에고 마라도나 등이다. 책은 물론 신문조차 읽지 않는다. 학업을 택하는 이들의 경우 딱딱한 학문이나 인문학은 제쳐 놓고, 그래픽 디자인이나 시각예술, 아니면 커뮤니케이션 과학 같은 융합 학과를 선호한다. 언어 빈곤으로 추상적인 사고와 텍스트 이해에 어려움을 겪고, 말도 글도 다 표현력이 떨어진다. 정치에는 관심이 없고 어른들을 경멸한다. '그딴 게 나한테 뭐 중요해'(todo me importa tres pitos)라는 은어 표현에 그들의 감정 상

---

44 [옮긴이] 사랑, 평화, 반전을 주장하던 1960~1970년대의 청년문화.
45 [옮긴이] 소다 스테레오와 레돈디토스 데 리코타는 록 밴드, 찰리 가르시아는 록 가수.

태가 반영되어 있다. 회의주의자이고 더러는 냉소적이다. 처음에는 열정적이었다가 환멸(향수에 젖은 환멸이기는 하지만)에 빠진 1960년대 세대의 자녀이고, 금욕적이고 보수적인 소부르주아지로 살다가 전대미문의 변화에 어쩔 줄 모르는 세대의 손주나 증손주이다.

브랜드 옷과 신발, 오토바이, 쇼핑, 헬스장, 비디오게임, 디스코텍이나 바일란티나(이는 계급에 따라 구별된다), TV의 청년 프로그램, FM 라디오, 공연, 인터넷 채팅 등이 20세기 말 청년 반문화 특유의 상징물이다.

디스코텍에 중독된 이들에게 그곳은 어른들의 억압적인 세계와 대비되는 자유와 탈억압의 공간으로 보인다. 그러나 실제로는 소음과 시각 공해, 사회적 차별, 종족중심주의, 인종적 편견, 마초주의, 폭력, 돈의 힘 등 외부 세계와 낮의 세계에 존재하는 모든 불공정을 재생산한다. 문지기 또는 기도(patovica)는 초대권을 핑계로 메스티소(다시 말해 갈색인[el padraje]), 못생긴 사람, 옷차림이 별로인 사람, 뚱뚱한 사람, 약골, 키 작은 사람, 너무 나이 많은 사람, 그 외에도 비슷한 낙인이 찍힌 사람들을 입장하지 못하도록 배제한다.

불통이 실내를 지배해, 사람들이 다닥다닥 붙어 있는데도 거리감이 팽배해 있다. 그 말 없고 귀가 멍해진 젊은이들은 설령 나눌 이야기가 있다 해도 굉음 때문에 최소한의 대화조차 불가능하다.

그렇다고 디스코텍이 향연의 공간인 것도 아니다. 그곳에 모인 사람들은 자기를 보아 달라고 한다. 그러나 대개의 경우 시선을 교환하지 않고 거울에 비친 자기 모습을 관찰한다. 특히 자신의 몸에 관심을 기울인다. 노출증적인 자기도취가 종종 실제 성애를 대체한다. 해가 뜰 무렵, 춤에 지치고, 귀에 윙윙거리는 소리가 끝없이 들리고, 술 때문에 몽롱하고, 마약의 일시적인 환희에서 깨어난 청년에게는 바싹 마른 입을 헹구고 자러 가야겠다는 바람뿐이다. 대개는 동행 없이 혼자 귀가한다.

간선 도로 주유소에 딸려 있던 바가 도시에도 생겨나더니 청소년과 청년의 만남의 장소가 되었다. 이들은 차나 오토바이를 바깥에 세워 둔 채 맥주를 마시고, 음악을 듣고, 가솔린 냄새에 취한다. 디스코텍에 들어가기 전 단계이거나 거기에서 나와 새벽에 아침을 먹는 단계이다. 나중에는 가난한 계층 청년들이 이를 모방해서, 버스를 타고 바리오 노르테 주유소 혹은 다른 바리오 주유소로 원정을 떠난다. 가령 코리엔테스 길께의 스칼라브리니 오르티스 길의 에소 주유소나, 카마르고 길께의 후안 B. 후스토 길에 있는 쉘 주유소로 간다. 이곳을 찾는 젊은 손님 상당수가 자동차도 오토바이도 없다.

1980년대 중반의 아르헨티나 청년층은 새벽 3시부터 생활하는 습속이 있었다. 아마 세계적으로 유일무이한 특징이 아닐까 싶다. 청년문화의 가장 추악한 모습은 그들 패거리가 장악한 인적 없는 길에서 목격된다. 24시간 영업하는 길거리 매점 주변의 주택 문간에 떼로 모여, 맥주 혹은 마약 대신 로히피놀이나 아르테인 정제를 녹인 싸구려 팩 포도주를 마신다. 아침이면 보도는 빈병, 오줌, 토사물로 뒤덮여 있다. 과거의 밤 문화가 예술과 문학을 중심으로 한 평화로운 세계였다면, 오늘날의 밤 분위기에는 폭력과 무질서가 그득하다. 이는 주택가를 어지럽히는 일이지만, 당국은 해결 방법도 모르고 해결 의지도 없다.

모든 시대마다 세대 갈등은 있었다. 그러나 청년이 자신들의 삶이 대안적인 삶이라고 내세우며 어른 사회에 대거 맞서는 인상을 주는 시대는 처음이다. 더 중요한 것은 어른이 청년의 삶의 양식을 저항 없이 수용하고, 그들의 유행을 많이 따른다는 점이다. 과거에는 청년이 어른을 모방했다면, 지금은 반대 현상이 벌어지고 있다.

부모와 선생이 청년들에 대해 모든 권위를 잃고 체념하는 그 순간부터 청년 반란은 의미를 상실했다. 아버지 집에서 나오는 것은 과거에는 해방의 첫 번째 표지였다. 그러나 지금은 부모와 같이 사는 생활을 연장한다. 경제적인 이유도 있지만, 책임지지 않는 이점을 누리려는 그들의 습속 때문이다. 그들은 부모 집에서 부모가 있든 없든 애인과 지속적 혹은 일시적 사랑을 나눈다. 유년기 기억이 있는 방에서 지척에 부모를 두고 성생활에 입문하는 일이 새로운 세대들에게 어떤 영향을 끼칠지 아직은 모르겠다.

청년운동 및 록과 같은 청년의 상징물들이 지닌 전복적인 힘은 설사 실제로 존재했다 하더라도 선진자본주의의 역량, 심지어 대립적인 것까지 동화시키는 그 역량을 감안하지 못했다. 그리하여 소위 청년문화 혹은 반문화는 이내 본능의 해방이 아닌 경제적 착취를 목적으로 하는 여가산업의 포로가 되었다. 아디다스, 나이키, 리바이스 같은 대형 제조사, 유통 체인, 광고회사, 텔레비전과 라디오 프로그램 제작자, 음반회사 경영자, 디스코텍 소유주, 록밴드 관련 페티시 상품 제조업자, 공연장 소유주, 페스티벌 기획자 등은 청년 신화를 살려 두기 위해 부단히 일했다. 청년 신화가 그들에게는 좋은 비즈니스를 의미하기 때문이다.

게다가 젊은이들에게는 이제 1960년대가 주창한 성 해방 기치가 무색해졌다. 성이 수익을 창출한다는 점이 드러나자, 억압되지 않고 장려되고 있기 때문이다.

또 한편으로 청년들의 진정한 모의 따위는 애초에 존재하지 않았다. 그들에게는 명확한 목적의식이 없었기 때문이다. 반대로 그 무엇도 그들을 하나로 결합시키지 못한다. 그들은 뿔뿔이 흩어져 있고, 서로 차이가 미미한데도 거주지 단위로, 부족 단위로 파편화되어 자기들끼리 싸운다. 사회운동을 형성하지 못하고, 일시적으로 부유하는 '모비다'(movida)라는 반문화 현상이나 '파동'(onda)을 만들 뿐이다. 단일한 블록의 형성과는 거리가 멀어서, 사회계급, 성별, 바리오, 경제 수준, 교육 등에 따라 여러 집단이 출현한다. 심지어 사회경제적으로 동일한 계층에 속해 있더라도 지극히 자의적이고 감지하기 힘들 정도의 경미한 특징에 따라, '작은 차이의 자기도취'에 따라 서로 분리된다. 프랑스 사회학자 미셸 마페졸리는 특수한 관심사(음악, 스포츠, 의복, 마약, 성별, 거주 동네, 연령 등)에 따라 무리를 이루어 시내를 배회하는 도시 부족들(tribus urbanas)의 존재를 논하면서, 이들이 상이한 컷을 보여 주면서 휙휙 지나가는 만화경을 연상시킨다고 말한다.[46]

이 부족들의 일부는 스스로를 펑키, 헤비, 트래셔, 하드코어, 로커, 스톤스(롤링 스톤스의 팬), 리코테로(레돈디토스 데 리코타 밴드의

---

46 Michel Maffesoli, *El tiempo de las tribus: El declive del individualismo en las sociedades de masas*, Barcelona: Icaria, 1990.

팬), 스킨헤드, 스케이터, 레이브, 라스타(라스타파리안), 다키, 라이더, 뉴로맨틱 등으로 규정한다. 또 각각 하위 부족으로 나뉘는데, 이 경우는 구성원 숫자가 극히 적고 얼마 가지 못해서 벽에 스프레이로 쓴 낯선 명칭들을 통해 그 존재를 포착할 수 있을 뿐이다. 예전에 허무주의적인 구호로 주목을 끈 볼로 알리멘티시오(Bolo Alimenticio)[47]가 그러한 하위 부족들의 하나였다. 이들은 가끔은 약어 명칭을 쓰기도 한다. NDI(No demuestra interés, 흥미를 보이지 않는다), EDO(Existencia de odio, 증오의 존재), DAJ(Diferentes actitudes juveniles, 청춘의 다른 태도)가 그런 경우로, 자신들의 정체 혹은 정체성 결핍을 숨기는 태도이다.

이들은 록 페스티벌에 운집하기는 하지만 고정된 만남의 장소가 딱히 없다. 예외가 있다면, 로드리게스 페냐 길께의 산타 페 길에 있는 본드 스트리트 갤러리와 후라멘토 길께의 카빌도 길에 있는 라 추바 정도이다. 그들의 일상적인 장소는 오락실, 길거리 매점 근처의 길모퉁이나 남의 집 현관 앞이다.

그들은 투박한 사상보다 일상적인 코드, 의례, 관습으로 차별화된다. 가령 밤과 소음(앰프에서 흘러나오는 높은 데시벨의 음악) 숭배가 그 예다. 마약하는 사람이 많고 모두가 맥주를 마시는 것이 그들의 또 다른 식별 기호이다. 록으로 대동단결하지만, 이와 동시에 선호하는 밴드로 편이 갈린다. 한때는 비틀즈 팬이냐 롤링 스톤스 팬이냐가 보카 주니어스 팬이냐 리베르 플레이트(River Plate) 팬이냐에 맞먹을

---

47 [옮긴이] '한 번에 씹어 삼키는 음식' 또는 '침 섞인 음식'이라는 뜻.

만큼 대립적인 의미를 가졌다.[48] 어떤 때는 특정 밴드의 팬이 고스란히 특정 축구팀의 팬이기도 했다. 가령 라싱(Racing) 팀 팬은 롤링 스톤스 팬이고, 보카 주니어스 팬은 메탈리카 팬이었다.

이들은 고유 언어, 이를테면 청년 은어를 만들어 낸다. 하층민 동네 어투가 있지만, 룬파르도와 달리 소외층 언어가 아니라 중산계급이나 상류계급 젊은이들의 언어에서 비롯되었다. 일부 어휘는 마약 세계에서 유래되었다. 가령 로코[loco, 미치광이], 카레타[careta, 가면], 팔로파[falopa, 환각제의 일종], 아셀레라도[accelerado, 흥분한], 사카도[sacado, 뽑아낸], 사르파도[zarpado, 낚아챈], 팔리도[pálido, 창백한], 데 라 누카[de la nuca, 뒤통수치는], 맘보[mambo, 맘보 효과], 코르타르[cortar, 끊다] 등이 그런 사례이다. 그런가 하면 비드리오[vidrio, '유리', 컵을 가리킴], 투보[tubo, '튜브', 전화기를 가리킴]처럼 비유적인 어휘들도 사용된다. 또 기원이 확실하지 않은 단어들도 있다. 가스타르[gastar, 원뜻은 '지출하다', '낭비하다'이지만 '조롱하다'라는 의미로 사용됨], 코파르[copar, 원뜻은 '판돈을 다 걸다'이지만 '열광하다'라는 의미로 사용됨], 에스타르 알 망고[estar al mango, '강렬하게 살다'는 의미로 사용됨] 등이다. 성향이 다른 도시 부족을 비방하는 모욕적인 단어들도 있다. 예를 들면 체토[cheto, 척하는 놈], 그론초[groncho, 추접한], 그로네[grone, 순진한 놈], 비사그라[bisagra, 돌쩌귀] 등이다. 최상급이나 과장의 접두어 're-'를 많이 사용하고, 비속어를 줄곧 쓰는데, 특히 영어의 'fuck you'에 해당하는 '볼루도'(boludo)를 한 문장마다 감탄

---

48 [옮긴이] 보카 주니어스와 리베르 플레이트는 아르헨티나 프로 축구의 최대 맞수이다.

사처럼 강박적으로 되풀이한다.

그러나 청년들만 구어를 마구잡이로 사용하는 것은 아니다. 어른들도 비속어와 동전의 양면 격인 수사를 남발했다. 지나치게 격식을 갖추는 말투를 버린 것은 칭찬할 만하다. 그러나 상대방을 친밀하게 지칭하는 'tú'나 'vos' 같은 2인칭 대명사의 가짜 평등주의의 이면에는 상대방에 대한 경멸이 감추어져 있다.

도시 부족은 의복이나 외모로도 일체감을 느낀다. 의도적으로 자유분방한 차림새, 가죽옷, 밴드 이니셜이나 롤링 스톤스의 혀가 그려진 티셔츠, 낡고 닳고 더럽고 유행 지난 옷(특히 검은색 옷), 굽 높은 부츠, 편상화나 농구화, 베레모, 징 박힌 벨트, 손목에 묶은 손수건, 금속제 귀걸이와 목걸이와 반지, 핀, 면도날, 사슬, 피어싱, 문신, 가끔은 갈고리 십자가 장식 등이 그 특징이다. 이 목록은 되는 대로 나열한 것에 불과하다. 각 부족 및 하위 부족에게는 거의 유니폼 같은 고유 복식이 있어서 소속을 드러내고, 서로 쉽게 알아보고 다른 부족들과 구별된다.

헤어스타일로는 장발, 민머리, 반쯤 민 머리, 강렬한 색의 염색(보라, 진분홍, 노랑 등), 모히칸 스타일 커트, 스프레이로 꾸민 닭 벼슬머리, 라스타파리안 머리 등이 있다.

섀비 시크 패션은 1950년대의 프티주의와 완전히 정반대다. 1950년대에는 중산계급 하층 젊은이들은 중산계급을 모방하고, 중산계급은 상류계급을 모방했다. 1980~1990년대는 반대로 중산계급과 상류계급 청년들이 하류계급, 심지어 룸펜을 모방하고, 유사한 의복을 입고(물론 브랜드는 다르다), 악센트는 달라도 같은 어휘를 사용하고, 듣는 장소는 다르지만 동일한 음악을 듣는다. 단편소설 「천국의 문들」에서 서민의 유흥에 대한 중산계급의 혐오감을 표현한 훌리오 코르타사르가 만일 1990년대에 떠들썩한 바일란티나 리듬과 비야 미세리아의 쿰비아가 고급스러운 장소에서 유행하는 걸 보았다면 놀라움을 금치 못했을 것이다.

이념의 혼란 속에서 몇 가지 경향이 두드러진다. 일종의 신미래주의자들은 전자 기술에 매료되어 있고, 신시사이저(공장의 소음과 비슷한 단조로운 리듬이 무한 반복된다)나 다른 전자 장비들을 통해 테크노 음악에 심취하고, 컴퓨터와 인터넷 서핑 중독자이고, PC방 부스에서 밤을 지새운다.

반대로 신히피족은 반기술공학주의자, 전 지구화 반대론자, 환경론자, 비합리주의자, 낭만주의자를 표방하고, 원시적인 것에 향수를 느끼고 동양 종교와 비교에 경도되어 있다. 소위 펑크족은 평화주의적 아나키즘과 폭력적 네오나치 사이를 오간다. 두 집단 모두 결코 읽지도 않았을 니체를 언급한다. 그들에게 이념이라는 것이 있다면, 매우 초보적이고 모호하여 어떠한 실질적인 참여도 결여된 반시스템주의이다. 그들은 스스로를 반정치적이라고 여긴다. '체' 게바라, 에비타, 히틀러 같은 극소수의 정치적 우상만 지니고 있을 뿐이다. 그것도 이들의 사상 때문이 아니라(그에 대해서는 제대로 알지도 못한다) 매력적인 개성의 소유자들이기 때문이다. "미래는 없다"고 부르짖고, 감성을 혐오하고, 히피족이 사랑을 찬미한 것과는 달리 증오를 찬미한다.

아마도 이 부족들은 스스로를 혁명적이라고 여길 것이다. 그러나 그냥 반항아일 뿐이다. 수동적이고, 환멸에 차 있고, 무심하고, 그들의 은어로 '쿨한' 반란을 하고 있다. 그러나 반근대적인 좌파나 우파가 비난하는 것처럼 개인주의자는 아니다. 오히려 군집 정신(espíritu gregario)이 있고, 집단의 코드에 충직하며, 자신들의 하찮은 우상에 광적으로 매달리고, 고독과 침묵을 견디지 못한다.

청년을 공격하는 것은 반동적인 태도라기보다는 어리석은 짓이다. 인간은 모두 한때는 청년이지만, 그 시절은 예외 없이 지나가기 때문이다. 그래서 젊음은 도덕적인 태도도 영적인 태도도 아니다. 그것은 지나가는 생물학 단계일 뿐이고, 따라서 미덕도 결함도 함축하지 않는다. 우리가 배격해야 할 것은 오늘날 유행하는 젊음에 대한 찬양, 즉 청춘주의(juvenilismo)이다. 또 여가산업과 미디어의 무비판적 아첨, 청춘주의를 정당화함으로써 모든 책임을 방기하는 선동적인 정치인과 부모이다. 청년과 어른이 공유하고 있는 청춘주의 이념은 하향 평준화를 야기하는 거짓 평등주의에 바탕을 두고 있다. 그 이념에 따르면 교육은 권위주의를 함축하고 있다. 교육자와 피교육자 사이에 지식의 질적인 차이를 상정하고, 모든 평가가 학생들의 서열화를 야기해서 차별적이고 엘리트주의적이라고 보기 때문이다. 이런 시각에 따르면, 고전적인 의미의 '가르침'이란 소용없는 것이다. 자기 자신을 표현하는 것만 중요하므로 아무것도 배울 게 없게 된다. 나아가 교육은, 젊다는 사실만으로 모든 젊은이에게 내재되어 있다고 간주되는 상상력의 자유를 자유롭게 개발하는 데에 방해물로 비칠 것이다.

폭력과 범죄

모든 대도시의 거리에는 항상 위협적인 존재, 다시 말해 범죄자가 있다. 과거의 부에노스아이레스는 다른 라틴아메리카 도시들보다 더 안전하다는 점 때문에 돋보였다. 그러나 1990년대, 특히 21세기에 접어들면서 범죄가 엄청나게 증가했다. 다만 아직은 상파울루, 리우, 멕시코시티, 보고타, 카라카스의 범죄율에 이르지는 않았다.[49]

새로운 유형의 범죄가 출현했다. 익스프레스 납치(secuestro exprés),[50] 택시 기사 공모 강도, 창구 직원 공모 강도(salidera),[51] 인질 강도, 오토바이 날치기, 거짓 화재 소동 등을 이용한 잔꾀 범죄, 방문 서비스를 빙자한 가정집 침입 등이다.

소소한 절도, 딱히 범죄라고 규정하기도 쉽지 않은 일상적인 범죄가 특히 하류계급과 중산계급 하층 사이에 만연해 있다. 서비스직 직원, 점원, 카페 점원, 계산대 직원 등 돈을 거슬러 주고 남의 돈을 만지는 사람들이 저지르는 도둑질인데, 이들은 더 큰 도둑질의 유혹에

---

49 청년층의 범죄, 범죄 조직화, 폭력에 대해서는 다음을 참조하라. Silvia Duschatsky and Cristian Corea, *Chicos en banda*, Buenos Aires: Paidós, 2002; Alejandro Isla and Daniel Míguez, *Heridas urbanas*, Buenos Aires: Ediciones de la Ciencia, 2003; Sandra Gayol and Gabriel Kessler eds., *Violencias, delitos y justicias en la Argentina*, Buenos Aires: Manantial, 2002; Bárbara Belloc, *Tribus porteñas*, Buenos Aires: Perfil, 1998; Pere-Oriol Costa, José Miguel Pérez Tornero and Fabio Tropero, *Tribus urbanas*, Buenos Aires: Paidós, 1996.

50 [옮긴이] 몸값을 얼른 챙기고 금방 풀어 주는 유형의 납치.

51 [옮긴이] 창구 직원에게 정보를 받아 은행에서 현금을 많이 인출한 고객을 쫓아가 덮치는 범죄.

취약하다.

한편 군집 사회에는 연쇄살인이 없다는 점이 미국처럼 연쇄살인이 넘쳐나는 개인주의 국가들과 비교하면 의미 있는 일이다. 20세기를 통틀어, 카예타노 산토스 고디노(별명은 '귀 큰 난쟁이')와 카를로스 에두아르도 로블레도 푸치 사건 두 차례 뿐이었다.

선정적인 미디어들 때문에, 치안에 대한 불안은 부에노스아이레스 사람들의 강박이 되었다. 방범문과 방범창, CCTV, 행인이 지나가면 켜지는 전등, 경보 장치, 방탄벽, 방범용 전류 시설, 야간 경비 체제 등이 그 증거다. 다양한 종류의 경비 회사가 경비, 수행 경호원, 긴급 구조 서비스를 제공하고 있다. 사람들은 밤에 외출을 자제하고, 일간지마다 길을 걸을 때 강도를 피하기 위해 어떻게 해야 하는지 상세한 지침을 기사로 내보낸다. 범죄자들에 대해 무방비 상태에 있다는 집단적 불쾌감은 직접 처벌이라는 위험한 발상으로 귀결되었다. 그래서 어느 엔지니어가 자동차의 오디오 카세트를 훔쳤다는 이유로 청년을 죽인 사건이 일어났을 때, 일부 여론과 미디어는 이를 정당하다고 주장했다.

'피베스 초로스'(pibes chorros)라 불리는 애송이 도둑들은 대부분 미성년자인데, 과거의 전문적인 범죄자들과는 상이한 양상을 띤다. 사회학자 가브리엘 케슬레르의 주장에 따르면,[52] 전문 범죄자들

---

52 Gabriel Kessler, "De proveedores, amigos, vecinos y barderos: acerca del trabajo, delito y sociabilidad en jóvenes del Gran Buenos Aires", Luis Beccaria et al., *Sociedad y sociabilidad en la Argentina de los 90*, Buenos Aires: Biblos, 2002.

의 쇠퇴는 정규직의 위기와 동시에 일어났다. 두 경우 모두 즉흥적이고 불안정해졌다. 범죄 조직은 건수가 있을 때 만들어졌다가 금방 해체된다. 사회의 다른 영역에서와 마찬가지로, 범죄에서도 파편화와 일시성이 지배하는 것이다.

애송이 도둑들은 늘 성과가 미미하고 자주 붙잡힌다. 범행 계획도 짜지 않고, 전문 범죄자 같은 지식과 기술도 없고, 큰 범죄를 꾸밀 때 꼭 필요한 지원, 정보, 연줄, 조력자, 변호사 친구, 다양한 은신처도 결여되어 있기 때문이다. 초짜들은 심지어 무기도 다루지 못하고 운전도 못한다. 전문 범죄자들, 소위 '초로스 데 카뇨'(chorros de caño)들은 그들을 깔본다. 능력도 안 되고, 잡범이고, 노인과 아이들을 상대로 도둑질하기 때문이다. 그래서 자기들끼리의 은어로 경멸적인 뜻이 담겨 있는 '반(反)도둑'(antichorro), '잡것'(cachivache), '고수풀'(perejil)이라고 부른다.

부분적으로는 술과 마약에 취해 저지르는 난폭하고 이득도 없는 폭력이나 강간(과거의 전문 범죄자들에게서는 흔치 않았다) 등이기에, 애송이 도둑의 범죄는 일종의 러시안룰렛처럼 위험을 무릅쓴 게임 성격을 띤다. 케슬레르는 오락적 성격, 과시욕에 사로잡힌 유희적 성격을 지닌 그들의 범죄 행위에서 일정한 연극성과 카니발적 분위기를 읽어 낸다.[53]

특정 조직망에 속하는 꾼(transa)들과 달리, 오늘날의 도둑들은 풀타임 도둑과 일시적 도둑 사이의 명확한 경계가 없고, 그래서 지속

---

53 Ibid.

적인 조직을 만드는 게 어렵다.

질서와 탈법을 오가는 이들 중에는 실직 상태가 장기화될 때, 혹은 간헐적인 일자리가 끊길 때마다 일회적이고 비전문적인 범죄를 저지르는 이들이 있다. 또한 일을 하면서 남는 시간에 범죄를 저지르는 이들도 없지 않다. 이들에게는 범죄가 부업인 셈이고, 충분하지 않은 급여를 메꿔 주는 수단이다. 그러다가 붙잡히면 그런 이중생활을 이어 나가기는 어려워진다. 전과가 생겨 노동시장 재진입에 걸림돌이 되기 때문이다. 그런데 하위 계급의 많은 청소년이 마치 성인이 되기 위한 통과의례를 치르듯 한번쯤 재미로 또는 용기를 증명하려고 도둑질을 해 본다.

이웃과 더불어 살고, 정직한 사람과 범죄자를 오가고, 록이나 쿰비아 등 범죄와 무관한 관심사로 뭉친 청년 그룹에 가입하는 삶도 폐쇄적인 세계, 하위문화나 반문화, 집단의식, 1930년대식의 보스(가령, 로베르토 고르디요나 세군도 다비드 페랄타) 등의 출현을 불가능하게 했다. 이례적인 경우가 '엘 프렌테'라고 불린 빅토르 미겔 비탈이다. 그는 장물을 이웃에게 나눠 주고, 경찰 손에 일찍 죽음을 맞이함으로써 비야 미세리아의 아이콘이 되었다.[54]

새로운 도둑들은 고전적인 범죄 집단의 많은 규범을 위반한다. 가령, 과거에 살인은 최후의 수단이었다. 반면 젊은 범죄자들은 룬파르도어로 '유타(yuta) 죽이기', 즉 경찰을 없애 버리는 것을 마치 명예

---

54 Christian Alarcón, *Cuando me muera quiero que me toquen una cumbia: vidas de pibes chorros*, Buenos Aires: Norma, 2003.

처럼 여긴다. 나아가 이 목숨 건 전쟁의 상징으로, 칼이 관통된 뱀의 문신 혹은 네 명의 범죄자가 경찰을 에워싸고 있는 것을 상징하는 다섯 개의 점 문신을 한다.

정치적인 사유라고는 가장 기본적인 것조차 찾아볼 수 없는 이 애송이 도둑은 자신을 배제하는 사회에 대한 적개심만 표현할 뿐이다. 또한 초보적인 수준의 반항아 기질도 없어서, 쿰비아 밴드인 '피베스 초로스'의 가사에서 표출되는 것처럼 자신들을 그저 범죄자와 동일시한다. 그들이 되살리는 유일한 덕목은 하층민 동네의 젊은 사내의 전형적인 특징인 힘과 결기뿐이다.

1990년대에는 비야 미세리아 내에서는 도둑질을 금하는 규범조차 깨졌다. 이제는 방범용 전류 시설을 갖춘 집은 흔하디흔한 일이 되었다. 희생자들은 소용없다는 걸 알기 때문에 경찰에 신고하지도 않는다. 가장 일반적인 것은 상인이나 길거리 매점 주인에게 십일조를 갈취하는 일이다. 이들은 강도를 당하지 않기 위해 이를 감수한다. 자유 통행 명목으로 통행세를 내기도 한다.

정직한 비야 미세리아 주민도 범죄자들과 가끔씩 관계를 맺지 않을 수 없다. 예를 들어 절도를 당한 사람은 폭력배 우두머리를 통해서 누가 도둑인지 알아보고, 도둑맞은 물건을 새 물건보다 싼 값에 되사들인다. 경우에 따라서는, 강요된 관계가 아니라 장물아비 혹은 장물 보관인으로(심지어 가끔은 특정 물건을 급하게 주문한다) 공범 관계를 맺는다. 그들의 은어로는 'hacer la segunda'('도움을 준다'는 뜻)라고 표현한다.

'미치광이들', 그러니까 사이코패스들과의 공생은 더욱 어렵다.

이들은 공격적이어서 이웃 사람들의 정상적인 생활을 불가능하게 한다. 그러다가 가끔 '정의 구현자'(justiciero)에게 살해되는데, 그 경우 지인이든 경찰이든 아무도 범죄 규명에 관심을 두지 않는다.

절도 사건의 희생자들은 대부분 부자가 아니라, 집 안에 개인적으로 방범 시설을 갖출 만한 여력이 안 되는 사람들이다. 얼마 안 되는 연금을 받아 은행에서 나오는 노인, 출근길 여성(가끔은 날치기들에 의해 기차 밖으로 내던져진다), 인근 비야 미세리아에 은신처를 마련한 범죄자들에게 지속적으로 털리는 평범한 상인도 범죄에 노출되어 있다. 가난한 사람들은 이중의 피해를 겪는다. 사실 범죄자는 소수일 뿐인데, 비야 미세리아 주민은 범죄 사건의 주된 희생자인 동시에 그곳 주민이라는 이유로 잠재적인 범죄자로 낙인찍힌다.

심리학이나 유전학 이론, 문화주의 이론, 환경 이론, 사회학 이론은 서로 보완적이다. 개인의 공격 성향은 사회적 환경에 따라 억제되기도 하고 촉발되기도 한다. 범죄 증가의 원인은 소외와 빈곤 증가, 실업, 사회화 제도로서의 가정과 학교의 무능(많은 경우 아예 역할을 하지 못한다), 정당, 노조, 직장, 지역 모임 등과 같은 소속 집단에 대한 가치 절하, 불평등의 증가와 부의 과시에 따른 원한, 부도덕한 지도층, 손쉬운 총기 소지, 주류와 마약의 확산 등 여러 가지이다.

하층계급의 아이, 청소년, 청년의 삶은 통상적이고 일상적인 것으로 인식되는 폭력에 함몰되어 있다. 청년 범죄자는 여성과 아이와 노인을 구타하는 폭력 가정(가끔 근친상간도 이루어진다)에서 잉태되는 일이 빈번하다. 가정 폭력은 신문에 나지 않고, 고발되는 일이 별로 없어서 통계 공백을 야기한다. 그 폭력은 하층민 바리오의 학교로 연장된다. 학생 간 싸움은 늘 있는 일이고, 최근에는 교사에 대한 공격이 확산 추세에 있다. 청소년과 청년의 오락거리와 그 장(축구장, 록 페스티벌, 쿠아르테테라[cuartetera],[55] 디스코텍, TV 연속극, 오락실)은 폭력을 더 키운다.

이러한 아노미 상태(기존 사회규범이 가치를 잃었으나 다른 규범으로 대체되지 못한 상태)는 범죄 행위가 예전처럼 룸펜의 소유물이 아니라 모든 사회계급의 것이라는 점을 보여 준다. 권력자들의 범죄, 가령 공무원의 뇌물 수수 혹은 껍데기 기업 만들기는 놀라울 정도로 증가하기는 했지만 새삼스러운 일은 아니다. 그러나 돈을 노린 납치를 일삼은 부르주아 가정 푸치오가(家), '있는 집 자식 조직'[56]을 이끈 상류층 청년 '콘체토'(concheto)[57] 기예르모 안토니오 알바레스, '독살 여인'(la envenenadora) 이야 무라노, 서로 맥락은 다르지만 쇼클렌더 부부, 리노 팔라시오, 엔지니어 라몬 다보우사, 오리엘 브라이언트, 파울리나 데 추에케, 리디아 로카, 마리아 마르타 가르시아 벨순세 피살 사건들은 평화로운 가정의 이면에 깃든 추악함, 사적 관계의 불안 정성을 보여 주는 전형적인 사례들이다.[58] 가정 폭력, 친인척 혹은 지

---

55 [옮긴이] 민속음악의 일종인 쿠아르테토(cuarteto)를 추는 장소.

56 사실 이 조직의 유일한 있는 집 자식은 보스뿐이었다. 그는 비야 미세리아인 라 카바 데 산 이시드로에서 추종자들을 모집했다. 부상당한 조직원 하나를 자신이 다니던 고급 병원 문 앞에 버리고 가는 바람에 그 사실이 드러났다.

57 [옮긴이] 있는 집 자식임을 유감없이 과시하는 사람 혹은 있는 집 자식인 척하는 사람을 일 컫는 말.

58 리노 팔라시오는 손자 친구들에게 살해당했다. 오리엘 브라이언트 살해 사건은 남편, 시어머니, 시누이가 용의자였으나 밝혀지지 못했다. 파울리나 데 추에케는 아들 다비드 추에케 가 고용한 두 명의 살인청부업자에게 살해당했다. 쇼클렌더 부부도 다보우사도 자식에게

인 사이에서 발생하는 살인 사건은 절도 사건에 비례하여 증가했다. 가정도 거리 못지않게 위험하다. 미디어는 거리 범죄 보도에 더 집중하지만, 이는 가족 내 범죄가 카메라에 잘 잡히지 않기 때문이다.

경찰, 감옥 시스템, 사법부의 제도적 위기도 범죄의 횡행과 무관하지 않다. 경찰의 부패는 과거에 뿌리를 두고 있다. 1943년에서 1983년까지 군 출신들이 집권한 세월 동안, 경찰은 당시의 범죄 건수를 고려하면 타당성이 없을 정도로 비대해졌다. 경찰의 주요 업무는 정치적·사회적 탄압과 일상생활 길들이기였다. 1946년 페론이 대통령령으로 선포한 위반처리준칙(Reglamento de Procedimientos Contravencionales)은 경찰의 사법부로부터의 부분적 독립을 보장하는 수단이 되었다. 이 준칙에 의거해 연방 경찰은 형법으로 정하지 않은 행위를 통제하는 경찰령의 제정 및 집행 권한, 2심 판사 권한, 판사의 개입 없이도 기소하고 처벌할 수 있는 권한을 획득했다. 사실 이는 헌법 18조에 대한 위반이었다. 어쨌든 경찰령은 개인의 자유를 제약하는 가장 효과적인 수단이 되었고, 이에 따라 임의로 시민을 수감할 수 있었다.

민주화 이후 경찰은 그런 역할을 내려놓아야 했다. 특별한 권한들도 박탈당했다. 경찰은 더 이상 억압자, 즉 두려운 존재가 아니었다. 하지만 이제는 범죄의 조력자로 인식되기 시작했다.

살해되었다. 리디아 로카는 남편 오라시오 마넨트에게 돈을 받은 정원사에게 살해당했다. 가르시아 벨순세 사건은 아직 진행 중이다. 경찰 수사 자료를 제공해 준 구스타보 카르바할 기자에게 감사드린다.

민주적 소양의 부재, 연속적인 독재로 인한 권위주의적인 내부 체제, 범죄 세계와의 직접적인 접촉, 보잘것없는 급여 등은 부패에 쉽게 노출될 여지를 주었다. 표현의 자유 덕분에 언론은 탐사 보도를 통해 부패 경찰이 저지르는 다양한 불법적인 활동을 보도했다. 마약 거래(1980년대 말 아르헨티나는 마약 경유국에서 소비국이 되었다)나 장물 분배 참여(특히 자동차 절도의 경우) 등이 그런 사례였다. 위험한 동네에는 해방된 지대(zona liberada)가 생기기도 했다. 이런 곳에서는 소상인, 행상, 숙박업소 주인, 성매매 여성, 복장도착자, 마약상 능이 경찰의 보호를 받는 대신 매주 또는 매달 십일조를 내야 한다.

　　추문이 이어졌다. 1991년 경찰서장파(banda de los comisarios) 사건이 발생했는데, 세 명의 현직 경찰서장이 돈을 노린 일련의 기업인 납치에 가담했다는 사실이 밝혀졌다. 기업가 오스발도 시박 피살과 신문기자 호세 루이스 카베사스 피살 등 굵직한 살인 사건, 이스라엘 대사관 및 AMIA(아르헨티나 이스라엘 상호협력협회)에 대한 테러 공격 등에도 경찰이 연루되었다.

　　알폰신 정부의 경찰청장 후안 앙헬 피르케르가 착수한 경찰 개혁은 그의 때 이른 죽음으로 중단되었고, 그때부터 상황은 더욱 악화되기만 했다. 범죄 증가는 길거리 폭력으로 사망하는 경찰 숫자의 증가로 연결되었다. 게다가 무고한 희생자들도 발생했고, 이 중에는 경찰의 무능력으로 인한 사례도 있었다. '준엄한 주먹'(mano dura)과 '손쉬운 방아쇠'(gatillo fácil)의 지지자들은 희생된 경찰들에게 경의를 표했지만, 그렇다고 해서 경찰에 대한 평판이 사회 전반적으로 나아지지는 않았다. 주민들이 경찰서 앞에서 항의 시위를 벌이는 데에서 증명되듯이, 아르헨티나 사회는 경찰의 보호를 받지 못한다고 느낀다.

권위주의 사회에 향수를 지닌 우파는 판사들이 보석금 제도를 너무 남용한다고 비난한다. 사실 문제는 일부 판사와 변호사들이 공생하면서 범죄자들을 풀어 준다는 데에 있다. 범죄자의 면탈 원인이 제도권 내부에도 잠재해 있다는 사실이 간과되고 있는 것이다.

또한 교도소 시스템의 비효율성도 문제다. 범죄자 교화 기능을 수행하기는커녕 오히려 범죄 학교, 사제 총기(tumbera) 하위문화를 만들고 있다.

대중문화

20세기 하반기의 서구는 문학과 연극뿐만 아니라 음악, 조각, 이젤화에서도 고전적 예술 장르의 전통적인 형식 혹은 고급 형식의 쇠퇴가 특징이었다. 대량 판매 시장을 겨냥한 문화 산업이 주요 예술과 고급문화를 대체하게 된 이유는 여러 가지이다. 우선, 전문가들에게만 적합한 전위주의의 폐쇄적 경향이 세속적인 대중을 고급 예술에서 멀어지게 했다. 또 한편으로는 민중주의 지식인들의 반지성주의와 엘리트주의 꼬리표가 붙은 고급문화에 대한 경멸적인 태도가 소위 대중문화에 권위를 부여하였다. 게다가 대량 소비의 확산과 시청각 기술의 혁신은 미디어의 놀라운 성장에 유리한 조건이었다.[59]

---

59 Eric Hobsbawm, *Historia del siglo XX*(1994), Barcelona: Criterio, 1995.

20세기 중반은 문화 산업 내부에서도 심도 깊은 변화의 순간이었다. 영화의 절정과 쇠퇴가 한 예이다. 1930년대부터 1950년대까지 영화는 군중을 모으고, 일상생활에 깊숙이 스며들고, 지속적인 관심을 받은 이례적인 대중문화 현상이었다. 영화배우는 우상이었고, 영화는 습속과 풍습의 반영인 동시에 모델이었다.

20세기 하반기에 영화는 그 마법의 숨결을 잃고 그저 여러 관람거리의 하나로 생명을 이어 갔다. 그리고 일부 영화는 작가주의 영화나 독립영화에 심취한 소수의 관객을 위한 예술일 뿐이었다. 동네 영화관은(나중에는 도심 영화관도) 하나둘 복음주의 교회, 주차장, 벼룩시장으로 변했다. 살아남은 소수의 영화관도 더 이상 클럽이나 카페처럼 오후를 보낼 만한 아늑한 공간이 아니라 지나다 들르는 장소일 뿐이었다.

쇠락의 유일한 원인은 아니지만 가장 중요한 원인은 텔레비전과 그 보완물인 비디오의 출현이었다. 일상생활의 심층적인 변화, 풍속 해방, 생활 스포츠의 일반화, 자동차 대량 보급 덕분에 가능해진 교외나들이, 해외여행, 록과 팝(청년층에서), 컴퓨터와 인터넷과 같은 전자문화와 사이버 문화 등은 과거에는 영화 외에는 별로 대안이 없었던 대중의 관심사를 다변화시켰다.

또한 영화 내적으로도 쇠퇴의 씨앗이 배태되었다. 한계를 극복하여 집단적인 표현으로 탈바꿈한 모든 문화적 표현처럼(엘리자베스 1세 시대의 연극, 19세기의 오페라와 소설) 영화도 자신의 주기를 끝내고 고갈된 것이다. 대중의 열광은 강렬하면 할수록 덧없는 법이다.

영화 때문에 겨우 명맥만 유지했던 연극은 텔레비전의 등장으로 또 한 차례 타격을 입었다. 유명 연극배우들이 이끌던 상설 극단들이 해체되었고, 이미 원기를 잃은 통속극(teatro de bulevar)은 노인 관객들만의 공간이 되었다. 독립 극장은 재정적인 어려움과 새로운 레퍼토리 부족으로 설 자리를 잃고 콘서트 카페로 바뀌거나, 탈 코리엔테스 극장(teatro off Corrientes)[60]이나 언더그라운드 극장으로 대체되었다. 무대에 올리는 작품도 문학적 희곡에서 노래, 스케치 공연(촌극), 에로틱한 느낌이나 정치적으로 비판적인 퍼포먼스로 대체되었다. 또한 서커스, 곡예, 팬터마임, 악극, TV식 코미디, 록 페스티벌, 아동극, 현대무용, 신체 표현(expresión corporal), 사이코드라마, (아르토, 칸토르, 그로토프스키[61]의 색채가 가미된) 해프닝과 전위예술 요소들도 혼합되었다. 연극인들은 공연과 소극장의 확산에 자부심을 지니고 있다. 그러나 많은 젊은이가 연극을 공부한다지만, 그들의 목적은 체호프 극 공연이 아니라 TV드라마에 접근하는 것이다. 수많은 공연이 열린다고는 하나 여전히 폐쇄된 영역에 국한된 현상이었고, 주 관객은 비평가, 기자, 다른 극단의 단원, 친구, 자가 홍보에 나선 연극계 인사였다.

라디오도 영화가 영광을 누리던 30년 동안이 절정기였다. 그 시절 라디오는 모든 가정의 토템이었고, 전 가족이 라디오 주위에 모여

---

60 [옮긴이] 한때 대형 극단과 영화관들이 불야성을 이루던 코리엔테스 거리 대신, 비용 절감이 가능한 다른 지역에 자리를 잡은 극장들을 말한다.

61 [옮긴이] 앙토냉 아르토는 프랑스의 초현실주의 극작가이자 시인이자 배우, 타데우스 칸토르는 폴란드의 해프닝 및 전위예술가, 예지 그로토프스키는 실험극으로 이름을 떨친 폴란드 연출가.

들었다. 그 당시의 라디오 연속극 주인공인 안토니오 카리소는 스스로에게 이렇게 질문하곤 했다.

> 밤에 라디오를 들을 때, 우리는 무엇을 바라보았을까? 가끔 우리는 서로를 쳐다보았지만, 아무것도 쳐다보지 않는 사람들도 있었다. 사실은 바로 우리 자신을 바라보고 있었던 것이다.[62]

텔레비전이 등장하자 이제는 그런 성찰의 여지가 없어졌다.'라디오는 이미지의 습격을 견뎌 낼 수 없었다. 고정 출연진이 해체되었다. 라디오 드라마, 희극배우, 예능 프로그램이 사라지고 오케스트라 생방은 음반으로 대체되었다. 오후 시간이면 으레 라디오를 듣던 예전의 가족 청취자, 주로 주부와 아이들은 텔레비전에 흡수되었다. 라디오 프로그램들은 살아남기 위해 다른 시간대, 새로운 구성, 색다른 주제를 통해 새로운 청취자를 찾아야 했다. 휴대용 라디오와 트랜지스터라디오의 등장은 직장, 작업장, 가게에서도 라디오를 들을 수 있게 해 주었고, 택시와 버스에도 라디오가 설치되었다. 그 청취자들을 위해서 즉석 정보를 담은 주간(晝間) 프로그램과 인터뷰가 마련되고, 리포터가 거리를 누볐다.

휴대용 라디오는 또한 가족 내부에서 개인화를 유발했다. 젊은이는 자기 방에 자기 라디오가 있어서 부모가 듣는 것과 다른 프로그

62 재인용, Carlos Ulanovsky, *Días de radio: historia de la radio argentina*, Buenos Aires: Espasa Calpe, 1995.

램을 선택할 수 있었다.

'록 & 팝'(1984) 같은 FM 라디오 방송사들이 그 광범위한 젊은 청취자들을 사로잡았다. FM 방송은 DJ들이 잦은 미국 여행에서 들여오는 록 음반을 확산시키는 근거지였다. 도발적이고 자유분방한 청년 프로그램들의 득세는 청춘 숭배와 광고주의 이익에 영합하여 일어난 현상이었다. 청소년과 청년이 주부보다 더 좋은 소비자가 된 것이다.

밤 프로그램은 불면에 시달리는 사람, 독신, 누군가와 소통이 필요한 사람 등 또 다른 유형의 청취자를 겨냥했다. 이들을 위해서는 속내를 털어놓게 하는 대화 형식의 프로그램이 개발되었다. 카를로스 로다리와 오마르 세라수올로가 도입한 청취자 통화가 그 절정이었다. 그렇게 하여 라디오 청취자는 이제는 수동적인 행위자가 아니라 프로그램의 본질적인 구성 요소가 되었다. 열린 전화는 이후 그 가능성을 더욱 확장시켜, 일부 소외된 FM 프로그램에서는 온갖 종류의 관계 설정을 위해 청취자끼리의 대화까지 도입했다. 1980년대 말에는 FM 방송 외에도 수많은 대안 라디오 방송, 언더그라운드 방송, 불법 방송, 해적 방송이 등장했다. 이들은 동네 모임, 공동체, 여러 다채로운 집단이 송출하는 것이었다. 저출력 라디오이긴 했지만 청취자는 상당히 많았다. 개별 청취자 한명 한명을 위한 방송이라는 느낌을 주었기 때문이다.

20세기 하반기에 텔레비전은 가족의 영역을 변화시켰다. 또 문학 평론가이자 문화 비평가 곤살로 아길라르가 지적한 대로,[63] 사회 영역, 정치권력, 사생활 이미지들이 상호 침투하는 새로운 공간을 창출함으로써 풍습의 변화도 가져왔다. 아르헨티나 TV 방송은 반세기 동안 존속하면서 그 기간 중에 사회가 겪은 모든 부침을 함께 겪었다. 그저 현실 도피를 유일한 목적으로 삼고, 나아가 제도권의 검열과 어머니연맹과 미래를위한재단 같은 가톨릭 단체들의 압력에 굴복하여 피상적이고 무비판적인 프로그램 제작으로 일관하던 태도는, 많은 금기를 무너뜨린 민주주의의 도래와 함께 변화를 겪었다. 최장수 프로그램으로서 1968년에 시작된 「미르타 레그란드의 점심 식사」(Almuerzos de Mirtha Legrand)도 그런 변화를 반영했다.

새로운 특징의 하나는 장르가 고착된 프로그램들이 사라졌다는 점이다. 진지한 것과 유머러스한 것, 중요한 것과 소소한 것, 공적인 것과 사적인 것, 뉴스와 드라마, 다시 말해 현실과 허구가 뒤섞였다. 아마도 가장 중요한 전환은 시청자의 역할일 것이다. 초기에 시청자는, 진행자가 대상으로는 생각해도 눈에 보이지 않는 상대방일 뿐이었다. 그 뒤로 라디오의 경우와 마찬가지로 아주 다양한 프로그램에서 시청자 참여가 이루어졌다. 그 맥락에서 1980년대 말에 리얼리티 쇼와 토크 쇼 프로그램이 출현했고, 그 절정은 2000년대의 「위대한 형제」(Gran Hermano) 같은 형식의 프로그램들이었다.

로베르토 갈란이 유명 리얼리티 쇼 프로그램의 선구자였고, 그의 공은 마땅히 인정되어야 한다. 그의 첫 리얼리티 쇼는 일반인 노래 애호가 경연 대회였다. 참가자들은 카메라 앞에서 조롱거리가 되

---

63 Gonzalo Aguilar, "Televisión y vida privada", *Historia de la vida privada en la Argentina*.

는 역할을 할 수 있도록 엄격히 선발되었다. 처음에는 룸펜과 중산계급 하층 사람들만 몰려들었지만, 나중에는 상류계급 청년 사이에서도 유행했다. 이것은 일종의 캠프(camp)[64]식 아이러니로 받아들여졌고, "갈란의 프로그램에 노래하러 가는 것"은 사회적 유희가 되었다.

이 프로그램에 이어 갈란은 또 다른 프로그램을 진행했다. 참가자들에게 무작위로 100만 페소를 주는 프로그램이었다. 상금을 받을 가능성이 있는 후보자들이 안달하는 표정을 클로즈업함으로써 시청자들의 관심을 유발했다. 최종 결과는 갈란의 능숙한 진행으로 계속 발표가 미루어져서 긴박한 서스펜스를 자아내었다. 일종의 자극적이고 무자비한 게임으로, 러시안룰렛과 유사하고 미국의 댄스 마라톤[65]처럼 잔인했다.[66]

인간의 우스꽝스러운 면모를 지치지 않고 이끌어 낸 이 진행자는 「결혼하고 싶어요, 당신은요?」(Yo me quiero casar, ¿y usted?)라는 또 다른 프로그램을 구상해 냈다. 고독한 외톨이로 사는 사람들과 소통하는 사회봉사가 목적인 것처럼 속여, 무자비한 카메라 유희와 그에 못지않게 냉혹한 질문들을 통해 그들의 내적인 비참함, 실패, 굴욕 등을 드러낸다. 그리하여 타인의 고통이 드러나는 장면을 통해 시청자들의 가학적인 감정을 유발했다.

노래 경연 대회 참가자, 100만 페소 프로그램 참가자, 결혼 희망

---

64 [옮긴이] 기교나 과장 등의 비자연적이거나 조악한 것을 즐기는 태도를 뜻하는 문화 용어.
65 [옮긴이] 정해진 춤 레퍼토리를 쉬지 않고 소화해야 하는 댄스 경연.
66 Horace McCoy, *¿Acaso no matan a los caballos?*(1935), Buenos Aires: Contemporánea, 1969.

프로그램 참가자 모두 일반인으로, 진지하고 극적일 정도의 생생한 상황을 연출했다. 그러나 시청자에게는 코믹하기만 했다. 이것들은 단순한 오락 프로그램, 나아가 사회봉사 프로그램을 지향했지만, 잠재적인 메시지를 숨기고 있다. 굴욕적인 상황에 처하고, 왜곡과 조작의 대상이 되는 존재들이 거의 하위 계급에 속하는 사람들인 것은 결코 우연이 아니었다.

1987년부터 시작된 채널9의 뉴스 「누에베디아리오」(Nuevediario)가 리얼리티 쇼의 예고편 격이었다. 보도기자 겸 리뽀터 호세 데 세르가 새로운 형식의 황색 저널리즘을 창출했다. 그와 팀원들은 숨 가쁘게 거리를 뛰어다니면서 강도, 강간, 이웃 간 다툼의 현장에 나타나 개인의 비극이나 재난 희생자들에 대해 즉석에서 보도하였다. 뉴스 보도의 개념 자체가 바뀌었다. 전에는 중요한 인사와 큰 사건만 다루었지만, 이제는 변두리도 보도 대상으로 삼아 비야 미세리아에도 들어가 이름 없는 사람들, 사소한 이야기의 주인공들을 '2분 스타'로 만들었다. 고통을 표현하는 솔직한 방식으로 인해, 그들은 의도한 바 없이 사이네테나 그로테스크 연극의 등장인물이 되었다.

파비앙 폴로세키의 현장 급습 프로그램인 「다른 세계」(El otro lado, ATC 방송국, 1993)는 느와르 소설에 더 가깝다. 실패자, 성매매 여성, 도둑, 거지, 마약 중독자 등 밤의 하위 세계, 하수구 같은 세계의 기괴한 인물들의 행렬이었다. 폴로세키 자신도 달리는 기차 아래에 몸을 내던져 삶을 마친 소외된 인물이었다. 마치 자신이 다룬 반(反) 영웅에 속하기라도 하듯이.

토크 쇼의 배아는 「토요일의 선행」(Sábados de la bondad)의 진행자 엑토르 코이레였다. 그는 의지할 데 없는 사람들의 비극적인(장애, 불구, 고아 등 모든 종류의 불행) 얘기를 들어 주고, 가장 심금을 울린 불행의 당사자에게 당첨금을 주었다. 오랜 세월이 지난 1993년, 리아 살가도가 "외로운 마음"을 위한 고민 상담 방식의 토크 쇼를 시작했다.

아르헨티나에서 일어난 떠들썩한 사건들이 리얼리티 쇼, 토크 쇼, 채팅 쇼 장르 혹은 가십 프로그램의 성행에 유리한 조건이 되었다. 현실은 허구 같았고, 허구는 현실을 자양분으로 삼았다. 강간, 마약, 정치 부패 요소를 동시에 지닌 마리아 솔레다드 모랄레스 살인 사건은 카타마르카에서 열린 사건 공판이 텔레비전을 통해 방송되었고(1996), 많은 시청자가 TV 연속극 보듯 흥미진진하게 이를 계속 지켜보았다.

그 뒤로 디에고 마라도나의 대리인이자 마약 거래로 고발된 기예르모 코폴라 체포 현장이 텔레비전을 통해 방영되었다. 마우로 비알레의 프로그램들은, 코폴라의 파티에 참석하곤 하던 자유분방한 '동반자'(acompañante) 아가씨들이 등장하자 시청률이 예사롭지 않게 뛰었다. 이들 중 사만다 파르하트는 미르타 레그란드의 프로그램(그녀는 사만다에게 불쾌감을 감추지 않았다)과 마리아노 그론도나의 프로그램을 비롯하여 모든 프로그램의 독보적인 출연자가 되었다. 이 지속적인 노출 덕분에 사만다는 자신의 핫라인을 홍보할 수 있었고, 짧은 기간이지만 본인의 프로그램을 진행하기도 했다. '사만다하다'(samantizar)라는 신조어가 만들어질 정도였다. 다만 모든 곁다리 인사들(agregados)이 그렇듯이 사만다도 곧 잊혔다.

텔레비전 프로그램은 사이비 기자들로 인해 황색 저널리즘이 극에 달했다. 이들은 정계 동정으로 크게 재미를 보거나 연예계 내부로 침투했다. 그들의 흥미로운 연속 방송물은 가정주부, 즉 영원히 피에 굶주려 있는 '뜨개질하는 여인'(tricoteuse)[67]도 일정 부분 게걸스럽게 소비했다. 대중의 상상력을 사로잡는 주제인 섹스, 마약, 돈, 명예와 결부된 스캔들에 대해 일반인들이 표출하는 과도한 관심과 위선에 찬 도덕주의적 분노는 바로 그들의 억눌린 시기심의 가면인 셈이었다.

그때부터 리얼리티 쇼와 토크 쇼는 은밀한 일을 떠벌릴 용의가 있는 스펙터클한 인물, 텔레비전의 아이콘이 된 복장도착자, 특이한 면모가 유일한 장점인 무명의 일반인들도 초대 손님으로 섭외했다. 심지어 진행자에게 중재를 요청한 권총 강도들도 출연했고, 어느 살인자는 마우로 비알레 프로그램에서 자수하기도 했다. 할 수 있으면, 국제적인 괴짜들도 수입했다. 남편 성기를 잘라 버린 로레나 보빗은 물론 남편도 출연시켰다. 이런 프로그램들은 고성, 싸움, 욕설, 비난, 몰래카메라, 통화 녹음, 비디오 촬영물, 경찰 및 기록 담당 법조계 인사의 개입 등으로 격렬한 분위기 속에서 진행되었다. 또한 엑스트라 배우들에 의한 재연도 중간중간 삽입되었다.

리얼리티 쇼와 토크 쇼의 유행은 연속극에 대한 관심을 밀어냈다. 드라마 작가 아벨 산타 크루스의 장밋빛 이야기들은 더 이상 설득력이 없었다. 「디젤차」(Gasoleros)와 「챔피언」(Campeones)처럼 아

---

67 프랑스 혁명기에 오후마다 형장에 나와 뜨개질을 하면서 단두대 처형을 구경하던 평민 여인들을 말한다.

드리안 수아르가 제작한 드라마는 일종의 네오리얼리즘을 통해 드라마 장르의 혁명을 일으킨 듯 보였다. 대리석 계단이 깔린 대저택 대신 서민 동네의 보잘것없는 집, 심지어 비야 미세리아를 등장시켰다. 이것이 변화를 의미하는가? 알베르토 미그레는 이미 「택시 기사 롤란도 리바스」(Rolando Rivas taxista, 1972)를 통해 서민적인 인물, 실제 동네 거리, 매우 구체적인 배경(주인공이 오루로 길에 살았다)을 보여 준 바 있고, 게릴라전 같은 시사 주제도 거론했다. 수아르의 혁신적 드라마의 작가인 구스타보 바리오스는 그와 일하기 전에 집필한 「친구는 친구」(Amigos son los amigos)와 「대단해, 아빠」(Grande, Pa)에서도, 인습, 고정관념과 병적인 습관(tic), 순응주의적이고 무비판적인 정신 등을 담아낸 바 있다. 수아르와 일하면서 이런 요소들을 가난이 배인 세트장을 배경으로 비속어를 섞어서 구현했을 뿐이다. 그러나 비속어는 이제 위반이 아니었다. 미디어에서 처음 비속어를 쓴 이들은 배우나 코미디언이 아니라 두 명의 정치인이었다. 1990년 급진 시민연합의 '차초' 하로슬라브스키, 중도민주연합(Unión del Centro Democrático)의 아델리나 달레시오 데 비올라가 그 주인공이다.

20세기 하반기의 또 하나의 전형적인 현상이자, 텔레비전이 등한시할 수 없었던 현상은 청춘주의였다. 이는 음악 분야, 즉 가수, 댄서, 록 밴드, 트위스트 밴드, 팝 밴드 등이 최초로 주역이 된 프로그램들과 함께 시작되었다. 「혈통 있는 클럽」(Club del Clan, 1962)이나 산드로가 진행한 프로그램이 시초였다. 산드로 프로그램의 젊은 방청객들은 프로그램 중에 춤을 추어 스튜디오가 들썩들썩했다. 로돌포

레도의 청소년 드라마 「도와주세요, 5학년[68]이에요」(Socorro... quinto año, 1990)가 그 뒤를 이었다. 다만 대소동을 유발하는 바람에 결국 방송이 금지되었다.

오늘날의 진정한 청춘 프로그램은 마르셀로 티넬리와 마리오 페르골리니가 진행하는 것들, 즉 정의하기 어려운 특징들을 지닌 맞수 프로그램들이다. 교활한 이 두 비즈니스맨(다만 페르골리니는 '나쁜 남자' 가면을 썼을 뿐이다)은 출신부터가 다르다. 티넬리는 축구계, 페르골리니는 록 음악 출신이다. 또한 시청자층도 다르다. 티넬리는 하류 계급이나 중산계급 하층 사람들이 시청자이다. 페르골리니의 프로그램은 위반적인 분위기, '최악의 청년'을 대변하려는 의도에도 불구하고, 사실은 바리오 노르테, 벨그라노, 카바이토 같은 바리오들의 중산계급이나 중산계급 상층, 다시 말해 사립학교 학생이나 대학생처럼 어느 정도 배운 젊은이들이 주요 시청자이다. 페르골리니의 프로그램과 달리 티넬리의 프로그램은 일부 어른도 시청하고 가족 단위로 시청하기도 한다. 이는 하위 계급이 예전의 놀이 방식을 더 많이 유지하는 편이기 때문이다. 티넬리의 프로그램은 이제는 사라진 징병제 복무 군인식의 조롱(choteada), 열혈 축구 팬클럽이나 길모퉁이에서 진을 치고 동네 사람들을 비웃는 젊은이 패거리의 야유(joda) 분위기이다. 페르골리니의 프로그램은 졸업 파티나 총각 파티 분위기다. 두 프로그램의 기저는 동일하다. 도발적이고 모욕적이고 공격적인 태도, 오만하고 아는 척하는 분위기, 허세, 마초주의, 동성애 혐오

---

68 [옮긴이] 중등교육과정의 5학년(우리나라로 치면 고등학교 2학년)을 말한다.

증 등 부에노스아이레스의 일부 청소년과 청년이 지닌 권위주의적인 성격을 보여 준다. 과거의 레비스타 쇼의 희극배우가 관객을 골려 먹는 장면에서 웃음이 유발된다. 이를 두고 예전에는 '부에노스아이레스 카차다(cachada)', '머리끄덩이 잡기'(tomadura de pelo), '카르가다'(cargada)라고 불렀고, 오늘날의 은어로는 '가스테'(gaste), '바르데오'(bardeo)라고 한다. 나와 다르고 더 열등하다 여겨지는 타인에 대한 골려 먹기는 다비드 비냐스에 따르면 "국가 제도"(institución nacional)[69]이다. 조롱은 타인의 약점에 대해 망신을 주고 웃음거리로 만드는 것을 추구한다. 외모나 늙음도 그 대상이다. 모든 것이 웃음거리가 될 수 있다. 유일한 예외가 있다면 젊고 매력적이고 재주가 많고 유명하다는 특질을 지니고 있는 바로 그들 자신이다. 페르골리니와 그의 추종자들은 대담하게도 거짓말로 속여 개인의 집에 들어가 주거자들을 조롱하기도 했다. 이는 로베르토 갈란이나 마우로 비알레의 전통을 따르는 가학적 감성의 표출이다. 티넬리의 경우는 비판적인 유머나 아이러니는 전혀 없다. 반대로 페르골리니는 모든 사람을 풍자한다. 아니, 패러디를 한다고 표현하는 게 맞겠다. 그렇지만 허무주의적 태도와는 거리가 멀다. 페르골리니는 손에 시청률 표를 들고 있는 성공한 여피일 뿐이다. 그의 대단히 관습적인 사생활(가령 그는 교회에서 결혼식을 올렸다)은 그가 돈벌이가 되기 때문에 펑크족 놀이

---

69 David Viñas, "La buena y la mala vida", Margarita Gutman and Thomas Reese, *Buenos Aires 1910: El imaginario para una gran capital*, Buenos Aires: Eudeba, 1999.

를 하고 있을 뿐이라는 점을 뚜렷이 보여 준다.[70]

축구가 당연히 20세기 아르헨티나 대중의 최고 열정이었다면, 축구의 대중화에 결정적인 역할을 한 것이 대중매체였다.[71] 아마추어 축구는 아직 소수의 구경거리였지만 프로 축구는 라디오 덕분에 대중을 휘어잡았다. 라디오는 경기장에 한 번도 가지 않았을 사람들에게까지 축구를 전파했다. 게다가 유명 스포츠 중계자, 특히 랄로 펠리시아레 같은 이들은 중계를 하면서 일어나지 않은 상황까지 지어내어 경기에 극적인 흥미를 더하기도 했다.

축구의 인기가 쇠락하기 시작하자, 텔레비전 중계가 구원에 나섰다. 이는 방송국과 프로 팀 모두에게 가장 큰 비즈니스가 되었다. 중계권료는 스폰서십과 더불어 더욱 증가했다. 축구 경기에 수반된 광고는 훨씬 더 많은 사람에게(이전에는 축구에 무관심하거나 적대적이기까지 한 여성과 상류계급에게도) 파급력이 있었기 때문이다. 줌과 같은 촬영 기술 덕분에 프로모션 중인 상표를 클로즈업할 수 있게 된 것도 한몫했다.

카메라 기술은 축구 경기의 특징 자체에 변화를 가져왔다. 클로즈업, 몽타주, 빠른 카메라 워크, 화면 분할, 반복, 줌, 슬로모션, 리플레이 등은 축구 경기에 새로운 서사를 만들어 주었다. 그리하여 텔레비전을 통해 축구를 알게 된 새로운 어린이 세대는 경기장에 가면 지

---

70 텔레비전의 역사에 대해서는 다음 서지를 참조하라. Carlos Ulanovsky, Silvia Itkin and Pablo Sirven, *Estamos en el aire: Una historia de la televisión argentina*, Buenos Aires: Planeta, 1999.

71 Juan José Sebreli, *La era del fútbol*, Buenos Aires: Sudamericana, 1998.

루해한다. 영상이 현실을 넘어서기 때문이다.

남성미 숭배는 TV 축구 중계에도 침투했다. 클로즈업은 선수들로 하여금 자신을 꾸미게 했다. 미남 혹은 모델처럼 비치고 싶었기 때문이다. 이들 역시 축구선수들을 모방해서 새로운 섹스 심벌 아이콘을 창조했다.

그럼에도 불구하고 미디어의 영향은 모호했다. 움베르토 에코의 표현을 빌리자면, 묵시론자와 순응론자 사이의 중간적인 관점을 택할 필요가 있다. 즉, 미디어는 한편으로는 대량화(masificación)를 추구하지만, 다른 한편으로는 정반대 방향으로 나아가기도 한다. 즉 과거의 라디오 방송에는 존재하지 않았던 개인화를 추구하기도 한다. 특히 케이블 TV의 경우가 그러하다. 다양하고 까다로운 시청자들을 위한 정교하고 다채로운 프로그램들을 통해서이다. 아무튼 대중계급의 케이블 접근성이 낮다는 불평등은 잔존한다. 특히 자신들을 겨냥한 수준 낮은 프로그램들을 거부할 수 있을 만큼의 충분한 소양이 결여되어 있다는 점도 불평등을 조장한다. 공중파 채널 프로듀서들이 이러한 소양 결핍을 조장한 측면이 있다. 광범위한 대중의 취향을 만족시킨다는 구실로 쓰레기 프로그램들을 제공했기 때문이다.

II. 도시

도시 전체의 변화는 그곳에 사는 계급들 간의 관계, 국가와 시민사회 간의 관계의 역사적 변화와 무관하지 않다. 부에노스아이레스는 1880년에서 독립 100주년(Centenario)인 1910년 사이의 창조물, 개화된 엘리트 집단의 창조물이었다. 이들은 농산물 수출 경제모델 융성기에 헤게모니를 장악한 계급의 정치적 대변자였다. 부에노스아이레스는 또한 그 시기의 프롤레타리아 이민자 물결의 결과물이기도 했다. 이들은 중산계급의 기원이 되었고, 그렇게 탄생한 중산계급은 향후 주역이 되어 전통적인 계급들을 상대로 그들의 자리를 다투었다. 이민자들이 뒤범벅된 스튜, 완곡하게 표현하자면 '인종의 도가니'는 시골 도시 성격을 벗어나지 못한 부에노스아이레스에 코즈모폴리턴한 대도시 분위기를 부여하고자 했던 엘리트들의 모더니즘에 필수불가결한 보완재였다.

19세기 말경의 세계 무역 시장은 농축산업 국가에 대단히 유리한 조건이 형성되어 있었다. 이 조건은 변함없이 지속되리라 믿어졌고, 그래서 부에노스아이레스는 도래하지 않은 약속된 미래를 멀리 내다보고 건설되었다. 이 대도시는 그 정도로 경제 붐의 결과물이었다. 붐 이전에는 공공건물이든 민간 건물이든 대충 지은 것들만 들어서 있는 빈곤하고 시대에 뒤떨어진 곳이었다. 건축가 프란시스코 리에르누르는 19세기 영국인 여행자들의 회고록에서 영감을 얻어, 부에노스아이레스를 "임시 야영지" 모습을 띤 "하루살이 도시"(ciudad efímera)라고 불렀다. 또한 "과두지배계급의 도시"로서의 부에노스아이레스는 사실 20세기의 산물일 뿐이라고 말했다. 이를테면, "많은 사람이 원래의 모델이 굴절된 시점으로 간주하는 1914년 이후에야 그 광영을 얻은 일종의 사후 결과물"[1]이었다.

부에노스아이레스는 전성기가 너무도 짧아 절정의 시점과 쇠락의 시작이 겹쳤다. 그리고 광영의 시대에 대한 일종의 증언, 일종의 사적지 같다. 부에노스아이레스에는 여러 고고학적 지층이 중첩되어 있다. 가장 오래된 지층은 1880년대로 거슬러 올라간다. 큰 마을이 도시가 되고, 이에 따라 풍습과 생활양식의 변화가 일어난 시기였다. 20세기가 시작되면서 도시화의 절정은 토르쿠아토 데 알베아르 시장의 도시 개혁, 알베아르 거리의 프랑스식 대저택, 오월로의 아르누보 건축물 등을 통해 표현되었다.

마지막 광영의 시기는 도시 건설 400주년을 기념한 1936년이었

---

1 Francisco Liernur, "Una ciudad efímera. Consideraciones sobre las características materiales de Buenos Aires en la segunda mitad del siglo XIX", *Estudios Sociales*, No. 2, first semester of 1992.

다. 그 시기 부에노스아이레스는 마리아노 데 베디아 이 미트레 시장의 아르데코 메트로폴리스였다. 7월 9일 대로 개통, 코리엔테스 길 확장, 대각선 도로들의 건설, 근대적인 아파트 붐, 호화 영화관, 새로운 도시의 상징으로서의 오벨리스크 축조가 이루어졌다.

인프라, 공공 서비스, 교통수단, 광장과 공원, 남쪽 강변도로인 코스타네라 수르, 도심 재디자인, 대형 빌딩, 기념물, 문화·예술 기관, 도시 미화 공사 등이 보수주의 공화국 시절에 이루어졌다. 부의 토대가 허물어진 뒤에도, 부에노스아이레스는 여전히 여행자들을 놀라게 했다. 위르겐 하버마스는 부에노스아이레스를 "세계도시"(weltstadt)로 여겼다. 앙드레 말로는 부에노스아이레스를 "결코 존재하지 않았던 제국의 수도"라고 불렀는데, 이는 과두지배계급이 주인공 의식을 지니고 이 도시를 호화로운 무대로, 또한 승리의 기념물로 건설했기 때문일 것이다.

그러나 통치계급의 엘리트주의가 하위 계급과의 합의가 가능한 사회 시스템 유지에 방해물이 되지는 않았다(물론 이 시스템에도 갈등과 불평등이 상존했다). 무엇보다도 경제 성장에 따른 빠른 사회적 신분 상승이 불공정을 보상했다. 게다가 이민자 대중을 사회적으로 통합시키고자 하는 자유주의 개혁 세력의 기획이 있었다. 이는 공교육을 통해, 그리고 공교육만큼 결단력 있게 추진되지는 못했어도 선거라는 정치적 수단을 통해 시도되었다.

도시가 가장 혜택을 받지 못하는 이들을 포함해 모든 도시민의 것이라는 생각은 1880년대 세대의 깨인 구성원들에게는 명백한 것이었다. 가령 1885년 미겔 카네가 알베아르 시장에게 보낸 편지에서 이를 확인할 수 있다.

우리는 공화주의자이니만큼, 가진 것 없는 비천한 국민 생각도 좀 합시다. 우아하고 올바른 것이 무엇인지 알게 하여 그들의 영혼도 서서히 교육합시다.[2]

이 "모든 이를 위한" 도시라는 생각은 상류계급의 사회적 위상을 상징하는 공간에서도 드러났다. 명문가가 사륜마차로, 나중에는 자동차로 나들이를 하던 전통적 산책로인 팔레르모 숲은 서민계급도 자주 찾는 장소였다. 전형적인 엘리트 기관인 콜론 극장은 여러 계층의 것이기도 했다. 관람석이 가격에 따라 엄격하게 구분되어 있긴 했지만 중산계급에게는 갤러리석, 하류계급에게는 제일 위층 관람석이 허용되었다. 오페라에 열광하는 미천한 이탈리아 노동자들도 입장이 허락되었다. 팔레르모 경마장도 마찬가지였다. 품위 있는 '마주'[turfmen, 말을 소유할 수 있을 정도의 상류계급 사람]는 귀빈석에, '당나귀 주인'[burreros, 말을 소유할 능력이 안 되는 일반인]은 일반석을 차지했다. 바호 벨그라노 지역의 승마장에서도 있는 집 자식과 룸펜이 한데 섞였다.

도시 디자인은 이런 의도와 무관하지 않았다. 계급에 따른 지역 구분이 공공 서비스의 동질적 분배를 가로막을 정도는 아니어서, 단

---

2 재인용, Adrián Béccar Varela, *Torcuato de Alvear, primer intendente municipal de la ciudad de Buenos Aires*, Buenos Aires: Kraft, 1926.

계적으로 전기시설 공사, 도로 포장, 바리오와 바리오 혹은 바리오와 도심을 연결하는 교통수단을 갖추어 나갔다. 밤에는 전차 불빛 덕분에 외진 바리오의 거리가 덜 황량해졌다.

아드리안 고렐릭은 1898~1904년의 격자형 도시계획이 새로운 서민 지역들과 도심을 통합하는 일종의 사회적 분배를 지향했다고 보았다.[3] 부에노스아이레스는 사회계층 간 이질성이 상대적으로 동질적인 도시에 녹아든 열린 도시 혹은 "이질성의 동질적 분배"[4]가 이루어진 도시였던 것이다.

개별 바리오는 바리오 내에 산책에 적절한 상가 거리와 광장, 타인과 관계가 맺어지는 학교, 여가 장소(무도장, 레스토랑, 제과점, 카페, 영화관, 심지어 극장 — 콘스티투시온에는 바리에다데스, 플로레스에는 페닉스, 보에도에는 엘 보에도)를 갖추고 있었다. 물론 바리오 내에도 계층별로 가는 장소가 달라서, 장소마다 사회적 서열이 일정 부분 드러났다. 하지만, 모든 장소가 저마다 바리오 생활에 기여했다. 나아가 잡화점이나 미용실 같은 가게나 전차는 이웃끼리 우연히 만나는 일시적인 사교의 장이었다. 중산계급 가정은 바리오에 너무도 큰 일체감을 느껴서, 이사를 해도 보통 같은 지역 내에서 했다. 친척 및 친구들과 멀리 살지 않으려 한 것이다. 결혼도 동네 사람끼리 하는 경우가 많아서, 자손도 같은 바리오에 그대로 머물렀다.

---

3 Adrián Gorelik, *La grilla y el parque: Espacio público y cultura urbana en Buenos Aires, 1887-1936*, Buenos Aires: Universidad Nacional de Quilmes, 1998.

4 Marcelo Escobar, Jorge Francisco Lienur and Pedro Pirez, "La condición metropolitana", *Punto de Vista*, No 53, November 1995.

독립 100주년 해부터 1940년대 중반까지 바리오 문화, 즉 이민자들 사이에 새로운 사교 방식이 꽃을 피웠다. 부분적으로는 사회주의자들이, 초기에는 아나키스트들이 이끈 이 문화는 지역 기관, 진흥회, 아테네오, 사교 클럽, 사립 도서관, 전문 극장, 교구 신문을 둘러싸고 융성했다.[5] 바리오 문화는 노동자들에게 뿌리를 두고 있지 않았다(이는 사회주의자들도 원치 않았던 일이다). 하류계급과 중산계급 하층 사이의 경계는 불분명했고, 심지어 중산계급 중간층(지역 내 전문 직업인)이 양 집단을 아우르는 지도부 역할을 했다.

페론 정부 이전의 도심과 바리오는 분리되어 있지 않았다. 또 대중문화도 엘리트 문화와 전적으로 유리되어 있지 않았다. 호세 루이스 로메로가 말한 대로, "천 개의 가느다란 실"이 두 문화를 서로 엮어 놓았다.[6] 탱고의 보편화 현상은 계급 간, 사회집단 간 상호 연결의 명백한 사례이다. 탱고의 기원이 된 계급은 룸펜이었지만, 상류계급 젊은이들이 윤락가를 돌아다니다가 탱고를 알게 되었다. 1920년대에는(탱고가 이미 파리에서 인정을 받은 후였다) 귀족 살롱에서 탱고를 추었고, 중산계급과 하류계급도 축음기, 라디오, 극장식 버라이어티 쇼의 등장과 함께 탱고를 접했다.

그 작은 세계는 페론주의의 도래와 함께 해체되었다. 페론주의는 어떠한 자치회도 허락하지 않았다. 아래로부터 조직된 단체는 더

5　Leandro Gutiérrez and Luis Alberto Romero, *Sectores populares. Cultura y política*, Buenos Aires: Sudamericana, 1995.

6　"La ciudad burguesa", eds. José Luis Romero and Luis Alberto Romero, *Buenos Aires, Historia de cuatro siglos*, Buenos Aires: Abril, 1983.

더욱 용인하지 않았다. 페론주의는 권위주의 국가에 의해 통일되고 정치화된 문화를 정착시키고자 했다.

이 정치적 변화와 때를 같이하여 개인 주택이 아파트로 대체되고,「공동주택관리법」과 함께 이루어진 대규모 건축이 노르테 지역을 특권화시키고 바리오들을 쇠퇴시키면서 가족들이 흩어지게 되었다. 다른 지역으로의 이사가 잦아지고, 바리오 주민은 동네 생활에 무관심해졌다.

도심과 바리오의 쇠락

부에노스아이레스가 지배계급이 잘나가던 시기의 상징물이었다면, 퇴조기에도 마찬가지로 그 계급의 상징물이었다. 부에노스아이레스가 '영원한 번영'이라는 환상의 산물이었기 때문에, 영원한 도시의 기틀을 마련하겠다는 노력으로 귀결되었다. 비록 당시에는 예견할 수 없었지만 부에노스아이레스는 미완성으로 남을 운명이었다. 짧았던 고무 붐 시절의 마나우스[아마존강 유역의 브라질 내륙 도시]와 그 도시의 거대한 오페라 극장이 겪은 운명처럼 말이다.

부에노스아이레스는 쇠퇴를 겪었다. 이는 처음에는 감지할 수 없었지만 이윽고 가속화되었다. 부에노스아이레스 주민은 과거의 짧은 광영에 대한 향수에 사로잡혀 살면서 다시는 돌아오지 않을 황금 시대의 귀환을 꿈꾸는 데 익숙해졌다.

쇠퇴의 시작을 20세기 중반으로 잡는 것은 자의적인 일이 아니다. 농산물 수출 경제모델의 고갈, 수입대체산업화 모델의 위기, 이에 따른 대중계급에 유리한 소득 재분배의 종말 등의 요소들이 변곡점이 되었다. 회오리바람처럼 불어닥친 정치적·경제적 불안정과 인플레이션 광풍으로 인해 국가는 부에노스아이레스를 방치했다. 시민사회도 도시에 주의를 기울이지 못했다. 진보에 대한 믿음이 붕괴되자 지속적인 건설도 도시 개선을 위한 노력도 활기를 잃었다. 개화된 과두지배계급에 뒤이어 리더십을 행사한 계급 혹은 사회의 여러 영역은 신속하고 투기적인 부와 단기 투자에만 골몰했다. 그들은 과거에 뿌리를 두지도 미래를 생각하지도 않았다. 순간, 짧은 시간, 영원한 현재에 급급해서 미래 도시를 기획할 수 없었다. 그런 의식 상태는 점점 즉흥적인 특징이 늘어나고 있다는 사실에 반영되었다. 대충 지은 건물들이, 마찬가지로 오래 지속되지 않을 다른 건물들로 대체되었고, 갈수록 건축물의 질이 떨어졌다. 오늘날의 부에노스아이레스는 다시금 1880년대 이전의 도시처럼 매일 텐트를 치고 접는 야영장과 닮았다.

　문화 모델은 벨 에포크 시절[7]의 모델과 매우 달라졌다. 이제는 오래 사용할 생각으로 파리의 궁전이나 런던의 기차역을 모방하지 않고, 마이애미의 호텔이나 라스베이거스의 카지노를 본떠 건물을 짓는다. 한때의 유행이 지나면 금방 허물어 버릴 건축물들이다. 사르트르는 미국 도시는 유럽 도시와 달리 거주자보다 더 빨리 변해서, 거주

7　[옮긴이] 아르헨티나의 벨 에포크 시절은 평자에 따라 의견이 엇갈린다. 다만 19세기 말에서 20세기 초의 보수주의 공화국 시대는 대체로 벨 에포크 시절에 포함된다.

자가 더 오래 살아남는다고 말했다.[8] 부에노스아이레스와 그 주민에 관해서도 이와 유사한 주장을 할 수 있을 것이다.

당국이나 시민사회 그 어느 쪽도 책임을 지지 않는 상태에서, 인프라가 열악해졌다. 필수 공적 기관도 마찬가지 운명이었다. 학교에서는 교사 임금이 열악해지고 교사 양성 교육도 충분하지 않았다. 병원에서도 마찬가지로 의사 급여가 나빠지고 적절한 시설을 갖추지 못하게 되었다. 경찰은 훈련이 부족하고 부패하게 되었고, 행정기구들은 비대해지고 효율성이 떨어졌다. 환경과 사적지 보호를 위한 적절한 관리도 부재했다. 1989년에는 전기, 가스, 전화 설비가 노후화로 인해 마비되었다. 미리 대비하지 못해, 하수구가 넘쳐 도심까지 잠기는 일도 발생했다.

교통 위기는 시민을 고립시켰다. 국유 철도는 관리 부족으로 열악해지고, 라틴아메리카 최초이자 세계에서 열 손가락 안에 들 정도로 일찌감치 구축된 지하철망은 40년 동안 버려진 채 미완으로 남으면서, 이동의 어려움과 해결 불능의 교통 문제를 발생시켰다. 1980년대에 지하철망을 확충할 때, 오늘날 벨그라노 바리오까지 연결된 D호선 연장에만 특혜가 주어지고 변두리 바리오들은 뒷전으로 밀렸다. 다만 지금은 그나마 반세기 동안 하지 않은 일을 부분적이고 뒤늦게나마 시도하고 있다. 길에서 버리는 시간(교통편을 한참 기다리는 일과 교통 체증)은 휴식과 여가를 위한 시간을 앗아 가고, 희생자가 된

---

8 Jean-Paul Sartre, "Villes d'Amérique", *Situations, III*, Paris: Gallimard, 1949. *Situaciones*, Buenos Aires: Losada.

이용객들을 정신적으로 고갈시킨다.

선진국 현대 도시는 공공 서비스 부문의 기술혁신으로 이용자에게 편의와 시간 절약 효과를 제공했다. 그런데 그런 발전의 이식이 부에노스아이레스에서는 많은 경우 반대 효과를 유발했다. 관리 부족이나 관리 주체의 비효율성으로 메커니즘이 제대로 작동하지 않아서이다.

20세기의 마지막 30년 동안 부에노스아이레스에서 벌어진 대규모 공사 — 고층 타워, 고속도로, 쇼핑센터, 박물관, 새로운 바리오(카탈리나스 노르테, 푸에르토 마데로, 빌리지 레콜레타) 및 프라이빗한 여러 바리오 — 들이 많은 이의 눈을 흐려 부에노스아이레스가 쇠락하는 도시라는 생각을 떨쳐 내게 할 수도 있다. 그런 이들에게는 고렐릭의 설명을 통해[9] 답해야 할 것이다. 그런 대규모 공사들은 투자는 적게 하고 이익은 많이 내는 피상적인 근대화이다. 이익 환수가 느리기 때문에 지도층이나 대자본은 관심을 갖지 않는 투자를 전제로 하는 인프라, 기술, 서비스, 교통 분야의 심도 있는 근대화가 아니다.

도시의 미학적인 측면에서도 진전이 없었다. 19세기 말부터 20세기 초 사이에 건축된 것만 되살릴 만하다. 부르델, 롤라 모라, 이루르티아 등이 만든 소중한 분수대와 기념물들은 최근에 만들어진 것들의 흉물스러움과 대조를 이룬다. 대부분 평판이 의심스러운 유공자(거의 군인)들을 기리는 무미건조한 흉상인데, 그 후손들이 아직

9 Adrián Gorelik, "Buenos Aires: para una agenda política de reformas urbanas", *Punto de Vista*, No. 70, August 2001.

부에노스아이레스시 의회에 대한 충분히 영향력이 있어서 가능한 일이었다.

지하철 역사도 미학적 쇠락을 증언한다. 1930년대 이전에 지은 역들은 예술적인 입구, 청동 조각상, 연철 조명 장식, 색유리, 탈라베라와 세비야풍 마욜리카 양식[10] 벽화(역사적 사건들을 담았다) 등을 갖추고 있었다. 이그나시오 술로아가, 알레한드로 시리오, 기예르모 부틀레르, 레오니 마티스 등이 디자인한 것이다. B호선 신설 역사들의 포마이카 도료, E호선의 평범한 푸른색 타일, D호선 푸에이레돈 역의 키치풍의 촌스러운 성모상, C호선 산 마르틴 역의 맹목적인 군인 애국주의의 흉물스러움과는 대비되는 예들이었다. 공영 지하철이든 민영 지하철이든 간에 그 종사자들의 예술 작품을 업신여기는 태도는 D호선 카테드랄 역에서 분명하게 드러난다. 커다란 신문 가판대를 설치하는 바람에 로돌포 프랑코의 벽화가 일부 가려졌다.

개인주택 건축양식도 운이 더 좋지는 못했다. 20세기 초의 부에노스아이레스는 르네상스, 보자르(beaux arts),[11] 신고전주의, 네오콜로니얼, 모리스코,[12] 고딕, 튜더, 카탈루냐 모더니즘, 아르누보, 아르데코, 모뉴멘탈리즘, 합리주의 등 모든 고전적 유파와 현대 유파가 적절히 섞여 있었다. 바로 그 다양성에 옛 부에노스아이레스의 매력, 길모퉁이를 돌 때마다 느끼는 놀라움이 있었다. 물론 조악한 취향도 넘쳐

---

10 [옮긴이] 르네상스 시대 이탈리아에서 유래하여 스페인의 탈라베라와 세비야 등에서 발전된 채색 그릇이나 타일 양식.
11 [옮긴이] 1830년대부터 19세기 말의 프랑스 건축양식.
12 [옮긴이] 무어인의 건축양식을 가리킨다.

났다. 그러나 조악한 취향과 고상한 취향 사이의 거리는 취향과 무취향 사이의 거리보다는 가깝다. 20세기 중반쯤에는 모든 양식이 전부 부재하는 상황이 되었다.

변곡점은 1944년의 임대료 동결이었다. 이 조치로 이전 수십 년 동안의 건설 붐이 중단되었다. 1949년의 「공동주택관리법」이 건설 붐을 다시 일으켰지만, 오로지 투기적 수익이 기준이 되었다. 투자 자본의 신속한 회수를 추구하면서, 자재의 질 하락, 방 숫자와 통로 공간의 축소, 추억을 쌓을 만한 다락방의 부재 등의 원인이 되었다. 기술적 측면에서 심각한 오류를 저지르기도 해서, 여러 차례 붕괴 사고가 발생했다. 외관의 미에도 무관심했다. 건축 도면만 보여 주면 되는데, 매수자를 매혹시킬 필요는 없었다. 수평주의자(horizontalista)[13]의 표준 공사 방식이 건축가의 창의성을 밀어냈다. 건물 정면의 모습도 똑같고, 천편일률적인 발코니 겸 테라스가 특징이었다. 이 발코니-테라스는 안마당 대체물로 활용되는 경우가 많아서, 가끔은 튜브 풀장을 놓고 바비큐 시설을 갖추기도 했다. 하지만 건물 외관을 망치는 여러 가지 폐쇄적 요소의 하나일 뿐이다.

부에노스아이레스는 익명적이고 몰개성적이고 대량화된 도시가 되었다. 주택과 거리는 세심한 주의를 기울이지 않고 서둘러 지은 탓에 특징도 없고 경관도 동일해졌다. 게다가 거주자가 적절하지 않

---

13 [옮긴이] 수평적 집단주의, 즉 공동체나 조직 구성원의 평등을 지향하는 이들을 가리킨다. 수평적 집단주의에 의거한 건축양식은 대체로 획일적인 주택이나 대규모 아파트 신축을 지향한다.

은 디테일을 가미하는 바람에 시각적으로도 카오스였다. 더 나쁜 점은 대부분의 사람들이 그 결함을 깨닫지 못한다는 사실이다. 쇼핑센터나 호텔이 주택가에 들어설 때마다 집단적으로 항의하는 주민들도 있지만, 그런 경우는 드물다. 부에노스아이레스는 암세포가 자라듯 계속 성장했다.

엘리트 집단의 도시가 쇠퇴했다는 것은 빈곤층의 도시는 더 크게 쇠퇴했다는 것을 의미했다. 도시 남쪽 지대의 쇠락은 불가항력이었다. 남서쪽 지대에서 멀리 떨어진 바리오들은 이동이 어려워져서 도시의 다른 지역으로부터 고립되었고, 자체적인 만남의 장소들도 사라져서 고유의 삶이 존재하지 않았다.

1960년대 무렵에는 전후 서유럽에도 확산된 스탈린주의 및 파시즘 건축 행태를 좇아 남서쪽 지대(비야 루가노, 바호 플로레스와 이 일대의 공동주택단지)에 서민 계층을 위한 천편일률적이고 음산한 대규모 주택단지들이 들어섰다. 이들은 결코 생동감 있는 바리오로 탈바꿈하지 못했다. 건물은 관리 부족으로 노후화되고, 녹지 공간은 여전히 황량해서 때로는 진창으로 변하고, 수백 개 상가 점포 중 서비스 업체들만 일부 영업을 했다. 거주자는 많았지만 지역의 삶이 없는 베드타운일 뿐이었다. 몇몇 단지는 범죄자들의 은신처로 변하기도 했다. 소위 아파치 요새(Fuerte Apache)[14]는 이런 유형의 도시 건축의 위험성이 암울하게 투영된 사례이다.

---

14 [옮긴이] 에헤르시토 데 로스 안데스 바리오의 별칭. 원래는 미국 애리조나의 아파치족 집단 거주지의 이름이다.

더 아래쪽으로는 비야 미세리아들이 생겨났다. 이 빈민가들은 도심이나 부유층 바리오에 가까이 있는 경우도 있다. 하지만 보통은 침수 지대, 쓰레기 처리장 인근, 공장 매연에 오염된 지역, 대개 상하수도 시설이 없고 가스도 가스통에 의존하는 지역에 있었다. 그곳의 판잣집과 양철집에는 일반인이 도둑, 마약 밀매인, 아동 착취 조직 조직원, 온갖 마피아 집단과 뒤섞여 살기도 했다. 폭력, 근친상간, 청소년 임신, 알코올 중독, 범죄 등이 일상인 곳이었다.

게토처럼 고립되어 있고, 때로는 긴 벽을 쌓아 놓은 덕분에 감추어져 있다고 믿었던 것들이 경제 위기가 심화되자 결국은 도시 전체로 범람하여 도시 풍경을 바꿔 버렸다. 행상인들이 주축이던 페르시아 시장에 폐지 줍는 사람, 거지, '지붕 없는 사람들'이 더해졌다.

잃어버린 정체성을 찾아서

개인에게 정체성의 감정, 연속성의 감정은 부분적으로는 자신이 살아온 장소에 대한 기억이나 추억에 좌우된다. 장소는 소속감을 만든다. 기억은 가스통 바슐라르가 말한 대로,[15] 시간의 흐름을 기록하는 것이 아니라 오직 공간 속에서, 공간을 통해 구체화되는 것이다. 소유한 공간, 사랑한 공간, 내밀한 공간, 살았던 공간 등은 그래서 인간적인 가치를 지닌다. 우리가 살고 있는 집, 거리, 바리오, 도시가 바로 그런 공간들이다.

---

15 Gaston Bachelard, *La poétique de l'espace*, Paris: Presse Universitaire Française, 1957.

국가가 교육이나 애국적 선동을 통해 부과하는 추상적인 관념이
자 인위적인 창조물인 민족 정체성[16]과는 달리 도시와의 일체감은 구
체적인 현실이다. 왜냐하면 도시는 생활을 영위하는 무대이자 풍경
이기 때문이다. 거주자들은 서로 모르는 사이일지라도 감동, 불행, 관
심사 같은 내밀한 연결고리를 지니고 있다. 반면에 '같은 나라 사람'
이라는 사실은 대부분의 경우 정치체를 공유한다는 점이 유일한 연
결고리이다.

어느 누구도 한 국가 '전체'에서 태어나고 살지 않는다. 도시나
마을 같은 구체적인 장소에서 태어나고 살 뿐이다. 그렇다 해도 도시
와 그 바리오들은 국가와 마찬가지로 자신들의 과거, 전통, 신화, 민
속, 문학, 노래, 영웅, 언어를 발명한다.

도시 정체성이나 바리오 정체성은 때로는 파란만장할 정도로 사
소한 것들의 조합이 만들어 낸 고유한 분위기이자 특이한 분위기이
다. 그 사소한 것들을 통해 한 장소가 인식되고 다른 장소들과 구별
된다. 유럽 도시의 거주자는 여러 가지 변화에도 불구하고, 인생을 사
는 동안 동일한 장소를 계속 방문하고 그곳에서 자신을 확인하는 일
이 용이하다. 반면, 부에노스아이레스에서는 거의 불가능한 일이다.
유년기의 바리오가 더 이상 존재하지 않을 뿐만 아니라, 몇 년 전까지
자주 가던 장소도 다른 곳이 되어 있다. 새로운 장소에 적응하는 건
아무 소용없다. 가차 없이 금방 사라져 버릴 것이기 때문이다. 우리는

---

16   Juan José Sebreli, *Crítica de las ideas políticas argentinas*, Buenos Aires: Sudameri-
cana, 2002, ch.2.

공허감과 불안정감을 느끼면서, 늘 무에서 시작해야 한다.

오늘날의 도시에 대한 이러한 비판은, '부에노스아이레스주의적' 문학(literatura "porteñista"), 사이네테, 신문 기사, 그리고 특히 탱고 작사가들(오메로 만시, 엔리케 카디카모, 호세 곤살레스 카스티요)이 1920~1940년대에 조장한 '추억의 신화'와는 구별할 필요가 있다. '가버린 바리오'(barrio que se fue) 신화는 농촌을 목가적 전원, 타락하고 상업화된 현대 도시에 반(反)하는 가치 저장소로 보는 신화와 유사한 특징이 있다. "어제의 평온한 바리오"는 지방 마을이나 농촌, "도심의 불빛"은 악마화된 메트로폴리스의 동의어였다. 콤파드리토 전설은 근대성에 반기를 든 원초적 반항아의 화신인 가우초를 대체한 것이었다.

바리오 신화는 행복한 유년기 신화, 상상의 실낙원과 혼합된 것이다. 사람들은 자신이 태어난 바리오를 실낙원으로 이상화했다. 개인의 과거는 부분적으로는 실제 있었던 일이고, 부분적으로는 상상이다. 일부 친밀한 장소는 지나치게 일상적인 곳이라 진한 추억이 없는 경우 원래부터 크게 의미가 없을 수 있다. 그래서 훗날의 해석자들이 주장하는 바와는 반대로, 이 바리오 신화 단계는 공동체주의와는 별 관련이 없고, 내밀한 회상과 향수에 젖은 감상주의와 더 관계있다.

이 신화의 또 다른 결은 중산계급 지식인 일각의 태도와 관련이 있다. 이들은 가정생활의 단조로움으로부터의 탈출구가 필요해 룸펜과 밑바닥 세계에 매료된 측면이 있다. 가끔은 회상의 대상인 바리오가 유년기의 실제 바리오가 아니라 더 이전의 바리오, 변두리의 바리오, 보르헤스의 "카오스적인 말 목장", 농촌과의 경계 지대로 콤파드리토와 성매매 여성이 거주하는 위험한 변두리였다. 바리오 신화의 창조자들은 알지도 못했던 '거짓 과거'인 것이다. 그들은 불량배 무리 생활에서 살아남은 룸펜이 아니라 중산계급이거나 신분 상승 중인 이민자 노동자들의 자녀였기 때문이다. 이 신화화 과정에 가장 큰 기여를 한 보르헤스는 상류계급의 가난한 부류에 속했다. 보르헤스도, 또한 바리오 신화 분야에서 그의 선조격인 에바리스토 카리에고[17]도 상대적으로 새로운 바리오이고 이민자들이 거주했던 팔레르모를 회상했다.

고렐릭이 지적하는 대로,[18] 소위 말하는 '바리오 전통'은 근대화로 행정 개편과 동네 상조회의 변화가 수반되면서 바리오의 풍경과 색채가 파괴되고 난 이후에나 발명된 것이다. 바리오 신화 역시 진보가 이루어진 바리오와 그 문화에 대해서는 일체 거부하는 시각을 지닐 수밖에 없었다. 도시가 발전하면 시내와 바리오는 통합되기 마련인데도, 바리오 신화는 자기 안에 갇히는 성향을 띠면서 도심을 악마화하고 바리오끼리의 경쟁을 상정한다. 길모퉁이 하나를 지배하기 위한 청년 패거리들의 싸움, 이웃하는 축구 클럽 사이의 맞수 구도 등이 그 예이다.

산 텔모, 바라카스, 콘스티투시온, 보카, 발바네라 같은 남쪽 지대의 가장 오랜 바리오들과 플로레스 같은 고립 주거지역 몇 군데를 제외하면, 부에노스아이레스 서쪽 지대의 바리오들은 지역색이 없었

---

17 [옮긴이] 시인으로, 보르헤스 부친의 친구였다.
18 Adrián Gorelik, *La grilla y el parque*.

다. 따라서 무에서 신화를 창조하는 게 필요했다. 가장 성공적인 경우가 다른 바리오들과 차별화되기 어려운 몰개성적인 중산계급 바리오에 해당하는 보에도였다. 이 바리오의 전설적인 좌파 보헤미안은 사실 소수의 작가에게 국한된 이야기였다. 심지어 이들이 전부 그 지역에 거주하는 것도 아니었다.[19] 그리고 보에도 그룹의 출판사 클라리다드(Claridad)도 실은 콘스티투시온에 있었다. 보에도 그룹이 모임을 가지곤 했다는 예의 그 카페도 산 후안 길이 보에도 길과 만나는 신화적인 길모퉁이가 아니라 막다른 길인 산 이그나시오에 있었다. 그나마 그 카페도 1930년대까지만 존재했다.

향수는 도시의 근대화와 풍속의 불가피한 변화에 반대한다는 점에서 반진보주의적이고 반동적인 낭만주의의 하위 장르이다. 그러나 모든 새로운 것, 모든 최신의 것에 지나치게 유착된 '전위주의'를 비판하는 측면도 있다. 진보는 절대로 직선적이지 않아서 퇴행적인 부분도 있는 법이다. 회상은 잃어버린 무언가를 되살리는 것이고, 변해가는 모든 것 속에서 보존할 만한 것을 긍정적으로 지적한다.

회고적인 신화에 빠지면 안 되겠지만, 20세기 초의 바리오 모습이 사라진 것은 애석한 일이다. 바리오 고유의 활기찬 삶도 상실되었기 때문이다. 도심의 쇠락 또한 못지않게 애석하다. 도심은 더 이상 모든 계급이 만나는 장소가 아니라 거쳐 가는 장소, 프랑스 인류학자

---

19 보에도 그룹 구성원들의 정확한 주소는 다음 서지에 있다. Álvaro Abós, *Al pie de la letra:. Guía literaria de Buenos Aires*, Buenos Aires: Mondadori, 2000.

마르크 오제가 "비(非)장소"(no lugares)[20]라고 부르는, 아무도 거주하지 않는 비인간적인 공간이 되어 버렸다.

　모든 대도시가 그렇듯, 부에노스아이레스에도 고대 도시의 아고라나 르네상스 도시의 큰 광장(plaza mayor)에 해당하는 공공의 모임 장소들이 있었다. 아늑하고 매력적이고 자극을 주고 기운을 북돋는 곳들이었고, 상이한 사회 영역의 사람들이 모여 상호작용이 이루어지는 지점들이었다. 사람들은 유쾌한 순간을 보내고, 지인을 만나면 멈춰 서서 이야기를 나누고, 낯선 이들을 바라본다. 직장이나 기사의 단조로움에서 잠시 벗어나기 위해 그런 곳들을 찾았던 것이다. 하지만 그런 마음에 드는 공간을 찾기가 나날이 어려워진다.

　1980년대 초에는 사회학자 후안 카를로스 토레가 상파울루 도심의 쇠락과 비교하면서 부에노스아이레스에는 그와 유사한 일은 전혀 일어나지 않았다고 보았다. "도심은 여전히 언제나처럼 동일한 매력을 발산하고 있다"[21]고 적고 있다. 오늘날에는 그렇게 말하기는 어렵다. 부에노스아이레스의 도심은 상파울루, 리우데자네이루, 리마, 산티아고의 도심이 지나간 길과 동일한 길을 가고 있다.

　플로리다 거리는 더 이상 노천 클럽, 만남의 장소가 아니다. 시내에서 일하는 사람들로 여전히 북적대기는 한다. 그러나 이제 산책하는 사람은 없고, 그냥 바삐 지나가는 통로일 뿐이다. 플로리다와 평

20　Marc Auge, *Non-lieux: Introduction á une anthropologie de la surmodernité*, Paris: Seuil, 1992. *Los no lugares: Espacios del anonimato*, Barcelona: Gedisa, 1994.

21　Juan Carlos Torre, "La ciudad y los obreros", Eds. José Luis Romero and Luis Alberto Romero, *Buenos Aires historia de cuatro siglos*.

행선을 달리는 인근 길들의 차와 좁은 보도를 피하고 싶어서 선호될 뿐이다.[22] 예외는 있지만 장사도 시원치 않다. 파산한 쇼핑몰 해러즈(Harrod's)에 쳐 있는 블라인드는 플로리다 거리의 쇠락을 말해 주는 오랜 상징이었다.

밤이 되면 플로리다는 북적이던 한낮의 모습이 사라지고 소외된 지역으로 변한다. 폐지 줍는 사람이 쓰레기봉투를 뒤지고, 거지가 남은 음식을 얻으려고 요식 업소를 전전한다. 게다가 2001~2002년의 위기는 이곳을 '지붕 없는 사람들'의 공공 기숙사로 바꾸어 놓았다.

1940년대 말에서 1960년대까지는, 플로리다를 지나 비아몬테 길에 이르면 보헤미안 바리오의 축소판 같은 지대가 있었다. 마이푸 길과 엘 바호 길 사이의 구간이었다. 부에노스아이레스대학 철문학부를 중심으로 『수르』지 편집국, 현대예술연구소, 바(자키, 플로리다, 코토), 서점(베르붐, 갈라테아, 레트라스), 극장(로스 인데펜디엔테스), 예술 갤러리(반 리엘) 등이 있어서 학생, 작가, 배우, 화가들이 모여들었다. 이 지대는 엘 바호 길과 경계를 이루고 있었는데, 도라와 엘 나베간테 같은 술집 혹은 프랑스 영화관 분위기의 바로 선원들이 많이 찾던 더 퍼스트 앤드 라스트는 밤샘 영업을 했다. 철문학부가 다른 곳으로 옮겨 가면서 이 지대는 쇠락하기 시작했다. 그리고 1960년대 후반에 팝 전위그룹이 비트 세대이자 실존주의 세대를 대체했다. 이들은 디텔라 연구소, 갈레리아 델 에스테, 모데르노 바와 엘 바르바로 바가 있는 '광란의 블록'에 모여들었다. 연이어 들어선 독재 정부하에서 경

22　[옮긴이] 플로리다 거리는 차량 통행이 금지된 길이다.

찰이 일제 단속을 벌이면서, 전위주의 밴드는 10분의 1로 줄었고, 이후 그 어느 곳에서도 다시 둥지를 틀지 못했다.

플로리다에 인접한 동맥 같은 거리들도 똑같은 쇠락 과정을 밟았다. 영화관들이 번쩍번쩍 빛을 발하던 라바예 길은 길의 시작과 끝에 많은 사람이 모여 있곤 했는데, 오늘날에는 룸펜 거리가 되어 예전의 영화관들이 전자오락실이나 빙고장으로 바뀌었다.

코리엔테스 길은 이곳을 신화적인 거리로 만들어 준 매력을 상실했다. 폴리테마, 아폴로, 오데온 같은 전설적인 극장들은 문을 닫고, 대형 영화관 중에서는 세 곳만 살아남아 페스티벌 공간으로 이용되고 있다. 탱고 바, 즉 탱고 오케스트라가 딸린 바는 더 이상 없고, 보헤미안풍 카페들은 피자집과 패스트푸드 업소를 혼합한 식당으로 변해서, 라 히랄다만이 과거의 유물처럼 남아 있을 뿐이다. 중고 서점들은 떨이 서점으로 대체되었다. 부에노스아이레스 최초의 영화 클럽이었던 역사적인 상영관 시네 아르테(1941)는 1960년대에는 로레인 극장이 되었다가, 간디 서점과 로사다 서점이 붙어 있는 건물에 로페스 클라로와 카스타니노가 그린 두 개의 프레스코화로 남아 있을 뿐이다.

시우다드 인판틸 에비타(에비타 어린이 도시)를 연상시키는 파세오 라 플라사는 새로운 문화센터를 지향했지만, 성공한 탤런트들을 중심으로 기획한 연극 공연 정도만 할 뿐인 야외 쇼핑센터가 되었다.

문화의 사막이 된 새로운 코리엔테스 길에는 일종의 게토들이 생겼다. 산 마르틴 문화센터, 특히 로하스 문화센터가 그러한 경우다. 후자는 부에노스아이레스대학의 부속 기관으로 1984년부터 매우 상이한 성격의 두 부류 사람들이 찾아든다. 한 부류는 나이 든 사람들인데, 이들은 오후 시간대에 열리는 종류도 수도 많고 수준도 천차만별인 워크숍이나 강습에 온다. 또 다른 부류는 저녁 시간대에 오는 젊은 사람들로, 전위주의 미학과 팝에 전적인 관심을 보인다. 대강당, 도서관, 농구장 등의 여러 공간이 산 텔모의 파라쿨투랄 센터나 아바스토 지역의 바빌로니아 소극장과 유사하게 독특한 광경, 일종의 퍼포먼스를 연출하면서 코리엔테스와의 단절을 천명한다. 소위 '탈(脫) 코리엔테스'를 천명한 것이다. '로하스 모비다'는 카야오 길의 전통적인 경계 너머로 퍼져, 일부 서점, 코스모스 같은 멀티플렉스 영화관, 아바스토 쇼핑몰 멀티플렉스(독립영화제 기간에만 운영된다)로 이어지는 듯하다. 그럼에도 불구하고 지금까지 옛날 코리엔테스의 활기를 되찾지는 못하고 있다.

코리엔테스의 밤 생활은 오늘날은 전설이다. 에델바이스를 제외한 라 에밀리아나 같은 옛 레스토랑들과 타바리스 같은 카바레들은 사라졌다. 몬테비데오 길의 코리엔테스 길과 사르미엔토 길 사이 구역만 살아남아서 레스토랑이 밀집해 있을 뿐이다. 그렇지만 이 구역을 자주 찾는 이들은 몬테비데오 길과 사르미엔토 길 모퉁이에 있는 디스코텍과 길거리 매점에서 소란을 피우는 청소년들로부터 위협을 느끼고 있다.

산타 페 길은 찬란했던 과거의 흔적 몇 곳을 제외하면, 이제는 세련된 거리라는 명성을 상실했다. 제일 좋은 브랜드숍들은 알베아르 길과 킨타나 길로 옮겨 가고 있다. 대신 2급 품질의 상품을 진열한 가게들이 산타 페에 들어서서, 갈수록 바리오 온세와 비슷해지고 있다.

엘 아길라나 프티 카페 같은 많은 제과점, 프랑스 고전 영화를 상영하던 팔레 영화관과 베르사유 극장 등이 사라졌다. 산타 페와 카야오 길 일대에 독특한 분위기를 창출했던 새로운 멀티플렉스 영화관들도 문을 닫았다. 그에 대한 보상으로 헌책방을 포함한 좋은 서점들이 모여들어 거리가 개선되기도 했다. 극장 겸 영화관 그란 스플렌디드는 보자르 건축양식과 나사레노 오를란디(마나우스의 오페라 극장에 그림을 남긴 바로 그 사람이다)가 그린 천장을 보존했고, 그리하여 클라시카와 모데르나(1988년 카야오 길께의 피라과이 길에 늘어섰다)의 전통을 따라 북 카페로 변신했다. 반면 일부 아름다운 건축물들은 2층부터만 보존되었다. 알레한드로 비라소로의 아르데코 건축물(카사 델 테아트로), 산타 페 길께의 푸에이레돈 길에 위치한 안드레스 칼나이[23]의 아르데코 건축물이 그런 경우이다. 이들의 옛 1층 정면 외관은 리모델링된 파사드 때문에 사납게 훼손되었다.

레콜레타 바리오도 운이 좋지 못했다. 옛 레콜레토스 수도원(1860) 외벽을 따라 난 길은 바로크적 분수, 작은 상(像)과 장식 항아리가 곁들여진 난간이 있어서 로마 시대를 연상시키는 장소이자 1950년대 영화에 자주 등장한 곳이었다. 그 이후 점차 야외 식당가로 변모했으나 그다지 호평을 받지 못했다. 한쪽 옆으로 디즈니랜드 스타일의 건물이 들어서 디자인 센터가 입주했지만 이 역시 성공적이지 않았다.

---

23 [옮긴이] 오스트리아-헝가리 제국의 건축가. 오늘날의 크로아티아 태생으로 아르헨티나 건축의 현대화에 커다란 기여를 했다.

레콜레타 묘지(19세기 건축물 중에 살아남은 몇 안 되는 귀중한 곳)를 둘러싼 구역 전체가 시각적으로나 청각적으로나 쇠퇴한 공공장소가 되었다. 후닌 길에서 비센테 로페스 길과 킨타나 길 사이 구간은 악취미의 극치이자 그로테스크한 흉물스러움에 이르렀을 정도이다. 길을 어떻게 점거하면 안 되는지 보여 주는 전형적인 장소이다.[24]

비센테 로페스 길 끝부분은 또 다른 개성적인 장소였다. 집시들이 살던 옛 콘벤티요들이 있었고, 그중 일부가 레스토랑으로 재단장되었다. 그러나 백화점과 사이비 문화센터를 짓는답시고 그곳 역시 허물어 버렸다. 수년 동안 그 부지는 가림막이 설치되어 있다가 1990년대에 와서 빌리지 레콜레타가 들어섰다. 그러나 라스베이거스를 허술하게 모방한 소란스럽고 칙칙한 색채를 띤 곳에 불과하다.

서민 바리오들도 20세기 초반의 고유의 삶을 상실했다. 콘스티투시온은 뉴욕의 브롱크스와 유사한 훼손 과정을 겪었다. 두 경우 모두 고속도로 건설이라는 동일한 이유로 퇴락했다.[25] 콘스티투시온도 브롱크스처럼 도심에서 가깝고 교통이 원활해서 매우 활기찬 바리오였다. 리마 길의 비단 가게들, 잡화점 라 에스트레야 에스파뇰라, 맥줏집 라 기예르미나, 수입 잡화점, 테이크아웃 식당, 카페, 주점 등 다양한 업소가 들어서서 다른 지역 사람들도 불러 모았다. 기차역 인근

---

24 메넴 정부하의 마지막 부에노스아이레스 시장 호르헤 도밍게스는 대담한 도시 정화 정책을 펼쳐 그 블록들의 모든 불법 시설물을 하루 만에 불도저로 철거하라는 명령을 내렸다. 그 바람에 취향이 의심스러운 여론의 분노를 유발했다. 당연히 시설물들은 원래 자리에 그대로 남았고, 오히려 더 늘었다.

25 브롱크스에 대해서는 다음을 참조하라. Marshall Berman, *Todo lo sólido se desvanece en el aire*(1982), Madrid: Siglo XXI, 1988.

에 사는 전형적인 룸펜들이 대중계급과, 또 쾌적한 주택이나 아파트에 사는 중산계급과 뒤섞여 지내던 혼종의 공간이었다. 이 가게들은 7월 9일 대로의 확장, 특히 5월 25일 고속도로의 건설로 철거되었다. 모두 군부독재가 도시계획자들의 의견을 무시하고 결정한 사업이었다. 주민은 쫓겨나고, 철거를 면한 주택들은 고속도로 근처라 발생하는 소음과 스모그로 인해 값어치가 떨어졌다. 상가 거리 베르나르도 데 이리고옌 길과 리마 길은 한쪽 보도를 잃고, 가게들이 문을 닫고, 단골손님들이 흩어졌다. 도로변으로는 아무도 긷지 않고 멈춰 서지 않는다. 반쯤 파괴된 바리오는 위험하고 누추한 지역으로 변했다.

보카는 지난날 제노바, 크로아티아, 그리스, 스페인 이민자들이 살던 평화로운 바리오였다. 프롤레타리아 보헤미안들이 항구 노동자 및 수공업자들과 뒤섞여 살면서 아테네오, 사립 도서관, 화가들의 창작 교실을 드나들었다. 포르투나토 라카메라, 에우헤니오 다네리, 미겔 디오메데, 호세 루이스 멩기 같은 독학 화가들은 실내의 고요한 내밀함을 담은 회화나 평온한 정물화를 추구했다. 낮은 채도의 색채와 우울한 회색빛이 지배적이어서 킨켈라 마르틴[26]의 튀는 화풍보다 바리오 분위기나 황토색 리아추엘로강 강물과 더 잘 어울렸다.

지금은 아무것도 남지 않았다. 독특한 야외극장을 연상시키던 카미니토는 관광객을 위한 지역색의 '보고'로 바뀌었다. 몇 미터밖에

---

26 [옮긴이] 본명은 베니토 후안 마르틴으로 보카 화가들 중에서 가장 커다란 명성을 얻었다. 탱고 관광지로 유명한 보카 지역의 골목길 카미니토의 밝고 알록달록한 분위기가 그의 화풍에서 비롯되었다.

안 되는 곳에 바리오 치노라는 지역이 있는데, 마약 거래를 두고 조직 패거리들이 다툼을 벌이는 중간 지대(tierra de nadie)이다.

중산계급 바리오였던 플로레스는 몇몇 고립 주거지역이 페드로 고예나, 호세 보니파시오, 디렉토리오 길에 남아 있을 뿐이다. 산책로로서의 리바다비아 길은 이제 몇 블록만 예전 같고, 그 너머 서쪽으로는 청년 패거리들이 장악한 지역이 시작된다.

상황이 좋아진 듯한 바리오도 두 군데 있다. 산 텔모와 팔레르모 비에호이다. 전자는 시립박물관 관장이던 건축가 호세 마리아 페냐가 주도하여 되살아났다. 그는 1970년대에 도레고 광장에 벼룩시장을 열었고, 그러자 금세 광장 주변에 골동품 가게, 바, 레스토랑이 줄줄이 들어섰다. 예전 주민과는 매우 다른 주민 일부는 이곳을 부에노스아이레스의 그리니치 빌리지[27]로 만들고 싶어 했고, 사회학자이자 논객인 오라시오 곤살레스조차 브리타니코 바에 정치문화 모임(peña)을 만들기에 이르렀다. 그러나 관광객들이 떠나면 그런 코즈모폴리턴한 분위기는 사라지고, 바리오는 다시 마을 성격을 되찾는다. 그곳의 매력은 주로 특정 요일, 특정 시간에 구경 오는 이들을 위한 것이고, 거주자들은 교통 불편(지하철이 닿지 않는다), 관리 부족, 공공 서비스 결핍, "악취"[28], 일부 업체의 분점 부재(가령, 서점 분점) 등으로 고통을 겪는다. 이 불편함에 더해, 근처에 무단 점거된 집들이 있는

---

27 [옮긴이] 뉴욕 맨해튼 남부에 있는 예술가 거주 지역.

28 Miguel Ángel Gardetti, "Mapa de los olores de la ciudad", realizado por el Instituto de Investigaciones Ambiental (UCES) y la Fundación Mapfre.

동네와 장기 투숙자들이 있는 40개 이상의 싸구려 호텔이 있다. 룸펜이 많을 수밖에 없고, 그러다 보니 절도가 늘어나고 마피아 스타일의 조직들이 존재한다. 산 텔모 주민회에 따르면, 이들은 상인을 보호해 준다는 명목으로 돈을 걷는다. 또 주민에게 통행세를 걷는 패거리들도 있다.

또 다른 바리오 팔레르모 비에호는 정신분석 전문가들의 경제적인 성공으로 성장했다. 이들은 과달루페 광장 인근의 비야 프로이트(프로이트촌)에 모여들었다가 이곳이 정신분석 진문가로 넘지게 되자 가까운 팔레르모의 구옥을 구입하기 시작했다. 이후 TV 방송국 아메리카의 스튜디오, 다섯 개의 라디오 방송국, 일간지 『엘 크로니스타』(*El Cronista*) 주변에 미디어 제작자, 젊은 여피, 광고 스튜디오와 마케팅 회사, 잘나가는 건축가, 예술시장 매니저, 배우 등이 사무실을 열었고, 그래서 이 일대가 팔레르모 할리우드라고 불리게 되었다.

1990년대에는 상당한 명망가 주민들 외에도, 부동산업자들이 능란한 솜씨를 발휘하면서 경박한 속물들이 유입되었다. 디스코, 팝, 뒤늦은 디텔라식 취향, 포스트모더니즘이 혼합된 라이트 컬처 룩(look de cultura light)의 디자이너 같은 새로운 제트족 스타들이 그곳으로 이사했다. 이들은 안마당의 우아함을 불현듯 재발견하고 구저택을 재생시켰다. 그러나 풀장이나 바비큐 시설을 추가함으로써 안마당을 망치고 말았다.

산 텔모가 그리니치 빌리지가 되고자 했다면, 팔레르모 비에호는 소호가 되기를 원했다. 그러나 남쪽 지역은 옛 건축물, 이탈리아식 파사드, 여인상 기둥이나 예술적 난간, 고미술품 가게의 격조 높은 진열창이 즐비한 거리의 미술관, 낮은 주택들이 부여하는 특별한 분위기를 갖추고 있는 곳이다. 반면 팔레르모 비에호는 일부 파사혜는 예외겠지만, 언제나 몰개성적이고 단조로운 바리오, 기계 작업장들이 자리한 곳이었다. 의도한 바는 아니었지만, 팔레르모의 옛 거주자인 보르헤스가 이 지역을 띄우는 역할을 했다. 하지만 그는 훗날, 팔레르모를 통해 옛 부에노스아이레스를 회상한다고 생각했으나, 실제로 자신의 뇌리를 사로잡은 곳은 남쪽 지역이었다는 사실을 인정했다.

카탈리나스 노르테 같은 일부 전위적 바리오들은 도시계획 측면에서는 오류이다. 고층 타워 두 개를 세운 세사르 펠리도 지적하는 바이다. 동질성은 그 바리오들을 죽은 지역으로 만들어 버렸다. 밀폐된 건물들의 실내에서 남들이 무슨 일을 하는지도 모르는 일과 시간이 끝나면 인적이 끊기는 사막이 된다. 그곳에서 일하는 사람들은 레스토랑에 가기 위해서 황무지를 가로질러야 하는 불편함을 겪는다. 아름다울지는 모르겠으나 광물의 풍경을 연상시키는 그 죽은 지역에는 예전에는 전설의 일본공원이 있어서, 소박한 즐거움을 찾는 서민계급뿐만 아니라 에로틱한 모험을 찾는 비톨트 곰브로비치[29] 같은 독특한 인물들도 매료시켰다.

보른 길께의 붕혜 길에 위치해 있었으며 국제적으로 건축학적 가치를 지닌 곡식 저장고를 철거한 것은 유감이지만, 푸에르토 마데로에서 런던과 뉴욕의 사례를 따라 부두를 재생시킨 것은 칭찬할 만하다. 그러나 식당가라는 한 가지 특징만 지배하는 지역으로 탈바꿈

---

29 [옮긴이] 폴란드의 전위적인 유대계 소설가이자 극작가. 아르헨티나에 24년간 거주했다.

시킴으로써 프로젝트를 망쳤다. 비싼 레스토랑들을 찾는 이들이 한정되어 있고, 그나마 언제 발길을 끊을지 몰라서 미래가 불투명하다.

또 푸에르토 마데로는 도심에 위치해 있어서 소외 지역이 될 가능성이 있다. 지금이야 사치스런 소외이지만 말이다. 그곳에 가기 위해서는 황량한 무인 지대를 가로질러야 한다. 공터, 협궤철도, 예전에는 작은 길이었으나 지금은 트럭만 다니는 도로가 전부이다. 설계자들의 의도는 좋았지만(건축가 알프레도 가라이는 모두가 공존할 수 있는 '반(反)컨트리 경관'을 구상했다), 만일 수택가가 형성되면, 프라이빗한 바리오와 유사해질 것 같다. 런던에서 부두 재생 사업이 더 성공적일 수 있었던 것은 템스강이 도시에 통합되어 있고, 도시의 다른 지역으로 갈 때 거쳐 가는 곳이기 때문이다. 그러나 라 플라타강은 도시의 끝에 있어서, 그 너머에 아무것도 없다.[30]

강을 등지고 도시를 세운 우리 조상의 오류도 모자라, 강의 한 구간을 훼손하는 시도가 뒤를 이었다. 알베르토 J. 아르만도 부동산 회사가 강을 매립한 부지에 보카 주니어스 클럽의 스포츠 도시(Ciudad Deportiva)를 만드는 사업에 착수한 것이다. 이 사업은 군부독재 시기에 부에노스아이레스 시장이었던 오스발도 카치아토레 장군의 권위주의적 도시화 광풍에 의해 지속되었다. 그 결과 그 구역의 강이 훼손되어 늪지, 쥐와 모기가 우글거리는 수풀, 철거 잔해물이 쌓인 강변으로 변했다. 소위 '생태보호구역'으로 미화된 곳들이다. 시간이 흐르면서 그 구역은 파괴적인 외래종들이 유입되어 토착 야생 동식물의 절

---

30 런던 부두와의 비교는 건축가 훌리오 카치아토레가 권했다.

멸을 야기하고(비버, 백조, 도마뱀이 감소했다), 서식 환경의 변화를 초래하고, 생물학적 다양성을 파괴하고, 생태계 건강에 악영향을 끼쳤다. 동물들이 소금기가 밴 늪지를 떠나고, 유기견이 들개 떼를 이루어 구역을 황폐하게 만들 뿐만 아니라 그곳을 찾는 이들을 위험에 빠뜨린다.

이 풍경의 완결판은 남쪽 끝의 오염된 수로 바로 옆에 형성된 비야 미세리아이다. 이곳의 600명 이상의 거주자들은 오염 때문에 병든 농어를 잡아먹기도 한다.[31]

생태주의적 신낭만주의자들은 그 쓰레기장의 발단이 된 어두운 역사를 은폐한다. 그곳이 자연과 무관하다는 사실도, 어느 정도 심각한 상황으로 변했는지도 말하지 않는다. 그리고 그곳을 조경 전문가가 설계하는 공원으로 대체하는 안, 즉 황량한 자연으로부터 스스로를 보호하기 위한 인간의 창조물인 도시와 연계하여 재창조된 인공 자연으로 탈바꿈시키는 안에 덮어놓고 반대만 한다.[32]

또 다른 대안으로는 그 지역에 고층 타워와 고속도로를 건설하는 데 관심을 갖는 사람들의 지속적인 압력을 들 수 있다. 그러나 이는 경관을 더욱 망칠 일이다.

오늘날 날씨 좋은 일요일이면 가족 단위로 찾아온 이들이 차에 앉아 마테를 마시고, 다른 요일에는 생태주의자와 은밀한 연인이 자

---

31 다음을 참조하라. "La Reserva Ecológica en peligro", *La Nación*, July 19, 2003.
32 부에노스아이레스의 생태주의자들에 대해서는 다음을 참조하라. Graciela Silvestri, "La convención verde. Contra la naturalización ecologista de la vida urbana", *Punto de Vista*, No. 48, April 1994.

주 찾는 예의 생태보호구역 자리에는 원래, 사람들이 물놀이를 하던 코스타네라 수르 유원지가 있었다. 1920년대, 마르셀로 T. 데 알베아르 대통령 시절에 개장되었을 때는 우아한 산책길이었고, 그 후 다양한 오락거리로 사람들이 북적대는 대중적인 휴양지가 되었다.

코스타네라 노르테(이 강변도로 역시 디스코텍, 레스토랑, 다양한 스포츠 시설에 영업허가를 내주는 바람에 강과 유리되어 있다)가 뜨고, 수질이 오염되고, 군부독재 시절 수시로 일제 단속이 있으면서 옛 유원지는 사라졌다. 코스타네라 수르의 찬란한 과거의 폐허처럼 유일하게 남아 있는 것은 일부 아름다운 축조물, 등나무 퍼걸러, 안드레스 칼나이의 뮌헨식 아르데코, 조각가 롤라 모라의 분수 등이다. 이들은 합당하지 않은 장소에서 길을 잃고 잠들어 있다.

지금까지 훑어봄으로써 확인할 수 있는 것은 당국의 태만과 무관심, 부동산 투기업자들의 통제 불능의 탐욕, 건축 유산 보존의 책임을 맡은 공공기관들의 관료주의적 비효율성, 잘못된 도시계획 등으로 인해 부에노스아이레스는 건축 불모지가 되어 버렸고, 활력 넘치던 장소와 대도시의 존속을 위해 반드시 필요한 통행로가 사라져 버렸다는 사실이다. 바리오에 대해 언급할 때도 지적했지만, 이는 향수에 빠진 늙은 회고주의자들의 그리움이 아니다. 엘 바호 길, 일본공원, 코스타네라 수르 유원지는 복구 불가능한 과거를 표상한다. 현재에 어울리는, 그래서 과거의 바로 그 공간들은 아니더라도 똑같이 매력적인 장소들의 부재가 유감스러울 따름이다.

사라지는 보행자

현대 도시의 전형적인 인물은 산보객이었다. 부에노스아이레스도 마찬가지였다. 산보객은 거리를 어슬렁거리고, 배회하고, 정처 없이 산책하면서, 관찰, 여담, 몽상에 전념하는 정열적인 존재이다.

두 명의 독일인 저술가 지그프리트 크라카우어와 발터 벤야민이 산보에 사회학적 지위를 부여했다. 벤야민은 보들레르가 도시문화, 근대성, 군중 속에서 혼자임을 느끼는 즐거움을 특징으로 하는 이 산보객의 습성을 발견한 이라고 보았다. 사실 괴테가 베네치아와 나폴리를 여행하면서 이미 그런 느낌을 경험했다.

수많은 군중 사이로 길을 열고 지나가면서 느끼는 것보다 더한 외로움은 어느 곳에도 존재할 수 없다. [⋯] 그 수많은 사람, 그 북새통 속에서 나는 평화를 느끼고 처음으로 혼자임을 느낀다. 거리의 요란함이 크면 클수록 나는 더욱 차분해짐을 느낀다.[33]

부에노스아이레스에서 산보는 큰 마을이 도시로 바뀌던 1880년에 시작되었다. 에두아르도 윌데는 19세기 말의 부에노스아이레스 거리를 돌아다녔고, 「정처 없이」(Sin rumbo)라는 의미심장한 제목의 단상에서 이에 대해 말한 바 있다. 그보다 전에 사르미엔토는 파리 여

---

33 *Viaje a Italia*(1816). 다음에서 재인용. Richard Sennett, *Carne y piedra*(1994), Madrid: Alianza, 1997.

행에서 산보를 발견했고, 1841년의 한 기사에서 그에 대한 정의를 내렸다. 보르헤스 역시 여러 초기 저작에서 산보를 언급했다. "되는 대로 걷기라고 사람들이 부르는 그 일", "아무 일도 하지 않고 걷는 나의 어슬렁거림", "바리오들의 내면을 따라가는 황홀하고 영원한 발걸음"[34] 등이 그것이다.

파리와 부에노스아이레스의 전형적인 그 풍습은 주로 작가와 예술가, 또한 특별한 감수성을 지닌 일반인들이 공유했다. 그러나 20세기 말에 이르면 쇠퇴기에 접어든다. 부에노스아이레스 거리는 이제 방랑에 적합하지 않다. 거리가 차량 통행을 위한 것으로 변했기 때문이다. 질주하는 기계의 움직임이 느릿한 걸음을 축출했다. 즐겁지 않은 보행자는 대기오염, 귀청이 떨어질 듯한 차량(자동차, 트럭, 오토바이, 버스) 소음을 감수해야 한다. 좁아터진 도로에 부적절한 커다란 버스들은 인도에 바짝 붙어 위험천만하게 마구 달린다. 건널목도 보행자에게는 장애물이다. 신호등이 필요한 만큼 시간을 주지 않거나(가령, 7월 9일 대로의 신호등), 초록불이 들어와도 길모퉁이를 따라 도는 차들을 조심해야 한다.

자동차가 사람을, 도로가 보도를, 주차장이 주택을, 주유소가 가게를, 자동차 전용 도로가 사람들이 들끓던 거리를, 변두리 바리오에서는 폐차장이 공원이나 광장을 대체했다. 차량이 부에노스아이레스

---

34 각각 다음 글에서 인용했다. "Sentirse en muerte", *El idioma de los argentinos*, Buenos Aires: Seix Barral, 1994; "Luna de enfrente", *Obras Completas*, 1923~1972, Buenos Aires: Emecé, 1974; *Evaristo Carriego*, Buenos Aires: Emecé, 1955.

를 파괴시킨 대표적인 사례는 1990년에 역사적인 오데온 극장을 철거한 일이었다. 코리엔테스 길께의 에스메랄다 길에 있었던 이 극장은 건축사의 보석이자 문화의 보고였으나 그 자리에 주차장이 들어섰다.

카오스 자체인 교통이 통행을 더욱 어렵게 한다. 넓은 차창으로 거리를 내다보며 전차로 이동하는 일은 과거에는 유쾌한 나들이였다. 그러나 이제는 꽉 막힌 도로를 자동차로 이동하는 일은 숨이 막히는 일이고, 심지어 시간이 더 오래 걸리기도 한다.

보행자는 시청각적 문제에 시달릴 뿐만 아니라 후각도 공격받는다. 도시는 냄새로 구분할 수 있다. 부에노스아이레스의 지배적인 냄새는 차량 배출 가스 냄새이고, 그 뒤를 이어 쓰레기 썩는 냄새이다. 드물게 일부 장소, 대체로 상류계급 지역에서만 광장과 정원의 초록 향기가 두드러진다.[35] 그런 식으로 사회계급에 따라 바리오가 확연히 분리된다. 상류계급 동네에서는 좋은 냄새가 난다. 공원에서 가깝기도 하지만, 보도를 향기로운 세제로 청소하기 때문이다.

미적인 문제만이 아니다. 독성이 강하고, 감염 요소를 지니고 있고, 경우에 따라서는 암을 유발하기도 하는 차량 배출 가스는 호흡곤란과 정신질환을 야기한다. 쓰레기는 인체에 해가 되는 균과 박테리아를 쏟아 낸다. 폐지 줍는 아이들이 그 희생양이 되기 일쑤다.

다른 많은 사안에 대해서도 그렇지만, 부에노스아이레스 정부는 이 문제에 무심했다. 반면 선진국 도시는 이에 신경을 쓰기 때문에 악

---

35 Miguel Ángel Gardetti, "Mapa de los olores de la ciudad".

취 관리 기준을 갖고 있다.

부에노스아이레스는 공영 차량을 민영 차량으로 교체하라고 계속 부추기는데, 이는 바람직하지도 않고 선진국 도시의 추세에 반하는 일이다.

시 당국은 환경오염(공해, 소음, 악취)과 교통사고(주요 사망 원인의 하나)에도 관심을 두지 않는다. 일반 시민도 여기에 그다지 신경 쓰지 않는 것은 마찬가지다. 갈수록 많은 희생자가 양산되면서, 그 가족이나 지인들만 관심을 둘 뿐이다. 통계에 따르면 부에노스아이레스는 자동차 사고율이 세계 2위인데, 대부분은 술 취한 젊은이들이 내는 사고다. 35세 이하 인구 사망률의 제1원인이며, 전체 인구에서는 세 번째로 높은 원인이다. 교통사고 사망자는 선진국의 10배에 달하며, 희생자의 절반 이상이 보행자다. 연방 정부도 시 정부도 운전자가 혈중 알코올 농도 규정을 준수하도록 하는 데에 전혀 신경 쓰지 않았다.

범죄자의 총에 죽는 경우보다 차에 치어 죽는 일이 더 많을 듯싶다. 그럼에도 핸들 잡은 살인자보다 범죄자에 더 호들갑을 떨고 신문 머리기사에 올릴 일이라고 생각하는 듯하다. 판사는 사람을 죽이는 운전자, 피해자를 버리고 도주하는 운전자에게 관대하다. 젊은 여성 몬 사건(caso de la joven Mon)이 그런 사례였다. 교통은 사회적 행동 양식을 드러낸다. 운전자들이 시민의식이 없고 조직적으로 규범을 위반하고 있다는 사실, 더더욱 나쁘게도 타인의 생명과 자신의 생명에 무관심하다는 점이 명백하게 드러나고 있다. 공존에 전혀 적절하지 않은 신호이다.

자동차와 관련해 한 가지 더 덧붙일 문제는 부에노스아이레스에 있는 400개의 주유소 문제다. 이들은 흉물일 뿐만 아니라 시민의 건강과 삶에 심각한 위험이 되고 있다. 다른 나라에서는 주유소를 위험물로 간주해 시가지 영업을 허용하지 않는다. 그런데 부에노스아이레스 시 당국은 필요한 주유소 통제를 하지 않을 뿐 아니라, 시 조례에 따른 환경 평가 절차를 준수하도록 하는 데에도 신경 쓰지 않는다. 주유소 내에서 주류 소비를 금지하는 규정 역시 지켜지지 않고 있다.[36] 게다가 휘발된 가스가 지층에 배어들어 소멸되기까지 많은 세월이 걸린다. 몇 차례 위험했던 경우가 있었는데, 관련 회사를 상대로 소송을 제기한 이들은 시 당국이 아니라 주민이었다.

제인 제이콥스는 저서 『미국 대도시의 죽음과 삶』에서 대안을 제시했다.

> 도시의 침식이냐 자동차의 희생이냐. 도시를 소중하게 생각하는 모든 사람이 자동차를 불편해한다. 주요 도로들을 차지한 자동차, 주차장, 주유소는 도시에 집요하게 구멍을 뚫는 파괴적 도구들이다. 이들을 수용하기 위해, 거리가 토막 나서 보행자에게 아무 의미 없는 산만하고 맥락 없는 누더기가 되어 버렸다.[37]

---

36 이미 여러 차례 사고가 발생했다. 리베르타도르 길께의 7월 9일 대로, 이 길께의 인데펜덴시아 길, 움베르토 I길께의 파세오 콜론 길의 주유소에서 가솔린 누출 사고가 있었다. 폭발 사고가 난 주유소(가령, 아라오스 길께의 산타 페 길 주유소)들도 있다.

37 Jane Jacobs, *Muerte y vida de las grandes ciudades*, Barcelona: Península, 1973.

오늘날의 도시들은 르 코르뷔지에의 유토피아(1933년 출간된 『빛나는 도시』)를 실현한 것처럼 보인다. 그는 자동차 도로를 만들기 위해 거리의 파괴를 주창했다. 그에게 자동차 도로는 "교통 기계", "교통을 생산하는 공장"인 "새로운 유형의 거리"였다. 도시 공간이 아직도 "통행 시스템이 아니라 거주 시스템"이라고 한탄하며, 이를 바꾸고자 했다.[38] 그의 제자 지그프리트 기디온은 건축학부에서 중요 하게 생각하고 오늘날에도 도시계획의 고전으로 간주되는 책에서 이 렇게 주장했다. "도시의 거리를 위한 여지는 더 이상 없다. 너무 많은 차량이 주택가 블록을 돌아다닌다. 그렇게 내버려 둘 수는 없다."[39]

로스앤젤레스는 뿔뿔이 흩어져 있는 대단위 지역들이 고속화 도 로로 서로 연결되어 있다. 그래서 도심에는 룸펜만 모여들 뿐 도시에 합당한 사회 교류가 결여되어 있다. 마치 부에노스아이레스의 많은 도시계획 전문가가 생각하는 미래의 도시가 아닐까 싶다. 그들은 부 에노스아이레스 수도권(Gran Buenos Aires)을 로스앤젤레스처럼 바 꿀 꿈을 지니고 있으니 말이다.

정처 없는 보행자인 산보객은 근대 도시의 주역이었으나, 오늘 날에는 시대착오적인 존재가 되었다. 그리고 레이 브래드버리가 미 래소설 『화씨 451』에서 예견한 것처럼 미래에는 의심스러운 존재, 심 지어 위험한 존재가 될지도 모른다. 자기 아파트에서 엘리베이터를

---

38 Le Corbusier, *La ciudad del futuro*, Buenos Aires: Infinito, 1962; *Precisiones acerca de de un estado actual de la arquitectura y el urbanismo*, Barcelona: Poseidón, 1978.

39 Sigfried Giedion, *Espacio, tiempo y arquitectura*, Madrid: Dossat, 1982.

타고 주차장으로 내려와 차를 타고 다른 주차장으로 이동하는 '운전자 인간'에게 거리는 존재하지 않는다. 맹렬하게 달리면서 어두운 유리를 통해 곁눈질로 거리를 볼 뿐이다.

독일 문학 평론가 안드레아스 후이센이 지적하는 것처럼, 산보객은 조깅하는 사람들로 대체된 듯하다.[40] 이들의 관심사는 다르다. 몸 가꾸기와 퍼포먼스를 위해 달릴 뿐이며, 비디오클립을 볼 때나 재핑하듯이 자신이 지나치는 거리를 고속 이미지 소비하듯 한다.

모든 것이 보행자를 낙담시킨다. 거리는 갈수록 커지는 노점, 온갖 종류의 설치물, 피난처였으나 광고용 공간이 되어 버린 버스 정류장, 각종 노상 판촉 행사, 화단, 커다란 길거리 매점, 쓰레기통, 기둥 등에 의해 점거되어 마치 좁다란 산길처럼 변해 버렸다. 소매상들은 행상인들에게 항의한다. 그러나 자신들도 상품 상자, 입간판, 화분 등을 내놓아서 가게를 보도까지 연장시키고 있다는 생각은 하지 않는다. 어수선한 길거리 매점 역시 길에다 의자를 내놓는다.

응시와 관찰은 산보객의 또 다른 기쁨이었건만, 오늘날에는 시각적 오염으로 여의치 못하다. 조잡한 소재와 흉한 디자인의 광고판, 차양, 번쩍대는 광고 스크린, 전선, 전봇대, 업소 불빛 등이 시각을 어지럽힌다.

이것들은 라울 솔디, 엑토르 바살두아, 기예르모 버틀러, 후안 바트예 플라나스, 라켈 포르네르 등의 미술가들의 작품으로 장식된 쇼

---

40 Andreas Huyssen, *En busca del futuro perdido*, México: Fondo de Cultura Económica, 2002.

핑몰 해러즈의 쇼윈도와 거리가 멀다. 예전에는 소규모 부티크도 오늘날 거의 사라져 가는 유리업자를 찾곤 했다. 덕분에 돈이 넉넉하지 않아 아무것도 사지 않을 생각인 이들도 쇼윈도를 들여다보면서 거리 산책을 만끽할 수 있었다. 지금은 쇼윈도를 보기가 힘들다. 건축가와 인테리어 업자들이 열린 가게 유행을 창출해서, 문과 창문이 고정 크리스털 판으로 대체되었다.

한편 여기저기 생긴 쇼핑센터와 경제 위기가 소매점의 쇠퇴를 가져왔다. 그 자리에는 흉물스럽고 무질서한 커다란 가게가 대거 들어섰다. 스스로 '맥시키오스크'(maxikiosco)라는 미화된 이름으로 부르는데, 없는 것도 없고 있는 것도 없다. 슈퍼마켓과 쇼핑센터의 이상적 모델의 캐리커처인 셈이다.

치안 불안과 경제적인 이유가 부에노스아이레스 시민의 외출 욕망을 더 억제하면서, 사람들은 텔레비전, 비디오, 오디오 세트, 컴퓨터의 도움을 받아 집에 틀어박히게 되었다.

공적 공간을 둘러싼 분쟁

공적 공간 점유 문제는 해결되지 않은 난제다. 거리가 자유의 장소라면, 문제는 누가 어떤 목적으로 이를 점유하는가 하는 것이다. 베아트리스 사를로[41]가 주목한 대로, 공적 공간은 확고하게 정의된 무엇인가가 아니라 갈등 지대이다. 누군가는 정당한 혹은 부당한 이유로, 법에

---

41 [옮긴이] 아르헨티나의 문학·문화 평론가.

의거해서 혹은 법을 무시하고 진격하려 하고, 누군가는 이를 저지하려고 한다.[42]

카페가 보도에 내놓는 테이블은 파리에서는 전형적인 거리 사교의 형태였다. 몽파르나스와 생제르맹 등 전설적인 바리오에서 흔히 볼 수 있었다. 1960년대에 라 비엘라 바의 노천 테이블(veredita)이 유사한 특징을 지니고 있었고, 공원 전망이 추가되었다. 그러나 이 지대는 카치아토레 시장의 '개혁', 그리고 보도와 통행로를 침범한 무제한적인 상업적 이용 때문에 쇠퇴하였다.

좁다란 시버 길은 콘벤티요, 다양한 양식의 아파트, 소규모 호텔, 아틀리에, 보이테 등이 혼합된 곳이었다. 고유한 분위기가 있는 몇 안 되는 곳이라 작가와 예술가들이 좋아했던 이 길은 작은 광장으로 이어지는 계단이 있어서 도시의 단조로움을 깨뜨렸다. 그러나 자동차 도로를 연장하기 위한 곡괭이질에 허물어져 버렸다.

광장은 연인이 키스를 나누고, 노인들이 대화를 나누거나 신문을 읽고, 모든 이가 나무 그늘을 누릴 수 있는 공간이었다. 오늘날의 수많은 광장에는 이제 꽃도 잔디도 없다. 공이나 차고 노는 공터로 변해 버렸기 때문이다. 청소년 패거리의 거리 공연이나 록 밴드 활동으로 조용하지도 않다. 그나마 이들은 술에 취해 있는 일이 더 많다. 개똥 때문에 여기저기 기생충이 있어서 산책하는 이들에게 심각한 질병을 유발할 수도 있다. 동상도 청소년 반달리즘의 희생물이다. 새 시

42 Beatriz Sarlo, *Tiempo presente: Notas sobre el cambio de una cultura*, Buenos Aires: Siglo XXI, 2002.

멘트 광장이나 수풀이 많은 타이스 광장이나 쾌적하지 않은 것은 마찬가지다. 광장 벤치도 나무 벤치에서 딱딱한 화강암 벤치로 대체되어, 장시간 앉아 있을 마음이 들지 않는다.

프랑스 광장은 1960년대에서 1970년대 초까지 히피들의 수공예 장이 서면서 유쾌한 일요일 나들이 장소가 되었지만, 시간이 지나면서 행상인, 타로 점술가, 묘기꾼들이 유입되어 원래의 목적이 변질되었다. 또 이들과 광장이 나날이 쇠락하는 모습을 보는 주변 주민 사이에, 나아가 예전부터 장사를 했는데 이제 저질 혹은 가짜 상품과 경쟁을 하게 된 사람들 사이에 갈등이 빚어졌다.

리바다비아 공원도 같은 길을 걸었다. 원래는 일요일이면 중고 책 판매상과 우표 수집가들이 모여들던 곳이었다. 그러나 종국에는 온갖 종류의 룸펜이 몰려들어, 펑크 밴드와 네오나치 밴드 사이에 유혈 싸움까지 벌어졌다. 그런가 하면 시몬 볼리바르[43] 기념물 앞을 스케이트장으로 쓰는 이들도 생겼다. 공원은 생명력을 잃었고, 시 정부는 공원에 울타리를 두르는 것 외에는 할 일이 없었다.

드넓은 팔레르모 숲은 1980~1990년대에 체조·펜싱 클럽, 아르헨티나 테니스 클럽, 바호 벨그라노 스포츠 클럽, 자선단체를 표방한 젊은 여성의 집 같은 민간단체들의 부당 점유 대상이었다(물론 공무원들의 공모로 합법적인 모양새는 띠었다). 젊은 여성의 집은 공원에 아사도 그릴을 설치하고 주차장을 만들었다. 1992년에 체조·펜싱 클럽은 50년 된 나무를 열 그루나 잘라 내고 축구장을 만들었다.

---

43 [옮긴이] 라틴아메리카 독립의 3대 영웅 중 한 사람인 베네수엘라인.

세계의 모든 도시에서 거리는 약속된 만남의 장소이자 우연하고 즉흥적인 만남의 장소였다. 그래서 미국 사회학자 리처드 세넷은 도시를 "낯선 이들이 서로 알게 될 가능성이 있는 인간의 정주지"[44]라고 정의했다. 그 가능성 중에는 성적인 '만남'도 포함되어 있었다. 이는 과거에는, 그리고 다른 도시에서는 조용하고 조심스럽게 이루어졌다. 그러나 부에노스아이레스에서는 작금의 시민들의 떠들썩한 행태 때문에, 다수 시민을 괴롭히는 '만남'이 되었다. 일상을 침해하고 시끄러운 소리로 잠을 설치게 한 것이다. 공적 공간 점유를 둘러싸고 촉발된 전형적인 딜레마 사례이고, 「부에노스아이레스시 공존법」을 둘러싼 논쟁의 원인이다. 관건은 주민의 항의가 소음 공해에 대한 정당방위인지, 아니면 '이단적' 성적 행동에 대한 단순한 편견이자 억압의 정신인지이다. 편견과 권위에 사로잡힌 사고방식은 거리를 항상 비도덕성과 동일시했다. '거리의 여자', '거리의 아이' 등이 낙인을 찍는 용어들이다. 이와 관련해서 아리에스는 다음과 같이 지적했다.

> 거리는 그 속에 머물러 있는 한 비도덕적이다. 거리가 지나가는 장소가 될 때, 그리고 머묾의 특성과 유혹을 […] 상실할 때 비로소 비도덕성에서 벗어난다.[45]

---

44 Richard Sennett, *El declive del hombre público*, Barcelona: Península, 1978.
45 Philippe Ariés, "El niño y la calle, de la ciudad a la anticiudad"(1979), *Ensayos de la memoria, 1943-1983*, Bogotá: Norma, 1995.

성매매 여성이나 복장도착자를 저어하는 주민 대다수가 술 취한 청소년들의 야간 소란에는 동요하지 않는다는 사실은 의미심장하다. 어쩌면 바로 그들의 자녀이기 때문일 수 있다. 거리 정화 시도는 자연스러운 도시적 사교 방식을 위험에 빠뜨린다. 그렇다고 무차별적인 허용을 옹호하는 것도 이를 불가능하게 만들 위험이 있다.

사회적 항의를 위한 공적 공간의 이용은 갈등을 더 키운다. 거리 시위와 광장의 정치 집회는 부에노스아이레스를 비롯해 전 세계 모든 도시에서 민주주의 전통의 일부이다. 그러므로 이를 억압하는 것은 표현과 결사의 자유를 침해하는 것이다. 그렇지만 요즘의 사회적 항의는 시민의 자유 통행권 같은 권리를 침해하는 양상을 띠고 있다. 가령 국도나 거리를 차단하는 피케테로[46] 시위, 도로 한가운데서 수업을 진행하는 학생들과 교수들의 파업 등이 그런 경우이다. 마리아 엘레나 월시는 교사들이 항의의 표시로 국회의사당 앞에서 천막 농성을 하는 것에 대해 공적 공간 남용이라며 문제를 제기한 바 있다. 그녀를 반민주적인 사상을 지닌 사람이라고 비난할 수만은 없는 일이다.[47]

공적 공간을 이용할 시민의 권리 이면에는 타인의 사적 공간을 침범할 소지가 잠재해 있다. 누군가의 권리는 사적 자유를 지키려는

---

46 [옮긴이] '피케테로'(los piqueteros)는 피켓 시위를 하는 사람들을 일컫는다. 1990년대 중반 아르헨티나에서 경제적 문제로 피켓 시위를 하다가, 이를 넘어 제반 사회적 모순을 제기하기에 이른 신사회운동을 '피케테로 운동'(movimiento piquetero)이라 부른다.

47 María Elena Walsh, "La carpa también debe tomarse vacaciones", *La Nación*, December 1997. 다시 게재된 다음 신문에서 인용. *Diario del diablo (1995-1999)*, Buenos Aires: Espasa, 1999.

또 다른 사람들의 권리에 의해 제한될 수 있다. 헤겔은 경계를 넘어서는 모든 행위가 다 해방은 아니라고 했다.

나폴리의 운치 있는 골목길을 예로 들곤 하는 거리의 삶은 많은 경우, 사생활도 없고 혼자 있을 공간도 없는 비참한 주거 현실의 결과물이었다. 개인의 독립생활을 보장하는 '자기 방'의 내밀성은 더 이상 중산계급이나 상류계급의 특권이어서는 안 된다. 모든 이에게 접근 가능해야 한다. 사생활은 일부 민중주의자가 유감스러워하듯이 거리의 연대 의식의 상실을 의미하지 않는다. 오히려 사회적 민주화의 지표이다.

'지붕 없는 사람들'의 부에노스아이레스 거리 침범은 공적 공간의 점유와 관련해 더 극적인 문제를 제기한다. 콜론 극장의 계단은 독일의 표현주의 연극을 연상시킨다. 잘 차려입은 관람객들과 누더기를 걸치고 잠을 자러 오는 이들이 뒤섞여 있다.

경찰은 '지붕 없는 사람들'을 추격하고, 젊은이들을 '방랑', '쓰레기 뒤지기'(cirujeo), '전과 조회', '신분증 미비' 등의 이유를 내세워 체포한다. 주민들은 아무리 연대 의식이 강하다 하더라도 자기 집 문 앞에 '지붕 없는 사람들'이 자리하고 있는 것을 보면 언짢다. 공적 공간을 둘러싼 다툼은 그래서 딜레마다. '지붕 없는 사람들'은 사적 공간에서 배제되어 공적 공간으로 내몰린 이들이다. 그런데 이제는 성가시고, 지저분하고, 가까운 미래에 폭력범이나 범죄자가 될지도 모른다는 이유로 경찰과 주민이 또다시 이들을 배제시키고 싶어 한다. 집 있는 주민과 '지붕 없는 사람들'은 방식은 다르지만 함께 더불어 살 운명일 텐데 말이다. 이들은 서로 반대 입장에서 같은 길을 공유하고 있다. 선량함, 동정심, 이웃 사랑, 자선, 복지를 설교하는 것만으로는 문제가 해결되지 않는다. 모든 사람이 사적 공간을 가질 수 있는 사회 경제적 여건과 기회의 균등을 창출할 때 비로소 문제가 해결된다.

공적 공간 문제는 민영주의자와 국가주의자 간의 대립을 극복해야 한다. 이 두 입장은 각각 다른 이유로 도시문화에 해롭다. 통제 불능인 시장(市場)의 손에 공적 공간의 민영화를 맡기면 도시 미학의 훼손, 만남과 휴식의 장소 파괴, 이런 장소를 순전히 경제적 타산에 입각해 대체하는 장소의 등장으로 귀결된다. 마찬가지로 통제 불능인 국가가 공적 공간을 독점하면, 군사정부 시절 몇 십 년 동안 벌어진 것처럼, 바로 그 여가 장소에서 시민을 탄압하고, 도덕과 질서라는 허울 좋은 명분을 내세워 자유 통행을 억제하고, 모든 이에게 단 한 가지 삶의 모델을 강요할 것이다. 시민에 의한 도시의 자유로운 배치는 양쪽에서 압박을 받고 있다. 사적인 것의 공적인 것에 대한 침범과 이와 반대로 공적인 것의 사적인 것에 대한 침범이다. 지그문트 바우만은 공적인 것과 사적인 것이 서로 소통하는 도시 공간이었던 아테네의 아고라 재건이라는 아름다운 제안을 하고 있다.[48] 그러나 폴리스라는 고대 제도를 현재화하여 현대 도시의 복잡한 문제들을 어찌 다룰지 상상이 잘 가지 않는다. 도시의 자유로운 삶, 그러면서도 질서 있는 삶은 사회, 국가, 시장 사이의 어렵지만 섬세한 균형에 달려 있는 듯싶다.

---

48 Zygmunt Bauman, *En busca de la política*(1999), México: Fondo de Cultura Económica, 2001.

쇼핑몰

거리의 죽음의 원인 중 하나는 쇼핑몰이다.[49] 쇼핑몰은 원래 자동차 도로에 가깝고 다른 가게들과는 멀리 떨어진 변두리에 들어섰다. 선진국에서는 시가지에 쇼핑몰을 세우는 것이 금지되어 있다. 평범한 건축가지만 사업 수완은 좋았던 후안 카를로스 로페스의 주도로 시내 한가운데에 쇼핑몰이 들어서게 되었다. 그리하여 거리의 삶이 해체되고 도시의 파편화가 이루어졌다.

쇼핑몰 돌풍의 절정은 강변열차(Tren de la Costa)의 재생으로, 대부분의 역에 쇼핑몰을 세워 관광 노선으로 만든 일이다. 철로를 걸어 내 모든 고장을 교통 단절 상태에 빠뜨리고, 수도와 주요 도시 간 열차 운행까지 중단한 나라(그때는 구강변열차 노선도 중단되었다), 가장 기본적인 교통 수요조차 충족되지 않는 나라이건만, 오히려 소비의 인공 낙원들을 연결하는 장난감 기차 설치는 허용된 것이다. 그러나 이 참신한 미니 관광이 시들해지자, 대부분의 역이 폐쇄되고 상업 시설들도 실패를 맛보았다.

전에는 도심으로 쇼핑 가는 일은 나들이, 심지어 모험이었다. 단조로운 바둑판 모양이긴 하지만, 거리는 작은 길들로 갈라져 놀라움

---

49 쇼핑센터에 대해서는 다음을 참조하라. Zygmunt Bauman, *La globalización. Consecuencias humanas*(1998), México: Fondo de Cultura Económica, 1999; Beatriz Sarlo, *Escenas de la vida posmoderna*, Buenos Aires: Ariel, 1994; Graciela Silvestri and Adrián Gorelik, "Paseo de compras: un recorrido por la decadencia urbana de Buenos Aires", *Punto de Vista*, No. 37, July 1990.

을 기대하게 했다. 반대로, 쇼핑몰은 늘 동일한 장소들을 따라 돌게 되어 있다. 아무도 길을 잃지 않지만 아무도 만날 수 없다. 쇼핑몰이 가격 면에서는 일견 안정감을 준다. 거리에서처럼 길모퉁이를 돌았을 때 예기치 못한 가격과 조우할 일은 없다. 그러나 폐쇄적이고 고립된 영토의 단조로움보다는 차라리 위험을 감수하련다.

쇼핑몰의 통로는 순전히 고객, 즉 꼭두각시 소비 인형이 된 보행자를 잘 잡아 둘 수 있도록 설계되었다. 쇼핑몰에는 산보객은 없고 통행인만 있을 뿐이다. 모든 것이 계속 걷게 만들고, 멈춰 설 공간이 없다. 계단이나 통로 중간에 놓인 불편한 벤치에 앉는 사람은 있을 곳이 아닌 곳에 있는 듯한 서글픈 느낌을 준다. 패스트푸드 식당가는 사람을 머물게 하지 않고, 내밀함이라고는 전혀 없고, 소소한 대화조차 부추기지 않는다. 오로지 쇼핑 사이사이에 숨을 돌리라고 마련된 것뿐이다.

청소년만 쇼핑몰을 만남의 장소로 선택했다. 선택의 여지도 없고, 또 관심 있는 유일한 지식, 그러니까 상표 구별법 배우기, 라벨 문화 습득하기 등이 가능하기 때문이다.

쇼핑몰은 겉보기에는 아무도 배제하지 않는 열린 장소이지만, 디스코텍과 마찬가지로 계급과 연령을 동질화시키는 경향이 있다. 사람이 제일 많이 모이는 곳(가령, 알토 팔레르모)조차 주말 외에는 중산계급의 전유물인 반면, 쇼핑몰 파티오 불리치는 상류계급의 전유물이다. 중산계급 청년은 알토 팔레르모에서 다수를 차지하고, 그들이 노인들의 장소라고 인식하는 파티오 불리치에는 잘 가지 않는다.

한편 하위 계급 청년은 두 곳 모두에 잘 가지 않는다.[50]

발터 벤야민은 그의 유명한 미완의 저작에서, 파리에서 산보하기에 적당한 장소인 넓은 가로수길(bulevar)을 갖춘 현대 도시의 탄생이 파사헤의 쇠퇴를 초래했다고 주장했다. 쇼핑몰의 등장은 파사헤의 종말과는 정반대 의미를 갖고 있다. 거리에서 격리된 공간 안에 다시금 사람들을 감금하기 때문이다. 그래서 넓은 가로수길 산책과 산보객이라는 특징적인 인물을 사라지게 만든다.

카페

도시 사교의 또 다른 기본적 제도인 카페도 파사헤처럼 사라진다. 20세기의 카페는 19세기의 살롱 역할을 했다. 위르겐 하버마스는 18세기에도 그러했다고 본다. 살롱은 세련된 귀족의 장소, 카페는 부르주아 지식인의 공간이라는 것이다. 그러나 그는 다음과 같이 인정하고 있다.

> 살롱과 커피하우스는 규모와 손님 구성에서는 차이가 날 수 있다. 그러나 사고방식과 대화 주제 면에서는 기존 권위에 맞서는 태도가 공통적으로 우세해지기 시작한다.[51]

---

50 Laura Ariovich, Javier Parysow and Alejandro Varela, "Juegos en el shopping center", ed. Mario Margulis, *La juventud es más que una palabra*, Buenos Aires: Biblos, 1996.

51 Jürgen Habermas, *Historia y crítica de la opinión pública*(1962), Barcelona: Gustavo Gilli, 1981.

필리프 아리에스는 현대 도시를 "카페 문명"[52]이라고 규정하기에 이르렀다. 랄프 왈도 에머슨은 파리가 "대화와 카페의 도시"[53]여서 세계의 사회적 중심이라고 보았다.

미국의 도시사회학자 레이 올덴버그는 그가 '제3의 장소'라고 부르는 비공식 기관의 하나로 카페를 꼽았다. '제3의 장소'는 국가, 학교, 직장처럼 매우 구조화된 거대 조직은 물론 가족이나 이웃 같은 작은 집단과도 차별화되는 장소를 말한다.[54]

단골 카페나 바와의 동일시(특히 이들이 이미 없어진 후에)는 문학의 오랜 주제였다. 베르톨트 브레히트와 쿠르트 바일의 노래[55]에서는 주인공이 카바레 빌바오의 훼손을 아쉬워한다. 바닥에는 풀이 자라고, 부서진 천장으로는 하늘이 보이는 그 카페는 "다시없을" 곳이다. 벨기에 작가 조르주 심농의 작품을 비롯한 일부 소설은 가장 이질적인 고객, 바텐더, 여성 웨이터, 대화의 편린, 인테리어 등이 하나로 응집된 바 분위기를 회상한다.

옛 부에노스아이레스는 카페 생활 덕분에 파리, 비엔나, 마드리드와 비견될 수 있었다. 그곳에서는 대화를 나누고, 읽고, 사람을 기

---

52 Philippe Ariés, "La familia y la ciudad"(1977), *Ensayos de la memoria*.

53 Ralph Waldo Emerson, "Society and Solitude"(1870), ed. Donald McQuade, *Selected Writings of Emerson*, New York: Modern Library, 1981. 다음에서 재인용. Christopher Lasch, *La rebelión de las elites*(1995), Barcelona: Paidós, 1996.

54 Ray Oldenburg, *The Great Good Place: Cafés, Coffee Shops, Community Centers, Beauty Parlors, General Stores, Bars, Hangourts and How They Get You Through the Day*, New York: Marlowe, 1989. 다음에서 재인용. Christopher Lasch, *La rebelión de las elites*.

55 쿠르트 바일은 독일 출신의 미국 작곡가이고, 언급된 노래는 뮤지컬 「해피엔드」에 포함된 곡이다.

다리고, 창 너머로 밖을 내다보면서 몇 시간씩 보낼 수 있었다. 평소에 보던 사람 이외의 이들과 어울리는 일도 생겨서, 가족, 동네, 직장의 생활로부터 자유로워진다.

카페의 매력은 미리 약속을 하지 않고 가도 지인들을 만날 수 있다는 점이지만 그게 전부는 아니었다. 모르는 사람과의 우연한 만남이 가능하다는 도시 사교의 고유한 특징도 매력이었다. 그리하여 서로의 집을 방문할 일이 절대로 없었을 상이한 연령과 계급의 사람들이 서로 관계를 맺었다. 카페는 도시 생활의 두드러진 특징이라고 할 뒤섞임과 이질성을 위한 최적의 장소이다.

거의 항상 창가나 벽 쪽 테이블에 앉는 산보객에게 카페는 휴식의 장소를 표상했다. 혼자 있을 수 있고, 그러면서도 동일한 상황에 놓인 타인과 함께 있는 것이기 때문이다. 서로 말을 건넬 필요 없이 시선으로 다른 테이블 사람들과 연결되었다. 사회학자 어빙 고프먼은 이를 "다정한 무심함"[56]이라고 표현했는데, 이는 딱히 인사는 하지 않지만 격의 없는 시선으로 동작, 자세, 제스처, 옷 입는 방식 등을 파악하고 관찰하는 것을 말한다. 산보객의 의도된 고독은 그를 둘러싼 사회가 고요하게 함께 있음으로 인해 의미가 있었다. 당구도 고독을 허락했다. 당구에 중독된 어느 사람은 "혼자 치는 것이 제일 좋아. 절대 지는 일이 없거든"이라고 말했다.

---

56 Erving Goffman, *Ritual de la interacción*(1967), Buenos Aires: Tiempo Contemporá-
neo, 1971; *Relaciones en público. Microestudios del orden público*(1971), Madrid: Alian-
za, 1980.

한편 무리 지어 모이는 사람들은 카페 안쪽에 자리를 잡았다. 따로 떨어져 있을 수 있고, 토론을 하거나 체스, 트럼프, 주사위 게임 등을 할 수 있었다.

도심 카페에서만 가능한 일이었지만, 소외된 이들도 카페에 자기 자리가 있었다. 억압과 차별의 시기에 동성애자들은 파라과이 길께의 플로리다 길에 있던 아우구스투스, 마이푸 길께의 코르도바 길의 영 맨스, 또는 우리부루 길께의 산타 페 길의 오래된 카페 엘 트레볼에서는 낮이든 밤이든 아무 시간에나 서로 만날 수 있다는 사실을 알고 있었다.

카페는 강렬한 삶이 존재하는 곳이었다. 카페 내부의 눈에 띄지 않는 공간에서, 또 화장실에서 마약 거래와 흡입, 은밀한 동성애 관계, 관음증, 노출증, 절도, 공갈, 싸움, 살인(1965년에는 여러 건 발생했다)이 무차별적으로 발생하고, 심지어 자살 사건도 일어났다. 정치적·성적 억압의 시절에 카페 화장실 벽은 금지된 문학, 낙서, 온갖 종류의 정치적 약어와 상징물을 적는 패널로 변했다. 공적인 인사에 대한 욕설 혹은 예찬이 있는가 하면, 만남 제안, 해부학적 그림(특히 발기된 남성 성기 그림)이 수반된 외설적인 글 등도 있었다.[57] 화장실의 극적인 특성은 카페 손님 외 사람들의 사용이 제한되고, 열쇠를 카운터에 요청해야 이용할 수 있게 되면서부터 사라졌다.

---

57 화장실 낙서에 대해서는 다음을 참조하라. Tulio Carella, *Picaresca porteña*, Buenos Aires: Siglo Veinte, 1966. David Cunliffe는 영국의 공공 화장실에서 채집된 문구들을 모아 놓은 *The Golden Convolvulus(La enredadera dorada)*를 인용하는 글을 쓴 적이 있다.

오스트리아 작가 헤르만 바흐는 비엔나의 카페를 플라톤적 아카데미라고 불렀다. 부에노스아이레스의 현학적인 학자들은 카페를 딜레탕트 혹은 실패자의 장소로 폄하했다. 그러나 카페는 한때 저명한 작가들이 선호하는 공간이었다. 라 엘베티아(산 마르틴 길께의 코리엔테스 길)는 20세기 초에는 바르톨로메 미트레, 나중에는 마누엘 무히카 라이네스가 자주 들렀다. 라 브라실레냐(캉가요 길에서 사르미엔토 길 사이의 마이푸 길 구간)는 루벤 다리오, 로스 인모르탈레스(수이파차 길에서 카를로스 페예그리니 길 사이의 코리엔테스 길 구간)는 플로렌시오 산체스와 로베르트 J. 파이로, 토르토니(에스메랄다 길께의 오월로)는 발도메로 페르난데스 모레노가 자주 들리던 카페였다. 20세기 중반에는 플로리다 길의 자키와 리치몬드 카페들이 『마르틴 피에로』 동인들의 선택을 받았다. 나중에는 『수르』 동인들도 이곳을 이용했다. 반면 전성기를 구가하던 작가들은 산 마르틴 길께의 비아몬테 길에 위치한 카페 플로리다에 드나들었다. 라 프라가타(산 마르틴 길께의 코리엔테스 길)에서는 곰브로비치, 라 이데알에서는 라몬 고메스 데 라 세르나, 런던 시티(오월로께의 플로리다 길)에서는 코르타사르, 라 비엘라에서는 비오이 카사레스를 볼 수 있었다. 보르헤스는 토요일 밤이면 라 페를라 델 온세 카페에서 문학인들과 어울리는 것을 제일 좋아했다.

엔리케 산토스 디세폴로[58]는 카페가 철학을 가르친다고 신화화했지만, 사실은 아무것도 가르치지 않았다. 그러나 카페에서는 낯선

---

58 [옮긴이] 탱고를 비롯한 음악, 연극, 영화 분야를 넘나든 인물.

사람끼리 사교하는 법을 배울 수 있었다. 그래서 이탈리아 작가 클라우디오 마그리스는 폐쇄된 종족끼리만 모여 함께 밤을 지새우는 곳들은 '유사 카페'일 뿐이라고 말한다.[59]

청년에게 카페는 어른들과 섞여 드는 입문의 공간이었다. 그러나 요즘 청년들은 카페에 거의 가지 않는다. 바로 그들이 경멸하는 어른이 가는 장소이기 때문이다. 오히려 특징 없는 길거리 매점이나 쾌적하지 못한 주유소 바를 선호한다.

카페의 약점은 시대의 약점이기도 했던 여성 배제였다. 여성끼리 있는 것이 용인되지 않았고, 남성과 동행한 경우에도 스테인드글라스 칸막이로 나머지 공간과 분리된 곳(가족실 혹은 전용석)으로 안내되었다. 물론 여성도 남성의 카페에 해당하는 공간이 있어서 부분적인 보상은 이루어졌다. 제과점이나 찻집 같은 곳으로, 남성의 엄격한 감시를 벗어날 수 있는 곳들이었다. 한편 바리오 카페에서는 안 되었지만, 보헤미안 카페에서는 배우자 아닌 남성들과 같은 테이블에서 어울리는 여성(특히 알폰시나 스토르니, 노라 랑혜, 에밀리아 베르톨레 같은 작가들)이 소수 존재했다.

가정 이야기는 묵시적으로 카페 담소의 주제로 삼지 않았다. 스포츠, 정치, 시사, 예술, 문학, 심지어 철학에 대한 대화를 나누었지만, 사생활 이야기는 전혀 하지 않았다. 카페가 부부의 장소가 아니라는 합의는 긍정적인 면이 있었다. 올덴버그의 지적처럼, 부부의 이러한 분리는 남자에게나 여자에게나 정서적인 기대를 오직 배우자에게만

---

59 Claudio Magris, *Microcosmi*, Milano: Garzanti, 1997.

하지 않게 해 주었다. 그리하여 배우자 각자가 독자적인 내밀한 영역을 가지도록 해 주었고, 간접적으로나마 여성의 권리 회복이 이루어졌다. 리처드 세넷이 지적하듯이, 가족의 평화는 "카페라는 배기 밸브"[60]에 달려 있었다.

철제 카운터와 백조 모양의 수도꼭지, 대리석 테이블, 토넷 의자, 내장판, 거울, 청동 조각상, 둥근 램프의 유백색 불빛, 갈색 색조의 목재 등은 오늘날 뭐라고 정의하기 어려운 공간으로 바뀌었다. 쾌적하지도 않고, 포마이카 광택과 형광 불빛이 난무하는데다가, 비전문적인 인테리어 시공자의 변덕에 따라 시시때때 분위기가 바뀐다.

옛날 카페의 특징은 집과 거리, 사적인 것과 공적인 것 사이의 배후지(hinterland)라는 점이었다. 외부도 내부도 아닌 모호한 느낌, 외부와 계속 접촉하지만 사생활과 내밀함을 보존하는 모호한 느낌을 불어넣어 주었다. 새로운 건축 유행들은 그 가능성을 소멸시켰다. 창문을 밀폐식 유리로 바꾸는 바람에 내밀함도 파괴되고 거리와도 단절되었다. 테오도르 아도르노는 더 이상 창문을 여닫을 수 없는 주체에게 일어난 은밀한 변화를 지적했다. 그 유리 상자 안에서는 외부와 내부의 경계에 있다는 매력 대신 불안정한 경계의 혼란을 느끼게 되었다는 것이다.[61]

게다가 높은 데시벨의 음악이나 텔레비전이 독서, 대화 혹은 긴장 이완에 필요한 차분함 등을 가로막는다. 어느 카페에나 있는 텔레

60 Richard Sennett, *Vida urbana e identidad personal*(1970), Barcelona: Península, 1973.
61 T. W. Adorno, *Mínima moralia*(1951), Caracas: Monte Ávila, 1975.

비전은 모든 사람이 열광하는 축구 채널, 즉 모든 종류의 취향과 상이한 삶의 양식을 지워 버리는 채널에 고정되어 있다. 클라시코 경기[62]가 있는 날에는 좌석이 극장 관람석처럼 배치되고 카페는 아우성치는 관중석으로 변한다.

1964년의 내 저서의 몇 부분은 민중주의적 도취감에 사로잡혀 다음과 같은 예찬을 하는데, 이제는 이에 동의하지 않는다.

> 그 다른 도시는 파괴되었다. […] 소부르주아적인 보헤미안들이 호화로운 고독 속에서 기분 좋은 번민을 느끼는 사치를 부릴 수 있었던 도시는. […] 카페에서 턱을 괴고 앉아서, 또는 특정 거리, 즉 고통스럽지만 그들이 무한히 사랑하는 고독 속에서 산책하던 시적인 거리들을 걸으면서.

도시의 그 두 가지 대립적 시각 중에서 현재의 나는, 갈등이 있어도 최대한 다양한 생활양식이 공존하는 도시를 선택하련다. 만일 어떤 생활양식이 배제되어야 한다면, 유일하게 가치 있는 양식이라고 주장되는 것이 배제되어야 한다.

카페 생활은 풍습의 변화와 함께 쇠락했다. 성 평등과 여성의 가정적 역할의 포기는 한편으로는 부부 동반 외출을 촉진했고, 다른 한편으로는 과거 카페의 전형이었던 남자들끼리의 우정을 약화시켰다. 오늘날 일상적인 것은 부부가 함께 레스토랑에 가는 것이고, 종종 두

---

62 [옮긴이] 맞수 팀끼리의 시합.

부부가 함께 만난다. 이런 식의 외출과 집에서 하는 식사가 번갈아 이루어진다. 후자의 경우에도 다른 부부와 식사하는 경우가 많아지고, 혼자인 사람을 초대할 경우 으레 같은 처지의 사람을 하나 더 초대한다. 게오르그 짐멜의 지적처럼, 사교 모임에서 초대 손님의 숫자는 결정적이다.[63]

레스토랑이나 집에서의 식사 모임은 카페에서와는 달리 도시 사교의 핵심적인 면이 결여되어 있다. 예정하지 않은 만남의 가능성, 낯선 이를 알게 될 가능성, 자신의 테이블에 끊임없이 사람들이 합류하게 될 가능성 등이 말이다. 레스토랑에서는 이 낯선 것, 상이한 것과의 다수의 상호 관계 대신 알고 있는 것, 동등한 것과의 제한적이고 단조로운 상호 관계가 자리 잡는다. 새로움이나 놀라움이 허용되지 않으니 집 거실과 식탁이 레스토랑에 연장되는 것뿐이다. 부부끼리 식사를 하든 다른 손님이 같이 있든, 독자적인 개체성을 가로막는 부부 공동의 내밀함도 연장된다.

사회계급에 따른 차별은 레스토랑 선호 현상과 무관하지 않다. 상당수 레스토랑은 가격 때문에 광범위한 계층의 사람들이 갈 수 없다. 반면 카페는 더 민주적이었고, 사교 클럽의 역할을 수행하면서도 배타적인 엘리트주의가 없었다. 차 한 잔의 저렴한 가격은 서열화를 야기하지 않고 모두를 동등하게 만들어 주어서, 단정하게 입기만 해도 카페에 갈 수 있었다.

카페는 1810년의 전설적인 마르코스 카페 이후로 시민의 삶과

63   Georg Simmel, *Sociología*(1908), Madrid: Revista de Occidente, 1927.

밀접하게 연관되었다. 즉흥적인 포럼의 장으로서 대화(비록 두서없는 대화였지만)와 무제한 토론을 자극했다. 독재 정부 시절에는 검열로 언론 매체에 실리지 못한 정보가 카페에서 확산되기도 했다. 카페의 상징적인 정치적 가치는 군부 집권기에 코리엔테스 길의 여러 바에 경찰의 일제 단속이 잦았던 일이나, 페론주의자들의 프티 카페 방화(1954), 몬토네로들이 라 비엘라 카페에 폭약을 설치한 일(1972) 등을 보면 알 수 있다.

그래서 카페의 쇠락이 대화의 쇠락과 일치하고, 나아가 이 두 가지의 쇠락이 정치적 무기력증과 시민 의무에 대한 무관심과 일치하는 것은 우연이 아니다.

소음의 포로들

소음의 사생활 침해는 공적 공간의 이용 관련 토론에서 덜 다뤄진 분야이다. 우리가 그리워하는 거리의 활기찬 삶을 소음 공해의 거짓 즐거움과 혼동해서는 안 된다. 침묵은 홍콩, 상파울루 다음으로 세계에서 가장 소란스러운 도시인 부에노스아이레스에서는 금기이다. 시민들은 오토바이, 사이렌, 경적, 자동차 배기관, 버스 제동, 상품 광고 확성기, 음반 가게나 스포츠 시설에서 흘러나오는 높은 데시벨의 음악 등 지속적인 소음에 예속되어 살아간다. 바, 레스토랑, 미용실, 온갖 점포, 지하철역에는 항상 텔레비전이 켜져 있다. 심지어 카야오 길과 만나는 산타 페 길 모퉁이의 대형 전자제품 매장 시올리의 거대한 TV 화면은 길 쪽으로 설치되어 있다. 지속적인 소음으로 사람들은 소리를 질러 가며 말을 한다. 그러다 보니 늘 정신없기 짝이 없고, 이에 따라 짜증, 공격성, 만성적인 신경쇠약에 사로잡힌다.

바리오마다 밤이면 길거리 매점 지척의 집 문간에 우르르 몰려 있는 술 취한 청소년 무리 때문에 시끌벅적하다. 가난한 동네에서는 청소년들이 도발을 일삼는다(그들 은어에 따르면 'bardear'). 음악 기기를 보도에 내다 틀고, 헛되이 이들을 결사적으로 조용히 시키려는 동네 주민을 조롱한다. 그들의 조직화된 소란의 절정의 표현이 '레이브'(rave)이다. 이는 수많은 젊은이가 모여서 벌이는 야외 파티로, 인접한 여러 블록 주민의 삶을 어지럽힌다.

야간 유흥업소들이 들어서는 바람에 잠을 이룰 수 없는데 시 당국이 방관하자, 동네 주민이 항의 시위를 벌이기도 했다. 가령, 주말이면 청소년들이 떼거리로 몰려들던 파사혜 보이니에서 시위가 있었다. 이 사례는 디스코텍이 있는 여러 다른 바리오로 퍼졌고, 휴식과 평온함의 권리를 지키고자 하는 도시 사회운동의 씨앗이 되었다.

소리는 거리뿐만 아니라 실내까지 침입했다. 아파트에서는 벽, 천장, 안마당으로 난 창을 통해 파티의 소란에서부터 일상의 소리에 이르기까지 이웃의 소음이 스며든다. 텔레비전, 음반, 인터넷 게임, 에어컨, 구두 굽, 거실에서 뛰어다니거나 공놀이하는 아이들에서 비롯된 소음이다. 또 크게 다투는 소리가 들리기도 하고, 가끔은 물방울 떨어지는 소리처럼 데시벨이 아주 낮은 소리가 계속되면서 괴롭힌다. 거의 알지도 못하는 이웃들에게 사생활을 침해당하고, 그러면서도 같은 공간에서 생활을 공유해야 하니, 더불어 사는 삶이 더 힘들어진다.

부에노스아이레스 사람들은 침묵 공포증 때문에 아침에 일어나서 잠잘 때까지 텔레비전, 라디오 혹은 오디오 기기를 계속 켜 놓고 있다. 외출할 때도 계속 음악을 듣는다. 이 끝없이 이어지는 소음은 음악 사랑과는 별 상관없다. 음악 자체에는 별로 혹은 전혀 주의를 기울이지 않는다. 게다가 앰프와 높은 데시벨 때문에 음악이 왜곡되기도 한다. 침묵이 선율의 불가피한 일부라는 것을 알지 못한다. 가장 시끄러운 악기인 드럼이 청년 음악의 기본이 되어 피아노나 바이올린 같은 복합적인 악기들을 대체했다. 드럼은 음악을 듣는 귀의 타락을 알리는 또 다른 징후이다.

밤의 고요함과 부에노스아이레스 시민의 잠을 국가 자체가 공격하는 일도 비일비재하다. 시나 정부의 문화 기관들이 대중음악 종사자, 심지어 클래식 음악가들이 출연하고 수많은 청중이 운집하는 대규모 야외 행사를 주최하는 일이 일상적이다. 덕분에 주변의 여러 블록 주민의 사생활이 침해된다. 음악은 닫혀 있고 조용한 공간을 필요로 한다. 그래야 청중이 집중할 수 있고, 소리가 스피커에 의해 왜곡되지도 않는다. 그래서 앞서 언급한 대규모 행사들은 아무리 독특한 가수들이 참여한다 하더라도 그다지 예술적 가치가 없다. 게다가 행사 주최자들의 목적은 예술 확산이 아니라 잠정적 권력(민주 정부의 권력 역시 잠정적이다)의 선전 선동이다. 이를 위해 전체주의 체제의 특징인 대규모 야외 행사를 개최하는 것이다.

파편화

세계의 도시화에 대한 일부 분석가는 메가폴리스의 파편화를 지적해 왔다(앵글로·색슨 도시들에 대한 연구서로는 데이비드 하비의 『정의, 자연, 차이의 지리학』[*Justice, Nature and the Geography of Difference*, 1996], 라틴아메리카 도시들에 대해서는 네스토르 가르시아 칸클리니의 『도시의 상상』[Imaginarios urbanos, 1997]이 있다). 부에노스아이레스에 대해서도 유사 결론을 도출할 수 있다. 나는 1964년 책에서 사회 계급에 따른 도시의 생태적 분리 경향을 지적한 바 있다. 그러나 20세기 전반기에는 분리된 지역들이라 해도 서로 관계를 맺고 있었다. 출신지에 따른 차이에도 불구하고, 이민자들도 이내 처음에는 콘벤티요에, 나중에는 서민 바리오에 뒤섞여 살았다. 그에 반해 한국인, 중국인, 루마니아인, 메스티소 라틴아메리카인 같은 오늘날의 새로운 이민자들은 그렇게 하지 않는다.

예전에는 위로부터의 동질화를 시도한 국가가 도시 사회의 이질성에 적대적이었다. 그러다가 국가가 약화되자, 방향을 상실하고 두려움에 휩싸인 시민사회 자체가 이질성을 위협하고 있다. 시민사회가 폐쇄적인 바리오, 종파, 경제 집단, 직업, 직능, 종족, 나이, 학계, 범죄 조직, 온갖 형태의 마피아 등 서로 연관성도 없고 소통하지 못하는 수많은 동질적 집단이 난무하는 경향이 있기 때문이다.

도시의 거주자는 갈수록 한정된 구역 안에서 생활하고, 일하고, 구매하고, 친척이나 동료를 만난다. 나머지 구역들은 어둠에 잠겨 있으며, 어쩌면 평생 한 번도 걸음하지 않을 수도 있다. 미지의 것과 조우할 가능성, 다양한 상황에서 상호작용을 경험할 가능성 같은 도시의 장점들이 희석되고 있다. 사람들이 도시의 부산스러움 속에서도 고립된 마을에 살 듯하기 때문이다. 그리하여 어느 누구도 도시 전체에 대해서는 책임감을 느끼지 않는다.

도시를 침식하는 또 다른 변곡점이 존재한다. 상류계급의 근교 주택으로의 이주이다. 미국의 저술가 마이크 데이비스는 이들 컨트리,[62] 즉 폐쇄적인 바리오들을 "요새 건축"[65]이라고 불렀다.

불확실성과 불안감이 하위 계급뿐 아니라 상류계급도 장악했다. 상류계급은 하위 계급의 통제 불능 현상을 두려워하였다. 이 두 계급은 상호작용에 의거한 도시 문화에서 이탈하는 경향을 보이며 각자의 게토에 틀어박혔다. 한쪽은 호화스러운 게토이고 다른 쪽은 궁핍한 게토이지만, 위험하고 적대적인 외부 세계로부터의 보호막이 되어 주는 것은 마찬가지였다.

도심은 더 이상 매혹의 진원지가 아니었다. 거리는 안전하지 못한 장소가 되어 버렸고, 상호작용이 이루어지던 장소들은 사라졌다. 집에서 하는 활동이 늘어나면서 처음에는 집 안에, 나중에는 폐쇄적인 바리오에 칩거하게 되었다.

컨트리는 귀촌이라는 목가적인 신화의 포스트모더니즘 버전이

---

64 컨트리에 대해서는 다음을 보라. Maristella Svampa, *Los que ganaron: La vida en los countries y barrios privados*, Buenos Aires: Biblos, 2001; "Las nuevas urbanizaciones privadas. Sociabilidad y socialización. La integración social hacia arriba", Luis Beccaria et al., *Sociedad y sociabilidad en la Argentina de los 90*, Buenos Aires: Biblos, 2002.

65 Mike Davis, *City of Quartz. Excavation of the Future in Los Angeles*, London: Verso, 1992.

다. 그 신화는 지난 세기 초 지배계급의 이념가들이 사회적 소요들의 도시 침입에 대한 대항 수단으로 만들어 낸 것이다. 이 경향이 고조되면, 도시 문명을 버리고 마을 생활로의 회귀가 일어나게 된다. 종족중심주의, 외국인 혐오증, 인종주의(일부 컨트리는 반유대인적이다), 이방인에 대한 적대감, 자신들과 다른 사람들에 대한 차별, 낯선 사람들을 외부인이라는 사실만으로 위협으로 인식해 자행하는 박해 등의 성격을 띠고 있었던 과거의 마을 생활로 말이다. 그들이 피해서 도망친 그 위험들은 컨트리라는 폐쇄적이고 실제로는 안전하지 않은 공간에 또다시 나타난다. 컨트리에도 이웃과의 갈등, 도둑질, 청소년들의 반달리즘, 알코올 중독, 마약 중독, 스피커와 오토바이의 소음 공해가 없지 않다. 그리고 마리아 마르타 가르시아 벨순세 사건처럼 2003년부터는 살인 사건도 일어나고 있다.

도시에서 빠져나온 동기 중 하나인 소외 계층의 매복도 컨트리의 철조망이나 벽 바깥에서 다시 일어나고 있다. 대다수 컨트리가 비야 미세리아에 둘러싸여 있기 때문에(컨트리의 피고용자 일부도 비야 미세리아에 거주한다) 출입 자체가 위험하고 두려운 일이다. 경비원들조차 믿을 수 없다. 그들도 변두리에 살거나 연줄이 있어서 컨트리 내부의 적이 될 수 있기 때문이다. 같은 주민도 종종 적이 되기도 한다. 모든 고립된 공간에서 흔히 그렇듯이, 적정 거리가 부족한 폐쇄 생활은 상호 마찰을 조장하기 때문이다.

컨트리에서 태어나고 자란 아이들은 또 다른 문제를 안고 있다. 광장 공포증에 시달리고, 현실의 삶과의 접촉이 부족하고, 도시로 나가면 두려움에 사로잡힌다.

칩거 생활에 대한 강박으로 1970년대부터 도심에도 고립 주거 지역이 건축되었다. 그 요새, '타워 컨트리'(torre-country) 혹은 '지능형 건물'이라고 불리는 그 거대한 건물, 그 거대한 준자족적 몰에는 세탁실, 수영장, 사우나, 헬스장, 테니스나 패들 코트, 일광욕 공간을 비롯한 각종 공동 서비스 시설이 갖추어져 있고, 경우에 따라서는 헬기장까지 딸려 있다. 1940년대에 실패한 르 코르뷔지에의 고층 공동 주택 시도의 재래이다. 이는 도시계획의 관점에서도 건축의 관점에서도 오류이다. 외부적으로는 과밀화가 인프라 위기를 초래하고, 높이가 일조권을 침해하고, 건물이 고립적이고 입구에 경비실, 무장 경비원, 탐조등이 있다 보니 감옥을 연상시켜 거리의 활기와 생명력을 빼앗는다. 내부적으로는 제임스 G. 밸러드가 미래 소설 『하이-라이즈』(1975)에서 예언한 바와 같이, 거주자들의 공동 활동(만일 진짜로 이루어진다면)이 갈등을 낳을 소지가 있다.

"우리끼리" 살고, "동일한" 사람들과 공생하는 공간인 컨트리, 폐쇄적인 바리오 또는 자족적인 건물이 지닌 고립성과 동질성은 거리에 대한 부정, 또한 다양성, 혼합, 이질성, 혼종, 타인과의 접촉에 대한 부정이기도 하다. 이러한 요소들이 없다면 민주주의는 힘을 상실하고, 근대성은 쇠퇴한다.

부에노스아이레스는 중심부 국가 도시에서 일어난 변화에 다시 한 번 뒤졌다. 교외화는 미국이나 유럽의 도시보다 20년 늦은 1990년대에 도래했다. 그런데 이 시기에는 구미의 오래된 도시들이 이미 도심으로의 복귀와 도시 재생이라는 역과정을 밟고 있었다. 서구 도시

문화 쇠퇴의 전형적인 사례로 보이던 뉴욕도 마찬가지였다.[66]

도시 위기의 책임은 다양한 주체들에게 공히 있다. 모든 도시계획을 방해하는 부동산 투기업자들은 부패한 공무원에게 뇌물을 줘가며 법령을 압박하거나 위반했다. 건축가와 도시 설계자들은 자신들의 자의적인 취향을 밀어붙였다. 시민사회도 시민 의식, 도시 문화, 역사적 기억에 대한 관심이 결여되어 있었다.

지난 20세기 내내 부에노스아이레스를 위한 지역 정치를 구축하려던 모든 시도는 심각한 장애물들에 부딪혔다. 1920~1930년대에 사회주의자들은 심의위원회를 통해 그런 시도를 했지만, 연방 정부에 속해 있는 시청이 제동을 걸었다.

1996년 부에노스아이레스를 독립적인 단체장을 둔 자치시로 규정하는 개헌과 함께 새로운 가능성이 열리는가 싶었다. 그러나 정치적·경제적 위기, 시장을 역임한 이들의 무능력 또는 태만으로 인해 필요한 변화에 실패했다. 국가와 시 정부 모두 필요한 개혁을 실행할 정치적인 의지도 없었고, 현행법조차 준수토록 하지 못하면서 공적 공간에 대한 모든 통제력을 상실했다. 그리하여 공적 공간은 누구의 땅도 아닌 곳이 되었다. 한편, 도시계획 전문가와 건축가 같은 전문가 그룹, 정당, 조합, 몇몇 NGO를 제외한 민간 사회단체들도 부에노스아이레스의 위기에 대한 논의를 추진하지 않았다. 그 위기에 아무도 책임지지 않고, 아무도 도시가 교환가치를 지닌 상품이 아니라 사용가치를 지닌 존재임을 인식하지 못하는 것처럼 보인다. 앞서 언급한

---

66 Néstor García Canclini, *La globalización imaginada*, Buenos Aires: Paidós, 1999.

산발적이고 일시적이며 제한적인 도시 운동이나 바리오들의 항의를 제외하면, 시민사회 역시 비효율적이고 부패한 관료주의적 중앙집중화에 맞서 지역의 자율성과 주민자치를 성취하기 위한 노력을 하지 않는다.

도시와 문명

근대성의 가치들은 아테네, 로마, 르네상스 도시들 같은 선구적 도시 사회와 결합되어 있다. 로마가 멸망한 이후의 중세 초기는 도시가 쇠락한 암흑의 세기들이었다. 도시 문화는 13세기의 초기 도시들과 더불어 다시 출현했고, 17세기부터 네덜란드 도시들에서 공고해졌다.

아리스토텔레스는 『정치학』에서 유사한 사람끼리는 도시를 만들 수 없다고 말했다. 시골이나 마을의 동질성에 상반되는 이질성, 계급·집단·종족 간의 혼종, 문화와 풍습의 혼합, 서로 다른 개인들의 뒤섞임 등, 이 모든 근대 도시의 특징은 자유와 민주주의적인 다원성을 위해 필수불가결한 분위기이다. 그 모든 것은 뚜렷한 불평등과 불균형에도 불구하고 평등의 가능성을 내포하고 있다.

도시는 폐쇄적이고 지역주의적인 공동체주의보다 더 복합적이고 풍요로운 사교 방식들을 창출했다. 익명의 다중이야말로 개체성의 발전에 적절한 토양, 즉 낯선 인간, 인습적이지 않은 사람, 비순응주의자, 감동과 자극의 추구자, 사상가와 예술가, 심지어 범죄자의 은신처이다.

도시가 압제와 집단적 광기의 온상이 되어 온 것도 사실이다. 그러나 최악의 상황에서도 도시 안에 숨고, 도시에서 억압의 빈틈을 찾는 것이 더 쉬웠다.

거주자들과 그들의 활동이 다양하면 할수록 타자성을 받아들이고, 타인의 입장을 고려하고, 공동의 것을 인식할 여지가 생긴다. 현대 도시의 삶이 비인격화된 세상의 고립된 삶이라는 생각은 맞지 않다. 오히려 모르는 사람들과 다수의 관계를 맺을 가능성을 제공한다. 전근대적인 집단에서라면 낯선 사람들은 위험한 이방인으로 보였겠지만, 현대 도시에서는 이들과 친밀한 관계에 이르기도 한다. 오직 군중의 소용돌이 속에서, 그리고 낯선 이들과의 불가피한 접촉을 통해서만 인간의 유형과 풍습의 다양성을 용인하는 인성의 배양이 가능하다.

현대 도시의 이 이상적인 모델, 즉 거리와 공적인 만남의 장소에서 개인의 자유와 사회적 평등이 구현되는 터전으로서의 도시는 오늘날 위기에 빠져 있다. 부에노스아이레스뿐만 아니라 선진국의 거대 메트로폴리스들도 마찬가지다. 필리프 아리에스, 마샬 버먼, 제인 제이콥스 같은 역사학자, 사회학자, 도시학자들이 분석한 후기 근대성(modernidad tardía)의 보편적 현상이다.[67] 아리에스는 도시가 "비도시, 반(反)도시"로 대체되었다고 고발했다. 다시 말해 서로 소통이 없는 작은 게토들로 파편화되고, 앞서 보았듯이 부에노스아이레스에서처럼 만남의 장소들이 소멸되었다는 것이다.

---

67 Philippe Ariés, "La familia y la ciudad"; Jane Jacobs, *Muerte y vida de las grandes ciudades*; Marshall Berman, *Todo lo sólido se desvanece en el aire*.

현대 도시는 19세기와 20세기의 절정의 순간에도 단일하지 않아서 모순으로 가득했다. 사회적 이동, 예기치 않은 일이 벌어질 가능성, 이로울 수도 있고 아닐 수도 있는 우연 등이 신분 상승과 하강, 성공과 실패를 판가름했다. 그래서 도시의 인간에게는 자유와 고립, 희망과 불안 같은 양면적인 감정이 생겼다. 혈통, 가족, 시골 마을 사람들의 꼬치꼬치 캐묻는 듯한 시선으로부터 자유로운 내면과 사생활을 쟁취한 일은, 동시에 그런 기본적인 사교성들이 제공하는 보호의 상실을 의미하기도 했다. 경험의 다원성, 여러 집단에 복수로 소속되는 일은 자아를 강화하고 확인시켜 주었지만, 개인의 정체성이 해체되는 듯한 딜레마와 갈등에 직면하게 만들기도 했다.[68]

근대성의 어두운 이면, 근대성에 수반되는 위험과 우려는 근대성과 도시 사교에 반하는 여러 경향을 유발했다. 게토로의 대피, 전근대성으로의 회귀라는 신낭만적 향수, 민중주의 국가 등이 그것이다. 민중주의 국가의 지배계급은 마치 과거 전통사회의 구태의연한 사람들처럼, 다수의 끈으로 연결된 사회망에 하위 계급들을 통합하고 동화시키는 가부장주의를 고수했다. 반면 오늘날의 국가는 노동, 교육, 치안, 보건, 주거 등과 관련된 기본 제도들을 통해 도시 사회의 분열을 피할 능력, 아노미와 범죄적 행동 규범의 출현을 막아 줄 좌표 시스템을 유지할 능력이 없다.

그러나 오늘날 일각에서 그리워하는 보호자 국가, 후견인 국가

---

68 자아를 파편화하고 동시에 결합시키는 근대성의 특성에 대해서는 다음을 보라. Anthony Giddens, *Modernidad e identidad del yo*(1991), Barcelona: Península, 1997.

의 가부장주의는 실제로는 그렇게 연대적이지도 균형적이지도 않았다. 권위주의, 그리고 가끔은 전체주의로 흐른다는 부정적인 측면이 있었다. 아르헨티나에서 국가는 군, 교회, 일부 단체의 지지를 업고 국가의 모든 기능을 침해했다. 일률적인 생활 방식을 강제하기 위해 국민의 사생활까지 침범했다. 강압과 세뇌 교육을 통해 상당한 사회적 동질성, 불변의 정체성 담론을 주입시켰고, 이는 모든 이질적인 사상, 취향, 생활 방식을 파괴했다.

1980~1990년대 후기 근대성 시기의 부에노스아이레스는 역과정을 경험했다. 자유와 시민권의 진전, 사생활의 전례 없는 자율성, 다양한 생활 방식 중 하나를 선택할 역량 등 그때까지 결코 불가능한 것들이 주어졌다. 이러한 쟁취는 국가주의의 퇴조 덕분에 달성되었다. 그러나 원치 않은 결과도 초래했다. 여러 계층을 묶어 두었던 사회적 매듭이 풀리고, 이에 따라 도시 사교가 쇠퇴했다. 이제 약자와 무방비자의 운명은 고스란히 자신의 몫이 되었다.

그러자 역설적인 상황이 찾아왔다. 국가의 약화라는 하나의 원인이 모순되는 두 가지 결과를 낳은 것이다. 한편으로는 자율적인 개체성의 실현을 위한 필요조건을 조성했고, 또 한편으로는 모두가 동등하게 그런 가능성에 접근하는 것을 불가능하게 만들었다. 자유와 평등, 이 한 쌍의 대립항은 상호 예속되어 분리가 불가능하다.

20세기 말의 전 지구화 패러다임은 새로운 문제를 양산했다. 거스를 수 없는 이 세계적인 추세에 적대적인 이들은, 국민국가뿐만 아니라 도시의 고유성과 개인의 정체성 파괴의 책임이 전 지구화에 있다고 보았다. 그러나 지역의 특수성은 공동의 문화, 정치적 다원성,

개인의 취향을 해체한 국가의 권위주의에 의해 이미 그 토대를 상실했다.

전 지구화 반대론자들의 예견처럼 전 지구화된 지구가 균일하고 단조롭고 반복적이지는 않았다. 정반대로 도시들은 오늘날 그 어느 때보다 다양화되고, 각각의 차이를 잃지 않으면서도 서로 소통하고 있다. 상이한 문화 사이의 상호작용과 교환도 더 커졌다. '맥도날드화'는 전 지구화와 미국화를 혼동하는 사람들의 필살기였다. 그러나 왜 이탈리아 피자는 거론하지 않는가? 피자도 미국을 포함하여 전 세계를 침입했는데도 말이다. 전 지구화된 도시에서야말로 가장 다양한 타민족 요리를 맛볼 수 있다. 전 세계의 문화적·예술적 표현들도 마찬가지다. 지난 세기에는 이들에 접근하기 어려웠으나 지금은 손닿는 곳에 있다. 다만 충분한 지식과 경제적 능력이 있는 사람들 이야기이지만 말이다.

여담이지만, 항구 도시 부에노스아이레스는 세계화(mundialización) 운명을 타고 났다. 불리한 지리적 입지에도 불구하고, 부에노스아이레스는 20세기 중반까지는 나침반 역할을 했다. 이민 물결에 다가 유럽의 전쟁 및 정치적·인종적 박해를 피해 건너온 망명자들이 더해지면서 여러 문화의 교차로가 되었다. 라틴아메리카 대륙에서 그런 조건을 지닌 유일한 도시에서 모든 사상에 대한 개방성과 전 세계의 공동 자산에 동화되고자 하는 열망은 부에노스아이레스 지식인의 차별화된 태도였다. 언어, 국적, 종교의 혼합이 개방성과 보편성의 여지를 주었다. 그래서 보르헤스는 진정한 아르헨티나 전통이 "모든 서구 문화이고, [⋯] 우리는 그 전통에 대해 여느 서구 국가보다 더 큰 권리를 갖고 있다"[69]고 말할 수 있었다.

보르헤스의 문학 자체가 가장 먼 곳에서 받은 수많은 영향을 집대성한 것이다. 절정기의 부에노스아이레스 건축이 여러 양식의 혼합으로 모든 문화에 동화되었듯이 말이다.

코즈모폴리터니즘은 민중주의자들이 주장하는 것처럼 엘리트들만의 특징이 아니었다. 대중문화에서도 역시 동일한 현상이 있었다. 영화가 1930~1940년대에 스페인어권 국가에서 대중의 흥행물이 되었을 때, 아르헨티나 영화는 부에노스아이레스의 사이네테에 할리우드의 리듬, 프랑스 멜로드라마의 터치, 독일 표현주의의 빛을 결합했다.

탱고가 부에노스아이레스를 표현했다고 말할 수 있는 이유는 둘 다 혼종의 산물이기 때문이다. 크리오요 요소(농촌의 밀롱가)는 안달루시아 탱고, 쿠바의 아바네라, 흑인의 칸돔베, 중부 유럽의 살롱댄스 등 부에노스아이레스 항구에서 밀려든 영향들에 뒤섞여 묽어졌다. 이탈리아의 영향(대부분의 초기 탱고 곡은 이탈리아 이민자들의 후손에 의해 만들어졌다)은 18세기의 이탈리아 오페라 작곡가 도메니코 치마로사의 한 소나타에 깃든 탱고 분위기에서 읽을 수 있다. 탱고의 독특한 악기인 반도네온은 독일에서 유래했고, 대표적인 탱고 가수 가르델은 프랑스에서 출생했다. 이 코즈모폴리턴적 기원이 탱고의 세계

---

69 Jorge Luis Borges, "El escritor argentino y la tradición", Discusión(1932), compiled in Obras Completas. [옮긴이] 「아르헨티나 작가와 전통」(El escritor argentino y la tradición)은 『토론』(Discusión)의 1932년 초판에 있던 글은 아니고 1957년 재출간될 때 포함된 것으로, 보르헤스의 1953년 강연이다.

적인 반향을 용이하게 했을 것이다.

제2차 세계대전 이후 아르헨티나는 정치적·경제적 역경 때문에 오랫동안 자기 속에 갇혀 있었다. 그 결과 국제 체제에서 고립되고, 역사의 주변에서 공전(空轉)하고, 20세기 말의 위기로 귀결될 침체와 쇠락을 초래했다. 전 지구화 시대에 아르헨티나가 세계에 재통합된 일은 결국 나선형 계단 위쪽 부분에서 라 플라타 전통으로 회귀하였다는 것을 의미한다. 부에노스아이레스는 항상 대국이 되지 못한 나라의 대도시였다. 그래서 국가가 쇠락하는 지금 시대에는 아마도 세계도시(ciudad-mundial)의 자리를 발견할 수 있을 것이다.

앤서니 기든스가 말한 대로, 장소는 더 이상 경험의 매개변수가 되지 못한다. 비록 애착이나 일체감 같은 감정들이 지속된다 하더라도, 장소에는 먼 지역의 영향들이 스며들어 있으며, 전통적인 지역화(localización)의 친숙하고 전형적인 특징들에서 비롯되는 안정감이 더 이상 주어지지 않는다.[70] 장소의 정체성은 두 개의 단절을 겪고 있다. 공간적인 측면에서는 탈영토화, 시간적인 측면에서는 의사소통의 순간성(instantaneidad)이다. 시간상의 즉시성이란 '이곳'(aquí)이 '지금'(ahora)으로 대체된다는 뜻이다. '어제의 이 장소'(este lugar ayer)가 '오늘의 세계'(el mundo hoy)에 따라 변해 간다. 프랑스 사상가 폴 비릴리오의 말마따나 "이곳은 더 이상 존재하지 않고 모든 것이 지금"[71]이다.

---

70 Anthony Giddens, *Consecuencias de la modernidad*(1990), Madrid: Alianza, 1993; *Modernidad e identidad del yo*(1991).

그럼에도 불구하고 울리히 벡이 지적하는 것처럼,[72] 전 지구적 문화는 무장소적이지(atópico)는 않다. 즉 장소가 결여되어 있는 것은 아니다. 일상생활이 전개되는 곳은 늘 있기 때문이다. 다만 자신 속에 갇혀 있는 지역주의적 문화와 달리 오늘날에는 그 장소가 바깥으로 열려 있을 뿐이다.

세계적인 것(lo mundial)이 지역적인 것(lo local)에 동화되는 것과 마찬가지로, 전 지구화는 지역적인 것을 세계로 확장시킨다. 전형적인 예는 탱고나 보르헤스 같은 부에노스아이레스적 가치가 파리에서부터 도쿄까지 수용되고 있다는 점이다. 사회학자이자 세계화 이론가인 롤랜드 로버트슨이 지적한 대로 전 지구적인 것은 지역적인 것을 배제할 수 없고, 지역적인 것도 전 지구성과 단절한 채 살아남을 수 없다.[73] 그는 보편성과 개별성의 그 결합을 규정하기 위해 '글로컬화'(glocalización)라는 신조어를 만들었다.

안드레아스 후이센의 말처럼 세계화에서 개별성과 상이한 문화들의 파괴를 상정한 이들의 한탄은 배격되고 있다. 20세기의 마지막 30년간 서구에서는 지역적인 것과 과거에 대한 재평가가 이루어졌다. 옛 도심의 역사주의적 복원, 박물관으로 변신한 풍경과 마을, 문화재와 문화유산 보호, 복고풍 양식의 유행, 대규모 향수(鄕愁) 마케팅, 회고록과 고백록, 고향 도시의 추억이 담긴 자서전의 유행 등이

71 Paul Virilio, La velocidad de liberación(1995), Buenos Aires: Manantial, 1997.
72 Ulrich Beck, ¿Qué es la globalización?(1997), Barcelona: Paidós, 1998.
73 Roland Robertson, Social Theory and Global Culture(1996). 다음에서 재인용. Néstor García Canclini, La globalización imaginada.

그 흐름의 산물이다.[74] 주저하고 뒤늦었지만 부에노스아이레스 역시 그 여정을 시작하려 하는 듯하다.

　지역의 정체성은 민족 정체성보다 더 강력하다. 그래서 도시는 국민국가의 돌이킬 수 없는 쇠퇴를 모면한다. 국민국가는 겨우 2세기 동안 존재한 과도기적인 제도이고, 전 지구화 돌풍으로 사라질 위험에 처해 있다. 반면에 도시는 문명의 기원과 불가분의 관계를 지니고 있는 것으로, 역사적으로 국민국가보다 먼저 존재했으며 단연코 더 오래 생존할 것이다. 도시와 도시 거주자들의 미래는 그러므로 공동체들의 경계를 초월하는 문제이며, 인류의 운명 그 자체와 관련되어 있다.

　『위기의 도시, 부에노스아이레스』는 도시의 위기에 대한 의식을 규명하고자 했다. 그러나 도시의 종말이라는 묵시록적인 관점에 대해서는 반대한다. 그것이 마을로의 회귀를 주장하는 하이데거식의 전근대적 또는 반근대적 도시론이든 간에, 도시기계(ciudad-máquina)라는 르 코르뷔지에식의 반동적인 유토피아 같은 전위주의 도시론이든 간에 말이다. 현대 도시는 유기적 공동체와는 거리가 멀다. 후자는 사회적 명령을 통해 개인에게 본질주의적 정체성이 부과되고, 개인은 질서와 조화를 명분으로 그 정체성에 무비판적으로 순종해야 한다. 현대 도시의 문화는 반대로 자율적인 개인들의 자유로운 연합이다. 개인은 자신의 연결망을 직접 만들어 나가는 한편, 사회적 대립은 인간관계에서 불가피하다는 점도 받아들인다. 도시를 '열린 시스

74　Andreas Huyssen, *En busca del futuro perdido*.

템'으로 사고하는 것은 갈등을 균형을 위한 요소로, 합의와 이견을 불가분의 요소로 인정하는 것이다. 또한 회복 가능한 과거의 것을 파괴하지 않고 변화를 추구하는 것이고, 유대의 끈을 풀지 않고 자유를 증대시키는 것이며, 삶의 공간 안에서 사적인 것과 공적인 것, 개인적인 것과 사회적인 것, 주관적인 것과 객관적인 것, 로컬적인 것과 보편적인 것을 엮어 내는 것이다.

감사의 말

이 두 책의 집필에 여러 가지 방식으로 도움을 준 모든 사람에게 감사를 표하고 싶다. 두 책 사이의 오랜 시간적 간극, 대단히 개인적인 주제로 인해 나는 마치 자서전을 쓰는 느낌이었다. 물론 내가 감사를 전할 과거와 현재의 지인 중 다수는 내 집필 작업에 간접적으로 결부되었는지라, 그들의 영향을 명쾌하게 설명하는 건 쉽지 않다. 일부는 이제 이 세상 사람이 아니라서 내 감사의 말이 늦었고, 아마 내가 잊어버린 이들도 있을 것이다. 개인적으로 만난 적은 없지만 자신들의 사유를 통해 언제나 내 안에 존재해 온 이들도 있다는 점도 언급할 필요가 있겠다. 한 사람 한 사람 이름을 말하자니 그 숫자가 너무 많고, 그런 식으로 명단을 작성한들 완전할 리 있으랴. 그래서 아예 명단을 만들지 않으려 한다.

다만 끝없이 수정한 원고를 꼼꼼하게 읽어 주고, 적절한 조언을 해 주고, 집필 과정의 고통스러운 순간마다 힘을 북돋아 준 글래디스 크룩사토는 언급해야겠다.

옮긴이의 말

부에노스아이레스는 라틴아메리카 도시 중에서도 가장 유럽적인 특징이 강한 도시로 꼽힌다. 1536년 창건 이래 교역의 중심지, 행정의 중심지였던 이곳은 19세기에 접어들어 아르헨티나 공화국 수립과 함께 연방 수도로 선정되면서 급속도로 성장했다. 특히 1852년에 시작된 대규모 유럽인 이민정책으로 인해 부에노스아이레스에는 이탈리아, 스페인, 독일, 영국, 프랑스 등 다양한 국적의 이민자들이 유입되었다. 20세기 중반에는 러시아와 여러 아랍 국가로부터 이민자들이 들어왔으며, 1970~1980년대에는 아시아 국가들의 이민이 활발했다. 1990년대부터는 인접한 라틴아메리카 국가들의 이민이 두드러졌다. 해외 이민 외에도 아르헨티나 내 이촌향도의 흐름이 지속적으로 존재했다. 이처럼 이민자들의 도시였던 부에노스아이레스는 불가피하게 혼종의 공간일 수밖에 없었다.

후안 호세 세브렐리는 『부에노스아이레스, 일상생활과 소외』(1964)를 통해 혼합과 혼종의 중심지였던 아르헨티나의 수도가 20세기 전반기에 경험한 일상문화를 분석함으로써, 부에노스아이레스인의 소외를 이야기하고 있다. 이 저작은 일종의 일상의 사회학으로 분류될 수 있다. 도시의 환경적인 특성에서부터 시작하여 계층을 기준으로 나눈 거주자들의 성향, 도시의 문화와 유희, 계층과 바리오의 일치성, 소외의 일상 등에 이르기까지 다양한 도시와 도시민의 모습을 다루고 있다. 이러한 분석을 위해 저자는 분과 학문적인 엄밀한 잣대보다는 도시는 발전과 변화를 거듭하는 '살아 있는 존재'라는 인식하에 에세이적인 글쓰기 방법에 기대고 있다. 실증주의적·정량적 강단 사회학이 강성하던 시기에 세브렐리는 한 도시의 일상적인 면모들을 세세하게 살펴봄으로써 그 공간의 종합적인 속성을 도출하고자 하는 변증법적, 반(反)이분법적인 사유를 지향한다.

저자의 이러한 관점, 사유 방식의 궤적은 2003년, 그러니까 『부에노스아이레스, 일상생활과 소외』가 출간된 지 반세기 가까이 흐른 시점에 부에노스아이레스의 일상을 고찰하는 책을 다시 한번 쓰기로 했다. 그 결과가 『위기의 도시, 부에노스아이레스』이다. 앞의 책이 20세기 전반기의 부에노스아이레스를 다루었다면, 이 책은 20세기 후반기의 부에노스아이레스를 대상으로 한다. 「2003년판 서문」에서도 밝히고 있듯이, 저자는 처음에는 시간의 흐름을 되돌려 『부에노스아이레스, 일상생활과 소외』를 수정해 새로운 판본으로 낼 가능성을 고려했다. 그러나 저자의 손을 떠난 책은 이미 독자와 그 사회의 자산이므로 무리한 수정을 시도하는 것은 저자의 권한을 과하게 남용하는 것이기도 하거니와, 한 권의 책은 그 책을 나오게 한 시공간적인 배경의 산물이므로 그 시공간과의 긴밀성이 존중되어야 한다는 결론에 도달한다. 그리하여 세기가 바뀐 2003년, 20세기 후반기와 21세기 초입을 시대적 환경으로 삼아 이 시기에 해당하는 부에노스아이레스에 대한 책을 별도로 쓰기로 결정했다.

　시기적인 차이나 도시적 공간 자체의 변모 등의 요인으로 인해 『위기의 도시, 부에노스아이레스』——이 번역본에서는 제2부로 명명했다——에서는 대중문화의 융성, 공적인 것과 사적인 것의 갈등, 쇼핑센터로 대표되는 소비문화, 도시민과 도시적 공간의 파편화 등에 주목하여 전 지구화 시대의 부에노스아이레스를 보여 주고 있다. 문체상으로는 이전보다 간결하고 담백한 글쓰기가 두드러지는데, 이는 사상의 만화경이자 수많은 열망과 욕망이 분출하던 1950~1960년대의 격정적인 시대에서 1990~2000년대로 넘어오면서 저자도 청년에서 성찰의 노년으로 접어든 탓도 있을 것이다. 그런 점에서 이 두 권의 책은 일종의 자서전이라고도 할 수 있겠다.

　앞에서도 언급했지만, 『부에노스아이레스, 일상생활과 소외』는 특히 수많은 사상과 사유, 철학이 융성하던 시대의 산물이다. 그 세부적인 면면은 「2003년판 서문」을 통해 확인할 수 있을 것이다. 이러한 다채로운 사상과 철학의 등장은 독자의 독서 과정을 더디게 하는 이유가 되겠지만, 마찬가지로 번역 작업 과정에서도 기술과 요령을 요하는 일이었다. 20세기의 인문학적·사회과학적 논의의 흐름을 웬만큼 꿰고 있다는 옮긴이의 자만을 종종 깨뜨리는 것은 여러 이론가, 문인, 예술가의 경계 없는 자유분방한 등장이었다. 독자의 수월한 이해를 위해 수많은 주석이 필요하지만, 그렇다고 그 모든 것에 주석을 달 수 없으니 결국에는 주석의 범위를 정하는 일이 따라야 했다. 인터넷을 통한 정보의 취득이 손쉬워진 만큼 남겨진 주석은 독자의 몫으로 돌리고자 한다.

한편, 『부에노스아이레스, 일상생활과 소외』라는 제목에 관련하여 다음과 같은 의미 부여가 가능할 듯하다. 먼저 '일상생활'은 역사학의 하위 갈래들이 다양하게 분기하던 시기에 매우 유용하게 작용하던 용어이다. 특히 아날학파로 대변되는 '일상사' 흐름이 개척한 개념이라 해도 될 것이다. 한편, '소외'는 마르크스 전통의 계승에 해당한다. 세브렐리의 소외 또한 자본주의하에서 물화되고 파편화되는 인간이라는 점에서 맥을 같이 한다. 이는 저자가 이 책을 쓰던 1960년대에 헤겔식 마르크스 전통에 몰두해 있었기 때문이기도 하다. 아무튼 '일상생활'과 '소외'는 이렇게 간학제적 경향의 일상사 연구의 개념과 거대 담론이 지배하던 시기의 개념의 만남이다. 그런 점에서 이 저작은 제목에서부터 세계를 이해하는 세브렐리 자신의 가로지르기식 사유를 표상하는 것이 아닐까 싶다.

제1역자인 나는 오랫동안 라틴아메리카의 도시 연구에 관심을 기울여 왔다. 아르헨티나 문학의 근대성을 고찰한 박사논문을 준비하던 시기부터 '도시'는 항상 연구의 열의를 돋우는 테마였다. 부에노스아이레스는 아르헨티나의 심장부이다. 그리고 또 절반은 유럽적이고 나머지 절반은 라틴아메리카적인 아르헨티나인의 존재론적 모순과 갈등을 가장 선명하게 표상하는 공간, 그곳 또한 부에노스아이레스라는 도시다. 서울이라는 도시가 한성, 경성, 서울로 이어져 온 한국사의 복합적인 역사를 그대로 간직하고 있음과 크게 다르지 않다 하겠다.

연구와 강의를 병행하는 이 긴 시간 동안 늘 일관된 방향으로 작업을 하지는 못했다. 그렇지만 라틴아메리카 도시 연구에 기여한다는 큰 줄기를 잊은 적은 없다. 부에노스아이레스의 형성과 시기적 변천 고찰, 항구 도시 부에노스아이레스 고찰, 그리고 문학을 통해 형상화된 부에노스아이레스 연구 등을 시도했다. 아르헨티나 한국학에 기여하는 소론으로 1910~1930년대의 부에노스아이레스와 경성의 비교 고찰을 시도한 적도 있다. 그러나 식민시기 라틴아메리카 도시의 성장, 항구 도시들 간의 교역사, 현대 도시의 도시화와 문화산업 등은 제대로 시작도 하지 못했다. 그러니 숙제는 아직은 절반도 하지 못한 셈이며, 남은 과제를 공부하는 즐거움으로 삼아야 할 일이다. 그럼에도 불구하고, 이 한 권으로 묶인 두 권의 책의 출간이 역자로서는 참으로 즐거운 일이다. 오랜 숙제, 스스로 부과한 그 숙제를 조금은 시작한 심정일 뿐 아니라, 동학들, 후학들과 더불어 부에노스아이레스라는 흥미로운 문화적 공간을 같이 논할 거리가 생겼기 때문이기도 하다. 남은 숙제를 해 가는 동안 소홀해지거나 태만해질 때면 이들의 존재가 힘이 되고 자극이 되어 줄 것이다. 또한 시작이 반이라는 경구도 채찍이 되어 주지 않겠는가.

끝으로, 이 책은 서울대학교 라틴아메리카연구소와 아르헨티나 외무부 산하 번역 지원 프로그램인 '프로수르'(PROSUR)의 공동 지원으로 출간되었다. 두 기관의 도움과 관심에 큰 감사를 드린다. 라틴아메리카연구소는 국내 라틴아메리카 연구의 본원이라 할 만한 연구기관으로, 이미 트랜스라틴 총서를 통해 많은 저역서를 발간했다. 부족한 결실이지만 이 책도 이 총서에 포함됨을 기쁨으로 생각한다. 한편,

이 책이 출간되기까지 행정적인 절차는 물론이거니와, 작업의 원활함을 위한 배려와 협조를 아끼지 않은 그린비 출판사 편집부에도 무한한 감사를 드린다. 옮긴이와 더불어 인내의 시간을 함께해 준 덕분에 이 책이 세상에 나와 빛을 보게 되었다.

조영실

지은이 소개

후안 호세 세브렐리 Juan José Sebreli

아르헨티나의 에세이스트이자 문화평론가로, 2015년 '부에노스아이레스 명예시민'으로 추대되었다. 부에노스아이레스대학을 졸업했고, 현재 '연방주의와 자유 재단'의 학술자문위원이다. 1994년과 2004년 두 차례 코넥스 상을 수상했고, 아르헨티나를 대표하는 네 명의 아이콘을 분석한 『코미디언과 순교자』(2009)를 통해 스페인의 카사 데 아메리카(Casa de América)가 당대 사회에 대한 뛰어난 성찰을 담은 글에게 수여하는 이베로아메리카 논쟁작 상을 수상했다. 1950년대 문화잡지의 양대 산맥 『수르』(Sur)와 『콘토르노』(Contorno)의 칼럼니스트였으며, 공식제도권이나 강단과는 거리가 먼 아웃사이더 평론가로 활동했다. 군부정권 시기에 수형 생활을 했으며, '그림자 대학'이라는 비밀 학습조직을 만들기도 했다. 세브렐리는 사회학, 정치 이론, 현대사, 철학 등의 여러 분과학문들을 에세이적 글쓰기를 통해 교직시킨다. 전문화된 분과학문의 틀보다는 상호 학제적인 방식을 선호하지만, 다루는 주제는 거의 언제나 아르헨티나의 현실이다. 『부에노스아이레스, 일상생활과 소외』(1964)를 통해 20세기 전반 부에노스아이레스의 일상 사회학을 시도했으며, 통섭적인 시도로 출간 당시 큰 반향을 불러일으켰다. 2003년 출간된 『위기의 도시, 부에노스아이레스』는 20세기 후반 부에노스아이레스의 일상 사회학이라 할 수 있다. 그 외에 『마르티네스 에스트라다, 무용한 반란』(1960), 『페론주의의 상상적 욕망』(1983), 『근대성의 포위』(1991), 『축구의 시대』(1998), 『아르헨티나 정치사상 비판: 위기의 기원』(2002) 등이 있다.

옮긴이 소개

조영실

서울대학교 서어서문학과 학사 및 석사과정을 졸업하고, 동 대학교에서 박사학위를 받았다. 마드리드 콤플루텐세대학을 스페인 정부 장학생으로 유학하고, 아르헨티나 부에노스아이레스대학에서 대한민국 정부 연구과정 장학생으로 수학했다. 서울대 인문학연구원 연구원과 부산외대 연구교수를 역임했고, 현재 서울대, 숙명여대, 홍익대에서 후학을 양성하고 있다. 주요 연구 분야는 라틴아메리카 문화산업 및 도시 연구이다. 특히 부에노스아이레스를 비롯한 라틴아메리카 주요 도시의 생성과 근대 도시화 과정에 관심을 두고 있다. 저서로 『차이를 넘어 공존으로: 스페인어권 세계의 문화 읽기』(공저, 2007)가 있고, 역서로 『보르헤스』(공역, 1996), 『세피아빛 초상』(2005), 『세상에서 나가는 문』(2006), 『라틴아메리카 국민국가 기획과 19세기 사상』(공역, 2008), 『노새』(2009), 『끝없는 사랑의 섬』(2010), 『라틴아메리카 문제와 전망』(공역, 2012)이 있다.

우석균

서울대학교 서어서문학과를 졸업하고, 페루 가톨릭대학교와 마드리드 콤플루텐세대학교에서 라틴아메리카 문학으로 각각 석사와 박사학위를 취득했다. 칠레대학교와 부에노스아이레스국립대학에서도 수학했다. 현재 서울대학교 라틴아메리카연구소에 재직 중이다. 저서로 『바람의 노래 혁명의 노래』(2005), 『잉카 in 안데스』(2008), 『쓰다 만 편지』(2017) 등이 있고, 편저역서로 『역사를 살았던 쿠바』(2018), 공역서로 『마술적 사실주의』(2001)와 『현대 라틴아메리카』(2014) 등이 있다.

부에노스아이레스, 일상생활과 소외

초판1쇄 펴냄 2022년 03월 18일

지은이 후안 호세 세브렐리
옮긴이 조영실, 우석균
펴낸이 유재건
펴낸곳 그린비
주소 서울시 마포구 와우산로 180, 4층
대표전화 02-702-2717 | **팩스** 02-703-0272
홈페이지 www.greenbee.co.kr
원고투고 및 문의 editor@greenbee.co.kr

주간 임유진 | **편집** 홍민기, 신효섭, 구세주, 송예진 | **디자인** 권희원, 이은솔
마케팅 유하나, 육소연 | **물류유통** 유재영, 한동훈 | **경영관리** 유수진

* 이 책은 아르헨티나 외교부의 번역 지원 프로그램 "Programa SUR"의 지원을 받아 출간되었음.

學問思辨行: 배우고 묻고 생각하고 판단하고 행동하고

독자의 학문사변행을 돕는 든든한 가이드 _그린비 출판그룹
그린비 철학, 예술, 고전, 인문교양 브랜드
엑스북스 책읽기, 글쓰기에 대한 거의 모든 것
곰세마리 책으로 통하는 세대공감, 가족이 함께 읽는 책